आलोचक की हैसियत बीज की-सी है और जब मुझे बीज भाषण देने का अवसर मिला है तो निराला की एक बहुत पुरानी कविता याद आती है—'हिन्दी के सुमनों के प्रति'—जिसमें दो पंक्तियाँ हैं : 'फल के भी उर का कटु त्यागा/ मेरा आलोचक एक बीज'। आलोचक की हैसियत बीज की-सी ही है। इस पूरे सांग रूपक में अगर आप देखें—तो पेड़, फल, फूल तो हैं लेकिन आलोचक की जगह उस बीज की तरह है, जो सबसे नीचे रहता है, ज़मीन के अन्दर रहता है, पद हल में विराजता है। वे तो आकाश पूजन करने वाले हैं और बड़ी ऊँचाइयों को छूते हैं, लेकिन यह जो बीज है, रहता है फल के हृदय में ही। फल मीठा होता है, बीज कड़वा होता है। फल कोमल होता है, बीज कठोर होता है। याद करें—आम की गुठली। अब विडम्बना यह है कि आलोचक का जो बीज भाषण है, उसे कड़वा होना ज़रूरी है। यह उसकी प्रकृति है। अब तक के भाषणों में थ्योरी पर ही मुख्य बल है। ऐसा मालूम होता है जैसे भारत में भी हम चाहते हैं कि यह पूरा युग 'एज ऑफ़ थिअरी' के नाम से जाना जाये जैसे अमरीका में किसी समय 'एज ऑफ़ क्रिटिसिज़्म' हुआ था। ख़तरा यही है—'थ्योरी' की भूख माँग की आकांक्षा! पश्चिम के दो दशक 'थ्योरीज' के हैं। हर कोई जानता है कि इस बीच जितनी 'थ्योरी' आयी है, उसकी प्रयोगशाला फ्रांस है और उसका कारख़ाना अमरीका के विश्वविद्यालय हैं। दुनिया भर के जो नाम आते हैं—फूको, लाकाँ, देरिदा वग़ैरह यहीं से हैं। कुछ चीज़ें होती हैं जो पैदा कहीं होती हैं, लेकिन शोभा उनकी अन्यत्र होती है। जैसे फ्रांस में पैदा हुईं और अमरीकी विश्वविद्यालय में छायी हुई हैं।...

—इसी पुस्तक से

आलोचना और जनतन्त्र

नामवर सिंह

संकलन-सम्पादन

विजय प्रकाश सिंह

वाणी प्रकाशन

वाणी प्रकाशन

4695, 21-ए, दरियागंज, नयी दिल्ली 110 002

फ़ोन : +91 11 23273167 फ़ैक्स : +91 11 23275710

शाखाएँ

अशोक राजपथ, पटना 800 004, बिहार

कॉफ़ी हाउस कैम्पस, महात्मा गांधी मार्ग, इलाहाबाद 211 001, उत्तर प्रदेश

महात्मा गांधी अन्तरराष्ट्रीय हिन्दी विश्वविद्यालय, वर्धा 442 001, महाराष्ट्र

www.vaniprakashan.com
marketing@vaniprakashan.in
sales@vaniprakashan.in

Aalochana Aur Jantantra
by Namwar Singh
Compiled & Edited by Vijay Prakash Singh

ISBN : 978-93-5518-829-8
Criticism

पेपरबैक प्रथम संस्करण 2023

मूल्य : ₹ 499

आर. टेक ऑफ़सेट प्रिंटर्स, दिल्ली-110 032 में मुद्रित

वाणी प्रकाशन का लोगो मक़बूल फ़िदा हुसेन की कूची से

एक सतत विमर्श का नाम है नामवर

इस पुस्तक में नामवर जी सम्भवतः अपने अद्यतन रूप में उपस्थित हैं।

यहाँ नामवर जी के कुछ बेहद महत्त्वपूर्ण व्याख्यान और उनकी कुछ लिखित लघु टिप्पणियाँ संकलित हैं।

मैं इनको 'नामवर के विमर्श' कहना पसन्द करूँगा क्योंकि उनके व्याख्यान निरे अकादमिक नहीं होते बल्कि साहित्य में एक सत्तात्मक विमर्श पैदा करने वाले होते हैं।

इस पुस्तक में संकलित सारे व्याख्यान उसी नामवरी शैली के हैं जिसके ज़रिये वे दिये गये 'विषय' का अवगाहन करते हुए उसके आसपास के तमाम मुद्दों को एक-दूसरे से जोड़ते हुए अपना फ़ैसला सुनाते हैं।

नामवर के इन व्याख्यानों की सबसे बड़ी विशेषता यह है कि वे चाहे किसी विषय पर विचार करें, उसकी परम्परा, उसके इतिहास को अवश्य टटोलते हैं और उनकी प्रासंगिकता या अप्रासंगिकता को रेखांकित करते हैं।

नामवर अपने जिस खण्डन-मण्डनात्मक शैली के लिए विख्यात रहे हैं वह इन व्याख्यानों व टिप्पणियों में सर्वत्र मौजूद है।

कहने की ज़रूरत नहीं कि नामवर हिन्दी में एक सत्तर साल लम्बे साहित्यिक बहस का नाम हैं! उनको बोलते-सुनते हुए और अब उनके बोले हुए को पढ़ते हुए ऐसा लगता है कि वे हमेशा तिहरी बहस में होते हैं : पहले वे अपने आपसे बहस करते हैं, फिर समकालीनों के साथ बहस चलाते हुए, आपको भी उस बहस में खींच लेते हैं।

इस मानी में उनके व्याख्यान कोरे 'भाषण' नहीं होते बल्कि 'परफ़ॉरमेंस' की तरह होते हैं जिनके लिए वे बाजाप्ता तैयारी करके आते हैं।

अपनी बात पर बल देने के लिए उद्धरणों को बेहद सटीकता के साथ उपयोग में लाते हैं। उनके व्याख्यान बोर करने वाले व्याख्यान न होकर पूरी 'अदाकारी' होते हैं और इसीलिए वे साहित्य-सभाओं को लूटने वाले कहे जाते हैं।

('हैं' इसलिए कहा कि वे अब भी हमारे बीच बोलते महसूस होते हैं! हमें लगता है कि वे अब भी यहीं कहीं हैं और अपने पान के पूड़े का इन्तज़ार कर रहे हैं! हम अब भी उनको इसी तरह से 'मिस' करते हैं!)

उनकी हर वक्तृता बेहद 'इंटरएक्टिव' होती है। कई बार वे बहस छेड़ने के इरादे से भी सामने बैठे श्रोताओं-दर्शकों को तिकतिका देते हैं और इस तरह उनको भी अपने सोच में शामिल होने को मजबूर करते हैं। शायद इसीलिए उनके व्याख्यान अरसे तक चर्चा का विषय बने रहते हैं।

इस पुस्तक के कुछ व्याख्यानों में परम्परा और आधुनिकता की अवधारणाओं पर विचार किया गया है तो कुछ में इतिहास की अवधारणाओं और उसके पुनर्लेखन की चुनौतियों को रेखांकित किया गया है।

कुछ व्याख्यानों में नामवर जी मार्क्सवाद और आलोचना के सह-सम्बन्धों पर विचार करते हुए 'उत्तर-मार्क्सवाद' और 'उत्तर-आधुनिकतावाद' पर भी विचार करते हैं।

कुछ व्याख्यानों में वे समकालीन पश्चिमी विमर्शों में 'पोस्ट' यानी 'उत्तर' शब्द के अति-चलन पर या 'थियरी' के अति-चलन पर तथा नयी तकनीक के नाना प्रभावों पर आशु चुटकियाँ लेते दिखते हैं साथ ही इन तेज़ परिवर्तनों के प्रति किंचित पॉजिटिव भी नज़र आते हैं। एक ओर वे इन नये बदलावों के प्रति अपनी शिकायतें दर्ज करते हैं तो दूसरी ओर वे इन नये बदलावों को स्वीकार भी करते हुए नज़र आते हैं। इतना ही नहीं, एक टिप्पणी में तो वे 'साहित्य के भावी स्वरूप' तक पर विचार करते हैं।

उनका हर व्याख्यान उनके विशद ज्ञान का तो परिचायक है ही साथ ही विविध सूचनाओं और सिद्धान्त-सूत्रों को एक साथ पिरोने की उनकी क्षमता का भी परिचायक है। इस मामले में हम उन्हें अपने समय का एक 'जाग्रत धी' कह सकते हैं।

पुरानी-से-पुरानी और नयी-से-नयी अवधारणाओं पर उनकी पकड़ हमें मुग्ध करती है भले ही हम विश्लेषण के उनके तरीक़ों और निष्कर्षों से सहमत न हों।

उनके व्याख्यानों की जीवन्तता का एक बड़ा कारण यह है कि वे सामने बैठी श्रोता मण्डली को अपनी सहज व्यंग्य वक्रता से एक बहस-सी जाग्रत कर अपनी बात कहते हैं। शायद इसीलिए नामवर के व्याख्यानों से 'व्याख्यान रस' झरता है और शायद इसीलिए उनको अपने समय का सबसे 'पॉपुलर साहित्यालोचक' माना जाता है।

इसीलिए नामवर जी की आलोचना को मैं 'जीवित विमर्श' मानता हूँ जो अपने इन आख़िरी व्याख्यानों में मार्क्सवाद के 'उत्तर-संस्करण' की चर्चा करते हुए भी साहित्य में 'रस' की बहाली की बात भी करते हैं।

इतना ही नहीं, यहाँ आपको एक-से-एक उद्धरण योग्य 'वन लाइनर' भी मिलेंगे जो इन दिनों की आलोचना में दुर्लभ हैं।

उनकी कुछ लघु टिप्पणियों (लिखित) को भी यहाँ दिया गया है ताकि पाठक उनकी आलोचना के लिखित पक्ष और व्याख्यान पक्ष को एक साथ पढ़ सकें।

कई व्याख्यानों में नामवर जी ने इस नाचीज़ पर भी 'मेहरबानी' की है। मैं इसे उनका आशीर्वाद मानकर ग्रहण करता हूँ।

उनके सुपुत्र विजय प्रकाश सिंह ने इन व्याख्यानों और टिप्पणियों को सँजोकर उनको याद करने का हमें एक अवसर दिया है इसके लिए उनका धन्यवाद। साथ ही वाणी प्रकाशन के अरुण माहेश्वरी का भी धन्यवाद जिन्होंने इस पुस्तक को प्रकाशित किया।

सुधीश पचौरी

दिल्ली

04/07/2022

अनुक्रम

आलोचना की परम्परा में हम कहाँ हैं और हमारा समय कहाँ है?

(काशी हिन्दू विश्वविद्यालय के हिन्दी विभाग द्वारा आयोजित पुनश्चर्या पाठ्यक्रम (मई '02) में मुझे प्रतिभागी के रूप में शामिल होने का सौभाग्य प्राप्त हुआ। पुनश्चर्या-व्याख्यान-शृंखला का समापन करने के लिए प्रोफ़ेसर नामवर सिंह को आमन्त्रित किया गया था, इस अवसर पर हुए उनके व्याख्यान को 'संवाद' की तरफ़ से रिकॉर्ड कर लिया गया, जो यहाँ अविकल रूप में प्रस्तुत किया जा रहा है। बीसवीं-इक्कीसवीं सदी के गिने-चुने विदग्ध आलोचकों में से एक नामवर जी का यह व्याख्यान ऐतिहासिक विमर्श का समारम्भ करता है, महज़ इस नाते नहीं कि काशी हि.वि.वि. हिन्दी आलोचना का कैम्ब्रिज है और इलाहाबाद वि. ऑक्सफोर्ड है, बल्कि इस नाते कि यह व्याख्यान संवाद के लिए आमन्त्रित करता है कि *आलोचना की परम्परा में हम कहाँ हैं और हमारा समय कहाँ है?*—सम्पादक)

वाराणसी हिन्दू विश्वविद्यालय के हिन्दी विभाग के अध्यक्ष डॉ. चौथी राम यादव। पुनर्नवा पाठ्यक्रम के संयोजक कुमार पंकज, प्रतिभागी प्राध्यापक एवं सभागार में उपस्थित अन्य साहित्यिक मित्रो!

स्वागत के लिए आभार। विशेष रूप से इसलिए कि मैं घर में हूँ और घर स्वागत कर रहा है, केदारनाथ जी की एक कविता है जिसमें *घर में स्वागत* का उल्लेख है, आप लोगों ने वह कविता शायद पढ़ी हो—

घर में स्वागत कम ही होता है/आज के ज़माने में दुर्लभ हो गया है/ घर कई तरह से स्वागत करता है/ कभी-कभी झाड़ू लेकर स्वागत करता है। × × ×

लेकिन यह घर वह है, जिसमें झाड़ू लगाने का काम अभी बाकी है, इसलिए हाथ में झाड़ू नहीं है, उसके द्वारा स्वागत नहीं किया जा रहा है। इस पुनश्चर्या का लगभग समापन हो रहा है। जब डॉ. चौथी राम जी ने मुझसे पूछा कि आप किस विषय पर बोलेंगे और यह बताया कि किन विषयों पर लोगों के भाषण हुए हैं तो मैं समझ गया कि प्रत्यक्ष या परोक्ष रूप से मेरे विचारों की चर्चा हुई ही होगी, मैंने उनसे कहा कि मैं तो अपने ही आलोचना-कर्म के बारे में बोलूँगा। इसमें अहंकार का कोई भाव नहीं है और आप जानते हैं कि साहित्य के क्षेत्र में मेरा या अपना का अर्थ उतना मेरा या अपना नहीं होता है। मुझे याद आता है कि भारतेन्दु की एक कहानी *कुछ आप बीती कुछ जग बीती* आत्मकथा भी है और उपन्यास भी है, यह अलग बात है कि हिन्दी उपन्यास का इतिहास लिखते हुए कोई *देवरानी-जेठानी* को ढूँढ़ रहा है तो कोई *परीक्षा गुरु* को लेकर बहस कर रहा है, *लोग भूल जाते हैं कि हिन्दी उपन्यास का आरम्भ आत्मकथा से हुआ था।* भारतेन्दु आधुनिक हिन्दी गद्य के ही जनक नहीं हैं, नाटकों के ही प्रवर्त्तक नहीं हैं, कथा-साहित्य के भी प्रवर्त्तक हैं। *कुछ आप बीती कुछ जग बीती* अधूरी है तो क्या, यह ऐसी शुरुआत है, जिसका ज़िक्र किया जाना चाहिए, मैंने उसका ज़िक्र इसलिए किया कि आत्मकथा लिखने के कई तरीक़े होते हैं, कुछ लोग दूसरों के बहाने अपने बारे में लिखते हैं, कुछ लोग केवल अपने बारे में लिखते हैं, कुछ लोग अपने साथ-साथ दूसरों की ख़बर लेते चलते हैं और कुछ लोग अपने बहाने दूसरों के विषय में बात करना पसन्द करते हैं।

जहाँ तक मेरे अपने आलोचना-कर्म का ताल्लुक है, मैं ठीक-ठीक अपने विषय में बात करने नहीं जा रहा हूँ। मैं जहाँ पैदा हुआ वहाँ के माहौल में मेरे आलोचना-कर्म का बीज निहित है, मेरे लेखन का दो-तिहाई हिस्सा काशी हिन्दू विश्वविद्यालय में अध्यापन करते हुए सम्पन्न हुआ, *हिन्दी के विकास में अपभ्रंश का योग* एवं *पृथ्वीराज रासो* जैसे शोध प्रबन्धों के अलावा *छायावाद, आधुनिक साहित्य की प्रवृत्तियाँ* तथा *इतिहास और आलोचना* जैसी पुस्तकें मैंने यहीं रहते हुए लिखीं। उस समय तक *कहानी नयी कहानी* के भी अनेक निबन्ध मैं लिख चुका था, जो पुस्तक के रूप में

बाद में प्रकाशित हुई। *कविता के नये प्रतिमान, दूसरी परम्परा की खोज, वाद विवाद संवाद* और *आलोचना* (पत्रिका) के अनेक अंकों के सम्पादकीय मैंने यहीं रहते हुए लिखे। इस प्रकार दो-तिहाई लेखन तो काशी हिन्दू विश्वविद्यालय में रहते हुए ही हुआ और यहाँ का विद्यार्थी भी रहा तो *आलोचना* के बहुत-से संस्कार तो विद्यार्थी रहते हुए ही प्राप्त किया। इस दृष्टि से भी मैं काशी हिन्दू विश्वविद्यालय में आलोचना का विकास कैसे हुआ, इस बारे में चर्चा करूँगा। क्यों, इसके पीछे ख़ास कारण है : वह यह कि कविता, कहानी अकेले रहकर लिखी जा सकती है, किसी संस्था का सदस्य होना ज़रूरी नहीं, लेकिन आलोचना एक शास्त्र है और शास्त्र आदमी नहीं बनाता है। वह एक दिन में नहीं बनता है, शास्त्र के लिए निरन्तरता बहुत ज़रूरी है, पीढ़ियाँ लगती हैं। पन्थ और सम्प्रदाय की तरह शास्त्र शताब्दियों में बनते हैं।

संस्कृत काव्यशास्त्र लगभग डेढ़ हज़ार वर्षों में बना है और संस्कृत काव्यशास्त्र के संस्थान रहे हैं। हालाँकि इस दृष्टि से बहुत कम विचार किया गया है। संस्कृत काव्यशास्त्र का एक बड़ा हिस्सा कश्मीर में निर्मित हुआ और आचार्यों के नाम से विचारधाराओं के सम्प्रदाय बने—मम्मट, कुन्तक, आनन्दवर्धन, अभिनवगुप्त कुल मिलाकर एक लम्बी परम्परा है। दूसरी परम्परा दक्षिण की है, जहाँ के दण्डी थे, इसलिए एक परम्परा धुर उत्तर की है तो दूसरी धुर दक्षिण की है। एक मध्यभाग की भी है, राजशेखर अवन्ती का ज़िक्र बार-बार करते हैं, अवन्ती जिस राज्य के बाणभट्ट थे, इसलिए वह यायावरी राजशेखर हैं जो अलग सम्प्रदाय बनाते हैं। तो मैं कह रहा था कि शास्त्र एक चिन्तन है और चिन्तन किसी भी देश, भाषा, जाति की परम्परा में होता है। वह शताब्दियों में विकसित होता है और एक व्यक्ति के साथ समाप्त नहीं हो जाता है। जब योरोपियन दर्शन का इतिहास लिखा जाता है तो तीन नामों का ज़िक्र आपने अक्सर सुना होगा—जर्मन आइडियालिज़्म, फ्रेंच रेशनलिज़्म और ब्रिटिश इम्पीरिअलिज़्म। ब्रिटेन में भले ही बर्कले हुए हों लेकिन एटेन न्यूटन, जॉन लॉक और हाब्स की बात ही अनोखी है और वहाँ अनुभववादी जीवन दर्शन पनपा, बढ़ा और आगे चलकर भी ब्रिटेन मूलतः इम्पीरिकल या अनुभववादी परम्परा का गढ़ है।

फ्रांस में एक रेशनल ट्रेडीशन चलता है, बुद्धिवादी परम्परा—कांट, हीगेल। यहाँ कांट के पहले और कांट के बाद भी बुद्धिवाद की एक लम्बी परम्परा है, एक छोर पर जर्मन आइडियालिज़्म है, तो आगे चलकर मार्क्सवाद में ब्रिटिश इम्पीरिलिज़्म, फ्रेंच रेशनलिज्म एवं जर्मन आइडियालिज़्म तीनों का योगदान हुआ और इन दार्शनिक चिन्ताधाराओं के भी मूल में प्राचीन यूनान की, अरस्तू, प्लेटो की और अन्य बुद्धिवादी, सन्देहवादी वैचारिक परम्पराएँ काम कर रही थीं। कालान्तर में लगभग एक हज़ार वर्षों के अन्तराल के बाद यह चिन्तन योरोप में अलग-अलग धाराओं में विकसित हुआ। इन बातों का उल्लेख मैं इसलिए कर रहा हूँ क्योंकि आलोचना का चिन्तन से गहरा सम्बन्ध होता है और चिन्तन संस्थानों में होता है क्योंकि संस्थानों में एक परम्परा बनती है। कहानी, उपन्यास लिखने के लिए संस्थान से जुड़ना आवश्यक नहीं है। जैसे यहाँ बैठे श्री काशी नाथ सिंह के 'काशी का अस्सी' का सम्बन्ध किसी संस्थान से नहीं, किसी संस्थान की चिन्तन-परम्परा से नहीं, उसका सम्बन्ध अस्सी वालों से है। लेकिन आलोचना के लिए काशी के अस्सी की अवघड़ी संस्कृति नहीं, बल्कि किसी संस्थान की चिन्तन-परम्परा ज़रूरी है। संस्कृत काव्यशास्त्र और संस्कृत आलोचना का विकास जिन दो संस्थानों में हुआ, उनमें एक संस्थान *विदग्ध गोष्ठियाँ* हैं। भामह और दण्डी ने इन *विदग्ध गोष्ठियों* का उल्लेख किया है। वात्स्यायन ने *कामसूत्र* में भी इन गोष्ठियों का उल्लेख किया है। जब वह नागरिक जीवनचर्या का वर्णन करते हैं तो बताते हैं कि किस तरह तीसरे पहर लोग नहा-धोकर पहले एकान्त में फिर समवेत विविध विधाओं-कलाओं पर चर्चा किया करते थे। इन गोष्ठियों में अलग-अलग कलाओं और शास्त्रों में निपुण लोग शामिल हुआ करते थे, इन्हें सहृदय कहा जाता था, रसिक समाज कहा जाता था। इन विदग्ध गोष्ठियों का गहरा प्रभाव भामह के काव्यालंकार पर है। दूसरा संस्थान दूसरे प्रकार की विदग्ध गोष्ठियाँ हैं जिनमें ग्रन्थ लिखा जाता था जैसे भामह का *काव्यालंकार*, दण्डी का *काव्यादर्श*। ये ग्रन्थ विदग्ध गोष्ठियों के लिए लिखे जाते थे—लोगों को शिक्षित करने के लिए—कवि-शिक्षा के लिए! जैसे विश्वविद्यालय शिक्षा के लिए होते हैं। लेकिन दोनों संस्थाओं के चरित्र में अन्तर है। *काव्यादर्श* के लेखक दण्डी स्वयं रचनाकार हैं।

रचनाकार आलोचक भी होते हैं। हिन्दी में कुछ अच्छे रचनाकार हैं जो आगे चलकर अच्छे आलोचक हुए।

मैं कहना चाहता हूँ, चूँकि आलोचना की दुनिया विचारों की दुनिया है और विचार के लिए चाहे गुरु-शिष्य परम्परा हो या विदग्ध लोगों का समुदाय हो, उनके बीच बातचीत, शास्त्रार्थ ज़रूरी है। बहस के ज़रिये एक पीढ़ी में जो सवाल उठे, उनका जवाब अगली पीढ़ी को देने हैं। आप देखें कि संस्कृत में भामह काव्य की जो परिभाषा देते हैं—शब्दार्थौ सहितौ काव्य हज़ार वर्षों के अन्तराल के बाद पण्डितराज जगन्नाथ उसी पर विचार करते हैं। (1700 ई.) यानी एक हज़ार साल तक बहस चल रही है, चिन्तन की परम्परा का निर्माण इस प्रकार होता है, संस्कृत काव्यशास्त्र ऐसे ही कालजयी नहीं बना, बहस की एक लम्बी परम्परा से बना। आज हम हिन्दी में जब आलोचकों का इतिहास देखते हैं तो पाते हैं कि आलोचना के इतिहास के नाम पर लोगों ने आलोचकों का इतिहास लिखा है, प्रवृत्तियों का उल्लेख किया है, आलोचना के इतिहास के बारे में जितनी पुस्तकें लिखी गयी हैं, वे अपूर्ण, अधूरी ही नहीं बल्कि उनकी जो मूल दृष्टि है, वह अभावों का दुर्दान्त उदाहरण है। हिन्दी आलोचना का विकास कुछ आलोचकों के द्वारा नहीं हुआ है क्योंकि आलोचक किसी-न-किसी संस्था से जुड़े हुए थे, वह संस्था चाहे कोई पत्र/पत्रिका प्रतिष्ठान के रूप में रही हो, चाहे शिक्षण संस्था के रूप में रही हो।

अब विज्ञान का इतिहास देखें, केन्द्र में होती है—लैबोरेटरी, लैबोरेटरी से जुड़े हुए चाहे भौतिक विज्ञानी हों या रसायन विज्ञानी या जीव विज्ञानी, वे शोध परम्परा कायम करते हैं। लखनऊ के बीरबल साहनी बॉटनी के प्रोफ़ेसर थे, उनके नाम पर अलग विश्वविद्यालय न होकर एक संस्थान ही बन गया, अब उसके आधार पर एक परम्परा चल रही है। विज्ञान वाले यह समझते हैं कि चिन्तन की परम्परा में विज्ञान का विकास किसी-न-किसी संस्थान में होता है, प्रयोगशाला में होता है, इंग्लैंड में अनेक प्रयोगशालाएँ हैं और उसी में काम हो रहा है। इतिहास और समाजशास्त्र की चर्चा करते समय जब कोई आदमी इतिहास-दर्शन की चर्चा करता है तो फ्रांस के एनल्स स्कूल की याद आती है। लगभग सौ साल से वह एनल्स स्कूल कहलाता ही है।

उसमें चिन्तन की एक परम्परा है। विदेशों के विश्वविद्यालयों की एक परम्परा है। किसी की दो सौ साल की, किसी की छह सौ साल की, किसी की सात सौ साल की। ये बातें मैंने इसलिए कहीं कि विज्ञान, इतिहास और समाजशास्त्र आदि में जब इतिहास लिखा जाता है तो व्यक्तियों के खोजों के आधार पर नहीं बल्कि संस्थाओं की पृष्ठभूमि के साथ इतिहास लिखा जाता है, यह साहित्य ही ऐसी निराली दुनिया है, जिसे हम वैयक्तिक प्रतिभा का विस्फोट माना करते हैं कि कविता का इतिहास लिखने के लिए कवियों का अलग-अलग ज़िक्र कर दिया, कहानी का इतिहास लिखने के लिए कहानीकारों का अलग-अलग ज़िक्र कर दिया और उपन्यास का इतिहास लिखने के लिए उपन्यासकारों का उल्लेख कर दिया। आलोचना का इतिहास लिखते समय इस बात पर बहस हो रही है कि पहला आलोचक कौन हुआ—प्रेमघन या बालकृष्ण भट्ट। भारतेन्दु को आलोचक माना जाये या नहीं, उन्होंने नाटक पर एक निबन्ध भी लिखा है। इन बातों पर बहस करते हुए होड़ा-होड़ी लगती है कि कौन बड़ा आलोचक है कौन छोटा, हम भूल जाते हैं कि हिन्दी आलोचना के विकास में संस्थानों की भूमिका है कि नहीं और आपके यहाँ, हिन्दी के इतिहास में अभी तक स्पष्ट शब्दों में यह बात नहीं कही गयी है। मेरे मन में यह बात कौंधी और वह पहली बार मैं काशी हिन्दू विश्वविद्यालय के इस परिसर में ही कहना चाहता हूँ। वस्तुतः हिन्दी आलोचना के इतिहास में काशी हिन्दू विश्वविद्यालय का वह स्थान है, जो अंग्रेज़ी आलोचना के इतिहास में कैम्ब्रिज का।

जब भी अंग्रेज़ी आलोचना का इतिहास लिखा जाता है, कैम्ब्रिज इंगलिश की चर्चा आती है। कैम्ब्रिज इंगलिश शब्द का पहली बार इस्तेमाल एफ.आर. लीविस (बीसवीं शताब्दी) ने किया और वह भी तब, जब वह कैम्ब्रिज से अवकाश प्राप्त कर चुके थे। कैम्ब्रिज में अन्तिम व्याख्यान देते समय उन्होंने इस शब्द का इस्तेमाल किया, इंगलिश लिटरेयरी क्रिटिसिज़्म के अर्थ में। वह कैम्ब्रिज में प्रोफ़ेसर नहीं हो सके थे, अवकाश ग्रहण करने के एक वर्ष पूर्व ही रीडर हुए थे, अवकाश प्राप्त करने के पश्चात् उन्हें यॉक यूनिवर्सिटी में विजिटिंग प्रोफ़ेसर के रूप में बुलाया गया। कैम्ब्रिज में रहते हुए लीविस *स्क्रुटनी* पत्रिका निकालते थे, यह पत्रिका उन्हें इतना सम्मान

तो नहीं दिला सकी कि कैम्ब्रिज में रहते हुए वह प्रोफ़ेसर बन गये होते, पर उन्होंने कैम्ब्रिज शहर में रहते हुए अपने पैसे से जो यह पत्रिका निकाली, कैम्ब्रिज में उनके सम्मान में कहा गया कि कैम्ब्रिज की जो साहित्यिक आलोचना है, *स्क्रुटनी* उसका आधार स्तम्भ है। मैं यहाँ का न सही, यहाँ से निकाला हुआ तो हूँ। यदि मैं यहाँ का विद्यार्थी या अध्यापक न होता तो मुझे यह बोध इतना गहरा न होता। यहाँ तो बहुत लोग रह चुके हैं, मेरी कमबख़्ती कि मुझे जो अहसास होता रहा वह उनको न हुआ जो यहीं के थे, और यहीं रहते हुए अवकाश प्राप्त किये। मुझे यहाँ रहते हुए और यहाँ से जाने के बाद भी, बराबर यह अहसास बना रहा कि हिन्दी आलोचना का उदय काशी हिन्दू विश्वविद्यालय में हुआ; यह आलोचना का कैम्ब्रिज है।

आचार्य रामचन्द्र शुक्ल सच्चे अर्थों में पहले आलोचक थे, उनके पहले समीक्षक हुआ करते थे जो पुस्तकों की समीक्षा या टिप्पणियाँ लिखा करते थे। सच्चे अर्थों में हिन्दी आलोचना 1920 के आसपास स्थापित हुई। इतिहास में इस वर्ष (1920) का बड़ा महत्त्व है, तिलक की मृत्यु, राजनीति में गाँधी का प्रवेश, पहला बड़ा असहयोग आन्दोलन, अवध का किसान आन्दोलन जैसी महत्त्वपूर्ण घटनाएँ इसी वर्ष घटित हुईं। भारतीय स्वाधीनता आन्दोलन की भाँति हिन्दी जगत् में भी 1920 अत्यन्त महत्त्वपूर्ण रहा, इसी वर्ष कविता सच्चे अर्थों में बदली है। साहित्य की धारा बदली है। इसी समय छायावाद की शुरुआत हुई, इसी समय प्रेमचन्द आये। प्रेमचन्द, छायावाद, रामचन्द्र शुक्ल और राजनीति में गाँधी, ये बड़ी घटनाएँ 1920 में घटित होती हैं। काशी हिन्दू विश्वविद्यालय 1916 में स्थापित हुआ था लेकिन हिन्दी विभाग, पहली बार हिन्दी विभाग तब बना जब शुक्ल जी आये और यहाँ रहते हुए उन्होंने हिन्दी साहित्य का इतिहास लिखा, यहाँ रहते हुए उन्होंने तुलसी, सूर और जायसी पर तीन मानक आलोचनाएँ लिखीं, चिन्तामणि के निबन्ध लिखे। इस प्रकार उन्होंने अपना सम्पूर्ण लेखन यहाँ अध्यापक रहते हुए ही किया। अध्यापकीय आलोचना का जो मुहावरा चला है, छिछली आलोचना के अर्थ में, वह वस्तुतः अब हो रही है, अध्यापक रहते हुए सच्चे अर्थों में आलोचना कैसे लिखी जाती है यह आचार्य रामचन्द्र शुक्ल के लेखन से सीखना चाहिए। मैंने कहा कि काशी हिन्दू विश्वविद्यालय

भारत का कैम्ब्रिज है। कैम्ब्रिज में चार बड़े आलोचक हुए—आई.ए. रिचर्ड्स, एफ. आर. लीविस, विलियम एम्पसन और रेमंड विलियम्स, अंग्रेज़ी साहित्य में 1920 से 1984 तक चार बड़े आलोचक हुए हैं—रिचर्ड्स, लीविस, एम्पसन और विलियम्स, ये आलोचक राजनीतिक विचारधाराओं से जुड़े हुए थे, रिचर्ड्स अनुभववादी लिबरल थे। लीविस बिल्कुल वामपन्थी नहीं थे, कुछ मामलों में उनके विचार काफ़ी दकियानूसी थे। एम्पसन विद्रोही थे, रेडिकल! उसकी अलग कहानी है, अपने देश में उस भले आदमी को नौकरी ही नहीं मिली, चीन में अंग्रेज़ी पढ़ाते थे, बाद में आये ऑक्सफोर्ड, बड़ी दिलचस्प कहानी है। एक बार वे महिलाओं के कॉलेज में पढ़ाने गये और अपना बस्ता लेकर जब गेट पर पहुँचे, वहाँ उनकी तलाशी हुई तो उसमें कंडोम निकला और वहीं से उनकी छुट्टी कर दी गयी।

एम्पसन को लोगों ने देर से पहचाना। कुछ लोगों के विचार से एम्पसन अपनी पुस्तक *सेवन टाइम्स ऑफ़ एम्बीग्युटी* के कारण रिचर्ड्स और लीविस से भी बड़े आलोचक थे। मिल्टन पर किताब लिखी, *स्ट्रक्चर ऑफ़ वर्ड्स* नाम की किताब लिखी उस आदमी ने। धर्म के मामले में वह घनघोर विद्रोही थे। इसी परम्परा में आगे चलकर समाजवादी विचारकों के रेमंड विलियम्स हुए जो अपने पूर्ववर्त्ती तीनों आलोचकों के ऋण को बार-बार स्वीकार करते हैं कि यदि रिचर्ड्स नहीं होते, लीविस नहीं होते, एम्पसन नहीं होते तो वह स्वयं भी नहीं होते। विलियम्स मार्क्सवादी हैं। एम्पसन मज़दूर के बेटे हैं और स्वयं मज़दूरों की ज़िन्दगी जीने वाले हैं। एम्पसन की आलोचना बिल्कुल अलग तरीक़े की है, देखकर लगता नहीं कि उसी कैम्ब्रिज की उपज होंगे। लेकिन इस परम्परा में अंग्रेज़ी के सबसे बड़े चार आलोचक कैम्ब्रिज के ही हैं। काशी हिन्दू विश्वविद्यालय के तीन आलोचकों का नाम मैं ले सकता हूँ—रामचन्द्र शुक्ल, नन्द दुलारे वाजपेयी और हजारी प्रसाद द्विवेदी। हिन्दी के तीन ही आलोचक हैं। जिन लोगों के नाम छूट गये हैं, मेरे मन में उनके प्रति पूरा आदर भाव है। विश्वनाथ मिश्र एक अच्छे अध्यापक थे, आलोचक नहीं। चौथा आलोचक कौन होगा यह निर्णय इतिहास करेगा, लेकिन मुझे इन तीनों आलोचकों की विरासत मिली है। यदि ये तीनों न होते तो मैं जो कुछ हूँ, वह न होता। इलाहाबाद विश्वविद्यालय ऑक्सफोर्ड है,

जो आई.ए.एस. तैयार कर रहा है, रचनाकारों को तैयार करता रहा है, यह सब किया है उसने। लेकिन इलाहाबाद की परम्परा में कुल मिलाकर क्या हुआ? उन्होंने साहित्य कोश तैयार किया। धीरेन्द्र जी बड़े व्यवस्थित ढंग से काम करने वाले थे, उनकी विरासत प्रबन्धन के मामले में है, जिसका लाभ डॉ. नगेन्द्र उठाते हैं इसलिए उन्होंने *हिन्दी साहित्य का इतिहास* एक नये ढंग से तैयार किया। उन्होंने *भारतीय हिन्दी परिषद्* की स्थापना की और *अखिल भारतीय लेखकों* का एक संगठन बनाया, ये बड़े काम हैं। धीरेन्द्र जी स्वयं भाषा विज्ञान के आदमी थे, उन्होंने *हिन्दी भाषा का इतिहास* नामक एक पुस्तक लिखी, जो बिल्कुल नपी-तुली किताब है, उपयोगी पुस्तक है, लेकिन उन्होंने कोई ऐसा कार्य नहीं किया, जो क्रान्तिकारी हो। माता प्रसाद गुप्त ने पाठालोचन का विकास किया, बाकी यह सही है कि इलाहाबाद से धर्मवीर भारती जैसी प्रतिभा पैदा हुई और कुछ कवि, रचनाकार हुए, लेकिन इलाहाबाद में कोई ऐसा आलोचक नहीं हुआ, जिसने बड़ा काम किया हो और ऑक्सफोर्ड की भी स्थिति लगभग ऐसी ही है। ऑक्सफोर्ड से एक जर्नल निकलता है–*एसेज ऑन क्रिटिसिज़्म*, एफ.डब्ल्यू. बेटसन ने शुरू किया था। उन्होंने एक शब्द दिया–*स्कॉलर क्रिटिक* जिसका अर्थ है विद्वान आलोचक। कुछ लोग विद्वान आलोचक की श्रेणी में आते हैं, पाठालोचन करते हैं, ग्रन्थावलियाँ निकालते हैं, माता प्रसाद जी स्कॉलर क्रिटिक हैं। रसाल जी ने कविवर रत्नाकर के उद्धव शतक की भूमिका लिखी।

अंग्रेज़ी आलोचना के इतिहास में ऑक्सफोर्ड की कोई भूमिका नहीं है, वहाँ स्कॉलर क्रिटिक हुए हैं, अच्छे विद्वान हुए हैं लेकिन आलोचक में जो अन्तर्दृष्टि और सहृदयता होती है, वह वहाँ नहीं पायी गयी, वहाँ परम्परा ही नहीं बनी।

इधर रामस्वरूप चतुर्वेदी भी यह दिखाने की कोशिश कर रहे हैं कि वह भी आलोचक हैं, क्या हैं, कैसे हैं, वह मेरे मित्र हैं, इसलिए मैं उन पर टिप्पणी नहीं करना चाहूँगा। वह न स्कॉलर हैं, न क्रिटिक हैं, उन्हें कोई परम्परा मिली ही नहीं।

काशी में आलोचना इसलिए सम्भव हो सकी क्योंकि काशी में काव्यशास्त्रीय चिन्तन की हज़ार-दो हज़ार वर्षों की परम्परा रही है।

यहाँ एक संस्कृत कॉलेज हुआ करता था, जो अब विश्वविद्यालय है और बी. एच. यू. में संस्कृत महाविद्यालय था, जहाँ दामोदर लाल शास्त्री और महादेव शास्त्री जैसे काव्यशास्त्री हुआ करते थे, जहाँ कभी रामअवतार शर्मा और चन्द्रधर शर्मा गुलेरी रह चुके थे, तो इसलिए वह पुराना संस्कृत कॉलेज, जहाँ इंगलिश प्रिंसिपल हुआ करते थे और दूसरी ओर संस्कृत महाविद्यालय के बीच की जो परम्परा थी, उसके बीच जो हिन्दी आलोचना विकसित हुई, उसकी केवल अपनी परम्परा पचास साल पहले की ही नहीं है, बल्कि एक हज़ार वर्ष की परम्परा है। आलोचना का एक बहुत बड़ा काम है—परम्परा की रक्षा। 900 ई. के आस-पास जब आनन्दवर्धन लिख रहे थे, तब तक संस्कृत के तमाम बड़े कवि हो चुके थे और इसका अहसास आनन्दवर्धन को था कि संस्कृत में जो कुछ होना था, वह हो चुका। रामायण लिखा जा चुका था, महाभारत लिखा जा चुका था, कालिदास हो चुके थे, भारवि, भवभूति, बाणभट्ट, दण्डी हो चुके थे। इसलिए जो संस्कृत काव्य का सर्वश्रेष्ठ है, वह 900 ई. तक रचा जा चुका था। नाटक, प्रबन्ध काव्य, मुक्तक काव्य, कथा साहित्य लिखा जा चुका था, तो आनन्दवर्धन ने कहा कि जब इतना कुछ लिखा जा चुका है, तो सवाल यह है कि इसकी रक्षा कैसे की जाये जिसे समझने वाले ही अब नहीं रहे। *इसीलिए कहा जाता है कि आलोचना का एक काम है, इतिहास का, परम्परा का मर्म समझना, समझाना और उसे आगे की पीढ़ियों के बीच जीवित रखना। उस परम्परा में जो श्रेष्ठ है उसे बचाया जाता है। बाढ़ आती है तो लोग कहते हैं कि आग बचा लो, नहीं तो जब बाढ़ उतर जायेगी तो चूल्हा कैसे जलेगा, तो अतीत की जो आग है, उसे बचाना आलोचना का काम होता है।* संस्कृत में यह काम काव्यशास्त्र ने किया, यदि संस्कृत काव्य नष्ट हो गये होते, पाण्डुलिपियाँ न मिलतीं तो भी सहृदयों के बीच केवल काव्यशास्त्र बचे रह जाते तो बहुत सारी एन्थॉलोजी तैयार हो सकती थी। उदाहरण के लिए मम्मट का काव्यप्रकाश और विश्वनाथ का साहित्य दर्पण ही बचा रह जाये तो संस्कृत का बहुत काव्य बचा रह जायेगा। आलोचना बहुत कुछ वही कार्य करती है जो रवीन्द्रनाथ टैगोर की कविता सोनारतरी में कहा गया है—कि सोने की नाव बही जा रही है। तो कहा कि हमको भी ले लो, हमको भी ले लो तो

रवीन्द्रनाथ कहते हैं कि ठाईं नाईं/ठाईं नाईं/छोटो सो तरी/आमार/सोनारे धान/एई छे भरी। जगह नहीं है जगह नहीं/यह सोने के धान से लदी हुई है, अब इसमें घास-फूँस भरने की जगह नहीं है। इसलिए आलोचना परम्परा की रक्षा करती है तो परम्परा के सोने (Gold) की रक्षा करती है, यहीं से आलोचना शुरू होती है।

आचार्य रामचन्द्र शुक्ल जब हिन्दी साहित्य का इतिहास लिख रहे थे तो उनकी निगाह अपनी परम्परा के सर्वश्रेष्ठ पर थी, जैसे—जायसी, तुलसी, पर खुलकर लिखा। मिश्र बन्धु हिन्दी में नवरत्नों की तलाश कर रहे थे तो इस सिलसिले में शुक्ल जी ने कहा कि तीन ही काफ़ी होते हैं कहाँ नवरत्न ढूँढ़ने जायें। इसलिए नवरत्नों को खोजने के बजाय शुक्ल जी ने तीन को चुन लिया, मानो ब्रह्मा, विष्णु, महेश को चुन लिया। अगर तीन के बजाय चार चुनते तो अच्छा होता लेकिन यदि शुक्ल जी स्वयं कबीर पर लिख गये होते तो हजारी प्रसाद द्विवेदी की क्या आवश्यकता थी। इसलिए पहला जो बुनियादी महत्त्वपूर्ण कार्य है, वह आचार्य शुक्ल जी ने किया। तब जाकर हिन्दी आलोचना, हिन्दी आलोचना हुई। ध्यान रहे कि इस देश में आलोचना की शुरुआत हिन्दी से ही तो नहीं हुई, इसके पूर्व डेढ़ हज़ार वर्षों के दौरान आलोचना का विकास हो चुका था लेकिन वह संस्कृत में लिखा जा चुका था, शुक्ल जी ने कहा कि हिन्दी की अपनी आलोचना है, अपनी धरोहर है, वह न तो संस्कृत का अनुकरण है और न ही संस्कृत की विरासत है। यह बहुत ज़रूरी काम था, संस्कृत की विरासत तो बंगला को मिली है, मराठी, मलयालम को भी मिली है, तमिल वाले दावा करें या न करें, यह अलग बात है, भारत की अन्य भाषाओं को भी मिली है, उसमें हिन्दी की अपनी आलोचना क्या है? अंग्रेज़ी वालों ने जब अंग्रेज़ी आलोचना का विकास किया तो उनके लिए भी अफलातून, अरस्तू थे, लौंजाइनस थे, लेकिन उन्होंने कहा कि अंग्रेज़ी आलोचना ग्रीक आलोचना का विस्तार नहीं है। यदि आई. ए. रिचर्ड्स की आलोचना आप पढ़ें तो यह जानकर आश्चर्य होगा कि उसने अरस्तू-प्लेटो का कहीं नाम ही नहीं लिया है। एम्पसन ने भी अरस्तू-प्लेटो पर नहीं लिखा है; उन्हें कोई परवाह नहीं। ऑक्सफोर्ड वालों ने अरस्तू प्लेटो पर अवश्य लिखा है और जो ऑक्सफोर्ड वालों से रह गया

तो बाद में डॉ. नगेन्द्र ने ऑक्सफोर्ड बनने की कोशिश की, अरस्तू, प्लेटो और फिर उन्होंने पण्डितों की सहायता से कुन्तक, मम्मट सबका अनुवाद जोड़-बटोरकर आलोचना का गढ़ तैयार करने की कोशिश की। इस्लाम का पुराना नियम माना जाये कि इंडिया का पुस्तकालय देखकर कहा कि जला दो इसे। फिर किसी ने पूछा कि इन्हें जलाने से क्या मिलेगा, तो कहा कि जो कुरान में लिखा है यदि वही इन पुस्तकों में लिखा है तो ये बेकार हैं और यदि उसके ख़िलाफ़ लिखा गया है, तो ये ख़तरनाक हैं, इसलिए यह पुस्तकालय या तो फ़ालतू है, या ख़तरनाक है, जला दो।

यदि जो संस्कृत काव्यशास्त्र में लिखा गया है, वही हिन्दी आलोचना है तो संस्कृत ही नहीं पढ़ेंगे; हिन्दी आलोचना क्यों पढ़ेंगे? तो यदि मम्मट को पढ़कर ही आप अच्छे आलोचक बन सकते हैं तो रामचन्द्र शुक्ल को पढ़ने की क्या आवश्यकता। आचार्य शुक्ल जब 'कविता क्या है' निबन्ध लिख रहे थे तो उनके लिए यह बहुत आसान था कि वह भी तो शब्दार्थौ सहितौ से बात शुरू करते, किन्तु वह ऐसा नहीं करते हैं। आचार्य शुक्ल ने *काव्य प्रकाश* मूल ग्रन्थ कम पढ़ा था, गंगा नाथ झा का अंग्रेज़ी अनुवाद ज़्यादा पढ़ा था। अगर आप रस-मीमांसा की टिप्पणियाँ देखें तो अंग्रेज़ी में लिखी गयी टिप्पणियाँ गंगा नाथ झा के अंग्रेज़ी अनुवाद से ली गयी हैं और दूसरा उन्होंने *साहित्य दर्पण* पढ़ा था। तब तक आनन्दवर्धन, अभिनवगुप्त वग़ैरह सुलभ ही नहीं थे, न अंग्रेज़ी में, न हिन्दी में। और यह सौभाग्य है कि शुक्ल जी ने नहीं पढ़ा था, नहीं तो मास्टर की तरह वही तोता रटन्त पद परिभाषाएँ रखते और आज भी हिन्दी आलोचना के पर्चे में मम्मट आनन्दवर्धन से सम्बन्धित सवाल पूछे जाते हैं, कोई कहे कि यह सब संस्कृत में पूछ लो भैया, हिन्दी के पेपर में तो हिन्दी पूछो! शुक्ल जी ने कविता क्या है निबन्ध में बड़ी दृढ़ता से कविता की परिभाषा लिखी है, यह उनका स्वतन्त्र चिन्तन है, संस्कृत या अंग्रेज़ी का उधार नहीं है। *जब वह कविता को हृदय की मुक्तावस्था कहते हैं तो यह जान लेना चाहिए कि किसी आचार्य ने ऐसा पहले नहीं कहा।* और फिर उन्होंने कहा कि ज्ञानयोग, कर्मयोग के समान यह *भावयोग* है, संस्कृत के किसी आचार्य ने कभी ऐसा नहीं कहा। इसे कहते हैं हिन्दी आलोचना का प्रस्थान बिन्दु। संस्कृत ठीक सर माथे पर होते

हुए भी शुक्ल जी हिन्दी के स्वाभिमान की रक्षा करते हैं। आचार्य शुक्ल को पढ़ते हुए कभी नहीं लगता कि वह संस्कृत से आतंकित हैं। और दूसरी चीज़ कि क्रोचे और आई. ए. रिचर्ड्स को पढ़ते हुए भी वह जगह-जगह वैचारिक टक्कर देते हैं। सोचिए कि 1924 में आई. ए. रिचर्ड्स की *प्रिंसपुल्स ऑफ़ क्रिटिसिज़्म* छपी थी, 1930 में *प्रैक्टिकल क्रिटिसिज़्म* पुस्तक छपी थी और शुक्लजी ने छपते ही पढ़ लिया। क्रोचे की एस्थिटिक्स छप चुकी थी, अंग्रेज़ी अनुवाद हो चुका था 1913 में, शुक्ल जी ने उसकी समीक्षा लिखी, इस प्रकार उन्होंने बता दिया कि उन पर अंग्रेज़ी का भी रोब नहीं, इसलिए उन पर न संस्कृत का आतंक है, न अंग्रेज़ी का और न ही हिन्दी के अपने काव्यशास्त्र का। वह आचार्य महावीर प्रसाद द्विवेदी की तरह बंगला और मराठी से आतंकित नहीं हैं, मिला होगा रवीन्द्रनाथ को नोबुल पुरस्कार लेकिन उन पर रवीन्द्रनाथ का कोई आतंक नहीं, आतंक के न होने से ही हिन्दी आलोचना दृढ़ संकल्प के साथ क़ायम हुई और इसे कायम किया आचार्य शुक्ल ने।

इस परम्परा में नन्द दुलारे वाजपेयी विद्यार्थी थे और विद्यार्थी ने इतने बड़े आचार्य को चुनौती दी। *हिन्दी सहित्य : बीसवीं शताब्दी* में शुक्ल जी पर केन्द्रित तीन लेख हैं। पहले दो लेख देखें तो शुक्ल जी पर सीधे प्रहार हैं छायावादी कविता को आधार बनाकर। शुक्ल जी छायावादी कविता को नहीं पसन्द करते हैं, ऐसा नहीं कि उससे उनका सैद्धान्तिक विरोध हो। शुक्ल जी *लोक प्रत्यक्ष* को प्रधान मानते हैं और छायावाद लोक प्रत्यक्ष को प्रधान नहीं मानता है बल्कि व्यक्ति वैचित्र्य को प्रधान मानता है। यह साधारण नहीं, बल्कि असाधारण अनुभूति का काव्य है। यह अनन्त की तरफ़ इशारा करता है, इसकी धरती पर नज़र कम, आकाश पर ज़्यादा रहती है। आचार्य शुक्ल ने छायावादी कविता की भाषा की तारीफ़ कर दी थी—लाक्षणिक मूर्तिमत्ता वग़ैरह है लेकिन उसकी बुनियाद को ही ग़लत बताया और नन्द दुलारे वाजपेयी ने निराला, जयशंकर प्रसाद को आधार बनाकर शुक्ल जी को चुनौती दी। कैम्ब्रिज में एम्पसन, रिचर्ड्स के शिष्य थे और रिचर्ड्स के विरुद्ध लिख रहे थे। एम्पसन का क़ैनन वही नहीं है जो रिचर्ड्स का कैनन है। रिचर्ड्स ने किसी कवि लेखक पर नहीं लिखा,

उदाहरण भी नहीं दिये, और एम्पसन ठीक इसके विपरीत चले। रिचर्ड्स *प्रैक्टिकल क्रिटिसिज़्म* में प्रैक्टिकल क्रिटिसिज़्म नहीं कर रहे थे बल्कि बता रहे थे कि व्यावहारिक आलोचना में विद्यार्थियों से क्या-क्या ग़लतियाँ होती हैं। रिचर्ड्स ने व्याख्यामूलक कोई सिद्धान्त नहीं बनाये, केवल आलोचना लिखी और एम्पसन की धारा रिचर्ड्स से अलग थी, वैसे ही जैसे नन्द दुलारे वाजपेयी अपने आरम्भिक दौर में मैथिलीशरण गुप्त पर लिखते हैं, *हिन्दी साहित्य : बीसवीं सदी* में उनका बड़ा ही प्रखर स्वरूप प्रकट होता है। बुढ़ापे में वह रस वग़ैरह में फँस गये थे। यह होता है कि हिन्दू बुढ़ापे में गीता उपनिषद् की तरफ़ लौट जाता है। ऐसे ही जब जीवन का रस सूखता है, तब जिह्वा पर रस आ जाता है, बुढ़ापे का मारा विद्वान रस सिद्धान्त की बात करने लगता है, ऐसा ही वाजपेयी जी ने किया। शुक्ल जी ने कोई मानदण्ड नहीं बनाया, और आज लोग नया मानदण्ड (पत्रिका) निकाल रहे हैं। यह आलोचना की दुर्गति है।

यहाँ के तीनों आलोचकों के साथ, यह बात रही है। उन्होंने आलोचना में मानदण्ड नहीं बनाया, कैम्ब्रिज इंगलिश की तरह काशी विश्वविद्यालय की भी परम्परा रही है कि हिन्दी आलोचना का कोई जड़ शास्त्र न बने। उन दिनों *हिन्दी साहित्य : बीसवीं सदी* में वाजपेयी जी का बड़ा प्रखर और तेजस्वी रूप प्रकट हो रहा था, शुक्ल जी *रस-मीमांसा* पुस्तक लिखना चाह रहे थे जो पूरी नहीं हुई, यह सौभाग्य की बात है। बाद में नगेन्द्र ने लिखा जो किसी काम की नहीं है, रस के आधार पर कविता की जाँच जब पहले नहीं हुई तो आज क्या होगी।

(*व्याख्यान का प्रथम सत्र समाप्त हुआ, व्याख्यान के पश्चात् प्राध्यापकों, श्रोताओं की तरफ़ से जिज्ञासाएँ आमन्त्रित की गयीं।*)

सम्पादक : आलोचना को वाद-विवाद-संवाद का स्वर देने वाले डॉ. नामवर सिंह।

आधुनिक समाजशास्त्री, नृवैज्ञानिक, शिक्षाविद् इस बात पर एकमत हैं कि सभ्यता और संस्कृति के बीच का द्वैत कल्पित है, समाज ने अब तक जो भी अर्जित किया है—भौतिक—अभौतिक वह सब मिलाकर संस्कृति है; आलोचना को सांस्कृतिक विमर्श के रूप में लेने वाले आलोचक को

अपने बीच पाकर सृजनात्मक जिज्ञासाएँ उठनी स्वाभाविक हैं। अभी पूर्वार्द्ध के व्याख्यान में आपने *आलोचना-स्कूल* का उल्लेख किया और काशी की आलोचना-परम्परा को उठाते हुए आपने आलोचना को संस्थान से जोड़ा, मैं आपको याद दिलाना चाहता हूँ कि डॉ. रामविलास शर्मा की बरसी पर केन्द्रित *आलोचना* के अंक में आपने उनके सन्दर्भ में बड़े ही चुटीले अन्दाज़ में *घराना* का उल्लेख किया है, ऐसा लगता है कि डॉ. शर्मा घराना विकसित करना चाह रहे हों। जैसा कि आपने काशी हिन्दू विश्वविद्यालय को आलोचना का कैम्ब्रिज और इलाहाबाद विश्वविद्यालय को ऑक्सफोर्ड कहा, मुझे सन्देह है कि आलोचना जैसी व्यापक सांस्कृतिक विमर्श की विधा को संस्थानों में बाँटकर देखने की कोशिश उसके मूल में सामन्ती बीज डाल देगी।

दूसरी चीज़ कि आपने इलाहाबाद विश्वविद्यालय को एकदम ख़ारिज कर दिया, आपने कहा कि साही स्कॉलर हो सकते हैं, रामस्वरूप चतुर्वेदी स्कॉलर हो सकते हैं, आलोचक नहीं। मैं आपका ध्यान उन दिनों की तरफ़ आकृष्ट करना चाहता हूँ जब आपकी आलोचना दृष्टि विकसित करने में रामस्वरूप चतुर्वेदी और *परिमल ग्रुप* के अन्य साहित्यकारों का विशेष योगदान रहा। आपने *कविता के नये प्रतिमान* में अनेक स्थलों पर चतुर्वेदी जी का उल्लेख करते हुए एक आलोचनात्मक संवाद विकसित करने की चेष्टा की है। हो सकता है इसके पीछे यह तर्क हो कि यदि आलोचना की संस्कृति को बाधित करने वाले कुछ तत्त्व रास्ते में हों, कुछ झाड़-झंखाड़ हो तो उन्हें साफ़ करते चला जाये, लेकिन यह तर्क है, तब तो उस शृंखला में बहुत से लोग आ जायेंगे, जिनकी तरफ़, आपने कोई संकेत नहीं किया है। डॉ. रामविलास शर्मा को आपने किसी संस्थान से नहीं जोड़ा। आलोचना की परम्परा में उन्हें आप कहाँ रखना चाहेंगे?

इस व्याख्यान में आपने परम्परा की रक्षा पर बहुत बल दिया है। *आलोचना* के अंक में आपने ज़िक्र किया है कि योरोप वाले भारतीय भाषाओं के मूल का पता लगाने में पूरी उन्नीसवीं सदी और कई और दशक गर्क़ कर दिये और रामविलास जी भाषा को परम्परा से जोड़ने के प्रोजेक्ट में डेढ़ दशक हज़ार पृष्ठ गर्क़ कर दिये, जबकि *वाद-विवाद-संवाद*

के केवल *जलती मशाल* लेख में आपने डॉ. रामविलास शर्मा की परम्परा (भारतेन्दु निर्वचन महावीर प्रसाद द्विवेदी और हिन्दी नवजागरण, निराला की साहित्य साधना, नयी कविता और अस्तित्ववाद, रामचन्द्र शुक्ल और हिन्दी आलोचना) की भूरि-भूरि सराहना की है, इनके भाषा वैज्ञानिक कार्य को विश्वकोश कहा है। एक समय आप डॉ. शर्मा के नवजागरण का समर्थन करते हैं, आज उसे ख़ारिज करते हैं, तो इन बीस वर्षों के दौरान जो आपका चिन्तन बदला, उसके क्या कारण हैं। मुद्दे और भी हैं। 1948 में ही डी. पी. मुखर्जी ने अपनी पुस्तक *इंडियन कल्चर* में इस बात पर चिन्ता व्यक्त की थी कि भारत में किस प्रकार आभिजात्य वर्ग और मध्यवर्ग अपने को आम आदमी से अलग-थलग करता जा रहा है उससे भारत में दो भारत का विकास हो रहा है—मिनी इंडिया और मेजर इंडिया, मिनी इंडिया सुविधा सम्पन्न लोगों का देश और मेजर इंडिया गरीब लोगों का देश। और फिर इसी चिन्ता को केन्द्र में रखते हुए मुक्तिबोध की कविताएँ आती हैं और मुक्तिबोध को केन्द्र में रखते हुए नवजागरण के द्वैत की तरफ आपने बहुत पहले संकेत किया था। किन्तु इतना सब बहस विकसित करने के बाद हम जहाँ-के-तहाँ ठहरे हैं, इस ठहराव की वजह क्या है? क्या यह द्वैत कहीं और गहरा हो गया है? और आज आलोचक जिस प्रकार उसकी तरफ़ संकेत कर रहे हैं उसका औचित्य क्या है?

प्रश्नः डॉ. ऋषिकुमार मिश्र (प्राध्यापक क्रिश्चियन पी. जी. कॉलेज लखनऊ)—आचार्यवर! क्या कारण है कि आजकल यह फ़ैशन चल पड़ा है कि किसी भी ब्राह्मण चिन्तक या रचनाकार को ब्राह्मणवादी कह दिया जाता है। चिन्तन की उज्ज्वल-से-उज्ज्वल परम्परा को बर्ख़ास्त करने का यह आयातित हथियार आज पूरे हिन्दी जगत् के एक वर्ग के हाथ में आ गया है, इससे चिन्तन परम्परा में ग्रहण लग रहा है। क्या सारी प्रगतिशीलता इसी में है। हम नन्द दुलारे वाजपेयी को बर्ख़ास्त कर रहे हैं कि उनके पास दृष्टि ही नहीं थी। आचार्य रामचन्द्र शुक्ल को ब्राह्मणवादी बता रहे हैं, बिना सटीक जानकारी के ही वेद-शास्त्र पर कीचड़ उछाला जा रहा है। इसके विषय में मैं आप जैसे आचार्य का अभिमत जानना चाहूँगा। दूसरे मैं जानना चाहूँगा कि आप चिन्तन की परम्परा में विद्यानिवास मिश्र जी को कहाँ रखना चाहेंगे?

डॉ. संजय सिंह (प्राध्यापक अंग्रेज़ी विभाग, बी. एच. यू.)—आचार्यवर, मुझे यह प्रश्न प्रायः मथता रहा है कि आलोचना का वास्तविक मर्म क्या है, आप जैसे विदग्ध आलोचक से शायद मेरी जिज्ञासा शमित हो सके।

(व्याख्यान का दूसरा सत्र)

मेरे व्याख्यान में साही का तो नाम ही नहीं आया, मैंने केवल रामस्वरूप चतुर्वेदी का नाम लिया था। साही बनारस के थे, पहले काशी विद्यापीठ में पढ़ाया, फिर इलाहाबाद विश्वविद्यालय गये। एक बात और, वह अंग्रेज़ी विभाग में थे, मैं हिन्दी विभाग की परम्परा की बात कर रहा हूँ। साही से मेरा संवाद अवश्य चलता रहा और उसका सम्बन्ध यदि है, तो वह विश्वविद्यालय की दुनिया से बाहर की बात है। काशी में 'नव संस्कृति संघ' हुआ करता था, उसके मेम्बर वह भी थे और मैं भी था। उसमें मेरा संवाद चलता था। परिमल ग्रुप में वही एक आलोचक थे जो संवाद के योग्य थे, उन्होंने *गोदान, कामायनी* पर जो लिखा, वह अत्यन्त महत्त्वपूर्ण है, *लघुमानव के बहाने हिन्दी कविता पर बहस* महत्त्वपूर्ण लेख है।

दूसरी बात घराना शब्द का प्रयोग मैंने नहीं किया, घराने संगीत में होते हैं, साहित्य में नहीं, जैसे भोपाल घराना। कभी-कभी चित्रकार, संगीतकार, कवियों को भी जोड़ लेते हैं। मैंने संस्थान शब्द का प्रयोग किया जो आधुनिक महत्त्व का है, मैं सम्प्रदाय भी कह सकता था, सम्प्रदाय मध्ययुगीन सन्तों के हुआ करते थे, खालसा, सिक्खों का एक सम्प्रदाय है और वह सामन्ती नहीं है, वह ख़ानदान से नहीं हुआ करता है, बल्कि गुरुओं की परम्परा है, यद्यपि उसमें कहीं-कहीं वंश परम्परा भी जुड़ गयी है। आचार्य हजारी प्रसाद द्विवेदी ने कहा कि सम्प्रदाय और पन्थ दो *शब्द* हैं। महाभारत का एक कथन बड़ा प्रसिद्ध हो चला है—महाजनो येन गताः स पन्था—वेद भिन्न हैं, स्मृतियाँ भिन्न हैं, ऐसा कोई ऋषि नहीं है, जिसका मत भिन्न न हो, महाजन जिस रास्ते जायें वह पन्थ है, धर्म नहीं, धर्म के लिए तो कहा गया है—धर्मस्य तत्त्वं निहित गुहायाम्। इसलिए यह जान लेना चाहिए कि हमारी परम्परा में धर्म, पन्थ, मत दृष्टि, सम्प्रदाय, इन शब्दों के निश्चित अर्थ हैं। बौद्ध धर्म में दृष्टि या दिट्ठि कहा गया है और दिट्ठि को हमेशा

एकांगी माना गया है, बुद्ध ने दिट्ठि की आलोचना की है—भिक्खुओ इन दिट्ठियों से बचो। मुझे आइडियोलॉजी के लिए सबसे अच्छा शब्द दिट्ठि लगता है। दिट्ठि दर्शन नहीं; मत हमेशा एकांगी होता है, इसीलिए सिद्धान्त पक्ष, पूर्वपक्ष, उत्तरपक्ष पर सम्यक् विचार किया जाता है। इसलिए शब्दों पर ज़रा ध्यान से विचार करना चाहिए। साहित्य में घराना नहीं होता। मैंने कहा कि संस्थान बनता है और उस संस्थान में अनेक विचार हो सकते हैं। जैसे काशी हिन्दू विश्वविद्यालय में आलोचना परम्परा की चर्चा के दौरान मैंने आचार्य शुक्ल, वाजपेयी जी और द्विवेदी जी की चर्चा की। वाजपेयी जी आचार्य शुक्ल से पूरी तरह सहमत नहीं थे और आचार्य द्विवेदी भी परम्परा में एक प्रतिपक्ष रचते हैं, मैं आचार्य द्विवेदी का लिखा पूरा-का-पूरा नहीं मानता हूँ। संस्थान लोकतान्त्रिक होता है और लोकतन्त्र में व्यवस्थाओं के बदलने के साथ-साथ बहुत-सी चीज़ें बदलती हैं, आज का लोकतन्त्र नेहरू के समय का लोकतन्त्र नहीं है, नेहरू के समय का लोकतन्त्र इन्दिरा गाँधी के समय का लोकतन्त्र नहीं है, इन्दिरा गाँधी के समय का लोकतन्त्र राजीव गाँधी के समय का नहीं है। फिर भी कुल मिलाकर कहा जायेगा कि भारतीय लोकतन्त्र है। जिसमें असहमति के लिए, भिन्न मतों के लिए, आपसी मतभेद के लिए स्वतन्त्रता रही है। संस्थान लोकतान्त्रिक होता है, घराने में लोकतन्त्र की गुंजाइश नहीं है।

रामविलास शर्मा अंग्रेज़ी के अध्यापक थे, शिक्षा लखनऊ में हुई; अधिकांश जीवन आगरा में बीता, वह प्रगतिशील लेखक संघ से जुड़े हुए थे। इसलिए जहाँ तक हिन्दी के प्रतिष्ठान हैं, उनमें से किसी से भी रामविलास शर्मा नहीं जुड़े थे। जब उन्होंने आचार्य रामचन्द्र शुक्ल पर पुस्तक लिखी, तब यह लगा कि वह आचार्य शुक्ल की परम्परा से जुड़ने की कोशिश कर रहे हैं, इसके पहले उनका लेखन दूसरे प्रकार का है। ऐसा एक ही उदाहरण मिल सकता है—संस्कृत काव्यशास्त्र में, राजशेखर किसी सम्प्रदाय से नहीं जुड़े थे, इसलिए कभी-कभी कोई व्यक्ति ही स्वयं संस्थान बन जाता है, अब उसके समर्थक-प्रशंसक उससे जुड़ करके उसका विकास करेंगे या ऐसी की तैसी करेंगे यह महत्त्वपूर्ण बात है। रामविलास जी के प्रशंसकों या समर्थकों का एक दल खड़ा हो गया है और वह सबसे ज़्यादा महत्त्वपूर्ण बात है।

रामविलास जी के प्रशंसकों या समर्थकों का एक दल खड़ा हो गया है और वह सबसे ज़्यादा क्षति करेगा—रामविलास जी का। रामविलास जी ने अनेक मुद्दे उठाये हैं, उनके नवजागरण सम्बन्धी विचार, वैदिक विचार, भाषा विज्ञान सम्बन्धी विचार बड़े मुद्दे हैं। उनके विषय में अभी तक मैंने अन्तिम शब्द नहीं कहा है, अनेक समस्याएँ हैं, उलझनें हैं, अभी मैं पढ़ रहा हूँ और बोल रहा हूँ। इस प्रश्न को पूछने वाले से मेरा भी सवाल है, इन्हीं विषयों पर कुछ और भी लिखा गया है, उनको भी पढ़ें, कितने ही लोग हैं, जिन्होंने रामविलास जी और मेरे अलावा किसी को पढ़ा ही नहीं, और पढ़िए तो पता चलेगा कि इन चीज़ों के बारे में कुछ और भी कहा गया है और रामविलास जी वही कह रहे हैं, जो दूसरे लोग लिख चुके हैं। वह अंग्रेज़ी में लिखा गया है, पढ़ेंगे तो पता चलेगा, सीमाएँ मालूम होंगी, असंगतियाँ मालूम होंगी। व्यक्ति पूजा छोड़कर साहित्य चिन्ता से जुड़िए। नवजागरण पर वीरभारत तलवार की पुस्तक आयी है—*रस्साकशी*, बँगला नवजागरण और मराठी नवजागरण पर भी कई पुस्तकें लिखी गयी हैं और *हंस* हर वर्ष की भाँति इस वर्ष भी प्रेमचन्द जयन्ती पर संगोष्ठी आयोजित कराने जा रहा है। 31 जुलाई को है, यह गोष्ठी, इसमें दिनभर नवजागरण पर ही बहस चलनी है। उस बहस में देशभर के विद्वान-साहित्यकार, दार्शनिक, अर्थशास्त्री, शिक्षाशास्त्री, राजनीति शास्त्री, इतिहासकार आदि शामिल होंगे, उसकी ख़बर हंस में प्रकाशित होगी, उसे देखिएगा तो पता चलेगा।

रामविलास जी ने उन्नीसवीं शताब्दी के हिन्दी नवजागरण की जो अत्यन्त चिकनी-चुपड़ी और गौरवशाली अवधारणा हमें दी है, वह उतनी सुहावनी नहीं है, उतनी क्रान्तिकारी नहीं है। उस दौर में कई कमज़ोरियाँ थीं। इधर जैसे-जैसे उन कमज़ोरियों से सम्बन्धित शोधपूर्ण अध्ययन सामने आ रहे हैं, वैसे-वैसे पता लग रहा है कि नवजागरण के जिस क्रान्तिकारी तेवर पर हम इतने मुग्ध हैं, वह किसी हद तक हमारे अल्पज्ञान का भी सूचक है।

जर्मनी के हैबरमॉस एक समाजशास्त्री हैं मार्क्सवादी विचारकों द्वारा भी समादृत हैं। उन्होंने कहा आधुनिकता का जो एजेंडा था, वह अनफिनिश्ड एजेंडा है, अधूरा है। उन्नीसवीं शताब्दी में धर्म के सम्बन्ध में

जितना विचार-विमर्श हुआ वह बीसवीं शताब्दी में राजनीतिक विमर्श के कारण अधूरा रहा। इस प्रकार तमाम मोर्चों पर हम आगे तो बढ़े पर किन्हीं कारणों से उन्हें बीच में ही छोड़ते गये; अब यदि अगली पीढ़ी उसे ही पूरा मान बैठे तो यह उसकी नादानी है। बाबा साहब आम्बेडकर का पूरा-का-पूरा चिन्तन, इतिहास का पूरक है। स्त्री समस्या के सम्बन्ध में अंग्रेज़ी में ज़्यादा लेखन हुआ, इधर भारत में भी ख़ूब लिखा जा रहा है। यहाँ उन्नीसवीं शताब्दी में जो स्त्री-विमर्श शुरू हुआ था, बाद के चालीस-पचास वर्षों तक उस पर कोई चर्चा नहीं हुई। जब फिर विमर्श शुरू हुआ तो मालूम हुआ कि हम लोगों ने इसे भी अधूरा छोड़ दिया था। उस समय हमारा जो सामाजिक एजेंडा था, उसके अधूरे छूट जाने के कारण ही शायद हम उन्हीं समस्याओं के दौर से गुज़र रहे हैं, लग रहा है कि समस्याएँ जो कभी हल हो जानी चाहिए थीं, हल नहीं हुईं। आज जाति-विमर्श, स्त्री-विमर्श और सम्प्रदाय-विमर्श चल रहे हैं। मुक्तिबोध ने बहुत पहले कहा था कि हम लोगों ने परिवार पर तो विचार किया ही नहीं जो समाज का मूल आधार होता है, परिवार ही हमारे धार्मिक, सामाजिक, राजनीतिक, सांस्कृतिक विचारों का निर्माण करता है। मुक्तिबोध ने सही कहा था कि घर के बाहर क्रान्तिकारी होना बड़ा आसान है। बड़े-बड़े क्रान्तिकारी जब घर के अन्दर आते हैं तो दुम दबाकर सारी क्रान्तिकारिता भूल जाते हैं। अगर आधुनिकता का एजेंडा इतना अधूरा था, तो रामविलास जी ने जो लिखा है और मैं तो किसी गिनती में नहीं हूँ तो हम लोगों ने जो लिखा है वह कितना अधूरा है। आगे आने वाली पीढ़ी को विचार करना है। ब्रजेश जी की पीढ़ी को विचार करना है, मेरी और उनकी बात पर माथापच्ची करने के बजाय, समस्याओं की लीक पीटने की बजाय कुछ नये सत्य, नये तथ्य तलाशिए और आज की कहानियों और उपन्यासों को अच्छी तरह पढ़ने पर वे सत्य, वे तथ्य पाये जा सकते हैं।

आज की आलोचना के लिए सबसे बड़ी चुनौती आज की कहानियाँ, उपन्यास व कविताएँ हैं और रामविलास जी की सबसे बड़ी विडम्बना यह थी कि उन्होंने जीवन के अन्तिम चालीस वर्षों का साहित्य पढ़ा ही नहीं और उन्होंने ईमानदारी से स्वीकार किया है कि मैं दूसरों का लिखा नहीं पढ़ता।

जो आदमी अपने ज़माने के चालीस वर्षों की रचनाओं को नहीं पढ़ा हो उसका पूरा-का-पूरा चिन्तन एक गुफा में बैठे उस साधु के समान होगा जिसका आज के यथार्थ से कुछ भी ताल्लुक नहीं, इस पर आपका ध्यान नहीं जाता और नामवर सिंह ने कह दिया तो सिर पर सोंटा लेकर खड़े हो गये इसलिए कि उनकी अपेक्षा मैं साहित्य से जुड़ा रहा।

मैं बने-बनाये सत्य की पुड़िया बाँटने नहीं आया हूँ। मैं आपको झकझोरने आया हूँ कि नये लोग सामने आयें और हमारी अधूरी अपूर्ण बातों को पूरा करें और हमारे चिन्तन में जहाँ ग़ल्तियाँ दिखें वहाँ बेहिचक दिखाएँ, इसमें हिन्दी की जीत होगी, लेखन की जीत होगी। हम लोगों ने हर किताब को, हर रचना को नाक बना रखी है किन्तु नाक नीची नहीं होगी, न हमारी न आपकी, लेकिन नाक कट जायेगी, यदि आप उसकी रक्षा के लिए इतने सन्नद्ध दिखाई पड़ेंगे और अपनी तरफ़ से कुछ नहीं जोड़ेंगे।

आगे का सवाल आप पूछें तो इस दृष्टि से पूछें कि आप ख़ुद क्या करना चाहते हैं और पहले के लेखकों से कहाँ चूक हुई है।

आलोचना या समालोचना है क्या? संस्थान का महत्त्व शास्त्र के लिए है और *शास्त्र को अंग्रेज़ी में थियरी कहते हैं*; पुराना शब्द प्रिंसपल्स है, रिचर्ड्स ने—*प्रिन्सपल्स ऑफ़ लिटरेरी क्रिटिसिज़्म* पुस्तक लिखी, लेकिन आजकल अंग्रेज़ी आलोचना में जो शब्द चलता है वह *लिटरेरी थियरी* या *थियरी*। लेकिन साहित्य की *थियरी आलोचना* नहीं है। शास्त्र बनाना एक प्रकार का काम है, आलोचना दूसरे प्रकार का काम है, ज़रूरी नहीं कि जो शास्त्र निर्माण करने में दक्ष हो, वह अच्छा आलोचक भी हो, हमारे यहाँ संस्कृत में आलोचना प्रसंगवश आयी है किन्तु मैं स्पष्ट कर दूँ कि संस्कृत में आलोचना है ही नहीं, थियरी है, संस्कृत में केवल सिद्धान्त बनते रहे हैं—ध्वनि, वक्रोक्ति, अलंकार, रीति, औचित्य आदि, इसलिए अलग-अलग आचार्यों ने सिद्धान्त बनाये और सिद्धान्त बनाने के क्रम में उनका ध्यान रहता था कि उस सिद्धान्त में कहीं कोई झोल न रह जाये, कोई असंगति, कोई अन्तर्विरोध न रह जाये। वहाँ रचनाशीलता केवल उदाहरण बनकर आती है, मूल रचना का विश्लेषण अपेक्षित नहीं होता है। जो केवल संस्कृत काव्यशास्त्र में ही जीते हैं, वे यह नहीं जानते कि कालिदास नाम का

कोई बड़ा रचनाकार हो चुका है, वह यह नहीं जानते हैं कि भवभूति का वैशिष्ट्य क्या है, आपको संस्कृत में अभिज्ञान शाकुन्तलम की आलोचना पढ़ने को नहीं मिलेगी। पूरी कादम्बरी पर कोई आलोचना नहीं है, *शान्त रस का उदाहरण देने के लिए महाभारत आता है* और *करुण रस का उदाहरण देने के लिए रामायण का श्लोक आता है।* यह काव्यशास्त्र की सीमा है। वहाँ आलोचना नहीं है, आलोचना कर्म का कोई ज़िक्र नहीं करता। शास्त्र में प्रसंगवश आलोचना होती है जबकि आलोचना में सिद्धान्त चर्चा प्रसंगवश की जाती है, इस अन्तर को समझ लेना चाहिए। जब मैंने कहा कि समालोचना शास्त्र या सिद्धान्त नहीं है तो इससे दूसरी चीज़ निकलती है कि *संस्थान समालोचना नहीं कर सकता है, समालोचना तो व्यक्ति करता है* और व्यक्तियों के द्वारा की हुई आलोचना के क्रम में किसी कृति के अलग-अलग पहलू उजागर होते हैं और तब परम्परा के अन्तर्गत आलोचना का स्वरूप सामने आता है और यह भी हिन्दी आलोचना के कैम्ब्रिज यानी काशी हिन्दू विश्वविद्यालय में सम्भव हुआ। आचार्य द्विवेदी जो यहाँ की आलोचना परम्परा में तीसरे बड़े आलोचक हुए अपने आलोचना कर्म द्वारा वैयक्तिक प्रतिभा का महत्त्व उजागर करते हैं; इसलिए बहुत से लोग द्विवेदी जी को आलोचक मानते ही नहीं। बच्चन सिंह ने अपने एक लेख में कहा कि *द्विवेदी जी विद्वान थे, शोधकर्त्ता थे, आलोचक नहीं थे।* हजारी प्रसाद द्विवेदी ने अपनी पुस्तक *कबीर* में जो कबीर का व्यक्तित्व विश्लेषण किया है, जिसमें कबीर की काव्य-प्रतिभा खुलकर सामने आयी है और जो इस पुस्तक का सर्वोत्तम अध्याय है, वह मानो द्विवेदी जी के सम्पूर्ण आलोचना कर्म पर एक छाप के रूप में अंकित हो गया। टी. एस. इलियट का एक मशहूर निबन्ध है–*ट्रेडीशन एंड इंडिविजुएल टैलेंट*, अज्ञेय ने इसका अनुवाद किया–*परम्परा एवं वैयक्तिक प्रतिभा*, संस्थान के भीतर जो वैयक्तिक प्रज्ञा या प्रतिभा है, उसका क्या स्थान है, यह विचारणीय है। अपने आलोचना कर्म में जब आलोचक किसी कृति के सामने होता है, पाठक के रूप में या आलोचक के रूप में, तो वह एकदम अकेला होता है, ऐसे समय में वह शास्त्र की सहायता ले सकता है, लेता भी है, अपनी परम्परा की सहायता ले सकता है, लेकिन भिन्न मत भी रख सकता है।

आचार्य द्विवेदी की आलोचना-प्रतिभा को हम परम्परा एवं वैयक्तिक प्रतिभा निबन्ध से समझ सकते हैं।

1960 के आस-पास पश्चिम में, अमरीका, इंग्लैंड, फ्रांस, जर्मनी में जब से थियरी का बोलबाला हुआ, तब से लिटरेचर पर बहुत-सी किताबें लिखी जा रही हैं, आलोचना में एक शब्द बहुत चला है–*रीडिंग,* जिसका मतलब है–इंटरप्रटेशन, व्याख्या, अर्थ-मीमांसा। रीडिंग से जुड़े हुए कई विद्वान फ्रांसीसी और अमेरिकन हुए हैं–जाक देरिदा, पाल डिमोन आदि। इंटरप्रटेशन में आलोचना का मुख्य तर्क यह हो गया है कि हम रचना को पढ़ते हैं, रचना का मूल्यांकन नहीं करते हैं। हम केवल व्याख्याएँ करते हैं। एक ही पुस्तक को एक आलोचक ने एक ढंग से पढ़ा तो दूसरे आलोचक ने दूसरे ढंग से पढ़ा। इस प्रकार अर्थ-मीमांसा के भिन्न-भिन्न ढंग आलोचना कर्म का निर्माण करते हैं। हिन्दी में भी इसकी कुछ झलक मिली है। *रामचन्द्र शुक्ल पर सुधीश पचौरी ने एक लेख लिखा था जो बहुवचन पत्रिका में प्रकाशित हुआ था, जिसमें सुधीश पचौरी ने बताया है कि रामचन्द्र शुक्ल के सम्पूर्ण लेखन में जो दिखाई पड़ता है, वह साहित्यिक पुस्तकों की व्याख्या तो कर रहे हैं लेकिन प्रत्येक व्याख्या में उनका हिन्दुत्व व उनका ब्राह्मणवाद बोलता है। चाहे वह लोकमंगल की चर्चा कर रहे हों, चाहे क्षात्र धर्म के सौन्दर्य की चर्चा कर रहे हों,* रावण के विरुद्ध राम के युद्ध में वह लोकमंगल की साधनावस्था देखते हैं, संघर्ष को उन्होंने क्षात्र धर्म बना लिया, जिसमें एक विशेष प्रकार की जातिवादी मनोवृत्ति का दर्शन होता है। यह व्याख्या सही है या ग़लत, मैं इसकी बात नहीं कर रहा हूँ। मैं यह कह रहा हूँ कि साहित्यिक कृतियों को पढ़ने की नयी-नयी विधियाँ विकसित हो गयी हैं, इन विधियों का लक्ष्य यह साबित करना नहीं होता है कि अमुक कृति श्रेष्ठ है या नहीं, यानी यह क़ाम ऐसे ही हो गया है जैसे पुलिस किसी को पकड़कर ले जाये और इंट्रोगेशन करके, जिरह करके, बिना किसी निष्कर्ष पर पहुँचे छोड़ दे।

इसलिए आलोचना शास्त्र नहीं है, बल्कि आलोचना उसमें निहित है, जिसको मूल्य-निर्णय कहते हैं। शास्त्र लक्षण गिना सकता है, उदाहरण दे सकता है कहाँ लक्षणा है, कहाँ व्यंजना है। व्यंजना तो कहीं भी हो सकती है,

लेकिन ज़रूरी नहीं कि वह उत्तम काव्य भी हो। ज़रूरी नहीं है कि जिसे कभी उत्तम काव्य कहा गया, वह हर समय के लिए उत्तम काव्य हो, इसलिए सिद्धान्त का आग्रह इतनी दूर तक होता है कि अच्छी और बुरी कविता का भेद मिट जाता है। *शास्त्र की सीमाएँ वहाँ होती हैं, जहाँ से आलोचना शुरू होती है।* मम्मट का सन्दर्भ लें, कालिदास के *कुमारसम्भवम्* में एक प्रसंग आता है कि जब सुन्दरी उमा शिव के निकट आती है और कामदेव अपनी पूरी शक्ति के साथ शिव पर आक्रमण करता है तो शिव का मन थोड़ा विचलित हो जाता है, बिम्बाफल के समान सुन्दर लाल अधरों की तरफ शिव के नेत्र थोड़ी देर के लिए फैल जाते हैं–

हरस्तु किंचित् परिवृत्ति धैर्ये चंद्रोदयारम्भइवाम्बुराशिः।
उमामुखे बिम्बफलाधरोष्ठे व्यापारयामास विलोचनेन।।

मम्मट कहते हैं, यहाँ व्यंजना गूढ़ हो गयी। शिव का मन थोड़ा-सा विचलित हुआ कि उन्होंने उमा के अधरों की तरफ़ अपने नेत्र तनिक फैला दिये। यहाँ ध्वनि नहीं उभर रही है, व्यंग्य गुणीभूत रह गया है, इसलिए यह प्रथम कोटि का काव्य नहीं है, दूसरी श्रेणी की कविता है।

किन्तु मम्मट आलोचक नहीं थे, काव्यशास्त्री थे, उनका सारा ध्यान शास्त्र-सिद्धान्त की रक्षा पूर्ति पर है, वह देख रहे हैं कि ध्वनि खुलकर नहीं व्यक्त हो पा रही है, सिद्धान्त की पूर्ति नहीं हो रही है इसलिए उसकी नज़र में दूसरी श्रेणी की कविता हो गयी, लेकिन प्रश्न उठता है कि किसके मन के विचलित होने की बात की जा रही है, शिव के; वह महादेव हैं। यहाँ कालिदास की मर्मी काव्यदृष्टि देखिए! शिव की एक मर्यादा है, इसलिए उनके मन के क्षोभ को कालिदास किस प्रकार उपमित कर रहे हैं और उस क्षोभ का जो प्रभाव दिखा रहे हैं; उसमें निहित औचित्य को मम्मट नहीं देख पाते। मम्मट क्या अपेक्षा कर रहे हैं कि महादेव भी लफंगों की भाँति उमा के सौन्दर्य पर उमड़ पड़ते, विकल हो जाते, तब व्यंजना उत्तम कोटि की होती? मुक्तिबोध की आलोचना करते हुए रामविलास जी ने जो अस्तित्ववाद ढूँढ़ा है, वह दूसरी दुनिया की चीज़ है, अँधेरे में कविता का अस्तित्ववाद से दूर-दूर तक नाता नहीं है, किन्तु रामविलास जी शास्त्री होने के कारण वहाँ अस्तित्ववाद पैदा कर देते हैं। इसलिए आलोचना साहित्य शास्त्र नहीं है।

काशी हिन्दू विश्वविद्यालय की परम्परा में हजारी प्रसाद द्विवेदी ने *साहित्य-सहचर* लिखकर यह साबित कर दिया कि वह संस्कृत काव्यशास्त्र जानते थे, पण्डित जो थे। बावजूद इसके कबीर की आलोचना करते समय वह अपने शास्त्र ज्ञान के बोझ से दबे नहीं हैं। कबीर के व्यक्तित्व के लिए उन्होंने अक्खड़ और फक्कड़ शब्दों का इस्तेमाल किया है। अक्खड़ तो योगी हुआ करते थे और अक्खड़ बहुत से लोग होते हैं कि जिस पर व्यंग्य किया तो लापरवाही के साथ। कबीर ऐसे अक्खड़ हैं कि बड़े सहज भाव से कहते चले गये—दुई जगदीश कहाँ से आया... जैसे कुछ साधु लोग गाते है—मेरा मन लागा फकीरी में... कुछ लेना न देना मगन रहना। यह अनहद की ऊँचाई है कबीर की, जिसे आचार्य शुक्ल नहीं पहचानते हैं, आचार्य द्विवेदी पहचानते हैं। जब द्विवेदी जी इस बात को समझा रहे होते हैं, तब न कोई शास्त्र, न लक्षणा न व्यंजना, न कोई सिद्धान्त, न ध्वनि, न औचित्य, वहाँ कृति में डूबना होता है। कृति का साक्षात्कार करना होता है। इसीलिए आलोचना एक रचनात्मक कर्म है, आलोचना दोयम दर्जे का काम नहीं है, *यदि आप में सर्जनात्मकता नहीं है तो आप आलोचना नहीं कर सकते।*

आलोचना का कार्य अतीत की रक्षा के साथ-साथ यह भी है कि वह समकालीनता में हो, अर्थात्, समकालीन रचनाओं को जाँचे-परखे, मूल्य-निर्णय दे, उस पर एक आम धारणा है कि समय इसका निर्णय करेगा। यह ग़लत धारणा है, यदि ऐसा ही है तो फिर आप किसलिए हैं? रचना करने वाला यह नहीं कहता कि समय रचना करेगा, वह स्वयं रचना करता है—आज, अभी। आलोचक की सार्थकता इस बात में है कि समकालीन साहित्य को उसने कितना जाँचा-परखा। आलोचना की मुख्य चुनौती समकालीन रचनाएँ ही होती हैं। जब आलोचना सिद्धान्त से नहीं पैदा होती है, बल्कि अपने पर्यवेक्षण से, अपने देखने-दिखाने से पैदा होती है, तो यह सारा देखना-दिखाना साहित्य के अन्दर ही तो होता है। मेरी पक्की धारणा है कि आचार्य शुक्ल जिस समय कविता की परिभाषा कर रहे थे उस समय उनकी दृष्टि में कोई शास्त्र नहीं था, कोई परम्परा नहीं थी, बल्कि बीसवीं सदी का लिखा हुआ साहित्य था और उस साहित्य से उन्हें जो काव्य-दृष्टि मिली उसी के आधार पर उन्होंने परिभाषा गढ़ी।

आचार्य शुक्ल रीतिकालीन काव्य में डूबकर ही घनानन्द को रसमूर्ति कह पाये हैं। ऐसा नहीं है, घनानन्द, बिहारी, देव पर आचार्य शुक्ल ने जो कुछ भी लिखा है वह इस बात का प्रमाण है कि शुक्ल जी की आलोचना दृष्टि का निर्माण उनके समय में रचे जा रहे साहित्य ने किया। घनानन्द में वह जो कुछ देख सके हैं, वह इसी कारण सम्भव हुआ कि उन्होंने श्रीधर पाठक, प्रसाद, पन्त आदि की कविताओं में अवगाहन करते हुए अपनी आलोचना-दृष्टि को धार दिया था।

आधुनिक कविता में जब प्रकृति स्वयं आलम्बन बनकर आयी तो शुक्ल जी को ऐसा लगा कि कविता में प्रकृति स्वयं आलम्बन हो सकती है, तब उन्हें वाल्मीकि की भी कविता में प्रकृति का ऐसा रूप दिखाई पड़ने लगा और अपने सबसे प्रिय कवि तुलसीदास के विषय में वह कहते हैं कि—और सब ठीक तो है लेकिन बाबा को प्रकृति के विषय में दृष्टि नहीं मिली थी। शरद और वर्षा वर्णन में उपदेश बयानी भर है—

बुंद आघात सहैं गिरि कैसे। खल के वचन संतु सह जैसे।।

पहाड़ पर बूँदें गिर रही हैं और बाबा को अच्छा नहीं लग रहा है, उन्हें केवल खल के वचन याद आ रहे हैं।

शुक्ल जी महाकाव्य में जो चरित्र वैशिष्ट्य आदि देख रहे होते हैं, वह इस बात का प्रमाण है कि उनकी आलोचना दृष्टि में उस उपन्यास प्रधान युग की संवेदना है।

शुक्ल जी ने लिया तो छायावाद से, लेकिन उसके एक अंश को वह नहीं समझ सके, छायावाद का एक अंश ऐसा भी था जो उनके लिए रहस्य हो गया जिसे उन्होंने रहस्यवाद मान लिया, उन्होंने कहा भाई प्राकृतिक रहस्यवाद तक तो ठीक है। रहस्य के प्रति जिज्ञासा हो सकती है, लालसा नहीं और इसका इतनी दूर तक प्रभाव उन पर पड़ा कि कबीर तक को उन्होंने ठोंक दिया—*जायसी का रहस्यवाद भावात्मक रहस्यवाद है, कबीर का साधनात्मक।* वाल्मीकि की कविता से लेकर आधुनिक कविता तक में शुक्ल जी बहुत गहराई तक डूबते हैं, क्या यह आश्चर्यजनक नहीं है कि जो आदमी उपन्यासों के दौर में पैदा हुआ हो वह पूरे रामचरितमानस में शील निरूपण कर रहा है, जैसे मानस महाकाव्य नहीं उपन्यास हो।

कहने का मतलब यह है कि आलोचक की जो दृष्टि बनती है वह अपने समय के साहित्य से टकराकर बनती है। यही उसकी सृजनात्मकता है।

प्रेमचन्द के विषय में आचार्य शुक्ल की टिप्पणी देखिए और हजारी प्रसाद द्विवेदी की टिप्पणी देखिए, तब आपको मालूम होगा कि प्रेमचन्द की व्यापक समझ द्विवेदी जी के पास अधिक थी लेकिन वही द्विवेदी जी कुछ अन्य कवियों और लेखकों का महत्त्व नहीं समझ पाये। इसलिए आलोचना कर्म संस्थागत होते हुए भी कहीं-न-कहीं वैयक्तिक होता है। शब्दों में कहें तो किसी कृति में हमें इस प्रकार दिखाई पड़ता है, मुझे ऐसा लगता है आपको कैसा लगता है आलोचना ऐसा संवाद है कि पहल आपको करनी होगी। अपना चयन, आपका विवेक, अपनी संवेदना, अपना वैदग्ध्य दिखाकर कहें कि हमें ऐसा लगता है लेकिन दूसरों को कैसा लगता है यह भी महत्त्वपूर्ण बात है, दूसरे कहें कि हम इतनी दूर तक सहमत हैं और आगे हमें यह नया अर्थ, नया विमर्श सूझता है। *आलोचना एक सहयोगी प्रयास है।* वह पंचायत नहीं और आप सरपंच नहीं, आप ऐसे वकील हैं, जो बहस के लिए पहल कर सकते हैं। वैयक्तिकता भी है और सामाजिकता भी है और आलोचना के विषय में जो एक आख़िरी बात जोड़ना चाहूँगा, वह यह कि आजकल Text (साहित्यिक कृति) की बात बहुत की जा रही है, जिसे हिन्दी में पाठ कहा जाता है, पाठ, ग़लत अनुवाद है Text का, अंग्रेज़ी में Text और Context के निश्चित अर्थ हैं, और उस Text के बारे में यह प्रमाणित हुआ है कि जो सम्पूर्ण समाज का ताना-बाना है, उस ताने-बाने का एक अंग है—कृति (Text)। इस सन्दर्भ में शमशेर जी का एक शेर याद आ रहा है—

मैं तेरी वज्म में
यूँ ही वरहनपा गया
ख़बर नहीं कि मेरे साथ
एक जहाँ गया था।

मैं तुम्हारे वज्म में नंगे पाँव चला गया था, एक पूरी दुनिया मेरे साथ चली गयी—जो सम्पूर्ण सृष्टि का ताना-बाना है, वह कृति है, कोई भी रचना इस सृष्टि का एक अंग है। एक कहानी, एक कविता, एक उपन्यास,

लेखक के अन्दर से निकलकर किताब के रूप में छपकर समाज में जब आती है तो अपने साथ पूरी एक सामाजिक-सांस्कृतिक दुनिया लेकर आती है।

उदाहरण के लिए दलित लेखक ओमप्रकाश वाल्मीकि की *जूठन, सलाम,* या अलका सरावगी का उपन्यास *कलिकथा वाया बाईपास* जब हम पढ़ते हैं तो लगता है कि ये रचनाएँ हमारे समग्र सांस्कृतिक जीवन के ताने-बाने की अंग हैं। और इसी रूप में महत्त्वपूर्ण कृतियाँ बड़ी होती हैं, जीवित होती हैं, अमर होती हैं, जिसे लोग अपने-अपने ढंग से इंटरप्रेट करते हैं। कहा जाता है कि कृति पूरे एक डिसकोर्स का हिस्सा होती है। *इसीलिए आलोचना आजकल के ज़माने में कल्चरल स्टडीज़ कहलाती है, सांस्कृतिक अध्ययन हो गयी है।* जिसे मुक्तिबोध सभ्यता समीक्षा कहते थे। हिन्दी आलोचना आगे बढ़ी है—वह गुण-दोष विवेचन से साहित्यिक आलोचना बनी पर अब और आगे बढ़ गयी है जिसे सांस्कृतिक आलोचना कहना उचित होगा। यदि अब कोई रामचरितमानस की आलोचना करना चाहे तो चरित्र-निरूपण और शील-निरूपण से काम नहीं चलेगा। वह केवल महाकाव्य नहीं कि प्रबन्ध-निरूपण और रस-निरूपण करने से काम चल जायेगा। *रामचरितमानस पाँच सौ वर्षों में भारतीय जीवन की ऐसी सांस्कृतिक इकाई बन गयी है कि उसे सभ्यता-विमर्श के रूप में देखा जाना चाहिए।*

नामवर सिंह : नन्द दुलारे वाजपेयी को मैंने तो नहीं बर्खास्त किया!

सत्य नारायण वाजपेयी (वरिष्ठ प्राध्यापक जे. एंड डी.सी.पी.जी. कॉलेज, लखनऊ)— कुमार पंकज जी ने किया।

नामवर सिंह : (चुटकी लेते हुए)—तब इसका समाधान पंकज जी से लीजिएगा और अवश्य पूछ लीजिएगा, बड़ा ही संवेदनशील मामला है।

आचार्य शुक्ल पर आरोप एक ब्राह्मण ने ही लगाया है, *सुधीश पचौरी जी एक ब्राह्मण ही हैं।* मैंने न तो ऐसा आरोप लगाया है और न मैं उनसे सहमत हूँ। क्योंकि जाति नामक संस्था हमारे यहाँ से चार हज़ार साल पुरानी हो चुकी, हमारे अवचेतन में कहीं अपने कुल या जाति के संस्कार पड़े रहना स्वाभाविक है। यह न होता तो हमारे यहाँ आज की राजनीति में खुलकर प्रकट न होता। ब्राह्मण कुल में पैदा होते हुए, इस ग्रन्थि से राहुल जी ने कम संघर्ष नहीं किया था, जिसे मुक्तिबोध आत्मसंघर्ष कहते हैं।

इसी काशी में, चालीस के दशक में *बाबू सम्पूर्णानन्द ने ब्राह्मण सावधान* नामक पुस्तक लिखी और उसका जवाब किशोरीदास वाजपेयी ने दिया था, वह पुस्तक पढ़ डालिए। हिन्दुत्व की तरह ब्राह्मणवाद भी गढ़ा हुआ शब्द है, जो पश्चिम वालों की देन है, उसके कारण यह चेतना इतनी प्रबल हुई है या उसके पहले ही यह रोग मौजूद था इस पर गम्भीरता से विचार होना चाहिए। दलित लेखकों के द्वारा इस पर बार-बार अँगुली उठाई जा रही है। तो इस पर भूमिहार और राजपूत बहुत ख़ुश न हों। सारा ब्राह्मणवाद राजकीय छाया में पला है, भूमिहार बाहर नहीं हैं, वे तो दोनों में हैं। यह बात बहुत पहले से चली आ रही है; यह ऐसी चीज़ है, कायस्थ भी इससे बाहर नहीं हैं; *यानी ब्राह्मणवाद का अर्थ सवर्ण जातियों से है।* गहराई से विचार होना चाहिए, हो सकता है कि यह संस्कार हममें-आपमें भी हो। बहुत-से साहित्यकारों में रहा है। प्रश्न आरोप-प्रत्यारोप का नहीं है, प्रश्न है आत्मनिरीक्षण का। रूडयार्ड किपलिंग घनघोर कॉलोनियलिस्ट लेखक था, *शेक्सपियर यहूदी विरोधी था,* बावजूद इसके शेक्सपियर शेक्सपियर था, उसके बड़प्पन से आप इनकार नहीं कर सकते। कहने का मतलब है कि बड़े-बड़े लेखक हुए हैं जिनमें धर्म एवं जाति के संस्कार इतने मज़बूत रहे हैं, कि उन पर आक्षेप होते रहे हैं। यह संस्कार ढूँढ़ने पर व्यास में मिलेगा, ढूँढ़ने पर वाल्मीकि में मिलेगा, ढूँढ़ने पर प्रेमचन्द में मिलेगा। यह कम बड़ी बात नहीं है कि प्रेमचन्द ने स्वयं मुंशी का कितना मज़ाक़ उड़ाया है। प्रेमचन्द ने *ग़बन* में मुंशी का कितना मज़ाक़ उड़ाया है, अपने उपन्यासों में उन्होंने ब्राह्मण ग्रन्थि पर जमकर प्रहार किया है। *सरदार जाफरी कहा करते थे, साहित्य-सृजन ऐसी प्रक्रिया है कि ग़लत लिखने पर पहले अपना हाथ कटता है, दूसरे का हाथ बाद में कटता है, रचना की क्षति तो होती ही है।* तुलसीदास के बारे में कुछ लोग कहते है कि वह वर्ण-व्यवस्था के समर्थक थे, कुछ लोग कहते हैं कि वह दलितों का उत्थान करने वाले थे—राम, शबरी को अपना सर्वश्रेष्ठ भक्त बताते हैं। निषादराज को भाई बताते हैं। ये दोनों बातें हैं, लेकिन बहस करके तय करना होगा कि वास्तविक स्थिति क्या थी? बहुत-सी चीज़ों को तुलसीदास ने नहीं दिखाया—सीता निर्वासन, राम की मृत्यु आदि, वाल्मीकि ने दिखाया है। बावजूद इसके रामचरितमानस यही तो नहीं है, वह बहुत बड़ी रचना है,

उसकी जो ताक़त है, वे दूसरी चीज़ें हैं। इसलिए आलोचना का एक धर्म यह भी होता है कि लेखक की जीवन दृष्टि और लेखक द्वारा सृजित जो रचना-संसार है, उन दोनों में यदि फाँक है; तो इन चीज़ों के बावजूद कोई लेखक क्यों बड़ा हो जाता है इसे तलाशें। जिसे अंग्रेज़ी में कहा जाता है—*पॉलिटिकली करेक्ट* अर्थात् विचारधारा से सही होते हुए भी बहुत-से लोग घटिया रचना देते हैं और ग़लत विचारों के बावजूद बहुत लोगों की रचना महान होती है, होती है, यह रहस्य है, जो आलोचना के सामने चुनौती है। मैंने देखा है हजारी प्रसाद द्विवेदी को, कि वह किस प्रकार ब्राह्मणवाद की हँसी उड़ाते थे, उनके उपन्यासों में ऐसे कितने ही प्रसंग मिलते हैं। लेखक में यह क्षमता होनी चाहिए कि वह दूसरों की हँसी उड़ाने के पहले अपनी हँसी उड़ा सके। रामविलास जी अपनी कमज़ोरियों की ओर कितना संकेत करते हैं, यह देखने की बात है उन्होंने जिस प्रकार दूसरों पर अँगुली उठाई है उसी प्रकार ख़ुद पर भी अँगुली उठाते तो वह ज़्यादा विश्वसनीय होते। कार्ल मार्क्स अपने ऊपर हँसता है, अपनी आलोचना करता है, मुक्तिबोध अपने को तार-तार करते हैं, अपने को कठघरे में खड़ा करते हैं। यह इन लोगों की ताक़त है। पं. सूर्यकान्त त्रिपाठी निराला *बिल्लेसुर बकरिहा* और *कुल्ली भाट* में ब्राह्मणों के ख़िलाफ़ जो लिखते हैं, क्या लिखेगा, कोई आदमी।

पं. विद्यानिवास मिश्र जी विद्वान हैं, बहुत अच्छे निबन्ध लिखे हैं उन्होंने। पण्डित जी ने द्विवेदी जी की परम्परा का अनुसरण करने का प्रयास किया है, लेकिन इस परम्परा में वह नम्बर दो ही रहेंगे, यह बात वह ख़ुद जानते हैं, पण्डित जी, आलोचक नहीं हैं, दावा भी नहीं करते हैं, वह संस्कृत के पण्डित हैं, लेकिन पण्डित जी ने हिन्दी के लेखकों पर नहीं लिखा। *महाभारत का काव्यार्थ* अच्छी पुस्तक है, श्रीमद्भागवत पर लिखा है, हो सकता है वाल्मीकि पर लिखें, कालिदास पर लिखते तो बहुत अच्छा होता। मेरे मन में उनके प्रति बड़ा आदर-भाव है, लेकिन जो वह नहीं हैं, तो नहीं हैं, वह मुझसे मत कहलवाइए, आप कहें तो कहें।

(साभार : सम्पादक 'संवाद' पत्रिका)

परम्परा का मूल्यांकन

'सहचिन्तन' के अपने साथी-विचारकों के प्रति सबसे पहले मैं अपना आभार व्यक्त करना चाहता हूँ, जिन्होंने आज यहाँ आपके बीच कुछ कहने का अवसर दिया। उनके प्रति विशेष रूप से आभार व्यक्त करना चाहता हूँ कि उन्होंने इस सामान्य व्याख्यान को एक दुर्लभ अवसर भी बना दिया और वह इसीलिए कि डॉक्टर साहब (रामविलास जी) स्वयं यहाँ आज अध्यक्षता करने के लिए उपस्थित हैं। आप लोगों के लिए यह दुर्लभ हो या न हो, लेकिन मेरे लिए निश्चित रूप से ऐसा ही है। ऐसा अवसर, जिसमें डॉक्टर साहब अध्यक्षता कर रहे हों और मुझे बोलने के लिए कहा गया हो, मुझे ठीक-ठीक स्मरण नहीं है कि ऐसा अवसर कभी आया हो। इसलिए मेरी दृष्टि में मेरे लिए यह दुर्लभ है। जिस विषय पर बातचीत करनी है—'परम्परा का मूल्यांकन'—वह मूल्यांकन आज मूर्तिमान उपस्थित है। एक जीवन्त परम्परा के रूप में भी और मूल्यांकन के उस मानदण्ड के रूप में भी, डॉ. शर्मा स्वयं उपस्थित हैं और जब शब्द का अर्थ, या कहिए कि वाचक का वाच्य, पहले ही से उपस्थित हो, तो बहुत सारे प्रश्नों का समाधान अपने आप हो जाता है और कहने की गुंजाइश बहुत कम रह जाती है। मैं इस अवसर का लाभ इस दृष्टि से उठाना चाहता हूँ कि 'परम्परा के मूल्यांकन' को लेकर जो समस्याएँ उठती रही हैं और कुछ मेरे मन में भी उठती रही हैं, बेहतर है कि डॉक्टर साहब के सामने रखूँ और आपके साथ मेरा भी लाभ हो और यह पूरा-का-पूरा व्याख्यान, यह पूरी-की-पूरी वार्ता केवल प्रश्नों के उत्तर के रूप में ही नहीं, बल्कि कुछ नये प्रश्नों के रूप में भी रखी जा सके।

परम्परा के मूल्यांकन का प्रश्न कब उठता है और सामान्यतः किन स्थितियों में उठा है? अगर अपने यहाँ की बात को हम ध्यान में रखें तो आमतौर से जब कुछ मान्यताएँ, कुछ धारणाएँ या कुछ मूल्य रिवाज़ के रूप में जब तक समाज में अविच्छिन्न रूप से चलते रहते हैं, और वे एक जीवन्त समाज में अपने आचरित रूप में मौजूद होती हैं, तब तक कोई कठिनाई नहीं उपस्थित होती। तब तक वह परम्परा जिसे कहें रिवाज़ के रूप में रहे, चिर-आचरित विचार के रूप में मौजूद रहे, लेकिन वह अतीत नहीं बनता है, इतिहास नहीं बनता है क्योंकि हर आदमी सदियों से चली आयी बातों को मानता है, विश्वास करता है और उसके अनुसार आचरण करता है। जिस दिन वह विच्छिन्न होती है, रोक लगती है, वह टूट जाती है और सहसा जीवन में इस प्रकार के परिवर्तन आते हैं कि हम उन बातों को किसी समय की कही हुई, कुछ लोगों के द्वारा मानी हुई बातों के रूप में देखने और जानने लगते हैं, कदाचित् तब वह ठीक-ठीक इतिहास, अतीत या कभी-कभी परम्परा के रूप में गृहीत होती हैं।

इतिहास के जिन पन्नों की ओर मेरा इशारा है, वह यह कि हमारे देश में लगभग उन्नीसवीं सदी के आस-पास, जिसे हम लोग मोटे तौर पर कभी-कभी पुनर्जागरण कहते हैं। उस नवजागरण में जिस ढंग से हमारे यहाँ के पढ़े-लिखे बुद्धिजीवी अपने अतीत के पुनराविष्कार या संग्रह की ओर प्रवृत्त हुए, उसे देखकर अन्दाज़ा लगाया जा सकता है कि कोई नयी बात घटित हुई है; जो कदाचित् सत्रहवीं सदी में नहीं थी, अठारहवीं सदी में नहीं थी, अंशतः सोलहवीं सदी में भी न रही होगी; जितने बड़े पैमाने पर हुआ। और यह कहने की हमको आवश्यकता नहीं कि पहली बार जो सदियों से, अविच्छिन्न रूप से हमारे यहाँ परम्परा जिस प्रवाह के रूप में चली आ रही थी, पश्चिम के आधार के कारण और साम्राज्यवादी शक्तियों के कारण उस पर प्रहार हुआ और यहीं के रहने वाले और नयी शिक्षा प्राप्त करने वाले लोग स्वयं अपनी ही परम्परा से हट गये और उसे नये सिरे से ढूँढ़ने की उनको ज़रूरत पड़ी। इसीलिए हम उसे पुनर्जागरण या नवजागरण के रूप में जानते हैं। तब यह आकस्मिक नहीं है कि पुरातत्त्व विभाग की ओर से पुराने खँडहरों को ढूँढ़ना, ढूँढ़कर निकालना, पुरानी मूर्तियों को संग्रहालय में

रखने की प्रवृत्ति, यदि अतीत पहले हमारे जीवन में जिस रूप में जीवित था, आचरण के रूप में मौजूद था। चाहे वह धर्म के रूप में रहा हो, संस्कृति के रूप में रहा हो, या साहित्य के रूप में रहा हो, सहसा हम देखेंगे कि पुरानी पुस्तकों की खोज हो रही है, पुरानी पाण्डुलिपियाँ ढूँढ़ी जा रही हैं, जो साहित्य वाचिक परम्परा से, मौखिक परम्परा से सामान्य जन-जीवन में जीवित था, वही तुलसी फिर पाण्डुलिपि के रूप में खोजे जाने लगे, सुरक्षित किये जाने लगे और फिर उन्हें सुसम्पादित करने की ज़रूरत पड़ी। इसलिए उन्नीसवीं सदी में ग्रन्थागारों का निर्माण या संग्रहालयों का निर्माण या इन तमाम चीज़ों को खोजकर पहले तमाम चीज़ों को खोजना, खोजकर संगृहीत करना, संगृहीत करके उसमें चयन करना और चुनकर के फिर उसकी व्याख्या और टीका करके हम नये सिरे से उपस्थित करने का प्रयत्न करने लगे। ये सारे प्रयत्न इस बात के सूचक हैं कि वे अतीत की सारी-सारी चीज़ें त्यों-की-त्यों हमारे सामान्य जीवन में, दैनन्दिन जीवन में जीवित नहीं रह गयी थीं, वे आचरित रूप में नहीं रह गयी थीं, रिवाज़ के रूप में नहीं रह गयी थीं; बल्कि एक पूरी पीढ़ी ऐसी आ गयी जो उनसे अपने को अलग समझने लगी थी, दूर समझने लगी थी। इसलिए पहली बार यह महसूस हुआ और उससे कहूँ कि उस समय, शायद इस परम्परा शब्द का प्रचलन, हिन्दी में कोई ऐतिहासिक कोश बना है या नहीं, मेरी जानकारी में नहीं बना है। लेकिन सचमुच ही ऐतिहासिक शब्दकोश यदि कोई बनेगा तो इन शब्दों के प्रचलन का इतिहास ज्ञात होगा, इस समय मैं ठीक-ठीक नहीं कह सकता कि हिन्दी में 'परम्परा' शब्द का प्रचलन कब हुआ? क्या इतिहास है, मैं नहीं जानता। लेकिन सामान्यतः मोटे तौर पर कहा जा सकता है, बिना उस इतिहास के तथ्य को अंकित किये हुए कि लगभग उन्नीसवीं सदी के उत्तरार्द्ध में किसी समय इस शब्द का बड़े पैमाने पर हिन्दी में प्रचलन हुआ होगा, जिस अर्थ में आज हम इस शब्द से जो अर्थ समझते हैं।

इसके साथ इस परम्परा का एक और नया अर्थ पुनर्जागरण के काल में इसे प्राप्त हुआ या दिया गया और उसी के दौरान एक और शब्द चला और वह था—रूढ़ि। रूढ़ि और परम्परा, इन दोनों शब्दों का प्रचलन हम साथ-साथ देखेंगे और क्रमशः यह मान लिया गया, मैं नहीं जानता कि किसी

ज़माने में रूढ़ि अच्छा अर्थ देने वाला शब्द भी रहा होगा शायद लोग अच्छा समझते रहे होंगे, लेकिन इस पुनर्जागरण काल में आकर लगा कि रूढ़ि ऐसी चीज़ है, जो जड़ है और त्याज्य है, इसके विपरीत परम्परा नाम की चीज़ ऐसी है, जो ग्रहण करने योग्य है, ग्राह्य है, वांछनीय है और जो रूढ़ि के विपरीत जीवन्त है, जो जड़ नहीं हो गयी हो। तब यह भी हमने उसके साथ कई नये अलग-अलग शब्दों से अन्तर करना शुरू किया और उस अन्तर के साथ यह देखा कि जब संग्रह और त्याग का प्रश्न उठा कि समूचा-का-समूचा इतिहास, जिससे सम्बन्ध टूट गया था, उस इतिहास में चुनने और चयन करने का सवाल उठा। अर्थात् सारा-का-सारा इतिहास परम्परा नहीं है, बल्कि उसमें कुछ है जो ग्रहण करने योग्य है, और कुछ है जो छोड़ देने योग्य है। यह चयन की वृत्ति जब से शुरू हुई, इस चयन के साथ ही इतिहास ने एक नया अर्थ ग्रहण किया और इस नये अर्थ ग्रहण के साथ परम्परा केवल रिवाज़ नहीं रह गयी, क्योंकि स्वयं इतिहास जब मौजूद ही नहीं है, तब वह रिवाज़ कहाँ रहा? इसलिए अतीत में से चुनते समय कई तरह की पद्धतियाँ अपनाई गयीं, कई तरह की दृष्टियाँ अपनायी गयीं, जिनमें एक थी कि अतीत में से कुछ कालों को चुन लो, कुछ ग्रन्थों को चुनो, कुछ व्यक्तियों को चुनो—व्यक्तियों में से भी, या किसी कवि-विशेष में से भी सब-कुछ नहीं बल्कि कुछ चुनो, सारा ग्रन्थ नहीं बल्कि ग्रन्थ का एक अंश चुनो जो ग्राह्य हो और इस तरह जैसे तमाम बूटियाँ इकट्ठा करके, उनको कूट-पीस करके खरल में और सार-तत्त्व निकालकर आप कभी भस्म के रूप में या रस के रूप में बनायें, सारा इतिहास कपड़-छान करके उसमें से सार-तत्त्व के रूप में निकाला गया। एक तो यह तरीक़ा था, अर्थात् इतिहास का, काल का निचोड़ और जो सर्वोत्तम सार-तत्त्व हो सकता है, वह परम्परा है। और इसमें कुछ कंकड़-पत्थर या गुठली बच जाये तो उसे फेंक दीजिए। इसलिए इसमें इतिहास के प्रति एक प्रकार का सार-तत्त्ववादी दृष्टिकोण अपनाया गया और हम लोग देखेंगे कि उन्नीसवीं सदी में ऐसे बहुत सारे रसायनी लोग या तात्त्विक विचारक पैदा हुए जो परम्परा को निचोड़कर उसमें से कुछ तत्त्व, कुछ बूँदें टपका लिया करते थे—उसमें से कुछ को केवल अध्यात्म नाम की बूँद मिली कि सारी भारतीय परम्परा का निचोड़ क्या है, बोले—अध्यात्म।

ऐसे ही कुछ लोगों ने तत्त्व निकाला और उस तत्त्व की बूँदों को अलग-अलग बोतलों में बन्द रखकर नाम दिया और कहा कि ये परम्परा है। और इसके अलावा बाकी चीज़ें कुछ नहीं, कुछ भौतिकवादी बातें करने वाले दिखाई पड़े, बोले—ये रूढ़ि होगी, गुठली है, छोड़ दिया। लेकिन कुछ और भी लोग थे जो इसमें से, यानी तात्त्विक दृष्टि नहीं बल्कि चयनधर्मी दृष्टि अपनाते हुए अतीत का कोई एक लोक, कोई काल, कोई छवि चुन लिया, जिसको उन्होंने स्वर्ण-युग नाम दिया। और उस काल में स्वर्ण-युग की बड़ी चर्चा थी। कोई वेदों में गया और वेदों में ही पालथी मारकर बैठ गया, फिर उससे आगे बढ़ा ही नहीं। कोई उपनिषदों में आया और कहा कि बस उपनिषद् ही। इतिहास के लोगों में तथाकथित गुप्त-काल, गुप्त-काल बहुत चला था, उस 'गुप्त-काल' में बैठे और स्वर्ण-युग लेकर उस अतीत के गौरव के नाम पर कि यह परम्परा है। अर्थात् पूरे इतिहास में से किसी एक काल को, एक प्रवृत्ति को चुन लेना, यह दूसरी चयन की दृष्टि थी और इस तरह अतीत में से या तो हम चयन करते रहे या उसका सार-तत्त्व निकालते रहे और गुठलियों को अलग करके हमने परम्परा को किसी रूप में जीवित रखने की कोशिश नहीं की।

यह जो पूरा-का-पूरा नवजागरण का प्रयत्न है, इस पृष्ठभूमि में कि इसलिए आवश्यकता है। हम दो चिन्ताएँ विशेष रूप से पाते हैं, जो कमोबेश परम्परा के मूल्यांकन के साथ आज भी जुड़ी हुई हैं। एक तो यह कि पहली बार यह अनुभव हुआ, इसके पहले था कि परम्परा स्वतः विरासत में मिलने वाली चीज़ है। जब रिवाज़ के रूप में परम्परा थी तो अपने आप मिलती थी। बाबा ने हमारे बाप को दिया और हमारे बाप ने हमें दिया, मानो ये मौरूसी जायदाद के रूप में थी जो वंशानुक्रम से मिलती चली आ रही थी और सहज रूप से उसे हम प्राप्त समझा करते थे। उन्नीसवीं सदी में जब हमारी इस परम्परा पर पश्चिम की एक साम्राज्यवादी संस्कृति, सभ्यता और एक शक्ति के द्वारा आघात हुआ और हमसे हमारी ही परम्परा या इतिहास से जब हमारा सम्बन्ध टूटा, तब अनुभव हुआ कि नहीं, ये मौरूसी जायदाद अपने आप नहीं मिला करती है। उस समय लोगों ने देखा कि उस मौरूसी जायदाद के लिए भी मुक़दमा लड़ना पड़ता है, कभी-कभी कचहरी में नहीं

जाना होता है बल्कि लाठी-डण्डों से भी लड़ना पड़ता है। अर्थात् परम्परा स्वतः प्राप्त होने वाली चीज़ नहीं है, बल्कि परम्परा को अर्जित करना पड़ता है। और यह अहसास आधुनिक युग में जब पहली बार हुआ तो अर्जित करने के साथ यह भी हुआ कि जो चीज़ अतीत की हम अपने हित, अपनी दृष्टि के अनुरूप यदि हम खींच नहीं लेते, उसका अधिग्रहण यदि हम नहीं कर लेंगे तो सम्भव है कि वह हमेशा-हमेशा के लिए लुप्त हो जाये, क्योंकि ऐसी शक्तियाँ मौजूद हैं जो उसको हमेशा-हमेशा के लिए हमसे छीन लें। इसलिए एक बात तो यह हुई कि परम्परा सहज रूप में अपने आप प्राप्त नहीं होती है। बल्कि इसे अर्जित करना पड़ता है, प्रयत्न करना पड़ता है। प्रयत्न करने का अर्थ है कि इसके लिए संघर्ष करना पड़ता है और इस संघर्ष के पीछे एक बहुत बड़ी चिन्ता होती है कि यदि हम उसमें से जो भी मूल्यवान है, नहीं पा लेंगे तो ऐसी शक्तियाँ मौजूद हैं, हमारे यहाँ और हमारे यहाँ से बाहर भी जो उसे हमसे छीन लेंगी और इस कदर छीन लेंगी कि हम फिर उसे प्राप्त नहीं कर सकेंगे।

एक तो यह चिन्ता हुई और इससे जुड़ी हुई जो दूसरी चिन्ता थी, इतिहास के संघर्ष के दौरान हम भारतीयों ने, हमारे बुद्धिजीवियों ने एक और बात का अनुभव किया और वह यह थी जिसे एक दूसरे मार्क्सवादी विचारक ने बड़ी संकट की घड़ी में अनुभव करते हुए कहा था कि दुश्मनों के हाथों अब मृत भी सुरक्षित नहीं हैं और नहीं रहेंगे। यह कथन जर्मन मार्क्सवादी विचारक वॉल्टर बेंजामिन का है और यह बात उन्होंने अपनी 'थीसिस ऑन द फ़िलॉसफ़ी ऑफ़ हिस्ट्री' जो क़रीब सन् 38-39 के आस-पास के नोट्स थे उनके लिखे हुए, उनमें कहीं थी जब हिटलर जर्मनी में प्रभुत्वशाली हो गया था, नात्सी शक्तियाँ इतनी प्रबल हो गयी थीं कि विश्व युद्ध का संकट पैदा हो गया था। और यही नहीं बल्कि समूची जर्मन संस्कृति, सभ्यता, साहित्य और कला के लिए यह ख़तरा पैदा हो गया था कि सारे अतीत के साहित्यकारों की इस तरह व्याख्या की जा रही थी कि जो नात्सी दर्शन में फिट बैठते हों। उस समय वॉल्टर बेंजामिन ने कहा था कि अब दुश्मनों के हाथों जो मृत लोग हैं, वे भी सुरक्षित नहीं हैं और इसीलिए हमें केवल जीवित लोगों के लिए ही नहीं लड़ना है बल्कि उनके लिए भी लड़ना है

जो मर चुके हैं, अतीत के अंग बन चुके हैं, इतिहास के अंग हो चुके हैं। उनकी रक्षा का दायित्व भी हमारे ऊपर आ पड़ा है। कदाचित् मुझे ऐसा लगता है कि उन्नीसवीं सदी के उत्तरार्द्ध में जिसे पुनर्जागरण और नवजागरण कहते हैं, उस नवजागरण काल में भारत के बुद्धिजीवी, लेखक, विचारक, साहित्यिक जिस तत्परता के साथ अपने अस्तित्व को खोज रहे थे, उसकी व्याख्या कर रहे थे और यदि आप पता लगायेंगे कि जब पहला छापाख़ाना खुला तो देखना चाहिए कि कौन-सी पुस्तकें सबसे पहले छपी हैं, और उसमें तुलसीदास की पुस्तकें सबसे पहली थीं जो कलकत्ता में, हमारे मित्र आगरा के ही थे स्वर्गीय कृष्णाचार्य जी, उन्होंने हिन्दी के आदिमुद्रित ग्रन्थ नामक पुस्तकें प्रकाशित कीं। उन आदिमुद्रित ग्रन्थों में मैं ध्यान से देख रहा था कि वे कौन-से ग्रन्थ हैं जो छापाख़ाना खुलने पर सबसे पहले छपे। उसमें तुलसीदास की कृतियाँ बार-बार छपीं। कभी-कभी रामचरितमानस का एक खण्ड 'अयोध्या-काण्ड' ही छपा और वही ज़्यादा छपता रहा। *विनय-पत्रिका* छपी, इससे उस काल के लोगों की मानसिक स्थिति का पता चलता है कि किस प्रकार अतीत की हमारी जो मूल्यवान निधि थी, लोगों को ख़तरा मालूम हो रहा था यह अतीत, और याद रखें आप कि जो हमारे सन्त और भक्तिकाल की जो रचनाओं की एक विशेष प्रकार की व्याख्या की जा रही थी। *क्रिस्टोमैथी* नामक ग्रन्थ लिखते हुए चाहे वे भाषा वैज्ञानिक ग्रियर्सन ही रहे हों, जिन्होंने विद्यापति पर भी लिखा, तुलसी पर भी लिखा, जायसी की भी चर्चा की। सन्तों, भक्तों के बारे में बहुत लिखा गया और उन सन्तों-भक्तों की जो व्याख्या की जाती थी, एक ओर उन ग्रन्थों का सम्पादन, अंग्रेज़ी में अनुवाद और साथ ही उसी टीका-टिप्पणी करते हुए समस्त सन्त और भक्ति साहित्य को एक तरह की ईसाइयत के प्रभाव से प्रभावित रचना के रूप में दिखाने की कोशिश बराबर की जाती थी। यह उस काल के लोगों के लिए स्वभावतः चिन्ता का विषय था और जैसा मैंने कहा है कि उन्हें कम-से-कम पुनर्जागरण का एक धार्मिक रंग दिखा और विद्रोह का स्वरूप धर्म का रूप लेकर भी प्रकट हुआ है, होता है, बराबर होता रहा है। उस समय एक यह भी आयाम था, जब मैंने कहा कि दुश्मनों के हाथों अब मृत भी सुरक्षित नहीं हैं, यही नहीं कि सन्त-साहित्य और

भक्ति-साहित्य आदि चीज़ें यदि केवल लुप्त होतीं तो एक प्रकार का ख़तरा था, आविष्कृत होकर उनके, उस युग की दृष्टि में दूषित होकर अथवा विकृत व्याख्याओं के माध्यम से हमारे सामने आ रही थी, यानी अतीत इस ढंग से उपस्थित किया जा रहा था, जो भारत के बहुत गौरव की चीज़ नहीं हो सकती थी। हर प्राचीन चीज़ को दिखाया जाता था कि भारत की अपनी मौलिक मनीषा नहीं है, अपना चिन्तन भी है बल्कि हर चिन्तन, हर उपलब्धि के मूल में दिखाने की कोशिश की जाती है कि जो महान रोम, ग्रीक सभ्यता है, अथवा जो महान ईसाई धर्म है उसका प्रभाव है। कहीं-न-कहीं कोई विदेशी चीज़ है, और यही नहीं बल्कि जिन आर्यों को अपने आर्यावर्त्त कहने पर गर्व था, यह कहा गया कि ये भी बाहर से ही आये। यानी भारत में जो कुछ परम्परा के नाम पर है, यह साबित करने की कोशिश की जाती रही कि सब अपना नहीं, पराया है। जो मूल्यवान है, बाहर का है; जो निकृष्ट है, अधम है—अन्धविश्वास आदि बाक़ी चीज़ें, भूतों-चुड़ैलों वग़ैरह की चीज़ें जो अथर्ववेद में हैं, कहा कि वे यहाँ की चीज़ें हैं। इसलिए जो कुछ अग्राह्य है वह यहाँ का है। जहाँ भी कुछ जान दिखाई पड़ती है, वह सब बाहर का है। इस प्रकार के जहाँ प्रयत्न हो रहे थे स्वभावतः लोगों ने अनुभव किया होगा कि मृत भी अब दुश्मनों के हाथों सुरक्षित नहीं है। इन दो चिन्ताओं के कारण परम्परा की खोज और परम्परा के मूल्यांकन की स्थितियाँ पैदा हुईं। मैंने इसका इसलिए उल्लेख किया कि आज भी या किसी भी काल में उन्नीसवीं सदी के बाद, बीसवीं सदी में अपने स्वाधीनता संग्राम के दौरान, स्वाधीनता संग्राम ने जब जनोन्मुख रूप धारण किया और उसमें किसानों, मज़दूरों और आम जनता का दबाव बढ़ा, उसके हितों का संघर्ष जब प्रबल हुआ तब फिर परम्परा के बारे में बार-बार सवाल उठता रहा और आज की स्थिति में भी हम देखेंगे कि तब से परम्परा के मूल्यांकन का जो प्रश्न उठा उसका दायरा बराबर यही रहा करता था। *अर्थात् परम्परा का प्रश्न एक तरह से संघर्ष का प्रश्न बना—दो विरोधी शक्तियों के बीच। परम्परा जिसे कहिए कि वर्ग-संघर्ष का अखाड़ा बन गयी, परम्परा एक तरह से राजनीतिक संघर्ष का रूप बन गयी।* आज यदि कोई कहे कि परम्परा शुद्ध बौद्धिक चिन्तन का प्रश्न है तो उसको उन्नीसवीं सदी की अपनी ही परम्परा याद

रखनी चाहिए कि स्वयं उन्नीसवीं सदी में परम्परा का अन्वेषण और परम्परा का मूल्यांकन शुद्ध बुद्धि-विलास था या वह सच्चे अर्थों में राजनीतिक संघर्ष के अंग के रूप में उभरकर आया था, जहाँ सही अर्थ में साम्राज्य विरोधी, और साम्राज्यवाद विरोधी ही नहीं, बल्कि उन्नीसवीं सदी में एक दूसरे संघर्ष की भी बुनियाद पड़ी थी—सामन्तवाद के ख़िलाफ़ भी परम्परा के संघर्ष की नींव पड़ी, उसी उन्नीसवीं सदी में। इसलिए परम्परा के मूल्यांकन का प्रश्न वस्तुतः राजनीतिक संघर्ष का प्रश्न बराबर रहा है, शुरू से रहा है। इसलिए समय-समय पर परम्परा क्या है, किसे हम परम्परा कहें और किसे हम रूढ़ि कहें, अथवा आगे चलकर इसके साथ दो और शब्द जुड़े और वह, स्वयं डॉक्टर साहब की *परम्परा और मूल्यांकन* इस नाम की पुस्तक भी है, आगे चलकर परम्परा के साथ जो शब्द जुड़ा, वह था—प्रगति और परम्परा। कुछ लोगों ने इस वज़न पर परम्परा और प्रयोग—अर्थात् परम्परा के मूल्यांकन का ही प्रश्न नहीं था, बल्कि परम्परा के साथ प्रगति का और प्रयोग का प्रश्न भी जुड़ा और इन शब्दों के जुड़ने के साथ परम्परा के मूल्यांकन की दिशा में बढ़ने वाला हर समय एक अलग क़दम रहा है।

बहुत दिनों तक, ऐसा होता है कि प्रगति अथवा प्रयोग के उत्साह में ऐसे भी दौर आये हैं, क्षणिक और छोटे दायरे में, जब एक प्रकार का उच्छेदवादी दृष्टिकोण अपनाया गया और सम्पूर्ण अतीत को नकार कर सर्वथा प्रगति की एक नयी छलाँग लगाने की कोशिश हुई और सर्वथा नया प्रयोग करने का दावा भी किया गया। लेकिन अन्ततः कुछ ही दिनों बाद उस दायरे की भी भूलें मालूम हुईं और लगा कि प्रगति अथवा प्रयोग की दिशा में कोई भी नया क़दम उठाने के लिए ज़रूरी है और उसमें यह निहित है कि नये सिरे से परम्परा का मूल्यांकन किया जाये, अब परम्परा का मूल्यांकन ही प्रगति की दिशा में एक नया क़दम होगा। और कदाचित् तथाकथित प्रयोग की दिशा में भी एक नया क़दम होगा इसलिए इस दिशा में जितने प्रयत्न हुए, विचारों की टकराहट और उन पद्धतियों की ओर हम ध्यान दें, तो एक बात की ओर, और जैसा मैंने कहा कि परम्परा का मूल्यांकन मूर्तिमान रूप में, डॉक्टर साहब के रूप में यहाँ मौजूद है, उस चर्चा के प्रसंग में संकोच के साथ मैं उल्लेख करना चाहूँगा और वह यह कि

आचार्य रामचन्द्र शुक्ल ने और उनसे पहले आचार्य महावीर प्रसाद द्विवेदी ने अपनी परम्परा के मूल्यांकन का प्रयास *सरस्वती* के माध्यम से, अपने लेखों के माध्यम से बराबर किया। उसके बाद समूचा हिन्दी साहित्य का इतिहास लिखकर आचार्य रामचन्द्र शुक्ल ने किया। आचार्य हजारी प्रसाद द्विवेदी ने हिन्दी साहित्य की भूमिका और अन्य ग्रन्थों के द्वारा किया और इस दिशा में, परम्परा के मूल्यांकन के संघर्ष में जो इसी कड़ी में, लेकिन प्रगतिशील विचारकों की ओर से और इस दृष्टि से किया जाने वाला सबसे सुगंगत प्रयास डॉक्टर रामविलास शर्मा ने किया। यद्यपि 'हिन्दी साहित्य का इतिहास' नाम की कोई पुस्तक डॉक्टर साहब ने नहीं लिखी, लेकिन हम में से सभी जानते हैं कि अकेले केवल हिन्दी साहित्य ही नहीं बल्कि सम्पूर्ण भारतीय साहित्य की परम्परा के मूल्यांकन की दिशा में किये गये प्रयासों की एक लम्बी कड़ी है जो डॉक्टर साहब ने पेश की है।

बहुत पहले वाल्मीकि पर 'आदिकाल' नाम का निबन्ध डॉक्टर साहब ने लिखा था। कालिदास पर शाश्वत मूल्यों का प्रश्न उठाते हुए दूसरा निबन्ध कालिदास पर लिखा। बाद के दिनों में सन् 70-71 के आस-पास ट्रैजेडी पर विचार करते हुए भवभूति के नाटकों पर लिखा। वाल्मीकि, कालिदास, भवभूति और उसके बाद स्वयं जो ठेठ हिन्दी साहित्य है, उस हिन्दी साहित्य की परम्परा के बारे में एकत्र आप देखना चाहें तो *आचार्य रामचन्द्र शुक्ल और हिन्दी आलोचना* में शुक्ल जी की आलोचना के मूल्यांकन और उसकी व्याख्या के बहाने सन्तों से लेकर छायावाद तक के समूचे साहित्य पर केवल शुक्ल जी के विचार नहीं दिये गये हैं, बल्कि उन विचारों की परीक्षा करते हुए डॉक्टर साहब ने पूरी हिन्दी साहित्य की परम्परा का एक अपना मूल्यांकन प्रस्तुत किया है। इसके अतिरिक्त अकेले तुलसीदास पर डॉक्टर साहब ने जितना लिखा है, उसे संकलित कर दिया जाये तो एक पुस्तक से अधिक ही पड़ेगा। लेकिन इन लेखों और तमाम चीज़ों के अलावा आधुनिक हिन्दी साहित्य का विस्तृत विवेचन भारतेन्दु, महावीर प्रसाद द्विवेदी, रामचन्द्र शुक्ल, निराला, प्रेमचन्द इन महत्त्वपूर्ण कृतिकारों को अपने मूल्यांकन के लिए चुनना और चुनकर विस्तार से उनका विवेचन उपस्थित करना समूचे हिन्दी साहित्य की परम्परा का यह मूल्यांकन नहीं तो और क्या है?

और ये सारी चीज़ें डॉक्टर साहब का जो ग्रन्थ जिसके कुछ अंश छप चुके हैं, और स्वतन्त्र पुस्तक के रूप में शीघ्र ही हम लोग देखेंगे, वह 'भारतीय साहित्य का इतिहास' है जो वैदिक काल से लेकर आज तक के उस व्यापक परिप्रेक्ष्य को उपस्थित करेगा, जहाँ हम भारतीय समाज के विकास के क्रम में समूचे भारतीय साहित्य के विकास की मुख्य रेखाओं को देख सकेंगे।

यह जो प्रयत्न है, ऐसा तो नहीं है कि इस प्रयत्न की जानकारी हिन्दी में नहीं है लोगों को। यह दूसरी बात है कि इस मूल्यांकन के रहते हुए भी हमारे यहाँ शिक्षा संस्थाओं में जो पढ़ाया जाता है, और औसत विद्यार्थी को जो कुछ दिया जाता है, वह वही माल है जैसे यह सब कुछ प्रयास किया ही न गया हो। परम्परा के मूल्यांकन का यह रूप हमारे हिन्दी विभागों में विद्यार्थियों के सामने सुलभ नहीं है, और यह शिकायत नहीं है बल्कि मैं कहना चाहूँगा, यानी यह न तो यह प्रमाण है इस बात का कि परम्परा का मूल्यांकन वस्तुतः राजनीतिक संघर्ष का, वैचारिक संघर्ष का प्रश्न हुआ करता है। इसलिए यदि डॉ. शर्मा द्वारा किया हुआ परम्परा के मूल्यांकन का स्वरूप सुलभ नहीं है तो यह अकारण नहीं है, यह आकस्मिक नहीं है। यदि इन प्रयत्नों की ओर अपने अध्यापकों की उपेक्षा के बावजूद बहुत-से सचेत विद्यार्थी आकृष्ट होते हैं तो यह भी उस संघर्ष का ही अंग है। इन सारी चीज़ों को हम देखें और इससे उठे हुए कुछ प्रश्नों को देखें, तो कुछ उल्लेखनीय बातें दिखाई पड़ेंगी और वे उल्लेखनीय बातें यह हैं—आमतौर से शिकायतें आयीं और कहा गया है, ख़ासतौर से अतीत के मूल्यांकन के बारे में एक बात, आधुनिक युग के मूल्यांकन के बारे में दूसरी बात और वह यह जिसके दोनों रूप हुआ करते हैं कि डॉ. शर्मा भारतेन्दु को भी उसकी ओर से कम्युनिस्ट साबित कर रहे हैं और महावीर प्रसाद द्विवेदी को भी साबित कर रहे हैं कि वह भी भौतिकवादी थे, रामचन्द्र शुक्ल को भी साबित कर रहे हैं, निराला के बारे में कहने की हिम्मत ज़रा कम पड़ती है, क्योंकि निराला क्रान्तिकारी थे। लेकिन वेदान्त वाले निराला को भी खींच कर डॉ. शर्मा कहीं यथार्थवाद के सहारे, कहीं भौतिकवाद के समीप ले आते हैं। प्रेमचन्द जी की जो व्याख्या की। उस पर तो आज तक विवाद हो रहा है कि प्रेमचन्द तो गाँधीवादी थे, इन्होंने उनको कम्युनिस्ट और मार्क्सवादी

साबित कर दिया है। अर्थात् परम्परा की व्याख्या इस सन्दर्भ और विवाद में हिन्दी के अनेक कवियों और लेखकों की एक विशेष प्रकार की प्रतिमा रही है, तुलसी की एक विशेष प्रकार की तस्वीर है, भारतेन्दु, महावीर प्रसाद द्विवेदी, रामचन्द्र शुक्ल, प्रेमचन्द, निराला आदि सभी की एक विशेष तस्वीर रही है। तो, इस बनी हुई या स्थापित प्रतिमा को किस प्रकार एक प्रगतिशील आलोचक ने चुनौती दी और उस चुनौती का दूसरा रूप, खण्डन नहीं बल्कि दूसरी प्रतिमा निर्मित की। तुलसीदास के बारे में डॉक्टर साहब ने जब लिखा और जो लिखा हुआ है तुलसीदास का, यह कह देना तो बहुत आसान है, लेकिन छापा-तिलक बनाये हुए और निरन्तर राम भजने वाले बाबा जब—*दारिद दसानन दवाई दीन बन्धु, दुरित दहन देहि तुलसी हाहाकरी*—अब तुलसी चौबीस घण्टे तिलक-छापा लगाकर राम-राम भजने वाले नहीं थे, बल्कि यह चेतना भी अपने युग की, अपने समाज की, जनता के दुख-दर्द की चेतना थी। उनके अभावों की, उनकी गरीबी की; इस रूप में तुलसी की एक दूसरी प्रतिमा आयी जो हिन्दी की जानी-पहचानी प्रतिमा नहीं थी तुलसीदास की? जैसी जयन्तियाँ मनाई जाती थीं और जैसी राम-धुन हुआ करती थी, तुलसी की एक दूसरी प्रतिमा पहली बार सामने आयी कि वह आदमी जो ग़रीबी के ख़िलाफ़, दरिद्रता के ख़िलाफ़ और उसके अनुभव से इतना जूझने वाला कवि दूसरा कोई नहीं था और यह भी एक समस्या है कि यह जीवन तुलसी के काव्य का एक अंग है। इस पर किसी का ध्यान नहीं गया। भारतेन्दु हरिश्चन्द्र का जिस रूप में, आधुनिक हिन्दी के जनक, लेकिन आधुनिक हिन्दी के जनक की क्या तस्वीर हिन्दी में थी कि गद्य का प्रसार किया है इसलिए भारतेन्दु जैसे गद्य-लेखक के रूप में बहुत-से लोग हैं। उन्नीसवीं सदी में इस देश की प्रखर राष्ट्रीय चेतना, निश्चय ही उनमें राज-भक्ति भी थी, लेकिन उसके साथ स्वदेशी का प्रचार करने वाले और उसके साथ ही *अन्धेर नगरी* जैसा नाटक लिखने वाले भारतेन्दु की एक नयी प्रतिमा हिन्दी में आयी, इससे पहले भारतेन्दु के विशेषज्ञ लक्ष्मीसागर वार्ष्णेय ही हुआ करते थे, जिन्होंने हिन्दी के दुर्भाग्य से उस काल पर कई पुस्तकें लिखीं, फोर्ट विलियम कॉलेज पर लिखा और लगा कि फोर्ट विलियम कॉलेज न क़ायम हुआ होता तो हिन्दी आज

जो हम देख-पढ़ रहे हैं, वह हिन्दी आज होती ही नहीं, भला हो अंग्रेज़ बहादुर का कि उन्होंने फोर्ट विलियम कॉलेज बनाया और जिसके कारण आधुनिक हिन्दी का जन्म हो गया। तो फोर्ट विलियम कॉलेज की जय-जयकार करने वाले लोग, भारतेन्दु की राज-भक्ति का गुणगान करने वाले लोग और भारतेन्दु को एक आरम्भिक ढंग का खड़ी बोली का गद्य-लेखक यहीं स्थापित करते दिखाई पड़ते थे। भारतेन्दु का आधुनिक हिन्दी के जनक का व्यक्तित्व जितना समाज-चेतन, जन-जीवन से जुड़ा हुआ, राष्ट्रीय व्यक्तित्व होना चाहिए, ये भारतेन्दु की तस्वीर थी ही नहीं। संयोग से डॉक्टर साहब ने दिखाया कि यह तस्वीर आचार्य रामचन्द्र शुक्ल के इतिहास में पहले से मौजूद थी, लेकिन जैसा होता है कि *हरित भूमि तृण संकुलित समुझि परै नहिं पन्थ, जिन पाखण्ड विवाद ते लुप्त होंहि सब ग्रन्थ।* जो पाखण्ड-विवाद से, यानी परम्परा के अन्वेषण से हम यह भी देखते हैं कि केवल भारतेन्दु की ही खोज नहीं हुई, भारतेन्दु की खोज करने के क्रम में हमने देखा कि भारतेन्दु बीच में खोजे गये थे, बाद में फिर लुप्त कर दिये गये। इसलिए हम परम्परा के मूल्यांकन के क्रम में परम्परा के मूल्यांकन की परम्परा का भी क्रम देखें। कब-कब नये सिरे से मूल्यांकन हुआ, उस मूल्यांकन में कब-कब धोखाधड़ी हुई, कब-कब दुश्मनों ने उस पर परदा डाला। यह भी हम देखते हैं कि भारतेन्दु की नयी प्रतिमा थी जिसकी स्मृति ताज़ा थी, 1922 तक। भारतेन्दु की वह प्रतिमा तब धूमिल हुई, जब इन विश्वविद्यालयों में नयी शिक्षा प्राप्त करके कुछ नये पीएच.डी. और डी.लिट. निकलने लगे, तो इस नये दौर में, और शिक्षा एक निश्चित राजनीतिक व्यवस्था का, सामाजिक व्यवस्था का अंग-सी रही है, उसमें हिन्दी की ऐसी पढ़ाई हुई कि शुक्ल जी द्वारा खोजे गये प्रतिष्ठित और शुक्ल जी की स्मृति में जीवित भारतेन्दु भी भुला दिये गये भारतेन्दु की एक नयी प्रतिमा हमारे सामने आयी।

महावीर प्रसाद द्विवेदी के बारे में दशकों से लोगों के सामने केवल भाषा ठीक करने वाले एक हेडमास्टर के समान उनकी प्रतिमा रखी जाती थी कि घनी मूँछों वाले, टोपी वाले और डण्डा वाले पण्डित जी ऐसे दबंग हेडमास्टर थे जो लोगों की भाषा ठीक किया करते थे। द्विवेदी जी इसके अलावा जो कुछ थे, बीस साल तक *सरस्वती* में रहकर वे केवल प्रूफ़ रीडिंग

नहीं करते रहे, और वे केवल कामता प्रसाद गुरु की तरह व्याकरण लिखने का तरीक़ा नहीं बताते रहे, बल्कि उन लेखों के द्वारा, अपनी रचनाओं के द्वारा उन बीस वर्षों में महावीर प्रसाद द्विवेदी ने कुछ और काम किया था, आप लोगों ने डॉक्टर साहब का ग्रन्थ देखा होगा, उसका सारांश बताने की मुझे ज़रूरत नहीं है, कि उन्होंने इस देश में उस वैज्ञानिक चेतना का, विकासवाद से जुड़ी हुई चेतना का प्रसार किया। भारत की बुद्धिजीवी और विवेकवादी परम्परा की स्थापना की उन्होंने। रीतिकालीन रुचियों और संस्कारों का विरोध कर उन्होंने साहित्य में आधुनिक बोध की प्रतिष्ठा की। और यही नहीं, बल्कि हिन्दी साहित्य के लिए और बाक़ी जो अर्थशास्त्रीय इतिहास है; तो उनकी यह खोज थी कि द्विवेदी जी ने *सम्पत्तिशास्त्र* नाम की पुस्तक अर्थशास्त्र की लिखी थी, और वह अर्थशास्त्र की कोई ऐसी पुस्तक नहीं थी, जो एक अरसे तक विश्वविद्यालयों के अर्थशास्त्र के अध्यापक लिखा करते थे, बल्कि उसका गहरा सम्बन्ध भारत के औपनिवेशिक शोषण से था। इसमें किसानों की दुर्दशा और उसके कारणों पर प्रकाश डाला गया था, वह ग्रन्थ *सम्पत्तिशास्त्र* लिख गया था। यह खोज थी और महावीर प्रसाद द्विवेदी की एक दूसरी प्रतिमा हमारे सामने आयी और यहाँ वह क्रान्तिकारी खोज थी, जिस प्रतिमा की ओर संयोग से, और शायद अधिक निकट होने के कारण शुक्ल जी का ध्यान नहीं गया होगा। महावीर प्रसाद द्विवेदी का यह जो व्यक्तित्व था, इस व्यक्तित्व को हिन्दी में पहली बार प्रतिष्ठित करके भारतेन्दु से चली आती हुई परम्परा की अगली कड़ी को उन्होंने जोड़ा। और महावीर प्रसाद द्विवेदी से स्पष्टतः आचार्य रामचन्द्र शुक्ल को जिनको बहुत दिनों तक एक विशेष प्रकार के लोक-संग्रहवाद, मर्यादावाद बल्कि हिन्दी में आचार्य रामचन्द्र शुक्ल को ब्राह्मणवादी मूल्यों के अधिष्ठाता के रूप में समझा जाता था और समझा जाता था कि आचार्य रामचन्द्र शुक्ल लोक-मंगल और लोक-संग्रह के द्वारा विशेष प्रकार के ब्राह्मणवादी मूल्यों की स्थापना करते हैं और यह प्रतिमा कुछ ख़राब यों भी थी कि उनके साथ यह भी जुड़ा था कि उन्होंने अपने ज़माने की जो जीवन्त काव्यधारा थी—छायावाद—उसका उन्होंने विरोध किया था, इसलिए ऐसा प्रतिक्रियावादी आदमी जो अपने समय की जो महत्त्वपूर्ण साहित्यिक

धारा है, उसका विरोध करता हो और लोक-संग्रह के नाम पर प्राचीन ब्राह्मणवादी मूल्यों की हिमायत करता हो, ऐसे आदमी के बारे में स्वभावतः बहुत श्रद्धा नहीं हो सकती थी; डॉक्टर साहब ने रामचन्द्र शुक्ल नामक पुस्तक के माध्यम से दिखाने की कोशिश की कि कुछ अन्तर्विरोधों, असंगतियों के बावजूद शुक्ल जी अपनी उसी गौरवशाली परम्परा के साथ जुड़े हुए थे, जो अधिक जनोन्मुख थी और जो उस समय के राष्ट्रीय स्वाधीनता संग्राम के विकसित मूल्यों के निकट थी। बाद की कृतियों में प्रेमचन्द और निराला के बारे में बहुत कहने की ज़रूरत नहीं है। निराला को हिन्दी साहित्य में प्रतिष्ठित करने का प्रयत्न कुछ लोगों ने पहले भी किया था। आचार्य नन्द दुलारे वाजपेयी उनके बहुत निकट रहे हैं और उनके प्रयत्न हम लोगों के सामने हैं, लेकिन सचमुच सही अर्थों में या कि वाजपेयी ने किन अर्थों में निराला को रखा था, हम आप सभी जानते हैं। उस पर टिप्पणी करने की आवश्यकता नहीं है, डॉ. शर्मा ने निराला को किस रूप में रखा और उसके द्वारा निराला के अन्तर्विरोध, असंगतियाँ और निराला का समूचा साहित्य उभरकर यानी तुलसीदास के बाद तुलसी की परम्परा में आधुनिक युग का ऐसा ओजस्वी स्वर जो सुनाई पड़ा वह निराला में सुनाई पड़ा, कहकर डॉक्टर साहब ने निराला के माध्यम से आधुनिक युग की ही नहीं बल्कि अतीत, मध्य युग और आधुनिक युग दोनों की परम्परा को एक साथ जोड़ दिया। यह नयी प्रतिमा थी।

मैंने जो कहा, इसका नक्शा आपके सामने रखा—दो दृष्टियों से। एक तो यह कि पहले यह कहा जाता रहा कि एक ख़ास तरह का नक्शा जिस ओर रूढ़िवादी लोगों ने और परम्परा के मूल्यांकन के चलने वाले संघर्ष में वे लोग जो समाज को पीछे ले जाना चाहते हैं और रूढ़िवादी मूल्यों में बाँधे रखना चाहते हैं, स्वयं हिन्दी साहित्य की जो व्यवस्था की थी, परम्परा की व्यवस्था की थी, उसको चुनौती देने वाला जब यह दूसरा मूल्यांकन आया तो इस मूल्यांकन के बारे में यह कहा गया कि यह तो मूल्यांकन नहीं है बल्कि ज़बर्दस्ती की व्याख्या है अर्थात् मार्क्सवादी आरोप है; यानी वे जो कर रहे थे, वह परम्परा का वस्तुगत मूल्यांकन था और जो प्रगतिशील मूल्यांकन है, वह पूर्वग्रह-ग्रस्त है, विकृत है, आरोपण है और सबको ज़बर्दस्ती ठेल-ठाल

कर प्रगतिशील बनाना है। इस प्रसंग में मैं कहना चाहता हूँ और कहने की ज़रूरत नहीं है कि क़ायदे से परम्परा का कोई भी मूल्यांकन, किसी भी समय तथाकथित वस्तुगत, वास्तविक, ज्यों-का-त्यों, परम्परा जैसी थी वैसा ही, न किसी ने रखा है न कोई रख सकता है। व्याख्या मात्र किसी-न-किसी पक्ष की, किसी-न-किसी दृष्टि की और यह पक्ष या दृष्टि किसी-न-किसी वर्ग-हित की ही हुआ करती है। इसलिए जो तथाकथित परम्परा को वस्तुगत रूप में ज्यों-का-त्यों रखने वाले लोग थे, वह भी एक व्यवस्था है, एक मूल्यांकन है, अर्थात् परम्परा का कोई भी मूल्यांकन जैसा मैंने कहा कि यह उस व्यापक वर्ग-संघर्ष का, या राजनीतिक संघर्ष का अंग है, जिसमें किसी-न-किसी समुदाय की दृष्टि, उसके पक्ष, उसके हित से ही यह मूल्यांकन जुड़ा रहता है।

कोई भी मूल्यांकन कभी भी, आप ऐसा मानकर चलें—और एक बहुत व्यापक प्रश्न होगा कि कोई भी व्याख्या इस मामले में बहुत वस्तुगत और तर्कसंगत नहीं हुआ करती; वस्तु के कौन अधिक-से-अधिक निकट है, आप दावा यह कर सकते हैं। और यह उस व्याख्या पर निर्भर है; जिसमें प्रश्न उठेगा उसकी वैधता का, उसकी वैलिडिटी का, उसकी प्रामाणिकता का। परम्परा के मूल्यांकन के बारे में दो बातें आमतौर से और दो शब्द चलते रहते हैं—एक इस मूल्यांकन के बारे में अंग्रेज़ी का शब्द है—'रेलिवेंस' या प्रासंगिकता। हर दौर अपने अतीत को अपने लिए 'रेलिवेंट' बनाने की कोशिश करता है और चूँकि हर दौर सर्वसम्मत नहीं हुआ करता, इसलिए वह 'रेलिवेंस' भी सर्वसम्मत नहीं हुआ करती है। अतीत का रूप किसी के लिए एक अर्थ में 'रेलिवेंट' है, दूसरे के लिए दूसरे अर्थ में 'रेलिवेंट' है। इसलिए 'रेलिवेंसी' या प्रासंगिकता की बात करते समय बहुत ठोस ढंग से बराबर यह सवाल उठाया जाना चाहिए कि किसके लिए 'रेलिवेंट?' और जो लोग प्रगतिशील ढंग से परम्परा की हुई व्याख्या किसके लिए 'रेलिवेंट' है? और यह व्यवस्था किसके लिए 'रेलिवेंट' है। क्या लक्ष्य है, क्या सिद्धि होती है? उदाहरण के लिए अतीत के बारे में अज्ञेय जी ने बहुत कम लिखा है, लेकिन किसी काल में संयोग से उन्होंने कभी 'केशव की कविताई' नाम का एक निबन्ध लिखा। और सम्पूर्ण अतीत में उन्हें न तुलसी पर लिखने की ज़रूरत महसूस हुई, न कबीर पर लिखने की ज़रूरत महसूस हुई।

उनको ज़रूरत महसूस हुई केशव पर लिखने की। और 'केशव की कविताई' बहुत ही रोचक निबन्ध है, जिसमें उन्होंने केशव में दिखाने की कोशिश की है 'ए री मेरी गोरी, मेरी गिरा की गुराई है।' इस पंक्ति को उद्धृत करते हुए उन्होंने कहा कि केशव में व्यंग्य का बोध (और व्यंग्य उन्होंने 'आयरनी' के अर्थ में कहा है) दिखाई पड़ता है, जो अतीत के कवियों में बहुत कम दिखाई पड़ता है। 'कठिन काव्य के प्रेत' केशव की हिन्दी में दूसरे प्रकार की प्रतिमा रही है और शुक्ल जी उसे बनाकर गये थे, जिसे मिटाकर अभी तक कोई ठीक-ठीक दूसरी प्रतिमा तो नहीं बना सका लेकिन वात्स्यायन जी ने कोशिश की। मैं ठीक से नहीं जानता और डॉक्टर साहब के समकालीन हैं वे, इसलिए उनके बारे में और उनकी चिन्तन-प्रक्रिया के बारे में डॉक्टर साहब ज़्यादा जानते होंगे, लेकिन मुझे ऐसा लगा कि जैसे अंग्रेज़ी में जब नयी आलोचना चली और आधुनिकतावादी कविता चली, इलियट ने पूरी अंग्रेज़ी की परम्परा में से उन तथाकथित 'मेटाफ़िज़िकल' कवियों को ढूँढ़ निकाला है, जिन पर नज़र ज़रा कम ही जाया करती थी और इसलिए शेक्सपियर और मिल्टन को तो ख़ैर ध्वस्त ही किया है उन्होंने। और डॉन हर्बर्ट और मार्शल को उन्होंने ढूँढ़ा और मार्वेल को तथा मेटाफ़िज़िकल कवियों को लेकर उन्होंने कहा कि ये ही महत्त्वपूर्ण हैं हर दृष्टि से, क्योंकि इन्हीं में संवेदना का पृथक्करण नहीं हुआ था, और बाक़ी में शेली, कीट्स, बायरन आदि महत्त्वपूर्ण हैं, उसके पहले के भी कुछ कवि महत्त्वपूर्ण हैं। कदाचित् मुझे ऐसा लगता है कि वात्स्यायन जी ने ऐसा सोचा कि इलियट यदि सभी से उपेक्षित मेटाफ़िज़िकल कवियों में मार्वेल को, मेटाफ़िज़िकल कवियों को सबसे ऊपर रख सकता है, तो मैं भी क्यों नहीं ढूँढ़ कर इन कबीर, सूर, तुलसी आदि पर केशवदास को प्रतिष्ठित करूँ। अब अपना-अपना भाग्य है कि इलियट का सिक्का तो कुछ दिनों तक चला, लेकिन इतने पिछड़े हुए हिन्दी वाले हैं कि 'केशव की कविताई' का पुनर्मूल्यांकन दुर्भाग्य से नहीं चल सका। न हिन्दी विभागों की जड़ीभूत प्रणाली में, और न स्वयं तथाकथित प्रयोगवादी काव्य-परम्परा में ही। केशव के पुनर्मूल्यांकन की नौबत नहीं आयी। मैंने यह उदाहरण केशव का इसलिए दिया है कि केशव 'रेलिवेंट' तो किसके लिए? और उन्हें स्वयं अपने लिए 'रेलिवेंट' लगे हैं। जिन मूल्यों के लिए लगे हों, उसके द्वारा जो भी उपयोग

उन्होंने किया हो वह भगवान जाने। लेकिन प्रगतिशील आलोचकों ने जिस परम्परा का मूल्यांकन किया, उसमें स्वयं अपने स्वाधीनता संग्राम के लिए, जनवादी संघर्ष के लिए, सामान्य जनता के हितों के लिए, मूल्यों के लिए और यही नहीं, बल्कि इन तमाम मूल्यों में बाधा डालने वाले, जो देश की पुरानी तथाकथित सामन्ती मूल्य प्रणाली है, उनके विरुद्ध जो रुकावट डालने वाली है और यही नहीं बल्कि इस स्वदेशी विकास के मार्ग में आने वाली पश्चिम की जो पतनशील प्रवृत्तियाँ हैं उन पतनशील प्रवृत्तियों के विरुद्ध भी आगाह करते हुए इस 'रेलिवेंट' की स्थापना की थी। इसलिए परम्परा के मूल्यांकन के सिलसिले में जब भी 'रेलिवेंस' की बात उठाई जाती है, स्पष्ट है कि प्रगतिशील दृष्टि से परम्परा का किया मूल्यांकन इस मामले में स्पष्ट है कि अपनी प्रासंगिकता को अमूर्त, हवाई और अनिश्चित नहीं रखता, बल्कि उस प्रासंगिकता का एक निश्चित लक्ष्य मूल्य के स्तर पर, जन-समुदाय के स्तर पर और स्वयं अपने राष्ट्रीय जीवन के विकास की दृष्टि से उसकी प्रासंगिकता को रेखांकित करता है, जबकि दूसरे लोग केवल यही कहते हैं कि प्रासंगिक है। प्रासंगिक है—किसके लिए? कुछ पता नहीं। इसके बारे में वे चुप हैं और जो आदमी प्रासंगिकता के बारे में चुप रहे, समझना चाहिए, जैसे 'चोर नारिजिमि प्रकट न रोई' के समान कि वह जिसके लिए प्रासंगिक है या बताना चाहते नहीं हैं, उसे साफ़ कहने की या तो हिम्मत नहीं है या इतनी शर्म की बात होगी कि कदाचित् वह प्रासंगिकता भी बहुत प्रासंगिक नहीं होगी, बल्कि अप्रासंगिक का दर्जा ही हासिल करेगी।

दूसरी बात इस पूरे विवेचन में और जहाँ हमारे सामने समस्या उपस्थित होती है वह यह है कि मुख्य रूप से प्रगतिशील दृष्टि के द्वारा परम्परा का जो मूल्यांकन किया गया है। इसके अन्तर्गत स्वयं कुछ समस्याएँ पैदा होती हैं। चूँकि मार्क्सवादी दृष्टि से जब परम्परा का मूल्यांकन हम करते हैं तो उसके साथ इतिहास की एक मार्क्सवादी दृष्टि है। अतीत का लिखा हुआ जो साहित्य है उसकी रचना निश्चित सामाजिक अवस्थाओं में हुई है और उन अवस्थाओं के बारे में मार्क्सवाद की अपनी एक दृष्टि है। जब मूल्यांकन के क्रम में आमतौर से अब तक जो दिखाई पड़ा है, जैसे तुलसीदास और तुलसीदास की जो व्याख्या डॉक्टर साहब ने अतीत

के कवियों में, जैसे अतीत का इतिहास वर्ग-संघर्ष का इतिहास है और उन युगों में आमतौर से चूँकि साहित्य को यह समझा जाता है कि वह विचार-प्रणाली और विचारधारा का अंग है, एक दृष्टि यह है और डॉक्टर साहब ने अपने अनेक ग्रन्थों में कहा है कि साहित्य विचारधारा से प्रभावित होता है, लेकिन उसे विचार-प्रणाली या विचारधारा के अन्तर्गत गिनना सही नहीं है। यानी वह विचार-प्रणाली मात्र नहीं है। तुलसीदास का *रामचरितमानस* और *विनय-पत्रिका* उस युग की जो प्रभावशाली वर्ग की विचारधारा रही होगी, उस विचारधारा से कितनी प्रभावित हुई? या कितनी प्रभावित नहीं हुई? उस युग की विचारधारा में यानी अनेक तरह की विचारधाराएँ रही होंगी और उनमें जो प्रभुत्वशाली विचारधारा रही होगी, उसमें असंगतियाँ भी रही होंगी। अर्थात् अतीत के साहित्य में और महान साहित्यिक कृतियों में हम आमतौर से मार्क्सवादी आलोचकों ने अन्तर्विरोध या असंगतियाँ दिखायीं। इन असंगतियों के निरूपण के क्रम में दो बातें दिखाई पड़ती हैं। कहीं-कहीं ऐसा भी हुआ है और उस पर लोगों ने आपत्ति भी की है। यह बात गले नहीं उतरती है, डॉक्टर साहब ने तुलसीदास पर लिखते हुए एक बार कहा था कि जहाँ उन्होंने कुछ ऐसी बातें लिखी हैं जैसे 'ढोर गँवार शूद्र पशु नारी' एकदम ही तो नहीं, लेकिन इस प्रकार की कुछ हैं, उन्हें क्षेपक मानना चाहिए। स्थिति यह है कि जब असंगति दिखाई पड़ती है इस असंगति का विवेचन और इसका मूल्यांकन किस प्रकार किया जाये? और उन लोगों के लिए यह काम बहुत आसान है कि जो अतीत के किसी एक महान लेखक को पूरा-का-पूरा, किन्हीं कारणों से जो असंगति नहीं देखते, अन्तर्विरोध नहीं देखते—वह उनके लिए महत्त्वपूर्ण भी नहीं है, या तो सर्वथा त्याज्य है या सर्वथा ग्राह्य है, लेकिन जहाँ महान कवियों में और तुलसीदास में, स्वयं भारतेन्दु में एक ओर राष्ट्रभक्ति भी है, दूसरी ओर राज-भक्ति भी है। स्वयं महावीर प्रसाद द्विवेदी में ऐसी चीज़ें दिखाई पड़ती हैं, रामचन्द्र शुक्ल में दिखाई पड़ती हैं, निराला में दिखाई पड़ेंगी और अतीत ही नहीं हम देखते हैं कि वर्तमान का भी कौन-सा बड़े-से-बड़ा कवि या लेखक है जिसमें अन्तर्विरोध या असंगति नहीं है? बहुत बड़े जिगरे वाला कोई आदमी होगा जो कहेगा कि मैं सुसंगत हूँ। ठोस हूँ।

असंगतियाँ अवश्य होंगी, लेकिन बड़े साहित्यकार और छोटे साहित्यकार की असंगतियों में भी फ़र्क़ होता है, असंगतियों में जो संघर्ष होता है उसकी तीव्रता और गहराई में फ़र्क़ होता है, उसके स्तर में फ़र्क़ हुआ करता है और उस असंगति और तनाव को दूर करने के लिए जो प्रयत्न करता है, संघर्ष करना होता है, उस प्रयत्न की गम्भीरता में भी अन्तर होता है। अनेक रूप हुआ करते हैं। इन असंगतियों में से आमतौर से परम्परा के मूल्यांकन में ऐसा समझा जाता है, ऐसा लगता है और कहा जाता है कि कहीं यह दूसरा छोर तो नहीं है कि अतीत के साहित्यकारों को साधारण जन-जीवन के लिए उपयोगी प्रमाणित करने की प्रक्रिया में हम आज की आवश्यकता के अनुरूप वे सारी बातें ढूँढ़ लेते हैं और उस ढूँढ़ने के प्रयास में जो असुविधाजनक अवांछनीय तत्त्व होते हैं, आमतौर से उन्हें या तो हम क्षेपक मान लेना चाहते है, या हम उनका महत्त्व कम करके रखना चाहते हैं और उन तत्त्वों को हम ज़्यादा उभार कर रखना चाहते हैं, जो तत्त्व हमारे लिए ज़्यादा उपयोगी है। आमतौर से ऐसा कहा जाता है और कठिनाई इसमें तब होती है, जब अतीत के साहित्यकारों में सब में कुछ गिनी-चुनी चीज़ें हैं, जो हम सबमें देखने लगते हैं। उस काल-विशेष के जितने मुख्य तत्त्व हैं अर्थात् जिन खोजा तिन पाइयाँ, जो हम खोजने निकलते हैं, वही-वही पाते हैं और वही लेकर निकलते हैं। नतीजा यह होता है कि तमाम साहित्यकारों की प्रतिमा एक-सी दिखाई पड़ती है। बहुत कुछ एकरूपता का निर्माण होता है और दूसरी ओर उन असंगतियों या अन्तर्विरोधों का उल्लेख करते समय हम उनको गौण, महत्त्वहीन, उपेक्षणीय मानकर प्रायः प्रधानता की दृष्टि से कि ये ज़्यादा महत्त्वपूर्ण हैं या मुख्य हैं, इसलिए मुख्यता के आधार पर हम उनकी एक ऐसी प्रतिमा निर्मित करते हैं, जो प्रतिमा हमें ज़्यादा पसन्द या सुविधाजनक होती है। कदाचित् परम्परा के मूल्यांकन का यह दूसरा छोर है जो उच्छेदवादी दृष्टि का बिल्कुल प्रतिरूप है। एक जो सम्पूर्ण परम्परा को प्रतिक्रियावादी मानता है कि सामन्ती युग का साहित्य सामन्ती है, पूँजीवादी युग का साहित्य पूँजीवादी है, दूसरे सामन्ती युग या पूँजीवादी युग के जितने महान साहित्यकार हैं, चूँकि वे महान हैं इसलिए उन्हें प्रगतिशील होना ही चाहिए और चूँकि वे प्रगतिशील हैं इसलिए उनमें वे सारे मूल्य जो आज

दिखाई पड़ते हैं वे सब कुछ हों, कभी-कभी ऐसा भी होता है कि वर्तमान में और अतीत में निरन्तरता लागू करने की प्रक्रिया में वह जो अन्तर है, पार्थक्य है, वह मिट जाया करता है, वर्तमान को अतीत से जोड़ने के प्रयास में अतीत पूरा-का-पूरा वर्तमान हो उठता है और वर्तमान हो जाने की प्रक्रिया में यह तो सही है कि परम्परा की पूरी शक्ति, पूरी निधि, पूरी पूँजी आज के लिए हासिल करते हैं, लेकिन एक ख़तरा बराबर बना रहता है, क्योंकि अतीत के कवियों में अन्तर्विरोध होने के कारण उनके दूसरे पक्ष भी हैं और उन दूसरे पक्षों का दुश्मन प्रचार-प्रसार करके ज़्यादा उपयोग करते हैं और किया करते हैं, इसलिए तुलसी, भारतेन्दु, महावीर प्रसाद द्विवेदी, रामचन्द्र शुक्ल की एक प्रगतिशील प्रतिमा निर्मित करने के साथ ही हम देखते हैं, और क़ायदे से चिन्ता की चीज़ होनी चाहिए, कि उनकी यह प्रतिमा कितनी देर तक वर्तमान के आलोक में और क़ायदे से इतिहास के तथ्यों के आलोक में सुरक्षित रह सकेगी। इन प्रतिमाओं में नये अन्तर्विरोध चुनौती के रूप में कब-कब नहीं उभर कर आया करेंगे। आमतौर से यहाँ भी और बाहर भी मार्क्सवादी मूल्यांकन के सामने इस प्रकार के ख़तरे उपस्थित किये गये हैं और चूँकि एक और चीज़ है कि यह केवल किताबों या लेखकों और बुद्धिजीवियों तक बात रहती तो ठीक है। संयोग से तुलसी जयन्ती हर साल मनाई जाती है और तुलसीदास पर तरह-तरह के व्याख्यान हुआ करते हैं और लाख हम कहा करें, इस तुलसीदास को किसानों-मज़दूरों तक अपनी दृष्टि से ले जाने के लिए जितनी दूर तक हम प्रयत्न करते हैं, इसके बावजूद दूसरी ओर से भी तुलसीदास का उपयोग करने वाले लोग मौजूद हैं और काफ़ी हैं और उनके नाम पर ख़ास तरह से साधारण लोगों को संगठित भी कर लिया करते हैं और संगठित करके कभी-कभी कार्यवाही भी कर बैठते हैं, जिसके रूप हमारे सार्वजनिक जीवन में दिखाई पड़ते हैं, ऐसी स्थितियों में क्या यह मूल्यांकन की 'स्ट्रैटजी' सही है, या हमको इस पर नये सिरे से विचार करने की ज़रूरत पड़ेगी। विकल्प के रूप में और इस तरह का विवाद यूरोप में फ़ासिज़्म के ज़माने में भी हुआ था। एक ओर जॉर्ज लूकाच अपनी उन्नीसवीं सदी के उपन्यास की महान परम्परा की व्याख्या करते हुए बाल्जाक, ताल्सताय वग़ैरह पर लेख लिखकर उन सबको फ़ासिस्ट-विरोधी

संघर्ष के लिए उन्नीसवीं सदी के महान उपन्यासकारों का इस्तेमाल अपनी व्याख्याओं के द्वारा कर रहे थे। उसी समय जर्मनी के दूसरे नाटककार बर्तोल्त ब्रेख्त ने नाटक लिखने के क्रम में ही परम्परा के मूल्यांकन के बारे में एक दूसरा सूत्र स्थापित किया। उसे विचार के लिए मैं रखना चाहता हूँ। वह भी एक मार्क्सवादी की हैसियत से और लूकाच के सिद्धान्त के ठीक विपरीत रखा, जहाँ लूकाच ने बाल्जाक, ताल्सताय के तमाम प्रगतिशील तत्त्वों को उभारकर सामने रखा। लूकाच के विरुद्ध ब्रेख्त का प्रसिद्ध सिद्धान्त 'एलिएनेशन इफेक्ट' कि अतीत को समकालीन बनाकर उपस्थित करना ग़लत है। यानी शेक्सपियर को समकालीन बनाकर उपस्थित करना शेक्सपियर के साथ तो अन्याय है ही, अपने साथ भी अन्याय है, बल्कि अतीत को इस रूप में उपस्थित किया जाये कि अतीत और वर्तमान के बीच की दूरी बनी रहे; उसकी जो 'अदरनैस' है अर्थात् तुलसीदास, तुलसीदास ही हैं, वह न निराला हैं, न निराला हो सकते हैं, और तुलसीदास का महत्त्व, उनकी गरिमा और सार्थकता न निराला होने में है, तुलसीदास बने रहने में है—समस्त असंगतियों, अन्तर्विरोधों के साथ इसलिए उनकी जो अतीतता है, उनके अन्दर विरोध है, उनकी असंगतियाँ, इनका सही-सही वास्तविक ज्ञान हम प्राप्त करें, यानी हम तात्कालिक उपयोग के लिए उनका इस्तेमाल नहीं करना चाहते हैं बल्कि उनको अधिक-से-अधिक उनके अपने सही ऐतिहासिक सन्दर्भ और उनके समस्त अन्तर्विरोधों के साथ उपस्थित करके देखें कि वे हमसे दूर हैं, हमसे अलग हैं, अपने समय की समस्याएँ उन्होंने हल कीं।

हमारी समस्याएँ उन्होंने हल नहीं कीं लेकिन ऐसा न करके उन्होंने ग़लत काम नहीं किया। इस संघर्ष में, उनके अपने संघर्ष में, अपने अन्तर्विरोध में भी इतनी शक्ति है कि आज भी वे हमें बता सकते हैं। इसलिए परम्परा का मूल्यांकन करते समय परम्परा की एक दृष्टि है, लगातार उसे समकालीन बनाते जाना, वर्तमान के लिए प्रासंगिक बनाते जाने का प्रयत्न, और इस तरह वर्तमान और अतीत के अन्तर को कम करने का प्रयत्न है, अतीत की अतीतता को बराबर सुरक्षित रखते हुए वर्तमान और अतीत की उस दूरी को रेखांकित करना, जिसमें वर्तमान की अपनी

अस्मिता, अपनी विशिष्टता, अपनी समस्याएँ पूरी ज्वलन्तता के साथ मौजूद रहें, वे अतीत से अपना बराबर पार्थक्य समझते रहें, अगर ऐसा नहीं होगा तो हम लोग अपने आज के संघर्षों को वस्तुतः अतीत का पुराना संघर्ष मान लेंगे जो राजनीतिक दृष्टि से भी ग़लत होगा। इसलिए आज के ज्वलन्त संघर्षों में और अतीत के संघर्षों में जो ऐतिहासिक अन्तर है, एक कड़ी है, एक रिश्ता है, एक नैरन्तर्य है, लेकिन उस पार्थक्य को क़ायम रखना चाहिए। ब्रेख्त ने लूकाच पर यही आरोप लगाया था कि लूकाच उस दूरी को कम करना महत्त्वपूर्ण समझते हैं, मैं उस दूरी को कम नहीं करना चाहता, बल्कि जितनी है, ज्यों-की-त्यों उसे बनाये रखने में विश्वास करता हूँ और उन्होंने कहा कि यह ज़्यादा ज़रूरी और क्रान्तिकारी काम है। मुझे डॉक्टर साहब की पुस्तकों को पढ़ते हुए बार-बार यह लगा कि यह दूसरा तत्त्व डॉक्टर साहब के विवेचन में मौजूद है, किन्तु उतना उभरकर नहीं आता। तुलसीदास पर लिखते हुए, यह स्वयं रामचन्द्र शुक्ल पर लिखते हुए महावीर प्रसाद द्विवेदी पर लिखते हुए, उनके अन्तर्विरोधों पर बल देते हैं कि यह सही है और कहीं अन्यत्र दूसरे प्रसंग में भी पढ़ा था कि डॉक्टर साहब की हर रचना एक निश्चित वैचारिक संघर्ष के दौर में लिखी गयी है। इसलिए कभी-कभी उस सन्तुलन को ठीक करने के लिए ऐसी चीज़ों पर ज़्यादा बल देना पड़ता है, जिनकी ओर लोगों का ध्यान नहीं जाता है। इसलिए महावीर प्रसाद द्विवेदी पर पुस्तक लिखते हुए कदाचित् महावीर प्रसाद द्विवेदी के दूसरे ऐसे निषेधात्मक पक्ष थे, जिन पर उतना बल नहीं दिया गया है, क्योंकि दूसरे लोग उनसे ज़्यादा परिचित हैं। जो उपेक्षित पहलू हैं उन पर ज़्यादा बल दिया गया है। किन्तु यह बराबर मुझे ऐसा लगा कि अपनी सर्वोत्तम समीक्षाओं और मूल्यांकन में डॉक्टर साहब अतीत और वर्तमान की इस दूरी और अन्तर की ओर, ख़ासतौर से आज के राजनीतिक और सामाजिक संघर्षों की विशिष्टता की ओर संकेत करते चलते हैं कि इसके लिए उपयोगी है, लेकिन ये वही नहीं है, जो उस ज़माने का संघर्ष था।

मार्क्सवादी आलोचक, और मैं विधिवत् डॉक्टर साहब का शिष्य तो नहीं रहा, और चूँकि अपने को एकलव्य कहने की परम्परा रही है, मैं वह भी नहीं हूँ, किन्तु बहुत-कुछ सीखा है डॉक्टर साहब से, और इसके नाते मैं

कह सकता हूँ कि स्वयं जैसे परम्परा के वे अभिन्न जीवन्त अंग हैं, उनकी रचनाओं की भी, जिस प्रकार की व्याख्या की जा रही है, उसमें आमतौर से इनका लेखन एक ऐसे प्रकार के लेखन को प्रोत्साहन देता है जो वर्तमान और अतीत की दूरी को कम करके ज़्यादा-से-ज़्यादा उसे समकालीन और वर्तमान बनाने को प्रेरित करता है, उत्साहित करता है और दूसरा पक्ष जो स्वयं इनकी रचनाओं में है, उस दूरी को बनाये रखने की ओर ध्यान कम दिया जाता है। दोनों में कौन सही रास्ता है या इन दोनों के अलावा भी कोई तीसरा रास्ता हो सकता है, मैं जानता हूँ कि डॉक्टर साहब उसमें भी समर्थ हैं और उस पर भी अपने विचार व्यक्त कर सकते हैं।

(साभार : 'पहल' पत्रिका, फ़रवरी 1984)

परम्परा का सर्जनात्मक उपयोग

बाणभट्ट की आत्मकथा में एक प्रसंग है जब अपने उद्धारकर्त्ता महावराह की मूर्ति के भार से गंगा में डूबती हुई भट्टिनी को बाणभट्ट बचाने का प्रयास कर रहे हैं। इस संकट, विकल्प एवं वरण से पूर्ण स्थिति का संश्लिष्ट चित्र उल्लेखनीय है–

'एक बार मुझे लगा कि भट्टिनी को अपनी पीठ पर देर तक नहीं ढो सकूँगा। मेरा शरीर क्रमशः क्लान्त होता जा रहा था। कहीं ऐसा न हो कि क्लान्ति के कारण मैं शिथिल हो जाऊँ और भट्टिनी मेरी पीठ से खिसक जायें। मैंने अपने उत्तरीय को कसकर बाँधना चाहा। जब उत्तरीय भट्टिनी की भुजाओं में लपेटने लगा तो कुछ कठोर वस्तु का अनुभव हुआ। खींचकर देखता हूँ, तो महावराह की मूर्ति है। हाय! 'जलौघमग्ना सचराचरा धरा' के उद्धारकर्त्ता, आज अपने भक्त को ही डुबा रहे हैं, यह कैसी विडम्बना है। भट्टिनी इस मूर्ति के कारण ही भारी लग रही थीं, और निरन्तर जो डूबती जा रही थीं सो भी इसी के कारण। अवधूत का प्रश्न आज मूर्तिमान होकर सामने आया, किसे बचाऊँ–भट्टिनी को या महावराह को? अवधूत की क्रुद्ध मुद्रा याद आयी–'मूर्ख, तू महावराह को बचायेगा?' सचमुच ही तो, इस महिमाशाली उद्धारकर्ता को बचा लेने का संकल्प क्या स्पर्द्धा नहीं है? हे 'जलौघमग्ना सचराचरा धरा' के उद्धारकर्ता, तुमसे अधिक चिन्ता मुझे तुम्हारे भक्त की है, अविनय क्षमा हो, मैं तुम्हें गंगा की पवित्र धारा में विसर्जन कर रहा हूँ। मेरे सामने अवधूत बाबा अघोर भैरव की प्रसन्न मूर्ति खेल गयी। ऐसा लगा कि वे प्रेमपूर्वक डाँट रहे हैं : फिर झूठ बोलता है, जन्म का पातकी, कर्म का अभागा, मिथ्यावादी पाखण्ड! महावराह को बचायेगा तू! दम्भी!!

मैं कुछ लज्जित-सा हो रहा। फिर ऐसा लगा कि वे स्नेहपूर्वक कह रहे हैं—'देख बाबा इस ब्रह्माण्ड का प्रत्येक अणु देवता है, त्रिपुर-सुन्दरी ने जिस रूप में तुझे सबसे अधिक प्रभावित किया है, उसी की पूजा कर।' फिर महावराह की मूर्ति मेरे हाथ से खिसक गयी। अघोर भैरव की मूर्ति आकाश की ओर ऊपर उठने लगी। वह दूर से दूरतर होती गयी। मेरी नाड़ी में रक्त का स्रोत क्षीणभाव से बहने लगा। भुजाएँ शिथिल होने लगीं, आँखों के सामने अन्धकार छाने लगा। सिर्फ़ दूर से बादलों को चीरकर एक आवाज़ कानों में प्रवेश करती रही—'किसी से भी न डरना, गुरु से भी नहीं, मन्त्र से भी नहीं, मुझसे भी नहीं, वेद से भी नहीं।' मेरी सारी चेष्टा अवसन्न हो गयी, केवल चेतना पर मृदु आघात-सा करता हुआ वह अदृश्य शब्द आकाश में विलीन होते-होते भी बना ही रहा। अवधूत की मूर्ति और ऊपर उठी--नक्षत्र-मण्डल से भी ऊपर, और भी ऊपर, और भी...। मैं रेती से टकराया।'

बाणभट्ट की आत्मकथा यदि परम्परा के सर्जनात्मक उपयोग का उदाहरण है तो 'आत्मकथा' का यह प्रसंग उस सृजनशील दृष्टि का सार्थक संकेत है। महावराह और भट्टिनी को परम्परा और सृजनशीलता के सन्दर्भ में रखकर देखें तो बाणभट्ट का विकल्प प्रत्येक सृजनशील साहित्यकार का अपना प्रश्न है। परम्परा निस्सन्देह उद्धारकर्त्ता है। फिर भी अक्सर उसके उद्धार का सवाल उठाया जाता है। लेकिन उस महिमाशाली उद्धारकर्त्ता को बचा लेने का संकल्प क्या स्पर्द्धा नहीं है? 'परम्परा को तू बचायेगा, दम्भी ये शब्द ऐसे ही व्यक्ति के लिए हैं जो प्रायः परम्परा की रक्षा का सवाल उठाया करता है। परम्परा उद्धारकर्त्ता है तो इसीलिए कि वह अन्ततः अपने आप भी मुक्ति देती है। जो भक्त परम्परा के इस रूप को नहीं जानता, वह इस मूर्ति को पीठ पर लाद लेता है और डूबने लगता है। लेकिन कवि इस विडम्बना को जानता है, क्योंकि उसका लक्ष्य मुक्ति है। विसर्जन का दुखद संकल्प भी उसे ही लेना पड़ता है क्योंकि सर्जन उसका कर्म है। इसलिए संकट में सवाल परम्परा की रक्षा का नहीं, बल्कि उसकी रक्षा का है जिसकी रक्षा हम कर सकते हैं। और आकाशधर्मा के शब्दों में 'त्रिपुर-सुन्दरी ने जिस रूप में तुझे सबसे अधिक प्रभावित किया है, उसी की पूजा कर।' परम्परा की

यह स्वतन्त्रता आकाशधर्मा गुरु ही दे सकता है। इस मुक्ति-बोध के बिना सृजन असम्भव है। सर्जक इसी रूप की खोज और सृष्टि करता है—अपने अनुभूतिगत रूप की। इस प्रक्रिया में अपने लिए वह अपनी परम्परा भी चुनता है और मिथकों-प्रतीकों से उर्वर विशाल परम्परा के बीच से सृजन के उपादान एवं उपकरण भी। सर्जक के लिए परम्परा प्रदत्त नहीं है, वह वरण है। सर्जक इतिहास को बदलता है, इतिहास में कुछ जोड़ता है, इसीलिए वह इतिहास से मुक्त होता है : अथवा कम-से-कम उसे इतिहास से मुक्ति का अहसास होता है। इस दृष्टि से प्रत्येक सृजनशील साहित्यकार की अपनी-अपनी चुनी हुई, बल्कि अपने उपयोग के लिए रची हुई परम्परा होती है। इसलिए परम्परा का सर्जनात्मक उपयोग भी प्रत्येक रचनाकार अपने ढंग से करता है, न तो उसके लिए कोई एक निरपेक्ष नियम है और न हो ही सकता है यदि इसका कोई मूल मन्त्र है तो वह है अकुताभेय अथवा अभय, जिसका दूसरा नाम स्वतन्त्रता है। "परम्परा के सर्जनात्मक उपयोग" की इस दृष्टि में निश्चय ही एक प्रकार के 'उपयोगितावाद' अथवा 'व्यवहारवाद' का आभास मिलता है, जिसे दार्शनिक आधार पर अकाट्य रूप से प्रतिष्ठित करने में कदाचित् कठिनाई हो, किन्तु अनुभव-सम्मत मत सम्प्रति यही है। उपयोग की विधि विवादास्पद हो सकती है और वह कालक्रम में रूढ़ि भी बन सकती है, किन्तु परम्परा के प्रति यह खोजपूर्ण दृष्टि निर्विवाद है, आकस्मिक नहीं कि *बाणभट्ट की आत्मकथा* एक खोजी हुई पाण्डुलिपि की कहानी के रूप में प्रस्तुत की गयी है। प्रतीकार्थ में यह परम्परा की निजी खोज नहीं तो और क्या है?

(यह लेख 1 अक्टूबर, 1967 को लिखा था।)

दूसरी परम्परा : कुछ पुनर्विचार

आधुनिकता की चर्चा के साथ ज़रूरी है कि परम्परा का ज़िक्र किया जाये क्योंकि एक के बिना दूसरे की चर्चा अधूरी है। इसलिए मैंने आधुनिकता के बाद परम्परा और उसमें भी 'दूसरी परम्परा' यह विषय जानबूझकर चुना है। इस सिलसिले में पहली बात साफ़ कह दूँ कि आचार्य रामचन्द्र शुक्ल और हजारी प्रसाद द्विवेदी इन दो के बीच की जो बहस है, उसका मैं ज़िक्र नहीं करने जा रहा हूँ। ये बड़े आचार्य हैं, श्रद्धेय हैं, पूज्य हैं। मतभेद उनके बीच हो सकते हैं। और हमारी परम्परा की व्याख्या करने वाले ये दोनों आचार्य महान हैं। इन दोनों की चीज़ें हमें विरासत में मिली हैं। इससे प्रभावित होकर हिन्दी का हर अध्यापक, विद्यार्थी और लेखक काम कर रहा है। इसलिए उनके बीच जो होने वाला टकराव है—ज़िन्दगी में वैसा ही आजकल बहुत सारी चीज़ों को लेकर टकराव है—तो खामख़्वाह यहाँ हम उस टकराव का ज़िक्र करें, यह ज़रूरी नहीं।

पहली बात, आमतौर पर हम लोग परम्परा शब्द का प्रयोग एकवचन में करते हैं। मैं इस शब्द का प्रयोग बहुवचन में करना चाहता हूँ। इसकी पहली शुरुआत यहाँ से की जानी चाहिए कि परम्परा कोई एक नहीं है, बल्कि परम्पराएँ हैं। इस पर ज़ोर देने की ज़रूरत क्यों है, इकहरे रूप में इसका प्रयोग करने में उसमें क्या ख़तरे मौजूद हैं, इस ओर हमारा ध्यान जाना चाहिए।

आचार्य हजारी प्रसाद द्विवेदी की अपनी ज़िन्दगी की एक घटना है। इसका खुद उन्होंने ज़िक्र किया है। सन् 1930 में पच्चीस साल के एक नौजवान के रूप में वह रवीन्द्रनाथ टैगोर के शान्ति निकेतन में पहुँचे।

वहाँ एक विधवा थी। उनकी बेटी की इंटरकास्ट मैरिज का पैग़ाम था और द्विवेदी जी बनारस के पण्डित के रूप में वहाँ पहुँचे थे। टैगोर ने उन्हें बुलाया और कहा कि भई यह मइया कन्यादान करना चाहती हैं, कुछ मन्त्र ढूँढ़कर ले आओ। यह रस्म तुमको पूरी करनी है। टैगोर आधुनिक ढंग के आदमी थे और ब्रह्मसमाजी थे। इसलिए पुराने ढंग के पण्डितों में विश्वास नहीं करते थे। उनका आश्रम चूँकि पढ़ने-लिखने की ही जगह नहीं ही थी बल्कि वो टोटल 'वे ऑफ़ लाइफ' थी। वह एक संस्कृति की नींव डाल रहे थे, इसलिए शादी-ब्याह, उत्सव-त्योहार भी आश्रम की ज़िन्दगी के हिस्से थे।

हजारी प्रसाद द्विवेदी ने देखकर कहा कि एक विधवा कन्यादान करे, उसमें एक नान्दी श्राद्ध करना पड़ता है और हिन्दू धर्मशास्त्रों के अनुसार विधवा को अधिकार नहीं है कि वह नान्दी श्राद्ध कर सके। टैगोर ने कहा कि भई जाओ देखो, यह दो-ढाई हज़ार साल की तुम्हारी संस्कृति है, धर्मशास्त्र हैं; क्या उसमें इतने लोग थे कि सब एक ही बात कहते रहे। ढाई हज़ार साल में कोई 'वॉयस ऑफ़ डिस्सेंट' (voice of dessent) नहीं थी? तुम्हीं लोग कहते हो कि शास्त्रों में लिखा हुआ है 'नैको मुनिर्चस्यमतिर्न भिन्नः' अर्थात् मुनि का मतलब ही है कि भिन्न मत रखे। और तुम कहते हो कि सब एक ही बात कहते रहे। जाकर ढूँढ़ो, शायद कोई दूसरी चीज़ भी मिल जाये। पण्डित जी रातभर धर्मशास्त्र की किताबें ढूँढ़ते रहे। ग्रन्थों में ढूँढ़ते-ढूँढ़ते कुछ मन्त्र रेखांकित किये और लौटकर टैगोर को बताये। संस्कृत धर्मशास्त्रों से आप लोगों में जिनका परिचय होगा, दर्शन और स्वयं साहित्य शास्त्र में भी दो पक्ष मिलते हैं—पूर्वपक्ष और उत्तरपक्ष। पूर्वपक्ष में उन तमाम विचारों का उल्लेख किया जाता है जिनका बाद में खण्डन करके सिद्धान्त पक्ष की स्थापना की जाती है। जैसे—आपने देखा होगा कि भरतमुनि के नाट्यशास्त्र की टीका करते समय अभिनवगुप्त ने, जो कश्मीर के ही थे, नाट्यसूत्र की व्याख्या करते समय पहले के चार आचार्यों का ज़िक्र किया कि उनकी यह राय है। उन आचार्यों के मतों का उल्लेख करने के बाद उत्तरपक्ष अर्थात सिद्धान्तपक्ष के रूप में सबका खण्डन कर अपने मत की उन्होंने स्थापना की कि शुद्ध मत यह है।

आचार्य हजारी प्रसाद द्विवेदी ने कहा कि पूर्वपक्ष के रूप में ऐसे विचार दिये गये हैं कि विधवा भी नान्दी श्राद्ध कर सकती है। लेकिन उत्तरपक्ष में कहा गया है कि ऐसा करना ठीक नहीं है। टैगोर ने उनसे कहा कि पूर्वपक्ष के जो मुनि हैं क्या वो मुनि और ऋषि नहीं हैं? जितने बड़े पूज्य ये हैं, उतने ही वो भी हो सकते हैं। परम्पराएँ कई हो सकती हैं। पूर्वपक्ष भी एक परम्परा है। यह नौजवान हजारी प्रसाद द्विवेदी के लिए 'रेवलेशन' था। उन्हें मालूम हुआ कि परम्परा एक नहीं, कई हैं।

आप देखते होंगे, आमतौर पर, उर्दू में भी होता होगा, हिन्दी में तो होता है कि जब भी पश्चिम से कोई मत आता है, कोई किसी प्रकार का विचार होता है, तो लोग कहते हैं कि हमारे यहाँ ऐसा नहीं होता है। यह 'हमारे यहाँ' नाम की चीज़ ऐसी है जैसे हमारे यहाँ कोई एक ही चीज़ हो। इतना बड़ा मुल्क है, हज़ारों साल की इसकी संस्कृति है, परम्पराएँ हैं। कौन कह सकता है कि हमारे यहाँ ऐसा नहीं होता है। इसलिए इस 'हमारे यहाँ' के द्वारा परम्परा की इकहरी व्याख्या करने वाले जो लोग हैं, मैं कहूँगा कि उनका एक तरह का संकीर्णतावादी दृष्टिकोण है धर्म, संस्कृति और साहित्य के बारे में। इन तमाम मान्यताओं को लेकर कोई आदमी यह कहे कि यह हमारी परम्परा है और बाक़ी चीज़ें परम्परा के बाहर हैं अतः ख़ारिज करने वाली हैं। यह तो ऐसा ही है जैसे आप कहें कि जो चीज़ें धर्म के, हमारे मत के अनुसार हैं वो तो ठीक हैं, बाक़ी कुफ्र हैं। कुफ्र की भी तो कोई परम्परा होगी।

इसलिए मैंने कहा कि परम्परा सम्बन्धी विचार करते समय पहली बात, बड़े से बड़ा विद्वान हो, आचार्य हो, उसके चिन्तन की चीज़ होती है कि अपने मत की स्थापना के लिए वह अपनी परम्परा को ढूँढ़कर निकालता है और यहाँ से वहाँ तक मुकम्मल हज़ार-दो हज़ार साल की परम्परा स्थापित करता है और कहता है कि यह परम्परा समर्थित अपनी बात हम कह रहे हैं।

जो लोग नृ-शास्त्र से परिचित हैं वो जानते होंगे कि एन्थ्रोपोलॉजी के सिलसिले में आमतौर पर एक नया शब्द 'लिटिल ट्रेडीशन' अर्थात् छोटी परम्परा प्रयोग में लाया जाता है। यानी एक 'महान परम्परा' है और दूसरी 'छोटी परम्परा' है। इस महान परम्परा के बारे में एक बात अक्सर आप देखते

होंगे कि जैसे मान लीजिए हिन्दू धर्म का कोई आदमी होगा, अपनी 'महान परम्परा' में वह वेद को लेगा, उपनिषद् को लेगा, मनु को लेगा, शंकराचार्य आयेंगे। और इसके बाद सम्भव है कि आगे चलकर आधुनिक शंकराचार्य और करपात्री जी वग़ैरह से होते हुए गुरु गोलवलकर तक वो 'महान परम्परा' में समेट लेगा। इसके अलावा, जैसा कि मैंने कहा, एक और वर्ग होता है 'प्रोटेस्ट' या 'डिस्सेंट' करने वालों का। आमतौर पर जो लोग प्रभुत्व में होते हैं अर्थात् जो शासक वर्ग होता है; उनकी परम्परा 'महान परम्परा' होती है। उस 'महान परम्परा' की तमाम चीज़ें पवित्र हैं, मान्य हैं, पूज्य हैं, श्रद्धेय हैं। इसके अलावा जो लोग अपने ज़माने में किसी समय विरोध करते रहे हैं, जिनको दबाया गया है, कुचला गया है, ख़ासतौर से इस भारतीय समाज में, हिन्दू समाज में, आप देखेंगे कि उच्च वर्ग के जिसमें ब्राह्मण, क्षत्रिय और वैश्य रहे होंगे, जिन्हें द्विज कहते हैं, उनकी 'महान परम्परा' है और जो छोटी कही जाने वाली जातियाँ रही हैं और जिनके कम लोग नहीं हुए, उनकी परम्परा 'महान् परम्परा' नहीं है।

यही नहीं इस 'महान् परम्परा' में स्त्रियों की भी एक परम्परा रही है। इस सिलसिले में उनका नाम क्यों न लिया जाये। उदाहरण के लिए, जब हम काव्यधारा का ज़िक्र करते हैं तो अपना गौरव बढ़ाने के लिए इस देश में यह भी कहते रहे हैं–'यत्र नार्यस्तु पूजयन्ते रमन्ते तत्र देवता।' और ऐसा समझा जाता है कि हमारे यहाँ नारी की बहुत पूजा की जाती थी, नारी का बड़ा सम्मान था।

लेकिन स्वयं साहित्य में, संस्कृति में उनके योगदान का ज़िक्र करते समय हम कहाँ किस रूप में उनकी भावनाओं का ध्यान रखते हैं? उदाहरण के लिए बौद्धों में एक बड़ी प्रसिद्ध काव्य-पुस्तक 'थेरी गाथा' है। उसमें दर्ज है कि भिखुनियों ने, जब वो एक ख़ास प्रकार के दमन और दबाव से गुज़र रही थीं, गाथाएँ लिखी हैं। भिखुनी होने के बाद किस प्रकार का 'सेक्स सप्रेशन' और दमन होता है, अपनी उस व्यथा को पाली में उन्होंने थेरी गाथाओं में लिखा है। कुछ रूप मिलेगा आपको हाल की 'गाहा सतसई' में। उसमें भी उन तमाम चीज़ों का ज़िक्र मिलेगा। कुछ स्त्री कवयित्रियाँ ऐसी हैं, जिनके नाम मिलते हैं, एकाध छन्द मिलता है। जैसे 'विज्जिका' के पद हैं,

एक-दो मिलते हैं, बहुत-से खो गये। यह गनीमत है कि मीरा के पद बचे रह गये हैं, सुरक्षित हैं, उनका ज़िक्र हम हिन्दी में किया करते हैं।

मैं कुछ उदाहरण दे रहा था आपको कि एक दूसरी ऐसी परम्परा रही है जो उस 'महान परम्परा' के लिए चुनौती रही है। कभी-कभी असुविधाजनक रही है। उन परम्पराओं में जब हम वेद, उपनिषद्, स्मृति, शंकर का अद्वैत-दर्शन आदि से ज़िक्र करते हुए चलते हैं तो उसके समानान्तर यह भी जानते हैं कि इस शास्त्र के विपरीत लोक की एक परम्परा भी रही है। लोक परम्परा जो बड़ी और महत्त्वपूर्ण तथा जीवन्त परम्परा रही है। उसका भी अपना साहित्य रहा है। उनमें, जिन्हें हम जनजातीय समाज कहते हैं, उनकी अपनी परम्परा है। कला की, संस्कृति की, भाषा की, साहित्य की। इसलिए एन्थ्रोपोलॉजी में इधर जैसा मैंने कहा कि जनजातियों की, लोक जीवन की, लोकजाति की और उसमें भी सदियों से पिछड़ी, दबी हुई ऐसी परम्पराएँ रही हैं जिनका उद्धार बीसवीं सदी में, भारत में ख़ासतौर से आज़ादी के बाद हुआ। उन 'छोटी परम्पराओं' की खोज शुरू हुई और हमने देखा कि यह काम एन्थ्रोपोलॉजी के लोगों ने किया। इन खोजों द्वारा, छोटी परम्पराएँ सामने आयी हैं। अब धीरे-धीरे मालूम हो रहा है कि जिसको हम 'भारतीय साहित्य' या और भी भारी-भरकम शब्द 'भारतीय संस्कृति' कहते हैं, वो कोई एक बने-बनाये साँचे में ढली हुई चीज़ नहीं है, बल्कि ज़्यादा पेचीदा है, जटिल है और यही उसके बड़प्पन का सूचक है। उसकी समृद्धि का प्रभाव यह है कि उसमें एक धारा नहीं है बल्कि कई धाराएँ हैं। अक्सर आप देखते होंगे कि संस्कृति के सिलसिले में हम लोग जब भी ज़िक्र करते हैं तो उसकी उपमा देते हैं कि वो गंगा की धारा के समान है। अगर गंगा की धारा है, जिसको आजकल शुद्ध करने की बात की जा रही है कि इसमें प्रदूषण बहुत हो गया है, मैली हो गयी है। जिसके समान हमारी संस्कृति और साहित्य की परम्परा है। लेकिन हम-आप सभी जानते हैं कि हिन्दुस्तान में केवल गंगा ही नहीं है। बड़ा दुर्भाग्यपूर्ण होता देश के लिए यदि इसमें एक ही नदी होती। हम इसलिए समृद्ध हैं कि इसमें बहुत-सी नदियाँ हैं और जिस गंगा का ज़िक्र हम करते हैं, उस गंगा में दो तरह की नदियाँ हैं। हिन्दी में एक को हम सहायक नदी कहते हैं, दूसरी को शाखा नदी।

कुछ नदियाँ ऐसी हैं जो गंगा में अपना पानी डालती हैं जिसके कारण गंगा इतनी बड़ी हुई। यमुना उनमें से एक है जो बहुत बड़ी है। सोन है। कई नदियाँ ऐसी हैं। कुछ ऐसी नदियाँ हैं जो शाखा नदी के रूप में गंगा का पानी दूसरी जगह ले जाती हैं और दूसरे इलाक़ों को सींचती हैं। मैं यह कहना चाहता हूँ कि यदि भारतीय साहित्य और भारतीय संस्कृति गंगा है तो ऐसी गंगा है जिसमें बहुत-सी नदियाँ मिलती हैं और जिससे कई नदियाँ निकलती भी हैं।

मैं जैसा शुरू में कह रहा था कि परम्परा बहुवचन है और यही उसकी महत्ता है। अब ये जो अनेक परम्पराएँ हैं, इनके बारे में हमारा मूल्यांकन, हमारी खोज किस रूप में होनी चाहिए? सृजनात्मक रचनाकारों का कहना है कि हर रचनाकार या सर्जक अपनी सर्जना के लिए अपनी परम्परा स्वयं खोजता है। यानी परम्परा प्रदत्त नहीं होती। यह बैंक में किया हुआ डिपॉजिट नहीं है कि किसी एक आदमी ने इसे जमा कर रखा है। हर बड़ा लेखक अपने काम के लिए परम्परा खोजकर ढूँढ़ता है। ज़रूरी नहीं कि वो परम्परा प्रतिष्ठित या अभी जमायी हुई परम्परा से मेल खाये, उससे अलग भी हो सकती है।

टी.एस. इलियट के उस लेख 'ट्रेडीशन एंड इंडिविजुअल टैलेंट' का ज़िक्र किया गया था। इलियट की सृजनात्मकता की विशेषता इस बात में थी कि उसने इंगलिश परम्परा के बने-बनाये साँचे से अलग हटकर अपने लिए एक परम्परा खोजी। इसकी मिसाल यह है कि उसने जिन साहित्यकारों को अपने क़रीब पाया, ढूँढ़ा, उनमें शेक्सपियर नहीं थे। मिल्टन नहीं थे। अंग्रेज़ी की जो महान परम्परा थी उसमें शेक्सपियर, मिल्टन, रोमांटिक कवि और इसके बाद विक्टोरियन कवि थे, यह बनी-बनायी परम्परा थी। इलियट को ज़्यादा उपयोगी और महत्त्वपूर्ण लगा कि एक और परम्परा यानी 'लिटिल ट्रेडीशन' है जिसकी उपेक्षा की जाती थी, जो अंग्रेज़ी के मेटाफ़िज़िकल कवि कहलाते हैं जिनमें डन था, मारवेल था, हर्बट था, ये बड़े माइनर पोयट्स, अर्थात् छोटे कवि समझे जाते थे। डॉ. जॉनसन ने इन्हें ख़ारिज कर दिया था और कहा था कि इनमें कवित्व है ही नहीं। ये अनुभूति से नहीं बिट से कविता लिखते हैं।

दूसरे उसने (इलियट ने) तमाम रोमांटिक कवियों में से शेली को छोड़ दिया। हमारे भारतीय विश्वविद्यालयों में भी 'पैराडाइज़ लॉस्ट' तो पाठ्यक्रम में रहा करता था। इस तरह उसने शेक्सपियर और मिल्टन को एक किनारे कर काम उन तीन छोटे से कवियों से चलाया; कहा, यह अंग्रेज़ी परम्परा है। उसमें एलेक्जेंडर पोप का नाम लिया जो आमतौर से हमारे रीतिवादी कवि जैसे आगस्टन पोएट थे, उनको महत्त्व दिया। विक्टोरियन कवियों को तो बिल्कुल छोड़ दिया। यह सही था, ग़लत था, यह महत्त्वपूर्ण नहीं। वो कितना तख़लीकी था, यह महत्त्वपूर्ण है।

यह हो सकता है कि कुछ लोग महान परम्परा की माला जपते रहें और कुछ भी सृजन न करें। हिन्दी में ऐसा बहुत दिखाई पड़ता है कि तुलसीदास बड़े महान हैं, उनकी महानता का आप बखान करते हैं। लेकिन आप तुलसीदास की महान परम्परा में अपनी ओर से क्या जोड़ते हैं, यह ज़्यादा महत्त्वपूर्ण है। कोई आदमी एवरेस्ट की पूजा करने से ही एवरेस्ट से ऊँचा नहीं हो जाता। हो सकता है कि गाँव के छोटे से टीले से आप अपने को नज़दीक समझते हुए कुछ ऐसा बना सकें जो एवरेस्ट न हो। लेकिन कुछ तो ऊँचाई हो, कुछ तो बुलन्दी हो उसमें इसलिए एक सृजनात्मक रचनाकार अपनी इस जटिल बहुविध परम्परा में से अपनी पसन्द से और कुछ नयी चीज़ें देने के लिए अपनी परम्परा चुनता है। आमतौर पर सृजनात्मक रचनाकार के इस अधिकार को तो स्वीकार कर लिया जाता है। लेकिन आलोचना के क्षेत्र में, साहित्य शास्त्र के क्षेत्र में, इसका इतना बड़ा आतंक होता है कि आमतौर से हम महान परम्परा को ही मान चलते हैं। इसीलिए आलोचना के क्षेत्र में जब भी पुनर्मूल्यांकन का ज़िक्र किया जाता है, उसे मूर्तिभंजन समझा जाता है, उसे बुतशिकनी में शामिल किया जाता है। खुद इलियट ने जब पहली बार मिल्टन पर प्रहार किया तो लोगों ने कहा कि साहब यह तो कुफ्र है। इतने बड़े कवि को यह कहना कि वह कवि ही नहीं है, यह ज़्यादती है। बहरहाल क्या उसका मक़सद था, क्या उससे उसने हासिल किया, उस पर ध्यान देना चाहिए था।

यह बात इसलिए कह रहा हूँ कि स्वयं हिन्दी साहित्य में हजारी प्रसाद द्विवेदी ने यह ख़तरा उठाने की कोशिश की। और यह दूसरी परम्परा,

जहाँ शुरू होती है, जिसका मैंने ज़िक्र किया, उन्होंने ढूँढ़ निकाली। हिन्दी की महान परम्परा में आचार्य रामचन्द्र शुक्ल ने महान भक्ति साहित्य पर काफ़ी लिखा है। हजारी प्रसाद द्विवेदी ने काशी के पढ़े-लिखे उस जुलाहे को चुना जिसे कबीर के नाम से हम-आप जानते हैं। कबीर के महत्त्व को हिन्दी में पहले भी किसी-न-किसी रूप में स्वीकार किया था लोगों ने। लेकिन कबीर कवि के रूप में बड़े नहीं माने गये थे। समाज-सुधारक के रूप में स्वीकार किये गये थे। आचार्य रामचन्द्र शुक्ल ने कबीर का महत्त्व बताते हुए उनके बारे में लिखा कि उनकी भाषा सधुक्कड़ी है, बानी अटपटी है। विचार पंचमेल और खिचड़ी हैं, सूफ़ियों से यह लिया, वेदान्त से यह लिया। उनके बारे में उन्होंने कहा कि बहुश्रुत थे। पढ़े-लिखे थे नहीं, तरह-तरह के समाज में, साधुओं में घूमते थे, सुन लिया, कान में कुछ पड़ गया और उसके बल पर उन्होंने थोड़ा-सा कुछ लिख लिया। आप ध्यान रखें कि ये चीज़ें बहुत तारीफ़ की नहीं। किसी को बहुश्रुत कहना, यह कोई बड़ा कॉम्प्लीमेंट नहीं है।

पहले की तरह आज बीसवीं सदी में भी ऐसा समझा जाता है कि विद्वान वह है जो शास्त्र जानता है। जो शास्त्र नहीं जानता वो पण्डित नहीं है। इसलिए जो आदमी पढ़ा-लिखा है वही ज्ञानी हो सकता है। कबीर सम्प्रदाय में ज्ञानीजी कहा जाता है। अब जिस आदमी ने यह कहा कि *मसि कागद छुयो नहीं कलम गही नहीं हाथ,* वह ज्ञानी कैसे हो सकता है? जहाँ तक मैं जानता हूँ, जानते इस बात को और लोग भी रहे होंगे, पर हजारी प्रसाद द्विवेदी पहले आदमी थे जिन्होंने दो शब्दों का प्रयोग किया। दोनों में फ़र्क़ किया—एक शब्द हिन्दी में जिसे कहते हैं 'साक्षर' और दूसरा शब्द है 'शिक्षित'। साक्षर हुआ लिटरेट! शिक्षित हुआ एडूयुकेटेड : दोनों एक ही चीज़ नहीं हैं। हम अपने अनुभव से जानते हैं कि गाँव में रहने वाले बहुत सारे लोग हैं जो पढ़ नहीं सकते, अपने दस्तख़त नहीं कर सकते। लेकिन अनुभव-सम्पन्न—दुनिया देखे हुए लोग हैं। तजुर्बे के बल पर मौखिक परम्परा द्वारा इन्हें हज़ारों साल की बहुत सारी चीज़ें मालूम हुई हैं। वे शिक्षित हुआ करते है, यद्यपि वे 'इल्लिटरेट' हैं। और ऐसे भी लोग होते हैं जो 'लिटरेट' होते हैं; शास्त्र के पण्डित होते हैं। लेकिन यह हो सकता है कि वे शिक्षित न हों असभ्य हों।

कबीर ने कई तरह के पशुओं का ज़िक्र किया है। उसमें उन्होंने एक 'पढ़पशु' शब्द का ज़िक्र किया है। एक शब्द है 'धनपशु'। उन धनपशुओं को हम-आप यहाँ श्रीनगर में भी देख सकते हैं। लेकिन दिल्ली, कलकत्ता, बम्बई में ऐसे धनपशु बहुत हैं। बहुत धन जमा किया है। लेकिन वो मनुष्य नहीं हैं। इन्सानियत के जो गुण होते हैं, जो बुनियादी चीज़ें होती हैं, वो उनमें नहीं होती हैं। कबीर ने कहा कि धनपशु होते हैं और बहुत से ऐसे लोग हैं जो पढ़पशु होते हैं। शास्त्र पढ़ रखा है। वेद याद हैं उनको, कुरान पढ़े हैं, हिफ्ज और हाफ़िज़ हो सकते हैं, हज भी कर आये होंगे। हमारे यहाँ चारों धाम करने वाले लोग भी मौजूद हैं। शास्त्र के पढ़े-लिखे बड़े पण्डित मौजूद हैं। लेकिन हो सकता है कि वे कबीर की पढ़पशु कोटि के हों। जो शिक्षित नहीं है, सुसंस्कृत नहीं है, जिसके हृदय में दुःखी के लिए, दीन के लिए, सताये हुए लोगों के लिए दर्द न हो, वो आदमी चाहे जितना शास्त्र पढ़ा-लिखा हो, उसमें तो मनुष्यता का बुनियादी गुण ही नहीं है। उदाहरण के लिए, मान लीजिए कहीं कोई एक मामूली अन्याय हुआ हो और उसके ख़िलाफ़ कहा जाये कि विरोध करना है, हस्ताक्षर कर दो और उसके हाथ काँपने लगें, दस बार देखे कि कहीं प्रधानमन्त्री न नाराज़ हों, मुख्यमन्त्री न नाराज़ हों, नौकरी न चली जाये, चार बार सोचें। जो विरोध खुलकर के करना है, आवाज़ बुलन्द करना तो एक बात, दस्तख़त करते जिसका हाथ काँपता हो तो चाहे जितना बड़ा पण्डित हो, वो शिक्षित नहीं, सुसंस्कृत आदमी नहीं। तो हजारी प्रसाद द्विवेदी ने कबीर पर लिखते हुए फ़र्क़ किया कि कबीर भले ही पढ़े-लिखे नहीं थे, लेकिन कबीर शिक्षित थे।

जिस बात पर बल देने की ज़रूरत है वह यह कि हिन्दी साहित्य का जो निर्माण और उदय 1000 ई. के आसपास हुआ उसके लिए सन्तों ने, फ़क़ीरों ने, सूफ़ियों ने और भक्तों ने संस्कृत के वर्चस्व के सामने गँवारी बोली को, अवधी को, ब्रज को चुना। कबीर ने कहा भी—*कबिरा संस्कृत कूप जल, भाखा बहता नीर।* जानबूझकर उस 'कूपजल' शब्द का प्रयोग किया था कबीर ने, जो कहते हैं निरक्षर थे, शास्त्र नहीं जानते थे। यह संस्कृत में ही कहा गया है कि परदादा का कुआँ है, पानी ख़राब हो गया है।

खारा हो गया है, फिर भी परम्परा पसन्द लोग, जो का-पुरुष होते हैं वे वही पानी पीना पसन्द करते हैं, क्योंकि परदादा का है। श्लोक है संस्कृत में–

पाटस्य कूपं इति ध्रुवाना
क्षारं जलं कापुरषाः पिबन्ति।

तो यह परदादावाद जो है, इसके चलते वे अपने पौरुष से नया कुआँ खोदकर नया ताज़ा पानी पियें, यह हिम्मत नहीं होती। परदादा के खारे पानी को कब तक पीते रहोगे भाई? इस देववाणी संस्कृत को जब कबीर ने कूपजल कहा था तो 'पाटस्य कूपं' पर उनका कहीं-न-कहीं ध्यान रहा होगा जिसका पानी क्षार हो गया है। उसके विरुद्ध उन्होंने उस धारा का ज़िक्र किया जिसे 'भाखा बहता नीर' कहा गया। ध्यान देने की बात है कि जिसे हम हिन्दी साहित्य का स्वर्णयुग कहते हैं, गौरवशाली युग कहते हैं, जिन्होंने इसकी नींव डाली और उसमें वो शक्ति और सौन्दर्य भरा जिस पर हम गर्व करते हैं, जिसको हम भक्ति काव्य कहते हैं, जिसमें निर्गुण-सगुण, सूफ़ी, मुसलमान, ब्राह्मण, वैश्य, शूद्र, औरत और अनेक निचले तबके के लोगों की बहुतायत थी।

उस साहित्य में आप यह भी ध्यान दें कि मज़हब की दीवारें तोड़कर हिन्दू-मुसलमान दोनों आये थे। हिन्दी साहित्य का आज के ज़माने में इतिहास लिखना हो, वैसे बड़े शोध-प्रबन्ध भी लिखे गये हैं–हिन्दी साहित्य को मुसलमानों की देन जैसे और यह सारी देन जो है वो मध्ययुग तक सिमटकर रह जाती है। आधुनिक युग में कितने मुसलमान साहित्यकार आते हैं? हम लोग अपने को बड़ा 'सेक्यूलर' कहते हैं लेकिन 'सेक्यूलरिज़्म' को उन सन्तों-भक्तों ने इस हद तक अपनी जड़ों तक पहुँचाया था कि उनकी ज़िन्दगी में रचा-पचा था। मैं किसी भी सेक्यूलरिज़्म की सबसे बड़ी कसौटी मानता हूँ–सृजनात्मकता। बड़ी-से-बड़ी कोई विचारधारा हो, धारणा हो, अगर वो किताबी होगी तो उसमें सृजन की चीज़ें पैदा नहीं हो सकतीं। अगर वो ज़िन्दगी में रची-पची होगी तो उसकी झलक आपको दिखाई पड़ेगी–कविता में, नाटक में, उपन्यास में, पेंटिंग में, संगीत में, मूर्तिकला में, भवन निर्माण कला में। इसलिए उस दौर को, उस महत्त्व को समझने के लिए इस बात की ज़रूरत है कि कंट्रास्ट के रूप में देखें कि पिछले अड़तीस साल में हरिजनों को, बाक़ी लोगों की बड़ी सुविधा दी गयी, लेकिन ये तमाम सुविधाएँ,

वजीफे देने के बावजूद, ये डिप्टी कलक्टर हो गये हैं, कलक्टर हो गये हैं, आई.ए.एस. और इंजीनियर हो गये हैं, वे डॉक्टर भी हो गये होंगे, साहित्यकार और बुद्धिजीवी इनमें से एक भी पैदा नहीं हुआ। कहना चाहिए कि शासक वर्ग यह चाहता है कि इनका पेट भरा रहे लेकिन क़ौम को, तबके को जगाने वाले बारूद—बुद्धिजीवी—वो न पैदा हों। साहित्यकार न पैदा हों।

आचार्य हजारी प्रसाद द्विवेदी के माध्यम से मैं जिस परम्परा का ज़िक्र कर रहा था, अनेक परम्पराओं में जो उपेक्षित है, उस परम्परा की जाँच की जानी चाहिए। कबीर समाज-सुधारक माने गये, कवि नहीं माने गये। यही नहीं बल्कि समाज सुधारक के रूप में भी कबीर के बारे में स्वयं जो आचार्य रामचन्द्र शुक्ल ने अनेक तरह की व्याख्याएँ देने की कोशिश की थी। द्विवेदी जी ने दिखाया कि कबीर की उपेक्षा और उन्हें दूसरे दर्जे का इसलिए नहीं माना गया, कि वह छोटी जाति के थे, इसलिए नहीं कि मुसलमान के घर में पालित हुए थे, बल्कि इसलिए कि कबीर दरअसल ऐसे क्रान्तिकारी कवि और साहित्यकार थे जिसे आसानी से स्वीकार करने में ख़तरा था। कबीर के महत्त्व को कम करने का मुख्य कारण है उनकी क्रान्तिकारिता। उन्हें आचार्य रामचन्द्र शुक्ल ने लोकविरोधी तक कहा था। यही नहीं बल्कि उन्होंने तुलसीदास का हवाला देते हुए लिखा कि तुलसीदास ने कबीर का विरोध किया है—*साखी सबदी दोहरा कह कहनी उपखान।* और कविता में साखी, सबदी, दोहरा यह तो कबीर ही कहते थे। और इन लोगों ने छोटी जातियों में इतना अहंकार भर दिया है कि ये 'आँख दिखावहिं डाँटा।' ये बड़े-बड़े लोगों को आँख दिखाने की कोशिश करते हैं। इनकी ये जुर्रत पैदा हुई है। कबीर ने बहकाया है छोटे लोगों को साखी, सबदी, दोहरा के द्वारा। छोटे लोग बड़े लोगों को, विद्वानों को, पण्डितों को और ऊँची जाति के लोगों को आँख दिखाते हैं और कहते हैं कि ब्रह्म को हम जानते हैं। तुम नहीं जानते। कबीर का यह कार्य अक्षम्य था। तुलसीदास ने उसका विरोध किया और शुक्ल जी कहते हैं कि विरोध ठीक किया उन्होंने। क्योंकि कबीर समाज की मर्यादा भंग कर रहे थे। छोटे-बड़े का एक भेद बना हुआ चला आ रहा था। कबीर उन्हें उकसा रहे थे कि बड़े लोगों को चुनौती दें। स्पष्ट शब्दों में आचार्य शुक्ल ने लिखा है कि कबीर इस दृष्टि से लोक विरोधी

थे यद्यपि कबीर ने एक काम और किया था और वो दर्जा भी उन्होंने कहा कि उनसे छिन गया। ऐसा समझा जाता है कि हिन्दू-मुसलमानों में एकता की भावना फैलाने का काम कबीर ने किया था। शुक्ल जी ने लिखा कि उन्होंने एकता कम फैलायी, उन्होंने दोनों को फटकारा और फटकारने से दिल मिलने की जगह और खट्टा हो गया।

सच पूछिए तो कबीर जो सौ-डेढ़ सौ साल पहले डाँट-फटकार चुके थे, खण्डन कर चुके थे, उसके बाद दरअसल एक सीमेंट की ज़रूरत थी, एक मलहम की ज़रूरत थी, जो काम मलिक मुहम्मद जायसी जैसे सूफ़ी ने किया। हिन्दू और मुसलमान के बीच एक समान प्रेम की धारा बहाकर दोनों को एक करने की कोशिश की। दोनों के बीच पद्मावती की प्रेम कहानी लेकर उन्होंने प्रेम का प्रसार किया। कबीर तो डाँटते-फटकारते रहे। इसलिए कबीर का एक बड़ा भारी महत्त्व जो था वह भी छिन गया। छिनकर जायसी को चला गया। बाक़ी जो काम वो कर चुके थे, उसका तुलसीदास ने विरोध किया। वह तो अक्षम्य है ही। कुल मिलाकर कहा जा सकता है कि उन्होंने इस समाज को सुधारने की कोशिश की।

आचार्य हजारी प्रसाद द्विवेदी ने दिखाने की कोशिश की, जो मैं समझता हूँ कि इस गाँधीवादी युग में उल्लेखनीय और महत्त्वपूर्ण है, कि सुधारक और क्रान्तिकारी दो शब्द हैं। कबीर को उस समय अंग्रेज़ी में लिखने वाले ईसाई पादरी समाज-सुधारक कहा करते थे। मुझे याद है हमारे एक स्वर्गीय मित्र श्री भारत भूषण अग्रवाल, जो बहुत अच्छे हिन्दी कवि हैं, कुछ दिनों तक आकाशवाणी में थे। उन्हीं दिनों जब एक सम्प्रदायवाद के हाथों गाँधी जी की हत्या हुई, तो ज़रूरत महसूस हुई कि ऐसे समय 'रेडियो से कम्यूनल हारमोनी' के कुछ गाने गवाये जायें, कविताएँ सुनाई जायें। केन्द्र निदेशक ने भारत भूषण अग्रवाल से कहा कि कबीर तो तुरन्त मिल जायेंगे। ढूँढ़ो। भारत भूषण अग्रवाल ने बताया कि मुझे कबीर में 'कम्यूनल हारमोनी' की कोई चीज़ ही नहीं मिली। उनके यहाँ जब ढूँढ़ो तो 'अरे इन दोउन राह न पाई' या 'यह जग अन्धा केहि समझाऊँ'। एक और पाण्डे और दूसरी ओर मौलवी वे दोनों को यहाँ से वहाँ तक फटकारते रहे हैं। इनमें दोनों एक हो जायें, ऐसी तो कोई चीज़ दिखाई नहीं पड़ रही। ध्यान देने की बात है।

हम लोग आँख-मूँदकर बग़ैर जाँच-पड़ताल के कभी-कभी ऐसा कह देते थे। गाँधी जी के युग में हम लोग 'कम्यूनल हारमोनी' का मतलब यह समझते थे कि पण्डित और मौलवी दोनों यदि एक होंगे तो हिन्दू-मुसलमान दोनों एक हो जायेंगे। कबीर ने कहा कि यही दोनों तो दीवार हैं। इसलिए उन्होंने इन दोनों के ख़िलाफ़ लिखा।

सुधारवादी रास्ता यह है कि दाढ़ी और चोटी काट देने के बाद जो इन्सान रह जायेगा, वह न हिन्दू होगा न मुसलमान। अपने हिन्दूपन और अपने मुसलमान के साथ तुम नहीं मिल पाओगे। क्योंकि ये दोनों वो लिबास हैं जो तुम्हारी इन्सानियत को ढँके हुए हैं। विद्यार्थी अक्सर लिखते हैं कि कबीर ने बाहरी आडम्बर का विरोध किया...यह बाहरी आडम्बर क्या चीज़ है? इसका मतलब यह हुआ न कि शास्त्र द्वारा, धर्म या मज़हब द्वारा जो रूढ़ियाँ बनायी गयी हैं उनको काटकर सामान्य भूमि पर हिन्दू या मुसलमान शुद्ध मनुष्य बनेंगे, इसलिए आडम्बरों को हटाना होगा। गाँधीवादी रास्ता दाढ़ी और चोटी एक करने का था। कबीर का रास्ता दोनों को काटकर, अलग कर मनुष्यता की भूमि पर एक करने का था। पहला सुधार का तथा दूसरा क्रान्ति का मार्ग था। कबीर को समाज-सुधारक कहना ग़लत है।

आचार्य हजारी प्रसाद द्विवेदी की 'कबीर' नामक पुस्तक आप लोगों में से बहुतों ने पढ़ी होगी। आमतौर से दो लफ़्ज़ों पर लोग लटक जाते हैं कि कबीर अक्खड़ थे कि फक्कड़ थे। इस अक्खड़-फक्खड़ में लोग इस हद तक उलझ जाते हैं कि मूल स्थापना उस ग्रन्थ की है कि कबीर समाज-सुधारक नहीं थे। कबीर का रास्ता गाँधीवादी रास्ता नहीं था। कबीर इन दोनों दीवारों को हटाकर तोड़कर क्रान्तिकारी काम कर रहे थे और यही वजह है कि हिन्दी साहित्य ने कभी उन्हें इस रूप में स्वीकारा नहीं। इसकी पहचान होती है कि किंवदन्तियों से जो 'लीजेंड्स' कवियों के बारे में शामिल होते हैं मैं इसको अठारहवीं-उन्नीसवीं सदी के आसपास ही का समझता हूँ कि कभी कबीर के जन्म के बारे में एक लीजेंड गढ़ा गया हो कि कबीर एक विधवा ब्राह्मणी के पेट से पैदा हुए थे और मुसलमान जुलाहे के घर में पालित हुए। जाँच की जानी चाहिए कि ये किंवदन्तियाँ उस रुझान, उस मानसिकता का सच्चा आईना हैं। विधवा ब्राह्मणी से क्यों? ऐसी भी तो ब्राह्मणी हो सकती थी।

अगर ब्राह्मणी का ही जाया कहा उन्हें कबीर ने बहुत लिखा है, 'तू कहता ब्राह्मणी का जाया, जिस आदमी ने इसका विरोध किया कि इससे कोई बड़ा नहीं होता, उस आदमी को लांछित करने के लिए उसे विधवा ब्राह्मणी से पैदा हुआ बताया गया और इसके बाद जुलाहे के घर में लालित-पालित वग़ैरह हुए।

आचार्य शुक्ल ने एक अद्भुत वाक्य लिखा है। आश्चर्य होता है। क्योंकि आचार्य शुक्ल कट्टरपन्थी हिन्दू नहीं थे, उदार दृष्टिकोण वाले थे। लिखा है कि—कबीर जात-पाँत के खण्डन तो आप थे ही थे। यानी कबीर जात-पाँत का खण्डन करते थे इसमें कोई चौंकने की बात नहीं थी। ख़ुद उनका जन्म ही, जात-पाँत का खण्डन था। वह किसी जात के थे ही नहीं। न किसी धर्म के थे। जो आदमी नाजायज़ सन्तान हो अगर वह ख़ुद इन तमाम चीज़ों का विरोध करे तो इसमें चौंकने की क्या बात है? —यह लीजेंड फैलाया गया कबीर के बारे में। क्योंकि उनका ख़याल था कि ऐसे क्रान्तिकारी विचारों वाला आदमी कोई हिन्दू नहीं हो सकता और ठीक-ठीक मुसलमान भी नहीं हो सकता।

इसलिए 'महान परम्परा' जो हिन्दुओं की है उसमें अब कोई असुविधाजनक आदमी पैदा होता है तो हम अचानक उसके लिए एक मिथ गढ़ते हैं और ऐसे मिथक बहुत मिलेंगे। नृसिंह नाम का एक मिथ है। नृसिंहावतार की कल्पनाएँ कीजिए जो न मनुष्य है, न पशु है, न दिन में मारता है, न रात में मारता है, न धरती पर मारता है, न आकाश में मारता है। ऐसे संक्रमण के लिए यह जो बड़ी क्रिएटिव जाति रही है हिन्दुस्तान की, इसमें अनेक मिथक रहे हैं। कबीर की जीवन सम्बन्धी कथा भी ऐसा ही गढ़ा हुआ मिथक है। क्योंकि वह व्यक्ति असुविधाजनक था। किसी साँचे में फिट नहीं बैठता था। न मुस्लिम साँचे में, न हिन्दू साँचे में ही।

द्विवेदी जी ने, जैसा मैंने कहा, बड़ी मेहनत की है यह साबित करने में कि यह कथा ग़लत है। थे जुलाहे ही। कोरी से वह अंसारी हुए थे। कब हुए थे, एक पीढ़ी पहले हुए थे या दो पीढ़ी पहले हुए थे, कहना मुश्किल है। पर थे जुलाहे ही। और अपने उस सामाजिक-आर्थिक आधार के कारण, अपनी धार्मिक पृष्ठभूमि के कारण, द्विवेदी जी ने लिखा है कि चौराहे पर खड़े थे।

ऐसे चौराहे पर, जब वह कहते हैं, *कबिरा खड़ा बाज़ार में लिए लुकाठी हाथ* तो वह बाज़ार यूँ ही बाज़ार नहीं है। बाज़ार किस चीज़ का प्रतीक है, इसे मैंने भी समझना ज़रूरी समझा द्विवेदी जी ने इसकी वजाहत की है कि वह चौराहा था अनेक दृष्टियों से, एक तरफ़ एक रास्ता निकलता था तो दूसरी तरफ़ दूसरा, तीसरा, चौथा रास्ता निकलता था। और उस रास्ते पर उन्हें कोई और रास्ता दिखाने वाला था नहीं। कबीर का वह क्रान्तिकारी महत्त्व अर्थात् जिस दूसरी परम्परा को कबीर के माध्यम से द्विवेदी जी ने दिखाने की कोशिश की है, वह क्रान्तिकारी परम्परा जो दबी रह गयी उसके कारण है और दूसरी परम्परा का बीज वहाँ दिखाई पड़ता है।

इस सिलसिले में हम देखेंगे कि कबीर वह केन्द्र बिन्दु थे जिसके हज़ार साल पीछे द्विवेदी जी जाते हैं और सैकड़ों साल उसके बाद आगे आते हैं और इस धारा को दिखाने की कोशिश करते हैं। तन्त्र के महत्त्व के बारे में आप लोगों को कुछ भी बताने की ज़रूरत नहीं। यहीं कश्मीर में 'तन्त्रालोक' की रचना हुई है। तो द्विवेदी जी ने तन्त्र की परम्परा, जिसमें नाथ हुए, सिद्ध हुए, आगे चलकर इसी परम्परा में वो कलन्दर हुए थे जिनका सूफ़ियों के साथ बहुत साम्य था और सूफ़ी साहित्य में आपको जोगियों का बहुत वर्णन मिलेगा उसका तारतम्य बिठाया। कौन थे वे जोगी? हिन्दी की धारा ने जोगियों का बड़ा विरोध किया था। वह इसीलिए कहते थे कि जोगी गृहस्थियों के लिए सिरदर्द थे। यह वह धर्म था जो गृहस्थी-विरोधी था।

यह गृहस्थी नाम की चीज़ बड़ी विचित्र है। बड़े-बड़े शेरों को चूहा बनाती है। यह छोटी इकाई बड़ी निरामिष है। तमाम रूढ़ियों, जर्जर चीज़ों की यह इकाई आदमी को नियन्त्रित करती है। गजानन माधव मुक्तिबोध ने आधुनिक साहित्य में, नये की जन्मकुण्डली, नाम से दो लेख लिखे और उनमें उन्होंने कहा है कि हम लोग आधुनिकता की बड़ी बात करते हैं, नयी शायरी की बात करते हैं, सच्चाई यह है कि ये सभी चीज़ें फ़ैमिली के मुद्दे पर टूट जाती हैं। हमारी जड़ें तो यहाँ हैं, दिमाग़ आसमान में रहा करें, पाँव तो हमारे वहीं हैं, खाना तो हम खाने वहीं आते हैं और यह लड़ाई बड़ी पेचीदा हुआ करती है। बाहरी शत्रु से, वर्ग शत्रु से लड़ना बड़ी आसान बात है लेकिन जब वर्ग शत्रु माँ की शक्ल में हो, बाप की शक्ल में हो, भाई या बीवी की शक्ल में हो, तब लड़ाई मुश्किल होती है।

यहाँ पर गीता के अर्जुन की कँपकँपी छूट गयी थी। धनुष हाथ से गिर गया था, पसीने आने लगे थे। हमारे गुरुदेव, पता नहीं व्यंग्य में या और किसी भाव से, किसी का परिचय देते समय कहा करते थे कि यह सद्गृहस्थ है, कोई 'एंगुलेरिटी' इनमें नहीं है, ठीकठाक आदमी है।

आचार्य शुक्ल ने तुलसीदास की प्रशंसा इस बात के लिए की है कि उन्होंने कुल धर्म के मूल्यों को मज़बूत किया था वरना ये योगी और दूसरे लोग तो उखाड़ रहे थे। सूफ़ियों ने भी यही तबाही की थी। सूफ़ी शायरी की बुनियादें यही हैं। हम लोग कहते हैं कि आचार्य शुक्ल ने मलिक मुहम्मद जायसी को हिन्दी में प्रतिष्ठित किया, निश्चित रूप से किया। पूरी 'पद्मावत' में जो चीज़ सबसे अच्छी लगी वह है नागमती का विरह। ध्यान रहे ब्याहता स्त्री है नागमती। पद्मावत की पूरी 'थीम' है कि राजा रत्नसेन घर-द्वार छोड़कर अपनी प्रेयसी पद्मावती, जो माशूक़ का प्रतीक है, के लिए निकल पड़ता है, योगी बन जाता है और वहाँ से ले आता है।

सूफ़ी-दर्शन के अनुसार यह माशूक़ खुदा के बराबर है। कहानी पद्मावत की है, प्रेमिका के प्रेम की कहानी, जिसको शुक्ल जी ने ऐकान्तिक प्रेम कहा है। शुक्ल जी तारीफ़ कर रहे हैं नागमती के विरह की जो ब्याहता स्त्री है, घरेलू है; जो साइड-हीरोइन है उसको यह हीरोइन मान रहे हैं और प्रशंसा किये चले जा रहे क्योंकि गृहस्थी के मूल्य जो तुलसी ने दिखाये हैं वे जायसी में थोड़े-से दिखाई दिये। उन्होंने कहा यह बहुत अच्छा काम जायसी ने किया, बाक़ी प्रेम में घर-द्वार छोड़कर निकलना भटकाव है उसको बहुत महत्त्व नहीं देना चाहिए। विचित्र बात है, तुलसी जिन्होंने घर-बार छोड़ दिया, साधु हो गये थे, उनकी और रत्नावली की कहानी प्रसिद्ध है, कुलधर्म की प्रतिष्ठा करने वाले हो गये। और कबीर जो गृहस्थ थे, शादीशुदा थे सब कुछ पालते-वालते थे, कुलधर्म को तोड़ने वाले आदमी माने गये।

तन्त्र में जो दूसरी परम्परा दिखाई पड़ती है उस गृहस्थ धर्म के विरुद्ध पूरी तान्त्रिक साधना की परम्परा भिन्न दिशा की ओर ले जाती है। उस तन्त्र का असर... जयशंकर प्रसाद ने बड़े विस्तार से लिखा है मैं उस ब्योरे में नहीं जाना चाहता। मैं कहना चाहता था कि इन रूढ़ियों के विरुद्ध एक ऐसी परम्परा है जिसके नुक्कड़ पर कबीर मिलते थे। द्विवेदी से पहले यह काम राहुल सांकृत्यायन ने किया था। सरहप्पा पर उन्होंने बड़ी महत्त्वपूर्ण पुस्तक लिखी।

सिद्धों, नाथों और योगियों के बारे में लिखा। यह जो विद्रोही, क्रान्तिकारी परम्परा थी, चुनौती देती थी, रूढ़ियों को तोड़ती थी। किसी बड़े-से-बड़े लेखक की विचारधारा की कसौटी यह है कि वो धार्मिक मामलों से क्या दृष्टिकोण अपनाता है। अगर वह हिन्दू है तो जाति व्यवस्था के बारे में वह क्या विचार करता है और नारी के बारे में उसका क्या दृष्टिकोण है। इन तीनों के मामले में कबीर को ही नहीं बल्कि तमाम दूसरे लेखकों को जाँचा जाना चाहिए। जाति-व्यवस्था को चुनौती कौन देता है और किस हद तक देता है। भक्त कवियों में ऐसे हुए हैं—तुलसीदास थे, उनके यहाँ 'टू टियर सिस्टम' था। भक्ति की दुनिया में सब बराबर हैं। राम और मल्लाह दोनों मिलते हैं। रामराज्य में चारों वर्णों की अपनी-अपनी जगह थी जिसको विक्टोरियन लोग कहा करते थे कि वहाँ हर चीज़ के लिए जगह थी लेकिन हर चीज़ अपनी जगह पर थी। भक्ति में जात-पाँत के भेद नहीं हैं, लेकिन भक्ति के बाहर समाज में पद-भेद है, रहेगा, या, आदर्श रूप में रहना चाहिए।

इस दृष्टि से कबीर ही अकेले ऐसे आदमी थे जिनके यहाँ 'टू टियर सिस्टम' नहीं था। आज भी जो बड़े प्रगतिशील और क्रान्तिकारी लोग दिखाई पड़ते हैं, पार्टी दफ़्तर में और पार्टी में बराबर हैं, उसके बाहर समाज में आने के बाद जात-पाँत वे भी मानते हैं। छुआछूत मानते हैं। उस क्रान्तिकारी परम्परा में, जिसमें मैं निराला का नाम लेता हूँ, मुक्तिबोध और प्रेमचन्द का नाम लेता हूँ। 'टू टियर सिस्टम' नहीं रहा और इन तमाम रूढ़ियों को, चाहे जाति प्रथा की हों, मज़हब सम्बन्धी या औरतों के बारे में हों, इस दीवार को बहुत कुछ तोड़कर एक सामान्य मनुष्यता की भूमि पर लाने की कोशिश की।

आचार्य हजारी प्रसाद द्विवेदी ने कबीर पर जो पुस्तक लिखी और उसके द्वारा हिन्दी साहित्य की दूसरी परम्परा की ओर संकेत कर हिन्दी में भारत की 'ग्रेट ट्रेडीशन' के विरुद्ध एक दूसरी रेखा खींचने की जो कोशिश की, वह एक अवदान है। उनका विचार और साहित्य इसलिए भी अत्यन्त महत्त्वपूर्ण है क्योंकि उन्होंने यह काम केवल एक आलोचक की हैसियत से नहीं किया बल्कि अपने उपन्यासों द्वारा भी किया। उनके उपन्यासों में *बाणभट्ट की आत्मकथा* का बाणभट्ट, *चारुचन्द्रलेख* की चन्द्रलेखा और *सीदी मौला* की सीदी मौला ऐतिहासिक पात्र हैं, *पुनर्नवा* में कालिदास

को लेकर लिखा उन्होंने तथा *अनामदास का पोथा*—इन सब उपन्यासों में उन्होंने कबीर की उस क्रान्तिकारी वाणी को, जो भक्ति रूप में आयी थी, सृजनात्मकता के साथ रखा कि वह लोगों के लिए शक्तिशाली बन गयी।

अगर द्विवेदी जी ने केवल आलोचना के स्तर पर ही यह बात की होती तो ख़तरा इतना बड़ा न था। यह ख़तरा चूँकि इतना बड़ा है, इसीलिए हिन्दी में आज अनेक लोग हैं जो आचार्य रामचन्द्र शुक्ल का नाम लेकर हजारी प्रसाद द्विवेदी का विरोध करते हैं। उस दौर में भी लोगों ने किया था, आज भी कर रहे हैं। ऐसा समझा जा रहा है कि उनका जो बना-बनाया ढाँचा है, चरमराकर टूट जायेगा यदि द्विवेदी जी की मान्यताएँ मानी गयीं। सबसे बड़ी विडम्बना है कि यह काम वो लोग कर रहे हैं जो मार्क्स के क्रान्तिकारी विचार को मानने का दावा करते हैं। निराला ने *राम की शक्ति पूजा* में एक जगह लिखा है—'अन्याय जिधर है उधर शक्ति।'

आज के जीवन की भी यही विडम्बना है और ख़ासतौर से यह जो वैचारिक संघर्ष आचार्य रामचन्द्र शुक्ल और आचार्य हजारी प्रसाद द्विवेदी के बीच चल रहा है, मुझे आश्चर्य है कि अन्याय जिधर है उधर शक्ति ज़्यादा दिखाई पड़ रही है। इसीलिए ख़तरा लोगों को यह लगता है कि यह क्रान्तिकारी दृष्टि उनके पूर्व निर्मित ढाँचे को तोड़ न दे।

साहित्य के इतर संस्कृति के बारे में भी द्विवेदी जी ने बहुत लिखा है। बल्कि कहना चाहिए कि वह ऐसे अकेले विचारक थे। रामधारी सिंह दिनकर ने तो *संस्कृति के चार अध्याय* किताब लिखी है जो एक संग्रह ग्रन्थ है। जोड़-बटोरकर लिखी गयी चीज़ है। द्विवेदी जी ने तो मौलिक चिन्तन किया है। सर्जनात्मक ढंग से। संस्कृति के बारे में एक दूसरी परम्परा की उनकी धारणा अलग है। जैसे प्रेमचन्द ने कहा था कि हमें हुस्न का मैयार बदलना पड़ेगा। द्विवेदी जी ने हुस्न और सौन्दर्य की नयी परिभाषा दी। संस्कृति की बुनियाद सौन्दर्य है, उसकी परिभाषा जब तक आप नहीं बदलते हैं, मैयार नहीं बदलते हैं, तब तक आप इसके बारे में क्या बातें करेंगे।

संवाद

मोहिनी कौल : द्विवेदी जी को समन्वयवादी भी समझा जाता है, आपकी क्या प्रतिक्रिया है?

नामवर सिंह : समन्वयवाद को हमारे देश में बड़ा गुण समझा जाता है। द्विवेदी जी किसी ग़लत बात का बड़े मीठे ढंग से खण्डन करते हैं और उस मिठास के भीतर छिपी हुई तेज़ी आमतौर से ओझल-सी दीख पड़ती है इसलिए कभी धोखा होता है कि वे समन्वयवादी हैं। जिस व्यक्ति ने कबीर की क्रान्तिकारिता की हिमायत की है, वह समन्वयवादी कैसे हो सकता है? इसीलिए उन्होंने 'सन्तुलित' और 'समन्वित' इन दो शब्दों का अन्तर स्पष्ट किया है। ज़रूरी नहीं कि सन्तुलित दृष्टि समन्वित हो। फिर समन्वयवादी समझौता करता है। क्या द्विवेदी जी ने अपने विचारों को लेकर कभी ऐसा किया?

महाराज सन्तोषी : जब सत्ताधारी वर्ग किसी क्रान्तिकारी साहित्यकार को मान्यता देने लगता है, उसे अपने हित में व्याख्यायित करता है, उससे उस साहित्यकार की अपनी क्रान्तिकारी भंगिमा नहीं टूटती? जैसे प्रेमचन्द की शताब्दी सरकार की ओर से मनायी गयी...

नामवर सिंह : प्रत्येक महान लेखक की व्याख्या का जहाँ तक सवाल है, हर आदमी उसको अपने हित में, स्वार्थ में व्याख्यायित करता है। प्रेमचन्द की इस रूप में हिन्दी में व्याख्याएँ मिलेंगी। सत्ता में दरअसल इतनी शक्ति होती है कि वह सब कुछ को समाहित कर लेती है। और तो और अपने विरोध को जनतान्त्रिक कहलाये जाने की हद तक परमिट करती है। यहाँ हमारा और आपका बुद्धिजीवी या साहित्यकार होने के नाते यह प्रयास होना चाहिए कि हम ऐसे किसी साहित्यकार की सही सूरत पर परदा न पड़ने दें। इस सन्दर्भ में अतिक्रान्तिकारियों की ओर से भी बड़ा ख़तरा होता है। वे लोग; प्रेमचन्द को ही लीजिए, उसे उस हद तक ले जाते हैं जिस हद तक प्रेमचन्द नहीं जाते। यह चीज़ बहुत चलने वाली नहीं है। इसीलिए साहित्य में ऑब्जेक्टिव साइंटिफिक नाम की कोई चीज़ होती है; हम लोग ऐसा मानते हैं।

अयूब प्रेमी : जात-पाँत विरोधी परम्परा, जो कबीर से पूर्व नाथों और सिद्धों के साहित्य में चली आ रही थी, में क्या कबीर ने अपना योग देकर समृद्ध किया है अथवा एक नया मार्ग उन्होंने चलाया?

नामवर सिंह : कबीर की बेलाग, बेलौस, दो टूक, खरी बात कहने वाली कविताई का असर बड़े गहरे तक पड़ा है। उन्होंने कहा, *तू कहता है कागद लेखी,*

मैं कहता हूँ आँखन देखी या *तू कहता उलझावनहारी मैं कहता सुलझाय रे* या *...देखा-देखी बात। दूल्हा-दुल्हन मिलि गये फीकी पड़ी बरात* या *जात न पूछो साधु की पूछ लीजिए ज्ञान। मोल करो तलवार का पड़ा रहन दो म्यान* ऐसे सवालों पर ये जो दो टूक बात कहने का साहस है, वो आपको निराला, मुक्तिबोध, नागार्जुन, धूमिल में मिलेगा। यह कबीर की परम्परा है, कबीर ने लाग-लपेटविहीन भाषा तैयार की।

कबीर अगर तलवार भाँजने वाले होते तो भाई सरदार जाफरी हुए होते। वो उदास भी होते थे। आँखों में आँसू आते थे। उन्होंने लिखा है, *सुखिया सब संसार है खाये अरु सोवै; दुखिया दास कबीर है जागे अरु रोवै।* जदीदियत में भी मुझे इस वज़न की चीज़ नहीं मिली है। दुख की ऐसी गहराई कबीर में थी। इसकी झलक हमें निराला में दिखाई पड़ती है। यह 'ट्रैजिक विज़न' कबीर की ऊँची चीज़ है। इसलिए कबीर के विचारों में कोई अन्तर्विरोध नहीं है। साफ़ नज़रिया था। हक़ीक़त निगार थे। इसलिए उदास होते थे, परेशान होते थे, नींद हराम हो जाती थी।

अग्निशेखर : आजकल आलोचना का साहित्य में विरोध सुनाई पड़ रहा है। समझा जा रहा है कि आलोचना में राजनीति इस तरह हावी हो गयी है कि प्रायः आलोचक किसी ख़ास तरह के लेखकों को उभारते या उनको नज़रअन्दाज़ करते हैं। आप क्या कहना चाहेंगे?

नामवर सिंह : सृजनात्मक लेखकों ने आलोचकों के ख़िलाफ़ बहुत कुछ लिखा है। चेखव कहते थे कि आलोचक घोड़े की पूँछ पर बैठी हुई काटने वाली मक्खी है। इसकी Nuisance value है। आलोचना दोष देखती है, छिद्रान्वेषी होती है। इसलिए सृजनात्मक लेखक अगर विरोध करते हैं तो जायज़ करते हैं। दूसरी बात कि आलोचना में राजनीति होती है, दुर्भाग्य से हम इस शब्द का प्रयोग ढीले-ढाले ढंग से करते हैं। राजनीति अच्छा शब्द है। ज़िन्दगी चलती है इससे। आपका मतलब अगर गुटबाज़ी वग़ैरह से है तो इसका विश्लेषण और विरोध किया जाना चाहिए। पर्दाफ़ाश किया जाना चाहिए। पुराने आचार्यों ने कई तरह के आलोचक गिनाये हैं। राजशेखर ने सात-आठ तरह के आलोचक गिनाये हैं। कोई मत्सरी आलोचक है, कोई दूसरे क़िस्म का है, किसी को कुछ भी अच्छा नहीं लगता। फिर भी हिन्दी, उर्दू और दूसरी भाषाओं में सृजनात्मक आलोचना की परम्परा है।

इसमें साहित्यकार की ख़ूबियों को ही बताया जाये ऐसा नहीं होता। उसकी कमज़ोरियों को हमदर्दी के साथ रेखांकित किया जाता है। असल चीज़ है समझ। आपने हिन्दी फ़िल्मों में डायलॉग सुना होगा, 'रेखा मुझे तुम समझने की कोशिश क्यों नहीं करती हो?' हर लेखक यही कहेगा कि हमें समझने की कोशिश कीजिए। आजकल उन लोगों से ज़्यादा ख़तरा है, जिनका आप नाम ले रहे हैं। ग़लत जगह दाद दी जा रही है। इस बीच जो हवा-सी बह चली है कि आपने एक-दो नज़्में लिखीं, एक-दो कहानियाँ लिखीं और उसके बाद आलोचना के ख़िलाफ़ आप लिखने लग जाते हैं जिसका मतलब होता है कि मेरी तारीफ़ की जाये। लोगों का एक अ-बुद्धिजीवी रुख़ होता जा रहा है। आलोचना इंटेलेक्चुअल चीज़ है, इसका विरोध बुद्धि का विरोध है। ऐसा करने वाले अक्ल के कुछ दुश्मन हैं। ये लोग बड़े सॉफ्ट ऑप्शन वाले लोग होते हैं। यह सॉफ्टनेस साहित्यकार को बहुत दूर तक नहीं ले जाती है। कोई बड़ा लेखक हुआ है तो सॉफ्ट नहीं रहा है। इस शब्द का प्रयोग मैं इस तकनीकी अर्थ में कर रहा हूँ।

मोहिनी कौल : अभी एक प्रश्न यहाँ पूछा गया कबीर के अन्तर्विरोधों के बारे में कहा गया कि नाथों और सिद्धों की परम्परा को लेकर कबीर की कथनी और करनी में बाद में अन्तर्विरोध दिखाई देता है। मैं नहीं समझती कि अन्तर्विरोध कहाँ पर है? कृपया आप शंका-समाधान करें।

नामवर सिंह : 'कबीर' में द्विवेदी जी का एक वाक्य है कि योग के क्षेत्र में भक्ति का बीज पड़ने से जो लता पैदा हुई वह कबीर की वाणी है। उन्होंने अपने पूर्व के योगियों के साहित्य से केवल भाषा नहीं ली, अक्खड़ता ही नहीं ली। बल्कि, कबीर ने उनसे ज़मीन ली। उन लोगों के पास, द्विवेदी जी ने कहा कि भक्ति नहीं थी। भक्ति नयी चीज़ थी जो कबीर ने डाली। इसलिए खेत में और बीज में कोई अन्तर्विरोध नहीं होता है...

(लिप्यन्तरण एवं सम्पादन : अग्निशेखर, क्षमा कौल।
सम्भवतः नवंबर 1986 में श्रीनगर में दिया गया व्याख्यान।
'कबीर' (सं. भृगुनन्दन त्रिपाठी) के अंक : चार में प्रकाशित।)

क्लासिकी परम्परा और आधुनिकताबोध

सभाध्यक्ष आदरणीय शमशेर जी, बन्धुवर प्रो. रथ भाई, कमलेश जी तथा मित्रो!

कालिदास अकादेमी के प्रति मैं अपना आभार व्यक्त करता हूँ, जिसके अधिकारियों ने मुझे इस विशेष व्याख्यान-माला के अन्तर्गत आमन्त्रित करके गौरव दिया है। व्याख्यान-माला में जिन विद्वानों के भाषण हो चुके हैं, उन पूर्व सूरियों को भी मैं नमन करता हूँ। उन नामों की महान कड़ी में अपना नाम जुड़ते देख जहाँ गौरव का बोध होता है, वहीं संकोच और आतंक का भी भाव पैदा होता है।

'क्लासिकी परम्परा और आधुनिकताबोध' पर चर्चा करने की पात्रता सचमुच मुझमें नहीं है। आधुनिक साहित्य और उसमें भी हिन्दी साहित्य का अदना-सा विद्यार्थी हूँ। क्लासिकी साहित्य और परम्परा के प्रति अनुराग अवश्य है, यदि उस पात्रता का कोई आधार हो सकता है तो यही कि काशी से सम्बन्ध रहा है और गुरुदेव आचार्य हजारी प्रसाद द्विवेदी के चरणों में बैठकर कुछ सीखने का सौभाग्य प्राप्त हुआ है। इसलिए कुछ छींटे अगर पड़े गये हों, तो यही संस्कार के रूप में समझिए या पुण्य प्रताप है कि इस बड़े विषय पर और कठिन विषय पर बोलने का साहस कर सकता हूँ, और कर रहा हूँ, आप लोगों के सामने। पण्डित जी से अक्सर एक श्लोक सुना करता था, वे कहा करते थे और उसको दोहरा करके आप अन्दाज़ा लगा सकते हैं कि कम-से-कम अधिकार मेरा हो सकता है। पुरुरवा ने उर्वशी के प्रति कहा था कि–

यदृच्छया त्वं सकृदप्यबन्ध्ययोः
पथि स्थिता सुन्दरि! यस्य नेत्रयोः।
त्वया विना सोऽपि समुत्सुको भवेत्
सखीजनस्ते किमु रूढसौहृदः?

दैवयोग से जिसके साथ थोड़ी देर के लिए साक्षात्कार हो गया हो मेरा, जब मैं इतना समुत्सुक हूँ, तो उन सखीजनों का क्या हाल होगा जो निरन्तर तुम्हारे साथ रहे हैं। इसलिए—क्लासिकी परम्परा में जो जीते हैं, मरते हैं तो नहीं कहूँगा, जिनके साथ निरन्तर साथ है उनका, आप अनुमान लगा सकते हैं कि उस महान परम्परा के साथ अभिन्न रूप से जुड़े हुए लोगों की क्या स्थिति होगी—मुझे तो दैवयोग से केवल झलक मिली है उसकी। उस झलक के ही आधार पर कुछ बातें मैं आपके सामने विचारार्थ रखने का साहस करूँ, तो उसमें मेरी समुत्सुकता को ही आप ध्यान दें, किसी ज्ञान के अभिमान का नहीं। जैसा बन्धुवर रथ जी ने कहा कि क्लासिकी परम्परा और आधुनिकताबोध इस बड़े विषय पर दो व्याख्यान होंगे। पहले मैं आधुनिकताबोध पर कहूँगा—वह अन्तःसूत्र रूप में चर्चा का विषय रहेगा।

ऐसा समझा जाता है कि क्लासिकी परम्परा और आधुनिकता विरोधी हैं। हिन्दी में ही ऐसा हो, तो हो मैं विश्वास के साथ नहीं कह सकता ऐसा। पश्चिम से आधुनिकता का सम्बन्ध जोड़ा जाता है और लगभग पर्याय मान लिया जाता है। वहाँ सच पूछिए तो आधुनिकता अतीत के साथ वर्तमान के मुठभेड़ का ही फल है। वर्तमान की मुठभेड़ नहीं हो, तो वह समकालीनता और समसामयिकता होगी। जिस आधुनिक संवेदन या आधुनिकबोध का नाम लिया जाता है, वह अतीत से वर्तमान के मुठभेड़ और इस मुठभेड़ के फलस्वरूप पैदा होनेवाली अतीत की नयी प्रतिमा का ही नाम है। अगर ऐसा नहीं होता तो स्वयं अंग्रेज़ी साहित्य में टी.एस. इलियट, जो अंग्रेज़ी साहित्य में आधुनिक संवेदन-आधुनिकबोध के जनकों में से एक हैं, उन्होंने अपने जिस क्रान्तिकारी ग्रन्थ को 1919 में प्रकाशित किया था उसका नाम ही था—'ट्रेडीशन एंड इंडिविजुअल टैलेंट'। उस पूरे निबन्ध में बल ट्रेडीशन पर था, परम्परा पर था और यह एक विरोधाभास ही कहा जायेगा कि अंग्रेज़ी में जिस आधुनिकता का आरम्भ हुआ वह एक

नये परम्परावाद के माध्यम से हुआ था, वह एक न्यू ट्रेडीशनलिज़्म था। ट्रेडीशन का आरम्भ एक नयी परिभाषा के साथ हुआ था, इसलिए वे जो नितान्त आधुनिक हैं या समसामयिक हैं, जिन्होंने अपने अतीत से जूझने में टकराने का प्रयास ही नहीं किया, वे और सब कुछ हो सकते हैं आधुनिक नहीं हो सकते।

जिस अर्थ में हम आधुनिकता की चर्चा साहित्य या संस्कृति के सन्दर्भ में किया करते हैं, स्वयं ये हमारे लिए भी, यदि इलियट के परम्परा के आधुनिकताबोध के समानान्तर और भी देखें, तो उस तथाकथित आधुनिकतावाद का विरोध करनेवाले, उसे प्रतिक्रियावादी विचारधारा या भावसंवेदन की स्थिति मानने वाले प्रगतिशील और मार्क्सवादियों के निकट जो विशेष प्रकार का आधुनिक चिन्तन है, वह परम्परा के टकराहट से किस प्रकार जन्म लेता है और प्रतिष्ठित है—इसका सबसे ज्वलन्त उदाहरण स्वयं कार्ल मार्क्स हैं। आप जानते हैं कि कार्ल मार्क्स के चिन्तन और जीवन-दृष्टि के मूल में आद्यन्त जिस आदिम मिथक और जिस साहित्य के प्रति गहरा लगाव झलकता है, वह यूनानी मिथक था, यूनानी साहित्य था। स्वयं उस युग में—उनके युग में एक कार्टून बना था, जिसमें मार्क्स को प्रसिद्ध ग्रीक गाथा के देव पुरुष प्रमथ्यु या प्रोमिथियस के रूप में देखा गया था—मनुष्यों के लिए स्वर्ग से आग चुराकर लाने वाले उस क्रान्तिकारी के समान जिसने देवताओं का शाप झेला, चक्र से बँधा रहा और यातना झेलता रहा। कार्ल मार्क्स का हीरो कोई आधुनिक युग का नहीं था, कार्ल मार्क्स का हीरो ग्रीक देव प्रोमिथियस था। यह नहीं; बल्कि उनके प्रिय लेखकों में, जिन्हें वे मूल ग्रीक भाषा में पढ़ते थे, त्रासदी के लेखक एसथुलस थे, एस्कायलस जिसे कहते हैं, एस्थुंलिस, सोफोक्लीज़ यूरिपीडिज़ और थोमेज थे। जो आदमी अपने आधुनिक समय की व्यवस्था को बदलकर एक नयी मानव समता के आधार पर समाज व्यवस्था क़ायम करना चाहता था, उसके चिन्तन की बुनियाद जिस भाव-बोध पर क़ायम थी, वह भाव-बोध ग्रीक-प्राचीन ग्रीक क्लासिकी ट्रेजेडी से लिया हुआ था। यहाँ मनुष्य देव के विरुद्ध संघर्ष करता है, उस व्यवस्था के विरुद्ध, जिस पर मनुष्य का कोई वश नहीं है। ऐसी देव व्यवस्था के विरुद्ध संघर्ष करने वाले उस प्रमथ्यु का संघर्ष उसकी आस्था,

उसका साहस और साथ ही उसकी व्यथा वेदना, पीड़ा ये चीज़ें थीं जिसे आज हम मार्क्सवादी चेतना कहते हैं। उस मार्क्सवादी की क्रान्तिकारी चेतना की बुनियाद ये चीज़ें थीं।

ये भाव-बोध और क्लासिकी भाव-बोध और कहा जा सकता है कि आधुनिक समाज में उपयुक्त प्राचीन बीते हुए युग से पैदा होने वाला साहित्य भाव-बोध कैसे प्रदान कर सकता है। कहाँ पुरानी दास-प्रथा पर क़ायम होनेवाले एथेन्स का समाज और कहाँ आधुनिक औद्योगिक धन्धों का कारख़ानों और मशीनों पर आधारित होनेवाला नया समाज। लेकिन इस समाज के उपयुक्त भी संघर्ष करने के लिए जिस भाव-बोध की आवश्यकता पड़ सकती थी, वह उस अतीत के समाज में पैदा होनेवाला साहित्य था। मार्क्स यह नहीं मानते थे कि उस पिछड़े समाज में पैदा होनेवाला साहित्य इस समाज के लिए उपयुक्त नहीं हो सकता। इसलिए आधुनिकबोध की चाहे जिस धारा को लें—एलियट-प्रवर्तित, चर्च पर आधारित व्यक्तिवादी धारा हो, चाहे आधुनिकबोध की वह धारा जो अपेक्षाकृत समाजोन्मुख, मानव-कल्याण में विश्वास करती है, चर्च में आस्था नहीं रखती, इस मानववाद की हिमायत करनेवाली आधुनिकताबोध की धारा हो, प्राचीन क्लासिकी-साहित्य के प्रति वैसे ही ऋणी है और उसकी शक्ति को स्वीकार करके उसके आधार पर आगे बढ़ने का साहस करती है। इसलिए नहीं कि पश्चिम में आधुनिकबोध का निर्माण हुआ है, उसकी समस्त धाराएँ कहीं-न-कहीं अतीत की साहित्य धारा के बोध से टकराकर और उससे सार तत्त्व ग्रहण करने में ही आधुनिकबोध को परिभाषित करती है। इस क्रम में यदि हम देखें तो अपने देश की स्वयंभू जिसे हम क्लासिकी-परम्परा कह रहे हैं, बन्धुवर रथ जी ने कहा कि इन दोनों शब्दों में परिभाषा-सापेक्ष आधुनिकबोध है। मुझे तो लगता है कि क्लासिकी-परम्परा अधिक परिभाषा की अपेक्षा रखती है। क्या है—क्लासिकी-परम्परा! और मैं यह कहना चाहता हूँ कि यह 'क्लासिकी' शब्द ही वह योरोपीय अवधारणा है, जिस अवधारणा से हम अपनी परम्परा को देख रहे हैं और यह शब्द पहले ही उस परम्परा को नया रूप, नया अर्थ या विशेष अर्थ दे देता है। यह आकस्मिक नहीं है कि कालिदास के या संस्कृत के, जहाँ मेरी जानकारी है, काव्य-ग्रन्थों में

अभिज्ञान-शाकुन्तल का अनुवाद योरोप की भाषा में सबसे पहले अंग्रेज़ी में 1779 में सर विलियम जोन्स के द्वारा हुआ था। यह संयोग ही है कि यह वही वर्ष है जब फ्रांस की राज-क्रान्ति हुई थी और सर विलियम जोन्स जिस इंग्लैंड से सम्बन्ध रखते थे, भले ही वे उसके लेखक न रहे हों लेकिन 1779 का समय फ्रान्सीसी क्रान्ति का समय तो राजनीतिक दृष्टि से है ही, लेकिन यह वह क्रान्ति जिसकी धमक पूरे यूरोप में तो थी ही, लेकिन उस छोटे-से टापू जिसे ग्रेट ब्रिटेन कहते हैं, उस पर भी पहुँची थी। यह वह युग था जब अग्रेज़ी में रोमैंटिक आन्दोलन के उत्थान का था। वह वर्ड्सवर्थ, कोलरिज का युग था। इसी के आस-पास शेली, बायरन और कीट्स के नाम जुड़े। इसलिए सर विलियम जोन्स ने अभिज्ञानशाकुन्तल का अनुवाद जिस वातावरण में किया था, जिस युग में किया था, वह रोमांटिक उत्थान का युग था। आप हम सब जानते हैं कि यह रोमांटिक उत्थान स्वयं अंग्रेज़ी में उत्थान ही नहीं, 'रोमांटिक रिवायवल' कहा जाता है, जो स्वयं अपने अतीत की परम्परा का पुनरुत्थान कर रहा था। इस अतीत की परम्परा में जो रोमांटिक थे वे पहले आधुनिक थे। आधुनिक-संवेदन और बोध के घोषित रूप से पहले जनक रोमांटिक कवि थे, जिन्होंने इंग्लैंड को दो शताब्दी पुराने कवि शेक्सपियर की याद दिलाई, उसका पुनरुद्धार किया। यही नहीं शेक्सपियर से आगे बढ़कर जिसने नये सिरे से प्राचीन ग्रीक साहित्य का, जो उनके लिए क्लासिक था, उस क्लासिकी-परम्परा का पुनरुद्धार किया था। इसलिए आकस्मिक नहीं था कि उस रोमांटिक इंग्लैंड के अंग्रेज़ी साहित्य के वातावरण से पैदा हुए सर विलियम जोन्स ने एक दूसरे देश के पूरब के एक साहित्य का अनुवाद किया और पश्चिम में उसका प्रवेश कराया। उस आधुनिकबोध के लिए यह घटना आकस्मिक नहीं है, क्योंकि स्वयं रोमैंटिक कवि जहाँ पश्चिम की अपनी पुरानी परम्परा का पुनरुत्थान कर रहे थे, उसके साथ रोमैंटिक काव्य का और भाव-बोध का अनिवार्य अंग था सुदूर के और ख़ासतौर से पूर्व 'ओरियंटल' यह शब्द ही रोमांटिक-धारा का सूचक था। जिस यूरोप ने 'ओरियंटल' शब्द को रूढ़ किया, बनाया, यह पूरब स्वयं एक दूर का स्वप्न-लोक था। इसलिए अपनी परम्परा के साथ ही रोमांटिक कवियों की गहरी दिलचस्पी दूर देश की उन महान परम्पराओं पर भी रही है

और उनकी ओर आकृष्ट हुए हैं उसका उन्होंने पुनरुद्धार किया है। इसलिए अपनी पुरानी हमारी देश की परम्परा जिस आधुनिकबोध के प्रथम उत्थान में रोमांटिक कविता के दौर में उस दर्पण में प्रतिबिम्बित हुई थी वह अठारहवीं सदी के अन्त, नये दौर का वह युग था जब उस साहित्य में एक नयी शुरुआत हो रही थी। इसका उल्लेख आवश्यक है कि हमने स्वयं हमारे साहित्य ने सदियों बाद अपनी परम्परा को सीधे प्राप्त न करके बल्कि पहले पूर्व-पश्चिम गया और पश्चिम से फिर पूर्व आया।

कालिदास के मेघदूत को हमने सीधे तुलसीदास से नहीं ग्रहण किया था, कालिदास के मेघदूत को हमने बिहारी, पद्माकर से नहीं ग्रहण किया था, कालिदास की शकुन्तला को हमने अंग्रेज़ी की रोमांटिक कविता—यूरोप के कवियों से प्राप्त किया। यह आकस्मिक नहीं है कि गेटे के माध्यम से रवीन्द्रनाथ ने कालिदास को ग्रहण किया, उन्होंने बंकिमचन्द्र के माध्यम से कालिदास को नहीं प्राप्त किया था। परम्पराओं के बारे में आमतौर से ऐसा हुआ करता है कि यह प्रतिबिम्बन कभी-कभी, 'रिफलेक्शन' नहीं हुआ करता है, 'रिट्रेक्शन' हुआ करता है। किसी 'प्रिज्म' पर सूर्य की किरण पड़े और वहाँ से छिटक करके आया करती है। इसलिए अपनी क्लासिकी की परम्परा हमने सीधे वंशानुक्रम से प्राप्त होनेवाली सीधी विरासत के रूप में नहीं प्राप्त की थी, हमने अपनी क्लासिकी-प्राचीन-परम्परा को एक ऐसे 'प्रिज्म' के माध्यम से प्राप्त किया था, जो उस दौर के अनुसार, मैंने कहा, आधुनिकबोध का प्रथम उत्थान था। इसलिए प्राचीन संस्कृत-साहित्य पश्चिम के आधुनिक बोध के 'प्रिज्म' से होकर भारतीय साहित्य में आधुनिक युग के मंगलाचरण का आधार बना। इसलिए यह भी महत्त्वपूर्ण और उल्लेखनीय है कि पश्चिम ने हमारी परम्परा से जो-जो चुना हमने भी वही-वही चुना। पश्चिम से छूटा तो बहुत दिनों तक हमसे भी छूटा रहा। अगर क्रम से ही चलना था तो फिर आप वेद से चलते व्यास, वाल्मीकि और उसके बाद कहीं आप कालिदास पर पहुँचते। लेकिन सहसा हमने वहाँ से शुरू किया जहाँ से पश्चिम ने शुरू किया था, उसके बाद उसके पीछे आते-जाते रहे।

ये तथ्य ऐतिहासिक तथा बहुत महत्त्वपूर्ण है कि हिन्दी की और भारत की रोमांटिक कविता की परम्परा की भूमिका स्वतः निर्धारित नहीं है। बल्कि पश्चिम परस्त है, पश्चिम की मुहर लगाई हुई है।

कालिदास गेटे के माध्यम से रवीन्द्रनाथ को प्राप्त होते हैं। कालिदास बंकिमचन्द्र या चण्डीदास के माध्यम से रवीन्द्रनाथ को प्राप्त नहीं होते।

इसमें संयोग की कोई बात नहीं है कि रवीन्द्रनाथ ने गेटे के माध्यम से प्राप्त किया, तो हिन्दी के कवियों ने, पन्त ने प्रसाद ने, निराला ने रवीन्द्रनाथ के माध्यम से प्राप्त किया। इसलिए कैसे परम्पराएँ साहित्य की बनती हैं और आधुनिकबोध के निर्माण में किस-किस प्रकार ऐतिहासिक तथ्य भूमिका अदा करते हैं, इसकी ओर हमारा ध्यान जाना चाहिए। मैंने कहा कि इसके कारण हमारी परम्परा ने निश्चित अर्थ ग्रहण किया। इस चयन चर्चा में इस वृत्ति-धर्मी पुनरुत्थान में एक विशेष दृष्टि थी और वही दृष्टि थी जिसके कारण हमारी सम्पूर्ण परम्परा दो भागों में विभाजित हुई। एक और भाषा पर विचार करते हुए हम 'छन्दस्' कहते हैं और इसके बाद भाषा कहते हैं। पाणिनि स्वयं कहते हैं–इसलिए वैदिक साहित्य और इसके बाद एपिक साहित्य कहा गया और एपिक शब्द भी हमने पश्चिम से ही लिया। एपिक कहते समय 'रघुवंश' नाम नहीं लिया जाता। जब कोई पश्चिमी विचारक 'एपिक' कहता है, तो उसके दिमाग़ में 'होमर' होता है, 'इलियट' होता है 'ओडिसी' होती है। जब एपिक का युग या एज कहते हैं, तो स्पष्टतः महाभारत और रामायण होता है, व्यास और वाल्मीकि होते हैं। फिर बाद के महाकाव्यों पर या प्रबन्ध काव्यों के लिए एक विशेष नाम विशेष के साथ जोड़ा जाता है, उसको 'ऑरनेट' या 'अलंकृत महाकाव्य' कहते हैं, एपिक नहीं। जिस अर्थ में होमर का 'एपिक' था। इसलिए हम देखें कि एक ओर वैदिक साहित्य है, छन्दस का ऋचाओं का साहित्य है, वेद वाणी है उसके बाद रामायण, महाभारत 'एपिक' हुए और इसके बाद भेद करने के लिए जैसे वहीं एक शब्द चलाना बहुत ज़रूरी था इसलिए छन्दस विरुद्ध भाषा को लौकिक संस्कृत कहा गया जैसे कि वेद अलौकिक हों। 'अपौरुषेय' तो है, लेकिन वे अलौकिक हों और फिर लौकिक संस्कृत के समानान्तर 'एपिक' के बाद एक ऐसे युग की कल्पना करना ज़रूरी है, जहाँ से हम वाल्मीकि से कालिदास को अलग कर सकें, जहाँ कालिदास और उसके बाद के कवियों को अलग कर सकें। इसे यूरोप ने इसके लिए 'क्लासिकल-एज' कहा। क्लासिकी नाम दिया। अब आप देखें कि एक

अखण्ड परम्परा जो वेद से लेकर अब तक चली आ रही है, पश्चिम की परम्परा ने अपने अनुसार परिभाषित किया क्योंकि पश्चिम की परम्परा में, आप देखें, कि ये जितनी अवधारणाएँ हैं, ये 'कन्सेप्ट' हैं, ये मूल्य परक होते हैं, एक विशेष दृष्टि के द्वारा होते हैं। एक शब्द को स्वीकार कर लेने के साथ हम एक पूरी ऐतिहासिक दृष्टि ही अनजाने स्वीकार कर लेते हैं, जिसके प्रति हम सचेत नहीं हुआ करते। पश्चिम का इतिहास सामान्यतः समझा जाता है कि एक अविच्छिन्न प्रवाह के रूप में मिलता है। किन्तु सच्चाई यह नहीं है। पश्चिम का साहित्य इतना खण्डित है, देश भेद के कारण प्राचीनतम साहित्य पुराने 'एथेन्स' में मिलता है, जो किसी तरह से पश्चिम नहीं था। एथेन्स का गहरा सम्बन्ध पूर्व से था एलेक्ज़ेंड्रिया से था और अरब देशों से था। 'एथेन्स' पश्चिम नहीं समझा जाता था। इसलिए 'एथेन्स' वाले पश्चिम की ओर नहीं बढ़े, जितनी यात्राएँ कीं पूरब की ओर कीं। जिसमें से एक एलेक्ज़ेंडर है, जो स्वयं हिन्दुस्तान तक आया था। उसने पूरब की यात्रा की थी। इसलिए पश्चिमी साहित्य का एक खण्ड प्राचीन 'एथेन्स' है। इसकी परम्परा 'एथेन्स' में समाप्त होती दिखाई पड़ती है और वह रोम में शुरू होती है। कहाँ अविच्छिन्न प्रवाह है? ऐसा नहीं हुआ कि होमर के और महान ग्रीक त्रासदीकारों के बाद सीधे रोम की परम्परा शुरू होती है। रोम की परम्परा और रोमन एम्पायर और प्राचीन ग्रीक के बीच सदियों का अन्तराल है। वह क्रम टूट गया था। छिन्न-भिन्न हो गया था। महान रोमन एम्पायर और इसके बाद जिसे 'डार्क एज' कहते हैं 'मिडिल एज' कहते हैं, वह ईसाइयत के प्रभाव वाला 'स्कालिस्टिक-एज' कहते हैं। धर्मान्धता का एक लम्बा दौर चलता है और इस लम्बे दौर की सर्वोत्तम फल परिणति 'रिनेसां' है। चौदहवीं शताब्दी की रोमन परम्परा में और 'रिनेसां' में कोई सम्बन्ध नहीं है। फिर सूत्र टूटता है। रिनेसां के साथ एक नयी परम्परा शुरू होती है नया मानववाद शुरू होता है फिर रिनेसां के बाद यूरोप में विभिन्न देशों में क्रमशः धीरे-धीरे एक अटूट परम्परा हमें दिखाई पड़ती है। लेकिन ये जो तीन खण्ड दिखाई पड़ते हैं। ग्रीक साहित्य, प्राचीन रोमन साहित्य यानी लैटिन का साहित्य और इसके बाद 'रिनेसां' का साहित्य और जिसके शिखर-मेरु के रूप में दान्ते जैसा महान कवि आता है।

उसके बाद 'मिडिल-एज' के 'डार्क-एज' के साथ आधुनिक युग धीरे-धीरे शुरू होता है। रोमांटिक उत्थान में शेक्सपियर आते हैं और लोग आते हैं। अपने पश्चिम की खण्डित परम्परा बौद्धों की शब्दावली में कहें तो छिन्न-प्रवाह। इस विच्छिन्न प्रवाह के आईने में यूरोप ने भारत को देखा। यहाँ तो जो कुछ घटित हुआ था एक ही देश में हुआ था। यदि और सब छोड़ें भी तो यही मध्यादेश यही विशाल जो आर्यावर्त है—वैदिक ऋचाएँ सब ठीक हैं कि सिन्धु के देश में लिखवाई गयी थीं, लेकिन सारा-का-सारा यह जो उत्तराखण्ड है, इस उत्तराखण्ड से एक ही भू-भाग में एक ही जाति के भीतर वेद से लेकर महाभारत तक, भास, कालिदास आदि—पूरी-की-पूरी धारा का विकास हुआ है। इसलिए पश्चिम ने अपनी परम्परा के खण्डित-बोध को भारत की अविभाज्य परम्परा के ऊपर—उस साँचे को—आरोपित करते हुए खण्डों में विभक्त किया। क्योंकि उनके लिए, एक इंग्लैंड के आदमी के लिए, एक जर्मन के लिए, उस दौर में विचारक जिन्होंने ये सब काम किये हैं, ये अवधारणाएँ पैदा की हैं, जर्मनी के लिए इटली वही नहीं था, जो चाहे दक्षिण का रहनेवाला हो, चाहे कश्मीर का कोई विद्वान हो, जिसके लिए वेद हो या महाभारत हो या रामायण हो, जर्मनी के लिए इटली वही नहीं था, यूनान वही नहीं था। इसलिए इस पूरी परम्परा को एक साँचे में ढालने के लिए ग्रीक-कला को साहित्य का एक विशेष नाम देकर के एपिक और ट्रेजेडी का युग कह करके रोम महान रोमन साम्राज्य के लिए उन्होंने निश्चित किया कि यह 'क्लासिकल-एज' है, जिसको 'आगस्टन-एज' कहते हैं। महान आगस्टन के साथ एक विशेष प्रकार की लेटिन की और प्रायः जब भी संस्कृत के बारे में पश्चिम का विचारक सोचता है, तो उसके ध्यान में हमेशा लेटिन आती है यह दूसरी बात है कि सर विलियम जोन्स ने उसके साथ ग्रीक का नाम भी लिया था। विचित्र विडम्बना है कि सर विलियम जोन्स अभिज्ञानशाकुन्तल का अनुवाद करते हुए इस संस्कृत भाषा के, इसके सौन्दर्य, इसके माधुर्य, इसकी वैज्ञानिकता, इसकी व्यवस्था की प्रशंसा करते हुए ग्रीक, लेटिन, संस्कृत तीनों का नाम एक साथ लेते हैं।

मैंने कहा कि एक निश्चित दृष्टिकोण है—जिसके कारण 'क्लासिकी-परम्परा' यह एक विशेष नाम पड़ा। मेरे पास इसका कोई समाधान नहीं है।

आप विद्वान हैं, आप स्वयं सोच सकते हैं, लेकिन मुझे लगता है कि पश्चिम के इतिहासकारों द्वारा आरोपित ढाँचा–जहाँ वेद, उपनिषद् एक साथ, महाकाव्यों का युग या एपिक-युग अलग और फिर कालिदास आदि तथाकथित क्लासिकी-परम्परा इन तीनों के बीच जो अविच्छिन्न प्रवाह है, उसको देखे-समझे बिना हम लोग अगर इसे क्लासिकी-परम्परा के रूप में कहेंगे, तो अपनी परम्परा के बारे में एक विशेष प्रकार का दृष्टिकोण अपनाएँगे। उसके कारण अनेक प्रकार की असंगतियाँ भी पैदा होंगी। जिन असंगतियों की ओर अभी हम ध्यान देंगे। इसलिए अपनी परम्परा में जिसे हम क्लासिकी-परम्परा कहते हैं, पश्चिम के विद्वानों के अनुरूप इस नाम पर ही नहीं, इस पूरी अवधारणा पर और इसमें निहित जितनी अर्थापत्तियाँ हैं, उन पर नये सिरे से विचार करने की ज़रूरत है, क्योंकि इसमें पूरे मूल्यांकन के बारे में ख़तरा है। विचित्र बात है, वह क्लासिकी-परम्परा जिसकी सुमेरु-मणि कालिदास हैं, इसका निरूपण प्रायः रोमांटिक काव्य के रूप में हुआ है। आप में से जो विद्वान पश्चिम की आलोचना की भाषा से अवधारणा से परिचित हैं, वो जानते हैं कि 'क्लासिसिज़्म' और 'रोमैंटिसिज़्म' प्रायः परस्पर-विरोधी माने जाते हैं। समझा जाता है कि 'रोमेण्टिसिज़्म' का उत्थान 'क्लासिसिज़्म' के प्रतिक्रियास्वरूप हुआ है। यह विडम्बना ही है कि संस्कृत की तथाकथित क्लासिकी-परम्परा वस्तुतः स्वयं पश्चिम की दृष्टि में, और इसे वे इनकार नहीं कर सके, वहाँ भी यदि वह कारण बना, वह रोमैंटिक उत्थान का। रोमांटिक उत्थान का ही नहीं, बल्कि स्वयं रोमांटिक काव्य प्रमाणित हुआ। कालिदास के काव्य की जितनी विशेषताएँ बतलाई गयी हैं, यह आकस्मिक नहीं है कि इस समूची क्लासिकी-परम्परा में, और सबके साथ, क्योंकि विषय विस्तार से हम शायद अधिक सूक्ष्मता में नहीं जा सकेंगे और इसीलिए मैंने कहा कि तथाकथित क्लासिकी-परम्परा की सुमेरु-मणि कालिदास के माध्यम से उस पूरी परम्परा की विशेषताओं के एक पहलू की ओर ध्यान देने की कोशिश करेंगे।

यह क्लासिकी-परम्परा जिसके सर्वश्रेष्ठ कवि कालिदास हैं, आकस्मिक नहीं कि सबसे ज़्यादा उन्होंने रोमांटिक कवियों का ही ध्यान आकर्षित किया। रोमांटिक कवियों ने सबसे अधिक लिखा, उनकी शब्दावली, प्रतीकों,

उपमाओं, सौन्दर्य-बोध का अनुकरण किया। कहना चाहिए कि रोमांटिक उत्थान अंशतः कालिदास का पुनरुत्थान है। बंगला में रवीन्द्रनाथ तो हैं ही, हिन्दी में प्रसाद, पन्त, अंशतः निराला—क्योंकि निराला कालिदास को मानते हुए भी उनसे जूझते भी रहे। इसलिए यह रोमांटिक कविता और कवि के रूप में कालिदास की प्रतिष्ठा हुई। प्रश्न यह है कि एक ओर तो यह विरोध दिखाई पड़ता है, क्योंकि अगर यह क्लासिकी-परम्परा है, तो फिर उसे रोमांटिक नहीं कहा जा सकता। लेकिन रोमांटिक के जो तत्त्व दिखाई पड़ते हैं, उस पर हम लोग थोड़ी देर यह विचार करेंगे कि आमतौर से रोमांटिक उत्थान का गहरा सम्बन्ध माना जाता है—सामन्ती युग की समाप्ति और आधुनिक बुर्ज़ुआ सभ्यता। आधुनिक पूँजीवादी समाज के साथ रोमांटिक युग जुड़ा हुआ है। यह कल्पना की जा सकती है। जो इतिहास का विधान है कि आमतौर पर समझा जाता है कि रोमांटिक उत्थान का गहरा सम्बन्ध सामन्तवादी युग के अन्त और पूँजीवादी युग के आरम्भ से जुड़ा हुआ है। यदि यह सच है तो कालिदास जिस युग के हैं या जिस युग से उनका सम्बन्ध जोड़ा जाता है वह सामन्ती युग की पराकाष्ठा है। चाहे उन्हें ईसा की पहली शताब्दी के मानें, चाहे उनका गुप्त-साम्राज्य के साथ या युग के साथ सम्बन्ध हो। पूरे सम्बन्ध को चाहे जैसे परिभाषित करें, आप प्राचीन भारतीय समाज को सामन्तवादी कहें या न कहें, लेकिन इतना निश्चित है कि आधुनिक पूँजीवाद का युग वह नहीं था।

ऐसी स्थिति में एक प्राचीन युग और प्राचीन सामन्ती समाज व्यवस्था के बीच रोमांटिक कवि कैसे पैदा हुआ? रोमांटिक काव्य कैसे पैदा हुआ? दूसरा अन्तर्विरोध या असंगति है, जिसकी व्याख्या की जानी चाहिए, जो पश्चिम के लोगों के लिए आज भी चुनौती के रूप में है और यहाँ के विद्वानों के सम्मुख चुनौती के रूप में है।

वह क्या चीज़ है? आधुनिकताबोध और रोमांटिक भाव-बोध प्रायः विरोधी माने जाते हैं। हिन्दी में आधुनिकताबोध पर जितना भी लिखा गया है—स्वयं अंग्रेज़ी के अनुकरण पर समझा जाता है कि टी.एस. इलियट एंटी-रोमांटिक ही नहीं थे, बल्कि रोमांटिक भाव-बोध का विरोध करके आधुनिकता, आधुनिक भाव-बोध की प्रतिष्ठा उन्होंने की थी।

इलियट ने अंग्रेज़ी के कवियों में शेली के ख़िलाफ़ तो लिखा ही—कहा—कैशोर भावुकता का कवि है, इनके विरुद्ध उन्होंने अपेक्षाकृत उपेक्षित मेटाफ़िज़िकल कवियों, जिनमें हृदय-बुद्धि दोनों का संयोग था, संघर्ष था ऐसे जानसन मारवन और हरबर्ट जैसे कवियों की प्रशंसा की थी। इसलिए अंग्रेज़ी में इलियट ने जिस प्रकार अंग्रेज़ी के कवियों का विरोध किया, उसके विरुद्ध मेटाफ़िज़िकल कवियों का समर्थन किया, इससे यह समझा जाता है कि आधुनिक भाव-बोध रोमांटिक भाव-बोध का विरोधी है। यह दूसरी बात है कि प्रमाणित हुआ जैसे शंकराचार्य को हमारे यहाँ लोगों ने 'प्रच्छन्न-रोमांटिक' कहा। आमतौर पर जहाँ विरोध देखा जाये, उस विरोध में भी यह भी एक प्रकार का रागात्मक सम्बन्ध ही होता है। राग विराग का दूसरा नाम है। विराग भी राग ही में सम्मिलित है। राग-द्वेष कहें तो, राग-द्वेष में भी द्वेष एक प्रकार का राग ही है। घनघोर रोमांटिक विरोध वस्तुतः कहीं-न-कहीं उस रोमांटिकता के प्रति आकर्षण, चुनौती यह आकर्षण, विकर्षण इन दोनों से जुड़ा हुआ होने के कारण यह बाद में प्रमाणित हुआ कि रोमांटिक भाव-बोध का विरोध करनेवाला आधुनिक भाव-बोध मुख्यतः मूलतः तत्त्वतः रामांटिक है। हिन्दी में ऐसा समझा जाता है कि आधुनिक भाव-बोध या आधुनिक संवेदन प्रयोगशीलता के साथ है, जिसके प्रयोगकर्ताओं में शमशेर जी तथा जिसके सिद्धान्तकारों में अज्ञेय जी का नाम लिया जाता है ऐसा समझा जाता है कि छायावादी भाव-बोध के प्रतिक्रियास्वरूप, विरोध में प्रयोगशीलता आयी और इस प्रयोगशीलता ने आगे चलकर नयी कविता के रूप में अपने को प्रतिष्ठित किया। जिस प्रकार इलियट अंग्रेज़ी में रोमांटिक भाव-बोध के विरुद्ध आधुनिक भाव-बोध के प्रतिष्ठाता हैं, उसी प्रकार अज्ञेय जी तथा उनके दूसरे समवर्ती कवियों ने छायावाद के विरोध-स्वरूप हृदय-बुद्धि से संयुक्त एक विशेष प्रकार के भाव-बोध की स्थापना की। क्योंकि ये भाव-बोध, आधुनिकतावाला भाव-बोध रोमैंटिसिज़्म के विरुद्ध एक प्रकार का 'क्लासिसिज़्म' कहा जाता है, 'नियोक्लासिसिज़्म' कहा जाता है, इसलिए रोमांटिकता के विरुद्ध एक नव क्लासिसिज़्म आना ही चाहिए और अज्ञेय को उसके विरुद्ध माना जाता है। विचित्र विडम्बना है कि जो घटना इलियट के साथ घटित हुई वही कालान्तर में हिन्दी के प्रयोगशील, नयी कवितावाले,

आधुनिकता बोध वाले कवियों के साथ हुई। छठे दशक ही नहीं सातवें दशक तक पहुँचते-पहुँचते कविता की जो नयी धारा आयी, उसने स्वयं इन रोमांटिक विरोधियों को मूलतः रोमांटिक कहा। लक्ष्मीकान्त वर्मा ने जो स्वयं उसी सम्प्रदाय के हैं, उन्होंने अज्ञेय को रागात्मक ऐश्वर्य का कवि कहा और रागात्मक ऐश्वर्य उस रोमांटिक भाव-बोध का पर्याय है, जिसमें वे पन्त को भी रखा करते थे, प्रसाद को भी रखा करते थे। रोमांटिकता का विरोध करनेवाले अपने यहाँ भी अन्ततः और मूलतः छायावादी प्रमाणित हुए, चाहे वे अपने को क्लासिकी कहते रहे हों।

समझा यह जाता है कि रोमांटिक और आधुनिक परस्पर विरोधी हैं, लेकिन अन्ततः प्रमाणित यह होता है कि आधुनिक भाव-बोध में ही कहीं-न-कहीं आधार के रूप में रोमांटिक परम्परा जीवित है, चली आ रही है। इसलिए अपनी क्लासिकी परम्परा या कालिदास के सन्दर्भ में बात करते हुए यदि मैं कहूँ कि वह मूलतः रोमांटिक कवि थे तो यह नहीं समझा जाये कि वह आधुनिक संवेदन से दूर थे। क्योंकि साहित्य की परम्परा यह दिखला रही है कि आधुनिक भाव-बोध उस तथाकथित रोमांटिक भाव-बोध को समोकर ही आगे बढ़ता है और मूलतः वही है। उसी रागात्मक ऐश्वर्य को लेकर चलता है। इसलिए भले ही वह अपने को नव-क्लासिकवादी कहे, किन्तु वह कहीं-न-कहीं उसी समय में व्याख्या करता है। प्रश्न यह है कि यह क्लासिकी-परम्परा को रोमांटिक रूप में जब देखा गया और यह सही है कि कालिदास की रचनाओं को देखकर, उनको रोमांटिक कहकर हम और परम्परा के भीतर से ही परम्परा को प्राप्त करते हैं। ऐसा नहीं है कि हम अचानक नये सिरे से पहुँच कर उसका पुनरान्वेषण करते हों। इस अन्वेषण में केवल एक बात की ओर मैं ध्यान दिलाना चाहूँगा कि आज के युग में ऐसा समझा जाता है कि नया शब्द चलता है—'प्रासंगिकता'। शब्द सुनते ही संस्कृत के जो पण्डित हैं, उनकी भौंहें तन जाती होंगी, क्योंकि संस्कृत में प्रसंगोपरान्त-प्रसंगवश है 'इनसिडेंटली' अंग्रेज़ी में, हिन्दी में उसका प्रचलन हो रहा है 'रिलेवेंस' के अर्थ में—सार्थक के अर्थ में, प्रश्न यह है कि अतीत का साहित्य हमारे लिए कितना 'रेलेवेंट' है, ज्वलन्त हो उठा है। आप शायद यह उम्मीद कर रहे होंगे कि मैं यह बताने की कोशिश करूँगा

कि कैसे क्लासिकी-परम्परा आज के लिए 'रेलेवेंट' है। कौन-कौन से ऐसे तत्त्व हैं, जो उसमें आज के प्रसंगानुकूल हैं। वह ढूँढ़कर उसमें जैसे हिन्दी के छायावादियों ने, रोमांटिक कवियों ने अपने युग के अनुरूप कालिदास में अपने भाव-बोध में वे सारे तत्त्व ढूँढ़े और ढूँढ़कर कालिदास को आधुनिक बना दिया। ऐसा लगा कि कालिदास के अनुरूप कोई रोमांटिक कवि है ही नहीं। इन छायावादियों ने कालिदास का ऐसा रूप उपस्थित किया जैसे कालिदास किसी भिन्न भाव-बोध के कवि नहीं हैं, भिन्न युग के कवि नहीं हैं बल्कि कालिदास पन्त, प्रसाद, निराला के युग के ही तरह के कवि हैं। और अधिकांश लोग इसी रूप में देखने के अभ्यस्त हो गये। स्वयं रोमांटिकों के भाव-बोध से यदि मैं दृष्टि लूँ, तो क़ायदे से इसमें निहित था और वह यह कि जिसकी ओर मैं आपका ध्यान आकृष्ट करना चाहता हूँ कि प्राचीन साहित्य की प्रासंगिकता इसमें नहीं है कि वह हमारे कितना अनुकूल है उसकी सार्थकता इस बात में नहीं है कि हमारी मानसिक आवश्यकताओं को किस तरह पूरी करता है। समानता का अहसास नहीं है। बल्कि असमानता, विषमता, अन्तर किसी प्राचीन साहित्य को ज़्यादा सार्थक बनाता है अनुकूलता की अपेक्षा यह सिद्धान्त मैं आपके सामने रख रहा हूँ, तो स्वयं रोमांटिकों के भाव-बोध से ही लेकर के रखता हूँ। रोमांटिक भाव-बोध का एक तत्त्व है 'सुदूर-रम्यता' जिसे मैं कहता हूँ, दूरी का सौन्दर्य। रोमांटिक कविता में आ पायेंगे, देशगत दूरी और कालगत दूरी में ही सौन्दर्य देखने के आदी थे। कालगत दूरी का हाल ये था कि वर्तमान अधिक कटु लगता था इसलिए समकालीन वर्तमान की कटुता और तिक्तता को छोड़कर रोमांटिक कवि उस खोये हुए अतीत का स्वप्न देखता था, खोये हुए अतीत में लौटता था और उस कल्पित स्वर्ण युग को पुनः स्वप्न देखकर उसमें लौटकर उसकी मायामयी और ऐन्द्रिजालिक उसकी चित्रावली उपस्थित करने में रस पाता था। आकस्मिक नहीं है कि जयशंकर प्रसाद अपने युग को लाँघकर अतीत युग में जाकर चन्द्रगुप्त, स्कन्दगुप्त और जब हम एक बार देखते हैं उसकी देवसेना विजया, मालविका, अलका ये सारी नायिकाएँ अपने नाम में एक ध्वनि दूरी की लिये हुए हैं। अतीत के युग में और कामायनी लिखते समय और भी अतीत में जाते हैं।

रोमांटिक कवि अपने वर्तमान के कटु तिक्त वर्तमान की अपेक्षा उस दूरी में, उस काल की दूरी में जिसमें शताब्दियों की दूरी हो, उसमें रस लिया करता है—इस पर ज़्यादा बल देने की आवश्यकता नहीं है। यही नहीं बल्कि देशगत दूरी भी रोमांटिक भाव-बोध में से एक है। बनारस के रहनेवाले जयशंकर प्रसाद पहाड़ों और समुद्रों में रुचि लिया करते थे। रोमांटिक कवियों की प्रकृति गाँव का खेत-खलियान नहीं थी। न उन्हें सरसों के फूल आकृष्ट करते थे, न उन्हें गेहूँ, जौ की बालियाँ आकृष्ट करती थीं। उन्हें वे फूल ज़्यादा आकृष्ट करते थे, पारिजात और नन्दनवन में कल्पवृक्ष की चर्चा ज़्यादा करते थे। जाने कौन वह कल्पवृक्ष, पारिजात है? था? पारिजात कहते समय वह हरसिंगार नहीं रहा करता था। जिन कमलों की चर्चा करते थे वे कम ही आसपास हुआ करते थे। कहाँ है वह मानसरोवर में खिले हुए कमलों का चित्र उपस्थित करना। हिमाच्छादित शिखरों से भरा हुआ आकाश धरती में नहीं आकाश में जीवित रहता है। इन्द्रधनुष उषा, क्षितिज, तारे, सन्ध्या, बादल या समुद्र, नदी-नाले—जो चीज़ जितना ही दूर हो। नदियाँ कम, नाले कम, वे निर्झर जो हिम पिण्डों से निकलते हों, हिम खण्डों को जोड़ते-झँझोड़ते चलते हैं। उन हिमखण्डों में निर्झर में दूर-से-दूर की चीज़, कहानी लिखेंगे प्रसाद। समुद्र सतरंग। दशाश्वमेध पर नौकाविहार करें और कहानी लिखें समुद्र सतरंग। यह दूरी का सौन्दर्य है। रोमांटिक भाव-बोध का यदि यह तत्त्व है—सुदूर-रम्यता, तो इसी से उदाहरण लेकर कहना चाहूँगा कि क्लासिकी साहित्य में यदि रोमांटिक कवियों को सुन्दरता दिखाई पड़ी, तो वह सुदूर-रम्यता के कारण दिखाई पड़ी। कालिदास दूर थे, इसलिए ज़्यादा अच्छे लगे, भारतेन्दु क़रीब थे कम अच्छे लगे, तुलसीदास क़रीब थे कम अच्छे लगे। समकालीन की अपेक्षा अतीत के साहित्य में ज़्यादा दिलचस्पी पैदा हुई। मैं 'आयरनी' कहूँगा कि रोमांटिक कवि अपनी क्लासिकी-परम्परा के प्रति आकृष्ट तो हुए दूरी के कारण। लेकिन उस परम्परा का मूल्यांकन करते हुए उसके अपने बीच की दूरी के भाव को भूल गये, उन्होंने बराबर समानता पर बल दिया, निकटता पर बल दिया, आकृष्ट हुए थे व्यवधान के, अवकाश के, गैप के कारण, लेकिन व्याख्या करते हुए यह भूल गये कि कालिदास और हैं, वह युग और है। रवीन्द्र कविता लिखते

हुए कहते थे अगर मैं कालिदास के युग में जन्म लेता—तो क्या-क्या होता? कैसे ये राग सुनता आदि। कालिदास के काल में जन्म लेने की आकांक्षा और एक तड़प यह कि आह! मैं न हुआ उस समय! किस ग़लत समय आ गया। अन्तर तो है समय का। बजाय यह कहने के कि बौद्धिकता का कि वह युग और था यह युग और है और हमें अच्छा इसीलिए लगता है, वह आज नहीं है—वह बीत गया है—व्यतीतता का बोध 'पास्टनेस'। मैं कहना चाहता हूँ रसानुभूति पर बहुत विचार हुआ है। सौन्दर्यानुभूति में साधारणीकरण की बात की जाती है, 'तादात्म्य' आदि की बात की जाती है। लेकिन सौन्दर्यानुभूति कलानुभूति का एक अतिरिक्त आयाम होता है, जिसे काल का आयाम आप कहेंगे—व्यतीतता का बोध—एक ऐसा आयाम है, जो चीज़ों को अतिरिक्त आयाम प्रदान करता है। वह साहित्य प्राचीन साहित्य हमें इसलिए नहीं अच्छा लगता कि हमारे हृदय से तालमेल उसका बैठता है, इसलिए कि वह व्यतीत हो चुका है—अब नहीं लौटेगा। 'अत्यन्तगत' होने के कारण अच्छा लगता है। इसलिए बहुत-से प्राचीन भग्नावशेष अपनी कलात्मकता के कारण तो अच्छे लगते हैं। प्राचीन होने के कारण भी अच्छे लगते हैं। नितान्त असुविधाजनक वे भवन हैं। रहने के लिए कह दिया जाये। तो इसलिए चीज़ें अतीत रहने के लिए नहीं हैं, सिर्फ़ दूर से देखने के लिए हैं। जब तक दूर से देखा है, तब तक ठीक है। अतीत साहित्य सचमुच अपना बन जायेगा। अतीत को समकालीन बनाना, उसे विरूप करना है। उसे राक्षस का रूप देना है। कुछ लोग कालिदास के नाटक को समकालीन बनाकर के खेलते हैं। और क्या करते हैं सहृदयजन जानते हैं। शेक्सपियर को समकालीन बनाना उसे विकृत करना है। अतीत का साहित्य इसलिए अच्छा लगता है क्योंकि वह हमसे भिन्न है। भिन्न ही नहीं दूर फिर नहीं लौट सकता। लौटने पर सौन्दर्य आधा रह जायेगा। कन्हैयालाल मुंशी के नाटक में नया राजा है और मृणाल है, वह जनता के कल्याण की भावना से इतना उद्वेलित हुआ कि सबके क़रीब जाकर कल्याण की इच्छा हुई, तो मृणाल ने कहा सूर्य की गरिमा, महिमा और सौन्दर्य इसी में है कि वह दूर है। इसलिए तुम जो प्रकाश और ताप देने की कोशिश करोगे, तो न स्वयं न दूसरे का कल्याण करोगे। यही बात मुझे क्लासिकी

साहित्य के बारे में लगती है, कालिदास की महिमा, सौन्दर्य गौरव उस दूरी में है। महिमा इसी में है कि साहित्य एक ओर हमें आकृष्ट करता है, हमारे और अपने बीच की दूरी का गहरा अहसास कराता है। कालिदास का संसार हमारा संसार नहीं है। बार-बार उसे पढ़ते हुए यह अहसास होता है कि वह संसार और है, हम जहाँ रह रहे हैं वह और है। हर महान साहित्य अपनी व्यतीतता का अहसास कराता है। हमें हमारी स्थिति, जगह बताता है, तुम्हारी जगह यह है, हमारी यह जगह है।

मेरा ख़याल है कि इतिहास में परिवर्तन के साथ-साथ जैसे-जैसे वह दूरी बढ़ती जायेगी—रत्नाकर ने लिखा है—

ज्यों-ज्यों बसे जात दूर-दूर प्रिय प्राण मोरी,
त्यों-त्यों बसे जात मन मुकुर हमारे में

यह दर्पण की प्रतिबिम्बित यही प्रक्रिया है कि जितने भी आप दूर होते जायेंगे, उतने ही मुकुर के अन्दर और धँसते जायेंगे। यही वजह है कि कालिदास अपने परवर्ती कवियों के लिए आदरणीय जितने रहे हों उतने आकर्षक नहीं थे, जितने आकर्षक बहुत-बहुत बाद वालों के लिए हुए।

अगर कालिदास इतने ही प्रिय थे, तो तत्काल बाद आनेवाले कवियों की शृंखला देखें। भारवि को कितना बोध था कालिदास का। कितना ग्रहण करते हैं। भवभूति प्रतिद्वन्द्विता महसूस करते हैं—झलक दिखाई पड़ती है। भिन्न होने की कोशिश करते हैं। समान होने की कोशिश नहीं करते हैं। जो कविताएँ उद्धृत की गयी हैं उन कविताओं में श्रेष्ठ काव्य का उदाहरण देते हुए कालिदास को कहाँ-कहाँ उद्धृत किया है। कितना मम्मट ने किया है। कितना आनन्दवर्द्धन ने किया है। दोष भी लोगों ने दिखाये हैं।

ऐसा लगता है कि कविकुलगुरु के प्रति पूरा सम्मान रखते हुए भी जो आकर्षण तुलनात्मक रूप से आधुनिक युग के हिन्दी के रोमांटिक कवियों में दिखाई पड़ता है, वह आकर्षण मध्य युग के हिन्दी कवियों में तो कम-से-कम नहीं है। तुलसीदास, सूरदास को पढ़ते हुए कहीं भी यह अहसास नहीं होता है कि उसी रूप में वे प्रेरित हैं। आदिकवि का नाम तो लेते हैं तुलसीदास। सूरदास ने कालिदास को पढ़ा था या नहीं इसका अहसास कहीं नहीं है। रीतिकाल के कवियों के लिए आदर्श दूसरे कवि तो रहे होंगे।

कितना वे कालिदास को पढ़कर प्रेरित होते हैं, इसका अहसास नहीं मिलता। लेकिन छायावाद के कवियों में जैसे ही आप आते हैं पूरी-की-पूरी शब्दावली ढली हुई कालिदास की आती है। उपमाएँ आती हैं। यदि यह प्रक्रिया है, तो मुझे पूरा विश्वास है, आश्वस्त रहें, संस्कृत-प्रेमी के इतिहास का दौर बीतने के साथ यह क्लासिकी साहित्य दूरी के बढ़ने के साथ और भी ज़्यादा अवकाश आते रहे बीच में, लेकिन निश्चित रूप से आकर्षण और बढ़ेगा, घटेगा नहीं। यदि सुदूर-रम्यता सिद्धान्त सही है, तो और सुदूर-रम्यता का सिद्धान्त केवल रोमांटिक भाव-बोध का नहीं है, उसका है, लेकिन उस भाव-बोध का विकास ऐसी जगह भी दिखाई देता है जहाँ वह सुदूर-रम्यता दूसरे अर्थ में ध्वनित होती है। मेरा संकेत प्रसिद्ध कम्युनिस्ट नाटककार और नाट्यसिद्धान्त के प्रवर्तक बर्टोल्ट ब्रेष्ट से है। ब्रेष्ट ने प्राचीन नाटकों के सिलसिले में और अपने नाटक के बारे में भी जिस 'इलियेनेशन इफेक्ट' की बात कही थी पारिभाषिक शब्द था कि नाटक में महत्त्वपूर्ण तादात्म्य नहीं है। रंगमंच यह आवश्यक नहीं है कि एक 'इल्यूज़न' एक भ्रम की सृष्टि करे। महत्त्वपूर्ण यह है कि नाटक बराबर यह अहसास कराता रहे कि यह नाटक है, सच नहीं है। भ्रम पैदा न करे, और पाठक को अपनी दूरी का अहसास कराता रहे, 'एलियेनेट' करता रहे। जाग्रत रहे पाठक। 'अभिज्ञानशाकुन्तलम्' पर आधारित एक लोक-शाकुन्तल का प्रदर्शन श्री सुबन्ना ने किया था। उस ब्रेस्ट के सिद्धान्त को लागू करते हुए। ज़रूरी नहीं कि दर्शक दुष्यन्त के साथ या शकुन्तला के साथ अपना तादात्म्य करें। यह अहसास बराबर होना चाहिए कि दुष्यन्त और शकुन्तला के प्रति वह आलोचनात्मक दृष्टि कि कवि शाप के द्वारा भले ही दुष्यन्त को निर्दोष साबित कर दें लेकिन नाटक ऐसे रूप में किया जाये कि दर्शक बराबर यह अहसास करते रहें कि यह शाप जो है, वह एक 'डिवाइस' है। एक नाट्यकौशल है। इस दृष्टि से देखें। और ब्रेष्ट का कहना है कि यह 'एलियेनेशन इफेक्ट' नाटक से प्रेक्षक की दूरी में आनन्द डीलाइट भी ज़्यादा होता है। तादात्म्य में आवश्यक नहीं कि हमेशा आनन्द परव्यसायीं हो, आनन्द का यह रूप नहीं अलगाव भी एक दूसरे प्रकार के आनन्द की सृष्टि करता है। बौद्धिक जागरूकता से पैदा होने वाला आनन्द एक भ्रम और मोह से पैदा होने वाले आनन्द की अपेक्षा

ज़्यादा टिकाऊ होता है, क्योंकि आप भ्रम और 'इल्यूज़न' समझ कर जो तादात्म्य स्थापित करते हैं और बाहर निकलकर कष्ट यथार्थ का जो थप्पड़ लगा तो सारा-का-सारा इन्द्रजाल बिखर गया और वह आनन्द उतनी देर के बाद फिर रहा नहीं। इसलिए आधुनिक भाव-बोध के मूल्य में जो अतीत की व्यतीतता—उससे दूरी का जो अहसास है, यह दूरी जैसा मैंने कहा कि आधुनिक भाव-बोध की उस धारा में भी है, जो मार्क्सवाद से प्रभावित है और जिसके आधार पर साहित्य के सिद्धान्तों का निर्माण किया करती है। समय इतना अधिक हो चुका है कि क्लासिकी परम्परा के उस रोमांटिक तत्त्व की ओर संकेत मात्र करके उसके रोमांटिक रूप और उसकी दूसरी धारा के बारे में कहना चाहता था, किन्तु लगता है कि जिसे ऋषियों के मुख से जैसा बिरला सच साबित हुआ रथ जी ने कहा कि आज आधुनिकता की चर्चा करेंगे आज संक्षेप में आधुनिक बोध के कुछ पहलुओं की ओर झलक देने की कोशिश की जिस रोशनी में हम लोग अपनी क्लासिकी परम्परा का मूल्यांकन कर सकेंगे।

(यह व्याख्यान 19 मार्च, 1983 को कालिदास अकादेमी, उज्जैन में दिया गया था।
साभार : कालिदास अकादेमी, उज्जैन)

कालिदास के काव्य में आधुनिकताबोध

भाई शमशेर जी और मित्रो,

कवि की अध्यक्षता में आलोचना कर व्यक्ति काव्य पर कुछ कहे इसमें मुझे कोई असंगति दिखाई नहीं पड़ती है। यह सुसंगत ही है, क्योंकि काव्य-चर्चा की अन्तिम परीक्षा वस्तुतः कवि के द्वारा ही सम्भव है और उचित भी। वैसे हमारे यहाँ कवि सहृदय दोनों को एक साथ स्मरण किया गया है और यह भी कहा गया है कि एक ही उपल से उत्पन्न होने पर भी एक परीक्षित होता है और दूसरा परीक्षा करता है। एक कसौटी है और दूसरा सुवर्ण है, तो कवि तो काव्य कहिए उसका सुवर्ण ही है मूल तत्त्व, वही है। स्वयं कालिदास के सन्दर्भ में यह बात और भी संगत दिखाई पड़ती है जब शाकुन्तल में भ्रमर निश्चिन्त भाव से और बिना कोई विचार किये हुए शकुन्तला के मुख-मण्डल के चारों ओर मँडराता है और रस लेता है और छिपे हुए दुष्यन्त देख रहे हैं तो स्वयं वहाँ भी लगभग इसी दिशा में संकेत करते हैं *वयं तत्त्वान्वेषान्मधुकर हतास्त्वं खलु कृती*। वहाँ तत्त्वान्वेषी और मधुकर दोनों के भेद को और दोनों के भाग्य के अन्तर की ओर संकेत किया गया है। इसका राजा लक्ष्मण सिंह ने बड़ा अच्छा अनुवाद किया है—*हम जातिहिं पाँति विचारि मरे, धनिरे धनि भौंर कहावत तू*। शकुन्तला के बारे में दुष्यन्त तो ये सोच रहे हैं कि यह किस जाति की कन्या है, कौन है, इससे प्रेम करना कहाँ तक ठीक है, यह अपनी हो सकेगी कि नहीं, यह जाति-पाँति का विचार तत्त्वान्वेषण है, *वयं तत्त्वान्वेषान्हताः मधुकर त्वं खलु कृती* तो वह मधुकर तो कवि स्वयं ही है और कृती वह है। आलोचक के नाते हम लोग इस दृष्टि से कहा जाये कि अभागे हैं, हतभागे हैं। कर्म ही कुछ ऐसा है

कि इसमें तत्त्वान्वेषण न सही जाति-पाँति का विचार करना ही पड़ता है। इसीलिए काव्य-चर्चा में आमतौर से इस तरह की कुछ दुविधा की स्थिति दिखाई पड़ेगी। जो रसज्ञ हैं सहृदय हैं, वे आमतौर से ऐसा समझते हैं कि चाहे बहुत प्राचीन काव्य हो आज का काव्य हो, सीधे हमारे पास तक आ रहा है और हम उसे ग्रहण कर रहे हैं और इसमें दुनिया भर का तात्त्विक विवेचन और विभिन्न प्रत्ययों के द्वारा उसको परिभाषित, व्याख्यायित करने आदि का काम निरर्थक प्रयास है और व्यर्थ का श्रम है। लेकिन स्थिति यह है कि काव्य के बारे में जब तक हम उसे आस्वाद के धरातल पर रखते हैं तब तक तो ठीक है, उसे आप सारी दूरी को मिटाकर ग्रहण कीजिए, लेकिन एक और पक्ष है और वह बोधपक्ष है, व्याख्या का पक्ष है और आप कविता को कविता की ही भाषा में समझने की कोशिश करें, तो फिर वह व्याख्या नहीं हुई। एक प्रत्यय को एक संकल्पना को एक बिम्ब को जहाँ से उत्पन्न हुआ है, जो उसका सन्दर्भ है उस सन्दर्भ तक जोड़ने की ज़रूरत पड़ती है और आमतौर से काव्य अपने समस्त सन्दर्भों को ऐतिहासिक सन्दर्भों को छोड़ करके हमारे पास आता है, क्लासिकी परम्परा का जो भी ऐतिहासिक, सामाजिक सन्दर्भ है आज का पाठक उस सन्दर्भ को छोड़कर क्योंकि कविता उन सारे सन्दर्भों को छोड़कर आयी है, जिस ज़मीन पर कोई फूल उगा है उसकी गन्ध आप तक पहुँचती है। आप केवल गन्ध को ही पहचानते हैं। कहाँ पैदा हुआ कहाँ से आ रहा है, आदि-आदि बातें वह गन्ध स्वयं कहती है। लेकिन हम तत्काल उन सन्दर्भों की ओर ध्यान नहीं देते।

अभागे आलोचक का काम यह है कि वह कविता को यदि कविता की भाषा में कहें, करें जैसा कुछ आलोचक आजकल करते हैं और कुछ पत्रिकाओं में इस प्रकार की काव्यात्मक आलोचनाएँ छपती हैं जो किस काम की होती हैं, आप स्वयं सोच सकते हैं। लेकिन इसके अतिरिक्त जब भी इसकी व्याख्या की और 'एक्सप्लेनेशन' की ओर आप बढ़ेंगे 'अंडरस्टैंडिंग' से आगे बढ़कर, तो हमें उसकी ओर जाना होगा। लगभग क्लासिकल संस्कृत-काव्य और उसमें कालिदास की चर्चा हम कर रहे थे। शकुन्तला के सौन्दर्य को देखकर जिस प्रकार दुष्यन्त चकित हुए थे, संस्कृत-काव्य के सौन्दर्य को देखकर आज का पाठक भी वैसे ही चकित होता है–

मानुषीषु कथं वा स्यात् अस्य रूपस्य सम्भवः? न प्रभातरलं ज्योतिः उदेति वसुधातलात्।। उस सौन्दर्य को देखकर चकित हुए दुष्यन्त कि मानुषी नहीं मालूम होती है, वहाँ तो उत्पन्न हो ही नहीं सकती। ऐसा रूप सम्भव नहीं है, क्योंकि जो प्रभातरल ज्योति है वह वसुधा से थोड़े पैदा होती है, आकाश से होती है। इसलिए उस अलौकिक काव्य-सौन्दर्य को क्लासिकी संस्कृत-काव्य को देखकर आज यदि विस्मय हम लोगों को हो कि यह कैसे सम्भव हुआ है? वसुधातल से उत्पन्न प्रतीत नहीं होती है। लगता है कहीं आकाश से आयी है। लेकिन सचाई यह है कि और यही है कि शकुन्तला आकाश से पैदा नहीं होती है, अप्सरा और ऋषि दोनों के संयोग से पैदा हुई थी। इसलिए प्राचीन संस्कृत-काव्य क्लासिक संस्कृत-काव्य चाहे जितना अलौकिक प्रतीत हो, जितना अमानुषी मालूम हो, सचाई यही है कि कहीं-न-कहीं वसुधा का योगदान है। वहाँ से वह पैदा हुई और उस वसुधा को भूलकर के यदि हम उस काव्य की अलौकिकता या उसके अरूप, अतीन्द्रिय सौन्दर्य से चकित विस्मित हो गये तो विस्मय की दशा में ही हम रहेंगे, ठीक-ठीक उसका अर्थबोध हम नहीं कर पायेंगे।

इसलिए कालिदास के जिस काव्य की चर्चा मैं कर रहा था जो अलौकिक-सा प्रतीत होता है, अमानुषी प्रतीत होता है, ध्यान से देखें तो उस पर गहरी छाप एक ऐसे युग की है उस समाज की है जो आसानी से और अनेक लोगों ने इसकी ओर संकेत किया है। उस युग की छाप वह ऐसा नहीं है कि वह सौन्दर्य का लोक, वह प्रेम का संसार इन्हीं चीज़ों से भरा हुआ है। हम-आप अच्छी तरह से जानते हैं कि उसमें पण्य स्त्रियाँ भी हैं, वेश्याएँ भी हैं, अभिसारिकाएँ भी हैं, भोग-विलास का वह गर्हित रूप भी है बल्कि हमारे तो एक कवि कहा करते थे कि संस्कृत के कवियों में, जिसकी इतनी प्रशंसा की जाती है, जिस कालिदास की, सौन्दर्य-शृंगार की चर्चा में देखें, तो आमतौर से वह शब्द तो उन्होंने बड़ा वैसे इस्तेमाल किया था, रसिक कह लीजिए रसिया कवि कह लीजिए, शब्द उन्होंने दूसरा इस्तेमाल किया था, तो एक ऐसी समाज-व्यवस्था जो नागर सभ्यता थी भद्रकुल की थी। उस भद्रकुल की रुचि, संस्कृति, व्यवहार-आचार की बहुत गहरी छाप थी कि दिखाई पड़ती है, कहना चाहिए कि उसके दाग़ लगे हुए हैं।

यही वजह है कि एक युग में कुछ लोग उनको सामन्ती पतन के साथ जोड़कर देखने का प्रयास उन लोगों ने किया। यह आकस्मिक नहीं है और कभी-कभी ये चीज़ें सहज बोध के धरातल पर उतर आती हैं, जिसकी ओर हम लोगों का ध्यान नहीं जाता। उदाहरण के लिए इस देश में ऐसा समझा जाता रहा है कि प्राचीन कवि कहा करते थे कि पृथ्वी माता है और हम उसके पुत्र हैं लेकिन कालिदास के यहाँ यह मिलेगा। अज को रघु ने पृथ्वी का राज्य वैसे ही सौंपा जैसे दूसरी इन्दुमती को दे रहे हों। पृथ्वी को भोग के लिए सौंपा। अब बात सहज सामान्य लगती है लेकिन जिस देश में परम्परा थी पृथ्वी माता है हम उसके पुत्र हैं। कालिदास के यहाँ यह पृथ्वी एक राजा दूसरे राजा को भोग्या के रूप में अर्पित करता है, जैसे दूसरी इन्दुमती हो। राम के लिए कहा गया है कि सीता के परित्याग के बाद राम ने केवल पृथ्वी को ही भोग किया और इसके लिए प्रशंसा की गयी कि देखिए एकपत्नीव्रत उनका कि सीता का परित्याग करने के बाद दूसरा विवाह उन्होंने नहीं किया। बहुत अच्छा किया लेकिन उसके बाद, उन्होंने भोग किया तो पृथ्वी का ही भोग किया। अब आप देखें कि जिस देश में उनसे ठीक पहले परम्परा रही पृथ्वी माता है हम उसके पुत्र हैं उस देश में ऐसी स्थिति आयी कि कवि पृथ्वी को भोग्या के रूप में उपस्थित कर रहा है। कहाँ माता की परिकल्पना। तो ठीक है, लगभग धीरे-धीरे प्रचलित-सा हो चला है—'वीरभोग्या वसुन्धरा' और यह परिकल्पना कि वसुन्धरा वीरों की भोग्या है, ध्यान हमारा नहीं जाता है लेकिन इसमें निश्चित एक दृष्टिकोण है और वह एक सामन्ती दृष्टिकोण है। कालिदास जैसा समर्थ कवि भी ठीक इस पुरानी परम्परा से हटकर एक नयी व्यवस्था में निर्मित उस सामान्य सहज ज्ञान से प्रभावित है और उसके प्रभाव में इस प्रकार के उदाहरण दे रहा है, वर्णन कर रहा है, उपमाएँ ऐसी दे रहा है। अगर इतना ही होता, इसलिए मैंने कहा कि एक युग की गहरी छाप है जिसे कहा जा सकता है कि राजाओं की संस्कृति और सामन्ती व्यवस्था सामान्य रूप से कहते हैं, पराकाष्ठा पर थी, चरम शिखर पर थी। उस समय और उस संस्कृति की गहरी छाप और उसका दाग़ कहीं-न-कहीं (जिसे मैं दाग़ कहूँगा) उस क्लासिकी संस्कृत काव्य पर जगह-जगह है। यह यही है कि उस समय उतना गहरा नहीं था दाग़ जितना आगे चलकर के

दूसरे कवियों में इसकी छाप दिखाई पड़ती है। माघ पण्डित पर दिखाई पड़ती है, श्रीहर्ष पर दिखाई पड़ती है, पण्डितराज जगन्नाथ पर और गहरी होती है। इन लोगों की तुलना में कालिदास पर इसकी छाप कम थी। लेकिन थी। कालिदास का महत्त्व इस बात में नहीं है कि वे इससे प्रभावित हुए, महत्त्व इस बात का है कि उस व्यवस्था से मुक्त होने का प्रयत्न था और यह सतत प्रयत्न अनेक रूपों में दिखाई पड़ता है।

एक व्यवस्था की सीमा में रहते हुए उससे मुक्त होने क़ा प्रयास है और उसका जो अधिसंख्य काव्य है, अधिकांश काव्य यही है जो तत्कालीन व्यवस्था से मुक्त होने का प्रयास करता है। मुक्ति के वे प्रयास अनेक रूपों में दिखाई पड़ते हैं, जिनमें से कुछ इन रूपों को हम देखेंगे। इसी अर्थ में मैंने कहा कि उनका काव्य एक प्रकार से उस रोमांटिक विद्रोह का काव्य है जिसकी ओर विद्वानों का ध्यान गया है। उदाहरण के लिए आप देखें इस रोमांटिक विद्रोह का एक रूप जिसे आजकल हम लोग उपस्थित करते हैं कि कालिदास रघुवंश में शाकुन्तल में भी एक विशेष प्रकार के आदर्श या धर्म या नैतिक मूल्यों की प्रतिष्ठा करते हैं।

जिन चीज़ों की स्थापना की जाती है, वह आमतौर से बीते हुए युग की स्मृति दोहराने के प्रयत्न के रूप में, रघुवंश जब लिखते हैं वे। अब यह दूसरा प्रश्न है कि उनमें से कुछ लोगों ने इतिहासकारों ने कहा है, जिसका खण्डन भी किया गया है, चन्द्रगुप्त विक्रमादित्य अथवा समुद्रगुप्त जैसे राजाओं के जयगाथाओं की छाप उसमें दिखाई पड़ती है। मुझे यह काव्य का विवेचन बहुत संगत नहीं दिखाई पड़ता। यह इतिहासकारों के उपयुक्त भले ही हो, लेकिन काव्य है रघुवंश, रघुवंश इतिहास नहीं है। फिर भी जिन मूल्यों की प्रतिष्ठा करते हैं, उन मूल्यों में दिलीप, रघु की उन मर्यादाओं का स्मरण है और जिसकी परिणति आगे चलकर के होती है। इसलिए विरोधाभास भी दिखाई पड़ेगा। बार-बार वे याद दिलाते हैं और उनके काव्यों को पढ़ने से लगता है कि व्यास और वाल्मीकि का युग समाप्त हो चुका है। एक महान अतीत था पीछे। उस अतीत की अब केवल याद रह गयी है और उसकी याद की जा सकती है। यही नहीं बल्कि उससे पहले भी जा करके कालिदास के काव्य जिसके मैं कुछ उदाहरण देना चाहूँगा।

उस युग में जब मनुष्य भ्रम को एक वह मिथकों का निर्माण होता है, वह मिथकीय जहाँ भ्रम को सत्य मान लिया जाता है उसकी तमाम मिथक-रचना को लेकर के सारा-का-सारा रचा हुआ काव्य है। यह अकारण नहीं है। इतिहास का कोई भी आदमी जानता है कि गुप्त साम्राज्य तपोवनों से भरा हुआ नहीं था। लेकिन बार-बार जब भी सामन्ती व्यवस्था के प्रतीक नगर राजधानी के वातावरण के विपरीत जिस मूल्य की बार-बार प्रतिष्ठा करते हैं और जिसकी याद की जाती है। रवीन्द्रनाथ ने बड़ा गुणगान किया है कि कालिदास का काव्य तपोवन का सन्देश है। गुप्त साम्राज्य तपोवनों से भरा हुआ नहीं था, किन्तु बार-बार देखें, कम-से-कम दो प्रसंगों में, तपोवन आते हैं।

रघुवंश का आरम्भ ही दिलीप की महिमा से होता है। दिलीप सन्तान की इच्छा से लेकर के जिस तपोवन में जाते हैं उस तपोवन के वातावरण का वर्णन जहाँ गोचारण करते हैं। ये पूरी-की-पूरी संस्कृति ऐतिहासिक दृष्टि से उस अतीत युग की है, जिसे आमतौर से तपोवन की संस्कृति कहा जाता है। अभिज्ञान शाकुन्तल क़ायदे से देखा जाये तो तपोवन और नगर दो बीच दो मूल्यों, दो जीवन-पद्धतियों के द्वन्द्व और संघर्ष की कहानी के रूप में सामने आता है। जिस तपोवन में एक निसर्ग कन्या शकुन्तला पशुओं, पक्षियों, पौधों के बीच घुली-मिली उसी के बीच जैसे लता के रूप में 'उद्यान लता' शब्द ही का प्रयोग उसके लिए किया गया है। उस उद्यान लता के समान विकसित होती है। यह तपोवन का पवित्र वातावरण ही नहीं बल्कि जहाँ मनुष्य और प्रकृति के बीच भेद नहीं हुआ है। कालिदास का समूचा काव्य उस युग की स्थापना करता हुआ, कहना चाहिए, उस युग का स्वप्न देखता है, उस स्वप्न को चरितार्थ करता है, जब मनुष्य और प्रकृति के बीच भेद नहीं हुआ था। सम्भव है, यह वैदिक युग रहा हो, प्रागैतिहासिक युग रहा हो, जहाँ मनुष्य और प्रकृति अभिन्न रूप से जुड़े हुए थे। जिनके बीच अलगाव नहीं हुआ था, जिनके बीच विद्वेष नहीं था—एक स्नेह, राग का ऐसा सम्बन्ध था, जहाँ मनुष्य उस निसर्ग से प्राप्त होने वाले गुणों से युक्त था। ऐसे प्राकृतिक मनुष्य की गाथा कहनेवाला काव्य दिखाई पड़ता है। सारी गरिमा, सारी महिमा उसमें प्रवेश की जाती है।

मैं कहूँगा कि यह रोमांटिक कवि का अपने युग से पीछे अतीत में जाकर उसका स्वप्न देखकर के पुनः वर्तमान में उसे प्रतिष्ठित करने का प्रयास है। इसलिए अतीत के रूप में तपोवन आता है।

यही नहीं सारा-का-सारा काव्य मेरे गुरुदेव आचार्य हजारी प्रसाद द्विवेदी ने कहा है कि गन्धर्व, यक्ष, किन्नर जितने बड़े पैमाने पर कालिदास के काव्य में आते हैं, और कहीं नहीं दिखाई पड़ते। इस आधार पर उन्होंने कहा है कि सम्भव है एक ऐसे कला-प्रेमी, संगीत-प्रेमी, ललित-प्रेमी किसी जाति के कवि रहे हों, जाति से जुड़े हुए हों जिसकी पूरी-की-पूरी सौन्दर्य-भावना कालिदास ने प्रतिष्ठित की हो, जो ठेठ तथाकथित लड़ाकू आर्य जाति से भिन्न है। लेकिन मेरा ख़याल है कि इसकी एन्थ्रोपॉलोजिकल या नृतात्त्विक व्याख्या करने के बजाय हम देखें कि ये गन्धर्व, यक्ष, किन्नर आदि मिथक के रूप में हैं, जो भारतीय संस्कृति में जीवित रह गये। मिथक वह जहाँ श्रम का विभाजन नहीं हुआ था और अनेक ऐसी मिथकीय परिकल्पनाएँ जहाँ प्रकृति और मनुष्य इस भाँति जुड़े हुए हों जहाँ लौकिक और अलौकिक का भेद न हुआ हो। जहाँ मानवीय अतिमानवीय के बीच भेद न हुआ हो। सारी देवमालाएँ ऐसे मिथकों के निर्माण के रूप में रची गयी हैं। कालिदास के काव्य का अधिकांश वैभव उन मिथकों पर आधारित है। इसलिए वह अतिमानवीय चरितों से, गाथाओं से, चित्रों से भरी हुई है। इस दृष्टि से भी हम देखें तो कालिदास का पूरा-का-पूरा काव्य एक अतीत की स्मृति को जीवित करता है, जाग्रत करता है। सारा संसार किस प्रकार कालिदास के जिस अतीन्द्रिय सौन्दर्य लोक की सृष्टि करता है। कण्व और वशिष्ठ के तपोवन के अलावा शिव का कैलाश और यक्ष की अलका ये कल्प-सृष्टि हैं कवि की। लेकिन जो भी जिस प्रकार का भी अलका हो, जो भी शिव का कैलाश हो एक अतीत जातीय स्मृति के रूप में निर्मित हुआ है, मैं कहूँगा कि एक दूसरा मिथक था, न स्वयं कालिदास के समय था। सम्भव है कालिदास के पहले भी कभी ऐसा कैलाश रहा हो, जिस कैलाश का चित्र कालिदास ने उपस्थित किया है। वह कैलाश कहीं नहीं है। यक्ष की जो अलका निर्मित की गयी वह कल्प-सृष्टि है। कल्पना का विलास है। अतीत की स्मृति को एक रूप देने का प्रयास है। इसलिए अतीत का

जो भी सुन्दर लोक हो सकता था अपने युग के कटु यथार्थ के विपरीत, उस समय जो भी सामन्ती व्यवस्था थी, उस सामन्ती व्यवस्था के विरुद्ध, कवि अतीत के एक ऐसे सौन्दर्य-लोक को, जो मिथकीय परिवेश से आता है, जो प्राचीन राजाओं के वैभव से उनकी गरिमा से आता है, साथ ही ऐसे सुन्दर लोक से आता है, जैसे मैंने कहा कि अलका या कैलाश के रूप में या तपोवन के रूप में उसको दिखाते हैं। यह एक प्रकार का प्रयास जिसे मैंने कहा कि उन अतीत के मूल्यों की पुनःप्रतिष्ठा करते हैं। यही नहीं, बल्कि दूसरे प्रयासों में आप देखें तो कालिदास को धरती से धरती को देखने की अपेक्षा आमतौर से ऊपर से आकाश से इसको नये सिरे से देखने का प्रयास करते हैं। बार-बार करते हैं और यह प्रयास दो जगहों पर दिखाई पड़ता है।

रघुवंश में राम की कथा या राम का आख्यान वाल्मीकि से य़दि भिन्न है, कई चीज़ों में होगा। कथा में कोई परिवर्तन नहीं किया है लेकिन सीधे-सीधे कथा कहते हुए लंका तक पहुँच जाते हैं, युद्ध हो जाता है, सीता को लेते हैं और पुनः दोबारा सीता को स्वीकार करने के बाद लंका-विजय के बाद पुष्पक विमान से लौटते हैं। पूरा-का-पूरा अरण्य काण्ड, किष्किन्धा काण्ड, लंका-विजय के बाद पुष्पक विमान से देखा हुआ है। उन्हीं स्थानों को आरम्भ में जाते हुए छोड़ देते हैं और कालिदास उसी धरती को, उसी जंगल को पुनः आकाश से पुष्पक विमान से देखते हैं। ज़ाहिर है, धरती से चलते हुए वही जंगल, पहाड़, नदी-नाले जिस रूप में देखे जाते आकाश से देखने पर उनका रूप कुछ और ही होगा। यही जो कल्पना की उड़ान है, ऊपर जाकर के उन्हीं चीज़ों को फिर देखना—उसी त्रिवेणी को। क्वचित् वह त्रिवेणी पार करते हुए उसी रूप में नहीं दिखाई पड़ सकती थी, नहीं देखी जा सकती थी, जिस रूप में आकाश से दिखाई पड़ सकती थी। और *क्वचित् खगानां प्रियमानसानां...* चार छन्द त्रिवेणी के बारे में जो दिये हैं, सम्भव ही नहीं था कि उस त्रिवेणी को धरती पर स्वयं चलते हुए आप उसी रूप में देखें। आकाश से देखने पर उसकी शोभा कुछ और ही होती है। यह रोमांटिक कल्पना की उड़ान आकाश से अपनी धरती को देखना। इस धरती को कालिदास फिर दोबारा मेघदूत में मेघ की दृष्टि से नीचे की चीज़ें क्या दिखाई पड़ेंगी, फिर ऊपर से देख लें।

इसलिए इस यथार्थ का यानी जिसे मैंने कहा कि व्यवस्था से मुक्त होने का प्रयास एक और वर्तमान की तिक्तता से हटकर अतीत की स्मृतियों को पुनर्जाग्रत करना धरती को ऊपर से देखना और कल्पना की दृष्टि से उड़ान से पुनः इन तमाम चीज़ों को देखकर के नये रंग-रूप में उसको निखारने का प्रयास करना। यही नहीं उसका एक और प्रतीक दिखाई पड़ता है, जिसकी ओर विद्वानों ने अक्सर ध्यान आकृष्ट किया है भले ही पण्य स्त्रियों का, वारवनिताओं का, अभिसारिकाओं का, वेश्याओं का वर्णन करें। गुफाओं से निकलने वाले, पण्डित जी ने लिखा है, जो भभक होती है उस गन्ध का, जो एक तरह का यौन बिम्ब है, उस भभक का वर्णन करने के साथ उससे वितृष्णा विरक्ति का वर्णन करते हैं। और उसके विपरीत कृषकवधुओं का, मालिनियों का यही नहीं, बल्कि सबसे बार-बार उठने वाला जो बिम्ब उनके यहाँ दिखाई पड़ता है, वर्षा के बाद धरती की सोंधी गन्ध कहीं गज पी रहे हैं। इस धरती की सोंधी गन्ध को पीने वाले लोग धरती से उठने वाले ताज़ा जोते हुए खेतों से उठी हुई गन्ध की ओर उल्लेख करना। ये सारी चीज़ें सूचित करती हैं कि नगर में रहते हुए भी वह कवि नगर की अपेक्षा, उस वातावरण की अपेक्षा, गन्ध से भरे हुए उत्तेजक वातावरण की अपेक्षा, कहीं ताज़गी प्रत्यग्रता से युक्त धरती की गन्ध को अधिक महत्त्वपूर्ण मूल्यवान समझने वाला था इसलिए यह रुचि भी सूचित करती है। मैं फिर कहूँगा कि उस घिरे हुए दमघोंट वातावरण से निकल करके मुक्त होकर के जहाँ से ताज़ा हवा मिलती हो, उस ताज़गी का अहसास कराने का प्रयास करता था। यह भी कालिदास के एक रोमांटिक विद्रोह का प्रतीक था और इस रोमांटिक विद्रोह को इसीलिए स्पष्ट रूप से देखते हैं कि कहीं लगता है कि नयी उभरने वाली यह जो राजन्य संस्कृति है, जो विलास की, भोग की, नींव पर टिकी हुई है। इस विलास और भोग की संस्कृति कहीं उस प्राचीन को नष्ट कर रही है। इसकी जितनी गहरी पीड़ा व्यक्त होनी चाहिए।

अभिज्ञान शाकुन्तल की शुरुआत ही यहाँ से होती है। भोभो! तपस्वियो! रक्षा करो तपोवन की, तपोवन के प्राणियों की रक्षा करो क्योंकि राजा दुष्यन्त आ रहा है और शुरू होता है–"न खलु न खलु..."

"यह मृदु जो मृग शरीर है, जैसे कि रुई के ढेर में जैसे कि कोई आग डाल दे उस तरह से इस बाण से मारो मत, मारो मत"—"न खलु न खलु"—। दूसरी उपमा फिर देते हैं—जैसे कि हाथी जब वन में प्रवेश करता है, तो कहते हैं, कि राजा के सैनिकों ने उत्पात मचाया जैसे धर्मारण्य में गज प्रवेश कर रहा हो, जो मूर्तिमान विघ्न है। तपोवन में मूर्तिमान विघ्न उपस्थित हो रहा है और धर्मारण्य में जैसे गज प्रवेश कर रहा हो, छिन्न-भिन्न करने के लिए। इस संकेत के साथ शुरू होता है, जैसे कि एक शान्त, नीरव वातावरण था। उस पूरे जीवन को एक नयी व्यवस्था आकर के वैसे ही छिन्न-भिन्न कर रही है, जैसे गज तपोवन को छिन्न-भिन्न करता है। जैसे उस मृदुल शरीर वाले मृग पर बाण का अभी-अभी आघात होने वाला है। यह ख़तरे की घण्टी है। कवि और कुछ नहीं कर सकता है। यह सही है कि तमाम चेतावनियों के बावजूद, वह मृग बचाया नहीं जा सकता। यह सही है कि नाटक में मारा तो नहीं गया, लेकिन होता यही है कि शकुन्तला विद्ध होती है। कवि यही संकेत करता है कि वह जो पहले से चली आ रही व्यवस्था है, मैं कहना चाहता हूँ कि इसकी पूरी समानान्तरता दिखाई पड़ेगी आपको। आधुनिक युग का अधिकांश रोमांटिक काव्य में पहले चली आती हुई जो एक 'आइडियलिस्टिक' जीवन व्यवस्था थी कैसे वह टूटती है, अनेक लोगो ने लिखा है इस पर। जब औद्योगीकरण शुरू होता था, तो धुएँ की चिमनियाँ, कोयले का भण्डार किस तरह से आकर के प्रकृति का विनाश करता है—*हाव ग्रीन वाज़ माई वेली* एक बहुत मशहूर उपन्यास लिखा गया था। नयी औद्योगिक सभ्यता कैसे प्राचीन शान्त सुखद जीवन को नष्ट करती है। अनेक उपन्यास लिखे गये हैं, काव्य लिखे गये हैं और स्वयं हमारे यहाँ अधिकांश काव्य पहले से चली आती हुई जीवन-व्यवस्था और प्रणाली कैसे घायल होती है। उसकी पीड़ा और वेदना को जिस प्रकार व्यक्त करते हैं। यह विद्रोह एक प्रकार का, यह असन्तोष है उस नये के प्रति, उस नये से आने वाला जो अभिशाप के रूप में आता है, त्रास के रूप में आता है, उस त्रास और पीड़ा को व्यक्त करते हैं।

आज विशेष रूप से जिसकी मैं चर्चा करूँगा इन तमाम चीज़ों के साथ मूल्यों के रूप में। इसीलिए सामाजिक धरातल पर इसको प्रतिष्ठित

करने के साथ कालिदास जिस सौन्दर्य लोक की सृष्टि करते हैं, आकस्मिक नहीं है कि यद्यपि वह सामन्ती व्यवस्था जब पैदा हुई थी–प्रौढ़ावस्था की ओर पहुँची हुई थी–सौन्दर्य का यह गायक इसीलिए सौन्दर्य में भी देखें, तो आकस्मिक नहीं है। सौन्दर्य–यौवन के सौन्दर्य का, कालिदास को देखा जाये तो यौवन के कवि हैं। रोमांटिक कवि या तो कैशोर्य को–किशोर अवस्था पर शिशुओं पर बहुत कविताएँ मिलेंगी। दो ही प्रतीक हुआ करते हैं सौन्दर्य के और ये केवल चित्र नहीं हैं। सौन्दर्य चित्रण नहीं है। बल्कि शिशु को और युवक को अथवा शिशु और युवती के सौन्दर्य के चित्रों के द्वारा ऐसे जीवन-मूल्यों की प्रतिष्ठा की जाती है, जो शैशव की अबोधता, सरलता, निष्पाप और निष्कलंकता से जुड़े हुए हैं। दूसरी ओर यौवन के उस उत्साह से भी यौवन में जो नवीनता होती है, आशाएँ होती हैं, आकांक्षाएँ होती हैं और तारुण्य में एक सौन्दर्य भी होता है। इसीलिए उस प्रत्यग्रता का वर्णन करते हैं– *या तत्र स्याद् युवति विषये सष्टिराद्येव धातुः ।* उपमा यही दी जाती है–*युवति विषये सृष्टिराद्येव धातुः* और बच्चों का वर्णन तो भरा हुआ है कालिदास में। एक जगह नहीं अनेक जगह भरा हुआ है। शाकुन्तल में भरत का वर्णन है विक्रमोर्वशीय में, रघुवंश में शिशुओं का वर्णन है। हम लोग सूरदास की महिमा गाते हैं वात्सल्य के लिए। अकेले शिशु का वर्णन जितने ललित मधुर मनोहर ढंग से और पूरे टटकेपन के साथ कालिदास में मिलता है। यह शिशु लगभग रूढ़ि बन गया है। रोमांटिक कवि के लिए रोमानियत के लिए, क्योंकि शैशव एक विशेष मूल्य का प्रतीक है उस मूल्य की प्रतिष्ठा करते हैं और यौवन का वर्णन भरा हुआ है। कल रथ साहब ने बेटे का उल्लेख करते हुए कहा कि स्वयं नारी को जिस रूप में देखा अवश्य ही कालिदास से प्रभावित हुए होंगे। शकुन्तला का वर्णन करते हुए जो उपमान दिये गये हैं मैंने कहा कि यौवन कैसे सौन्दर्य का प्रतीक बनता है। उसके साथ कौन-से मूल्य हैं–*अनाघ्रातं पुष्पं किसणमलूनं कररूहैः अनाविद्धं रत्नं नवमधुमनास्वादित रसम्* वह यौवन जो अनाघ्रात पुष्प हो, अनाविद्ध रत्न हो, नया मधु हो, ऐसे टटके ताज़ेपन, ऐसी सभ्यता, ऐसी समाज-व्यवस्था जो रूढ़ियों से भरी हो, यदि चौथी शताब्दी ईसा की मानी जाये तो कला में, जीवन में, संगीत में तब तक बहुत-सी रूढ़ियाँ धर्म

के क्षेत्र में, नैतिकता के क्षेत्र में बन चुकी थीं। यह समाज कोई नौसिखिया नहीं था। कोई प्रागैतिहासिक युग नहीं था। दो-तीन हज़ार वर्षों में सिन्धु घाटी सभ्यता को बहुत पुराना मानें तो तब से लेकर के विक्रमादित्य के समय तक आते-आते धर्म की, सौन्दर्य की, कला की, भाषा की अनेक रूढ़ियाँ बन चुकी होंगी। ऐसी रूढ़ियों से मुक्ति की आकांक्षा जिस तरह व्यक्त हो सकती है उसका एक रूप है शिशु, शैशव और यौवन के उस टटकेपन की प्रत्यग्रता को चित्रित करना। इसीलिए कालिदास को केवल यही कहना काफ़ी नहीं कि सौन्दर्य के कवि हैं, किस सौन्दर्य क़े कवि हैं वह सौन्दर्य शैशव और यौवन की महिमा का गान करने वाला है। उस यौवन के द्वारा जैसे आजकल के ज़माने में बूढ़े भारत में आयी थी फिर से नयी जवानी थी। निरन्तर सभ्यता के विकास के साथ वृद्ध होती हुई जीवन-चर्या के बीच बार-बार शैशव और यौवन के मूल्यों को प्रतिष्ठित करके जैसे हम उसे पुनर्नवता प्रदान करते हैं। कालिदास के शब्दों में ही कहें तो इस पुनर्नवता का प्रयोग शैशव और यौवन के द्वारा होता है, जिसे कालिदास ने प्रतिष्ठित किया था। इसीलिए कालिदास ने कहा था कि वे व्यवस्था से मुक्ति की दशा में आगे बढ़ते हैं। इसीलिए उनकी काव्य व्यवस्था की पुष्टि नहीं करता है, समर्थन नहीं करता है, बल्कि उससे मुक्त हो करके उन्मुक्त वातावरण में घुटे हुए वातावरण से निकलने की चेष्टा करता है। यह वह चीज़ है, जो स्थायी है और मैंने कहा कि उस क्लासिकी परम्परा के भीतर भी, उस रोमांटिक तत्त्व का, पूरी तरह रोमांटिक हो-न-हो यह अलग बात है, उस रोमांटिक विद्रोह का प्रतीक बनकर के आती है। यह वजह है कि परवर्ती काल में ही नहीं अन्यत्र भी आज भी यह मुक्ति की आकांक्षा कालिदास की बराबर आकृष्ट करती रहेगी। उस भूमि से जिससे वह पैदा हुई, उसके प्रति यह एक आलोचना भी है जिस वसुधा से उत्पन्न हुई है उस वसुधा या उस पृष्ठभूमि के सामाजिक परिवेश की इससे बड़ी समीक्षा दूसरी नहीं हो सकती।

इस समीक्षा में जो सबसे महत्त्वपूर्ण घटना हुई है और यह है कि उस युग में उस दौर में भी कालिदास व्यक्तिगत प्रेम के सम्भवतः विश्व में पहले कवि हैं। आमतौर से यूरोप में समझा जाता है कि व्यक्तिगत प्रेम का

उदय 'इंडिविजियुलिज़्म' के साथ हुआ। जब से व्यक्तिवाद का उदय हुआ, व्यक्तिवाद के कुछ बीज रिनेसां में मिलते हैं। चौदहवीं-पन्द्रहवीं सदी में और कदाचित् धार्मिक होते हुए भी दान्तें में उसका संकेत मिलता है। लेकिन सच्चे अर्थों में व्यक्तिगत प्रेम की महिमा क़ायदे से तब हुई, जब व्यक्ति के रूप में मनुष्य की गरिमा को प्रमाण माना गया और व्यक्ति के रूप में उसे स्वीकार किया गया कि हाँ, यह है। इस रूप में देखें तो विचित्र बात है कि कालिदास यहाँ पहले की परम्परा से हटते हैं, भिन्न होते हैं। जहाँ तमाम राजा हैं बार-बार कहा गया है अनेक रानियाँ हैं उनकी, लेकिन उन राजाओं में भी दिलीप की प्रशंसा करते हुए कहा गया है कि वह सुदक्षिणा के प्रति विशेष प्रेम करते हैं और उससे पुत्र उत्पन्न करना चाहते थे। दुष्यन्त की अनेक रानियाँ थीं किन्तु उन रानियों की गाथा नहीं है। शाकुन्तल एक विशेष स्त्री के साथ उनके अनुराग, व्यक्तिगत प्रेम की गाथा है। इसलिए आमतौर से अनेक रानियों के बीच राजाओं की चर्चा न करके कवि विशेष रूप से जिस पर ध्यान केन्द्रित करता है, व्यक्तिगत प्रेम। इस व्यक्तिगत प्रेम की केवल दो घटनाएँ, दो स्थितियाँ जहाँ एक काल्पनिक, एक ऐतिहासिक यानी दोनों स्थितियों में किस प्रकार व्यक्तिगत प्रेम विद्रोह का रूप लेता है। विद्रोह का ही नहीं बल्कि इस व्यक्तिगत प्रेम की प्रतिष्ठा में और इसके जन्म के साथ एक गहरी पीड़ा जुड़ी हुई है, व्यथा जुड़ी हुई है। इसलिए आपने देखा होगा कि रोमांटिक कविता आमतौर से पीड़ा, वेदना, व्यथा से भरी है जिसे 'रोमांटिक एगोनी' कहते हैं 'रोमांटिक मिलानूकली' कहते हैं। इस व्यक्तिगत प्रेम में व्यथा इसलिए है कि जिस सामाजिक मान्यता, मर्यादा के विरुद्ध इस व्यक्तिगत प्रेम का उदय होता है उसकी पराजय निश्चित है। सारा समाज जिन मर्यादाओं को मानने वाला है उसके बीच जहाँ मनुष्य क्योंकि अभी तक वह समाज नहीं आया है, जिसमें निरपेक्ष रूप से व्यक्ति की स्थिति स्वीकार कर ली गयी है। आज भी यही स्थिति है कभी जाति के नाम पर, कभी धर्म के नाम पर, कभी पुराने नियमों के नाम पर, नैतिकता के नाम पर इतने प्रकार के बन्धन हैं कि इसके बीच जब भी व्यक्तिगत प्रेम या वैयक्तिक प्रेम की घटना घटित होगी, उसकी अन्तिम परिणति कहीं-न-कहीं व्यथा में, पीड़ा में होगी। इसका मशहूर आख्यान *रोमियो-जूलियेट* नामक

नाटक में दिखाई पड़ता है और शेक्सपियर इस दृष्टि से उस रोमांटिक वेदना और व्यथा के गायक हैं। कालिदास के यहाँ देखें तो इस व्यक्तिगत प्रेम को। अनेक राजाओं और रानियों से भरे हुए वातावरण में दुष्यन्त क़दम उठाते हैं प्रेम की दिशा में। और परिणति क्या होती है? इन दोनों का द्वन्द्व किस प्रकार घटित होता है? अभिज्ञान शाकुन्तल की कथा में हम लोग वहाँ कवि की क्या पीड़ा और छटपटाहट है उसे देखने की कोशिश करेंगे। नया मूल्य जहाँ स्थापित करने का प्रयत्न किया जाता है उस व्यथा और वेदना को कैसे व्यक्त किया गया है।

आरम्भ में ही पाँचवें अंक में शकुन्तला के आने के पहले पृष्ठभूमि बनाई जाती है और हंसपदिका का गीत है और ताने दिये गये हैं कि ये मधु का लोभी महुअर–मधुकर हंसपदिका का गीत और लोकगीत के द्वारा और प्राकृत में वह भी संस्कृत में नहीं, हंसपदिका की शिकायत आती है और वह शिकायत सही जगह चोट करती है। राजा की खाल उतार देते हैं विदूषक के सामने कि *सकृत्प्रणयोऽयं जनः*।– राजा का बोध है इसका कि क्यों गीत गा रही है। मतलब समझ रहे हो? तत्काल वह कहता है कि "हाँ! समझ गया, हम तो एक बार प्रेम करके छोड़ देनेवाले हैं।" इस वृत्ति का वह पुरुष है। यह स्वभाव है। यह प्रकृति है उसकी। रस लेकर के चखकर के अलग हो जाने वाला जीव है। और कैसे उसका रूपान्तरण होता है। प्रेम कैसे लोग समझते हैं कि विरह के ताप से टैगोर जी ने इस पर बहुत लिखा है। पण्डित जी भी कहा करते थे। सबको अग्नि में तप करके शुद्ध होना पड़ा है। तपकरके परिवर्तित शकुन्तला ही नहीं होती। ध्यान देने की बात है कि यह *सकृत्कृतप्रणयो जनः*। जो है, वह इस ताप से तप्त होकर के शोधित होकर के पुराने ढंग का एक विलासी राजा कैसे प्रेम का एक नया मूल्य सीखता है। व्यक्तिगत प्रेम का नया रूप धारण करता है। उसको मुक्तिबोध के शब्दों में कहें तो–'व्यक्तित्वान्तरण' होता है। वह सच्चे अर्थों में प्रेमी बनता है। बदल करके और अन्त में शुद्ध होकर के झुकता है, अपनी भूल स्वीकार करता है। इस पूरी चीज़ को दिखाने की कोशिश सातवें अंक में जाकर के। यहाँ उसको पहली बार धक्का लगता है, जब जाता है मारीच के आश्रम में और शकुन्तला से अभी भेंट नहीं हुई है, तो तापसी से पूछता है–

उस राजर्षि का नाम क्या है? तो तापसी जवाब देती है कि अपनी धर्मपत्नी को छोड़ देने वाले का नाम कैसे ले? यह ताना अपनी धर्मपत्नी को छोड़ देने वाले का नाम कौन ले? ऐसे तमाम तानों से जिस प्रकार कवि ने भली-भाँति इसको कहा है। कहा जाता है कि कालिदास ने शाप की परिकल्पना करके राजा को निर्दोष प्रमाणित करने की कोशिश की है और एक तरह से अभिज्ञान शाकुन्तल की व्याख्या की जाती है। कालिदास के सामन्तवादी होने के रूप में व्याख्या की जाती है। दरअसल वे व्यवस्था के समर्थक थे, पोषक थे। राजा के विरुद्ध यह कथा नहीं जा सकती थी और आमतौर से महाभारत के शकुन्तलोपाख्यान को और कालिदास के शाकुन्तल को परस्पर विरोध के रूप में रखा जाता है और कहा जाता है कि महाभारत के शकुन्तलोपाख्यान में शकुन्तला राजा को फटकारती है और यहाँ सीधे-सीधे कहा गया है कि राजा दोषी है। जानबूझ करके वो बेचारी थी। उसने ऐसी गड़बड़ी की थी और उसको डाँटा गया था। अन्त में जब आकाशवाणी होती है तो उसने स्वीकार कर लिया। कालिदास के बारे में कहा जाता है कि राजा दोषी नहीं है, बल्कि शापवश वह भूल गया था। इसलिए पूरा-का-पूरा नाटक शकुन्तला के आख्यान को यानी महाभारत की कथा को जिसमें सीधे राजा का विरोध इस उपाख्यान को ऐसे नाटक में बदल दिया गया है, जिससे राजा का विरोध परिलक्षित न हो। क्या सचमुच यही स्थिति है? यह यही है कि व्यास और वाल्मीकि का युग बीत चुका था और कालिदास तथा व्यास में कई शताब्दियों का अन्तर है, जीवन-मूल्यों का अन्तर है। किन्तु यही ध्यान देने लायक है, और मैं कहूँगा कि जहाँ सपाट सीधे विरोध विद्रोह की अपेक्षा पेचीदगी आती है, कविकर्म जटिल ही नहीं होता है, काव्य-सौन्दर्य बढ़ता भी है। जहाँ मैं यह कहना चाहूँगा कि क्लासिकी काव्यों को देखते समय कवि समस्त असंगतियों, अन्तर्विरोधों को छाँटकर कम करके एक सुसंगत व्यवस्थित 'कोहिरेन्स' उपस्थित करके ऐसी समन्वित रचना पेश करता है, किन्तु स्वयं उस रचना में ही उस रचना के विचारधारा के विरुद्ध विद्रोह के बीज उसी में मौजूद होते हैं। अभिज्ञान शाकुन्तल में यह दृश्य देखने लायक है। एक ओर शाप के द्वारा राजा को निर्दोष साबित करने का प्रयास और दूसरी ओर राजा के किसी स्वभावगत

दुर्बलता की ओर संकेत–ये दोनों चीज़ें हैं और कवि ने इसको छाँटकर बराबर नहीं किया है–रहने दिया है। ऐसा है कि शाप के कारण वे भूले लेकिन जैसा कि मैंने पहले कहा *सकृत्प्रणतीजन:* के समान यह भी है, इसकी ओर भी संकेत है। हंसपदिका का गीत संकेत करता है। स्वयं शकुन्तला के द्वारा कवि ने जो कटु वचन कहलाये हैं, अमर्ष क्रोध भी व्यक्त किया, शारद्वत, शाङ्गरव इनके द्वारा कहलाया। इसलिए ऐसा नहीं है कि एक ओर राजा को शाप के द्वारा निर्दोष साबित करने का प्रयास और दूसरी ओर अमर्ष और क्रोध व्यक्त करके उस पर टिप्पणी भी करना। अन्त तक यह टिप्पणी बराबर चलती रहती है। अन्तिम मिलन तक में यह टिप्पणी है। मैं यह कहना चाहता हूँ कि जहाँ वह कहता है कि किससे पूछूँ? कहती है कि अपने भाग्य से पूछ। पूर्ण विराम यहीं नहीं, जब वह मुद्रिका दोबारा देने की कोशिश करता है, तो इनकार कर देती है कि इसका विश्वास नहीं है, तुम्हीं रखो। इसलिए पूरी कथा में यही द्वन्द्व, यही पेचीदगी ही अभिज्ञान शाकुन्तल को महाभारत के शाकुन्तलोपाख्यान से अधिक श्रेष्ठ, अधिक जटिल मनोभावों की रचना बनाती है। इसलिए श्रेष्ठ कृति है उस उपाख्यान की अपेक्षा। इस दौर में यह इसलिए भी ज़रूरी है। अभी विभुकुमार जी के नाटक में यह बहस हो रही थी कि क्यों नहीं नाटक में तुमने क्रान्ति करवा दी है। अगर इतना सपाट रास्ता होता जीवन में। क्रान्ति वैसे नहीं हुआ करती है जैसे कि आसानी से डिलेवरी हो जाया करे। ऐसा नहीं होता। उसी तरह से ये दोनों स्थितियाँ साथ-साथ हैं। इन दोनों के द्वन्द्व के साथ तनाव के कारण ही अपेक्षाकृत वह अधिक जटिल होता है। मैं कहना चाहता हूँ कि इन तमाम चीज़ों के बावज़ूद पूरा पढ़ जाने के बाद यह सही है। रवीन्द्रनाथ ठाकुर ने बहुत गहराई से विस्तार से विचार किया है कि पूरी कथा में सच पूछें तो सुखान्त है नाटक? लेकिन मिलन इस धरती पर नहीं होता है। मिलन वहाँ होता है। इस लोक में तो शकुन्तला का प्रत्याख्यान, उसकी वेदना ही प्रबल होकर के आती है। पूरा अभिज्ञान शाकुन्तल उस 'ट्रेजिक सेंस ऑफ़ लाइफ'–उस वेदना और व्यथा की कहानी है और इसी अर्थ में मैं कहता हूँ। कुछ लोग समझते हैं कि भवभूति करुण रस के कवि हैं। मुझे दिखाई पड़ता है, जिस आधार पर उत्तररामचरित में वे करुणा के

कवि कहे जाते हैं बात अटपटी लगेगी। लेकिन उत्तररामचरित का समापन आजकल के किसी चालू बम्बइया फ़िल्म के समान दिखाई पड़ता है। जहाँ अन्त में सबको एकत्रित कर दिया जाता है। जनक आ जाते हैं, जाह्नवी भी है, पृथ्वी है, दोनों बेटे हैं, सीता हैं, राम हैं, कोई बचा नहीं है। जैसे बम्बइया फ़िल्म के अन्त में सहसा किसी घटना से बिछड़े हुए माँ-बाप तमाम लोगों को एकत्र कर दिया जाता है। सुखान्त कर दिया जाता है। उसकी अपेक्षा कालिदास में ज़्यादा कवित्व है। सबका मिलन नहीं करवाया उन्होंने। जो छूटा सो छूटा। जिस समय मिलन होता है और कोई नहीं है शकुन्तला है, दुष्यन्त है। बस और कोई नहीं है। स्वर्ग के इस मिलन में भी यौवन का उल्लास नहीं रह गया है, बल्कि परिणत वय के बाद तपे हुए जिस प्रकार धुआँ छँट गया है, आँच ख़तम हो गयी है। मद्धिम आँच के बीच जिस प्रकार का मिलन होता है, कहीं-न-कहीं वह वेदना और करुणा को ज़्यादा गहरा करती है। रवीन्द्रनाथ ठाकुर ने बार-बार लिखा है अभिज्ञान शाकुन्तल में एक ऐसी निःस्तब्धता है, एक ऐसी नीरवता है, जैसे लगता है कि पूरा नाटक जैसे शोर के विरुद्ध नीरवता का, मौन का एक आग्रह है। आजकल बड़बोले कवि बहुत हैं। इसलिए नीरव वाणी कुछ कम सुनाई पड़ती है। और वहाँ काव्य भी कुछ कम सुनाई पड़ता है—क्रान्तिकारियों के बीच में। कभी-कभी मौन में विस्फोट की शक्ति ज़्यादा प्रबल हुआ करती है। कालिदास जिस संयम के लिए कहे जाते हैं, व्यंजना के कवि। उस व्यंजना को काव्य के अन्तर्गत आप ध्वनित देखें। सेंटिमेंटल अवसर इतने हैं रोने-कलपने के। इसलिए भवभूति उस बड़बोलेपन में बहुत रोते हैं, बहुत कलपते हैं, चीख़-पुकार बहुत है, अच्छी लगती है, लेकिन प्रेम की घड़ियों में भी जहाँ कहने सुनने को बहुत कुछ रहता है, वहाँ भी कम-से-कम शकुन्तला बोलती है। कम-से-कम दुष्यन्त बोलते हैं। विरह की घड़ियों में जहाँ रोने-कलपने की बहुत गुंजाइश रहती है, और थी, दुष्यन्त के चले जाने के बाद जब शकुन्तला तपोवन में रह जाती है, तो कम गुंजाइश नहीं थी चिट्ठी-पत्री लिखने के लिए। विरह और रोने के लिए उद्दीपनों को लाकर के कालिदास बहुत रोवा-कलपा सकते थे, कोई कमी नहीं थी। मेघदूत का कवि कितने कम शब्दों में कोई व्यथा व्यक्त नहीं होती, किस संकेत से व्यक्त होती है।

दुर्वासा के आने से और क्या कहा गया है कि असावधान हो गयी थी। इतनी आत्म-विस्मृति अपने को इतना भूल गयी थी कि अतिथि भी आया तो उसकी ओर उसका ध्यान नहीं गया। सारी व्यथा अनकहे ढंग से दुर्वासा ने शाप दिया। क्रुद्ध हुए उस असावधानता के द्वारा शकुन्तला की सारी कथा नीरव ढंग से कह दी गयी। थोड़ी देर के लिए वह मुखर हुई। इतने संयत कालिदास भी शकुन्तला को मुखर कर ही देते हैं और दरबार में उसके बाद पुनर्मिलन के समय भी कितना कम बोलती है। मैंने कहा कि एक ओर राजसी वातावरण व्यवस्था अपने पूरे आतंक उपद्रव के साथ मौजूद है। उसका प्रत्याख्यान प्रतिरोध रैज़िस्टेंस होता है। एक ऐसी निःस्तब्धता के द्वारा नीरव के द्वारा जिसे लोग संयम कहते हैं, कलात्मक संयम कहते हैं यह भी एक प्रकार का मूल्य है। इसीलिए कालिदास में रोमांटिक तत्त्व ज़रूर है, किन्तु उस रोमांटिकता के साथ यह जो संयम है, जिसे क्लासिकी संयम कहा जाता है। यही वजह है कि कालिदास के अभिज्ञान शाकुन्तल के लिए एक नाम नहीं है कि ट्रेजेडी है कि कॉमेडी है। कालिदास भी उसी तरह किसी एक श्रेणी में नहीं आते कि वे रोमांटिक हैं या क्लासिकी। एक जगह यह क्लासिकी संयम दूसरी ओर यह रोमांटिक विद्रोह दोनों चीज़ें दुर्लभ हैं। एक जगह मिलती हुई। इसलिए इन दोनों का समन्वय जिस मूल्य की प्रतिष्ठा के साथ किया है मैंने कहा कि उस व्यक्तिगत प्रेम की प्रतिष्ठा करते हुए। इसीलिए एक ओर कालिदास आनन्द के कवि कहे जाते हैं। करुणा के कवि हम भवभूति को मानते हैं, वाल्मीकि को मानते हैं। कालिदास को नहीं मानते। मुझे दिखाई पड़ता है कि वह करुणा ही मूल वृत्ति रही है वाल्मीकि की परम्परा में। इसी में कालिदास भी आते हैं। दोनों को विरोध के रूप में देखना ग़लत है। वाल्मीकि स्वयं नायक के रूप में उपस्थित होते हैं—एक चरित्र के रूप में आते हैं।

रघुवंश का आरम्भ करते हैं कालिदास की यह गरिमामयी, गौरवशाली जो राजवंश की परम्परा है उसका गान करने के लिए लिख रहा हूँ—इन राजाओं में इतने गुण थे लगभग वैसे ही गिनवाये हैं जैसे वाल्मीकि रामायण में। रघुवंश और रघु के बारे में अधिकांश वही-के-वही गुण ज्यों-के-त्यों गिनाये गये हैं। बड़े वैभव के साथ शुरू होता है प्रशस्ति के समान।

दिलीप और रघु में अलग-अलग गुण हैं। दिलीप धर्म के सूचक हैं। रघु विजय के साथ उसी अर्थ की प्रतिष्ठा करते हैं। अज प्रेम के नायक हैं, काम के लोगों ने दिखाई है। इस महिमा का गान का संकल्प लेकर चलते हैं और इस काव्य का अन्त कहाँ होता है? सारा संकल्प जैसे भूल जाता है और अग्निवर्ण इतने महान राजवंश के पतन की कहानी कहते हैं। अग्निवर्ण क्षय का शिकार हुआ, मरा और एक महान युग के उत्थान-उत्कर्ष की गाथा गाते-गाते आख़िर में उसी की करुणा की कहानी कहता है। जिस राजवैभव का ज़िक्र अयोध्या में किया जाता है आरम्भ में, उसी उजड़ी हुई अयोध्या का वर्णन किया जाता है—करुणा के साथ; व्यथा के साथ किया जाता है। अन्त में क्षयग्रस्त, पतन के मूर्तिमान रूप अग्निवर्ण की मृत्यु होती है। तब उसके बाद भी जब कालिदास समाप्त करते हैं तो वह उपमा ध्यान देने लायक है। आप विद्वानों का ध्यान गया होगा जैसे रानी के गर्भ में वह शिशु है जो तप्त हो गया था आँसुओं से। पण्डितों ने उसे अभिषेक के जल से शीतल बनाया। उसके बाद वह कहते हैं कि जैसे धरती अपनी कुक्षि में (कोख में) बीज को छिपाये रहती है सावन आने की आकांक्षा में। उस आकाँक्षा के साथ पूरा-का-पूरा काव्य समाप्त होता है जैसे एक उत्थान के बाद पतन और पतन के बाद फिर नये बीज के अंकुरित होने की आशा और आकांक्षा के साथ समाप्त होता है। आजकल के लोग भी तो ऐसा ही करते हैं, जो बहुत-से प्रगतिशील लोग हैं। अँधेरी रात के गहरे वर्णन के बाद उषा की झलक दिखाते हुए कि क्रान्ति होने ही वाली है, नयी सुबह होगी, लाल सूरज उगेगा के साथ ही तो समाप्त करते हैं। इसलिए आनन्द का कवि उस महान करुणा व्यथा का गान गाता है पतन की कहानी कहते हुए। कालिदास केवल एक श्लोक में धरती के अन्दर छिपे बीज की बात कहकर चुपके से समाप्त वहीं करते हैं। पूरा रघुवंश मैं नहीं जानता कौन-सा रस होगा, लेकिन पढ़ने के बाद गहरे उल्लास की, आनन्द की, वीरत्व की अभिव्यंजना के बाद उसकी परिणति एक अद्भुत अवसाद में छोड़ जाती है। उदास कर जाती है सारे चित्त को। यह सही है कि एक आशा और आकांक्षा बीज भी कहीं-न-कहीं मन में छिपा रहता है। कौन-सा रस होगा विद्वानों ने विचार किया है। मैं कहना चाहता हूँ कि कहीं-न-कहीं यह करुणा की

कहानी अन्तर्धारा के रूप में वाल्मीकि की ही परम्परा में है। इससे जुड़ी हुई कथा अधिक तुलनीय है रघुवंश में सीता की कहानी। लगभग मुझे दिखाई पड़ता है कि शकुन्तला और सीता इन दो माध्यम से और भी प्रेम कहानियाँ हैं पर केवल दो को प्रतीक के रूप में चुना जाये तो स्वयं सीता की वेदना और व्यथा जो हमारे यहाँ बिल्कुल भिन्न है।

वाल्मीकि की सीता जिस तेजस्विता के साथ आती है लोगों का ऐसा ख़याल है कि कालिदास की सीता वाल्मीकि की सीता की तेजस्विता नहीं ला सकी। ज़बर्दस्ती कोई करना चाहे, वाल्मीकि के युग में कालिदास लौट भी नहीं सकते थे। मैंने कहा जो बीत गया सो बीत गया। उस भाषा में वे चाहते थे तो भी नहीं लिख सकते थे, न वाल्मीकि की भाषा मिल सकती थी। वाल्मीकि ने तो ऐसे युग में चरण रखा जब कोई पहली बार भाषा बोल रहा हो, लिख रहा हो उस ताज़गी के साथ पहली बार वे शब्द किसी महाकवि की वाणी से उच्चरित हो रहे हों उस टटकेपन के साथ। इसलिए उस दौर की प्रत्यग्रता भी उसी प्रकार की है। इसलिए एक और चीज़ थी जो उभर के आ रही थी देखने लायक थी। उस आरम्भिक युग में ग्रीक ट्रेजेडी के समान मनुष्य या पुरुष देव से लड़ता है, व्यवस्था उस समय एक ऐसी अशरीरी रहस्यमयी शक्ति के समान थी, जिसे उस समय दैव नाम दे रखा था। थी समाज व्यवस्था ही। उस समाज व्यवस्था को वाल्मीकि के युग का कवि दैव के रूप में देखता था जैसे विधान के रूप में वहाँ ग्रीक ट्रेजेडी के लोग देखा करते थे। उस दैव के विरुद्ध मनुष्य संघर्ष कर रहा हो और उस संघर्ष में इसलिए क्रोध भी अधिक था, अमर्ष भी अधिक था, तेजस्विता भी अधिक थी। इसीलिए उसमें करुणा भी अधिक नहीं थी क्योंकि उस गहरी करुणा की वेदना के मूल में मनुष्य की विवशता थी, उसके सामने सब हथियार डाल देते थे। इसलिए यह सही है किन्तु वाल्मीकि के बाद कालिदास के युग में सामाजिक व्यवस्था दैव के पहले यानी प्रथम साक्षात्कार के समान नहीं थी। दैव तब तक मनु का धर्म बन चुका था, मनुस्मृति बन चुका था, नियम बन चुका था। यह मानव धर्म बन चुका था। वाल्मीकि में अयोध्या काण्ड में जब वन-गमन का प्रकरण होता है, तो लक्ष्मण जिस तेजस्विता के साथ राम को ललकारते हैं।

आपके जैसे वीर पुरुष दैव के वशीभूत होकर के स्वीकारता है कि वन में चला जाऊँ। मैं पुरुष होकर के उस दैव को जवाब दूँगा। पूरे दो अध्याय लिखे गये हैं। इसी पर दैव के विरुद्ध दैव का खण्डन और उसके विरुद्ध पौरुष की प्रतिष्ठा करते हुए। ऐसा लगता है पहली बार मनुष्य ने अपने इतिहास में उस दैव नामक शक्ति को पहचाना हो और इसलिए उसके सम्मुख अपनी विवशता भी और क्रोध भी व्यक्त किया हो। कालिदास तक आते-आते वह दैव लगभग रूढ़ि बन चुका था, अपनी शक्ति खो चुका था और वह रूढ़ि, धर्म, नियम, क़ायदे-क़ानून के इस पृष्ठभूमि को ध्यान में रखते हुए आप देखें, तो सीता उस मर्यादा के भीतर ख़ासकर उस सीता परित्याग की घटना तुलनीय है। वाल्मीकि का वर्णन सभी ने पढ़ा है। कालिदास को भी पढ़ा है। यदि तुलना करें तो देखेंगे कि उस युग की सीमा में उस रोमांटिक विद्रोह का कवि कैसे इस पूरी स्थिति को सँभालता है। समस्या यह है कि सीता के परित्याग में सहारा लिया गया है कुल-धर्म का और सीता कहती है कि यह कौन-सा कुल-धर्म है– *"श्रुतस्य किं तत् सदृशं कुलस्य"*। यह कौन-सा कुल-धर्म है कि अपने घर की बहू को छोड़ दे? उस कुल-धर्म को चुनौती सीता के द्वारा दिलायी गयी यद्यपि वह अपने को ही दोषी मानती है कि हमारे पूर्व जन्म का फल होगा, जो कि उस विधान में यानी कि दैव अब कुल-धर्म का रूप लेता है। इस कुल-धर्म को भी सीता चुनौती देती है कि कौन-सा वह कुल-धर्म है, जिसके कारण यह जानते हुए कि मैं निष्पाप हूँ, निष्कलंक हूँ, अग्नि द्वारा शुद्ध हो चुकी हूँ, फिर भी लोक-प्रवाद के कारण मुझे तुमने छोड़ा। यह कौन-सा कुल-धर्म है, राम को दोष नहीं देती, सीता चुनौती देती है और प्रश्नचिह्न लगाती है कुल-धर्म के प्रति।

दूसरी जो ज़्यादा महत्त्वपूर्ण बात है। स्वयं शकुन्तला के उपाख्यान में कालिदास ने परिवर्तन किया। राम की कथा में कोई परिवर्तन नहीं किया, वाल्मीकि की कथा ज्यों-की-त्यों ले ली। इस कथा को लेने के साथ महत्त्वपूर्ण काम किया कालिदास ने स्वयं राम को नहीं डाँटा, डँटवाया। चरित्र नायक के रूप में आते हैं वाल्मीकि। प्रशंसा करते हुए यह ढंग है–

उत्खातलोकत्रयकण्टकेऽपि सत्यप्रतिज्ञेऽप्यविकत्थनेऽपि।
त्वां प्रत्यकस्मात् कलुषप्रवृत्तावस्त्येवमन्युर्भरताग्रजे मे।।

मैं मन्यु करता हूँ, क्रोध करता हूँ इस भरत के बड़े भाई पर। इसने तीनों लोक के कण्टक रावण का नाश किया। सत्यप्रतिज्ञ हैं, बड़े अच्छे हैं, सारे गुण इसमें हैं, लेकिन इस निष्काम सीता का परित्याग किया। इसके लिए भरत के बड़े भाई पर क्रोध करता हूँ। राम पर वाल्मीकि ही क्रोध कर सकते थे, हक़ उन्हीं का था, कालिदास नहीं कर सकते थे। मर्यादा को कालिदास जानते थे। राम पर क्रोध करने का हक़ दशरथ के मित्र वाल्मीकि को है और वह घड़ी देखकर वाल्मीकि के द्वारा डँटवाया। इस प्रकार वाल्मीकि का उपयोग भी कालिदास ही कर सकते थे। इस प्रकार पूरे वर्णन में मैंने कहा है कि यह राम और सीता के व्यक्तिगत प्रेम की कहानी के रूप में है जिस प्रकार अभिज्ञान शाकुन्तल एक कल्पित उपाख्यान है, लिया गया है महाभारत से। लेकिन राम की कथा जिस लोकविश्रुत रूप में थी, उसमें सीता का परित्याग एक विचित्र बात है और आज तक चला आ रहा है हम लोगों में। दुःखी स्त्री के लिए इस देश में दो ही स्थान हैं—गंगा और धरती। अब भी कहते हैं—हे धरती माता! तू फट जा मैं समा जाऊँ। यह मुहावरा बन चुका है। यह रूढ़ि बन चुकी है। लेकिन यह यथार्थ था और वहीं से प्रकट हुआ। गंगा का भी उपयोग किया गया है। गंगा में नहीं डूबती सीता, लेकिन धरती फटती है। उसमें वह समा जाती है। यह कथा ज्यों-की-त्यों कही गयी है। भवभूति है, जिसने इसको दूसरा रूप दिया, दूसरा रंग दिया। इसे कल्पना के द्वारा एक सुखान्त रूप दिया, किन्तु कालिदास ने यथावत् लिया। मैंने कहा कि यह त्रासद कथा जहाँ रोमांटिक कवि दैव के विरुद्ध नहीं, कालिदास के शब्दों में कहें तो कुल मर्यादा के विरुद्ध प्रेमियों का विरोध। हिन्दी में हम देखें तो सूरदास की गोपियों ने तो यही किया था, बाँसुरी की तान सुनते ही गोपियाँ दौड़कर चली जाती थीं। प्रेम का विरोध कुल-मर्यादा के विरुद्ध होता है। कुल, सच पूछिए परिवार, पूरी व्यवस्था की वह इकाई है, जिसका प्रतीक हुआ करता है परिवार। सामन्ती व्यवस्था हो, पूँजीवादी व्यवस्था हो, कोई भी सामाजिक व्यवस्था हो व्यवस्था अपनी मर्यादा को, अपने मूल्यों को, अपने आइडियालॉजी को यदि किसी संस्था के द्वारा व्यक्ति पर आरोपित करती है, तो सबसे महत्त्वपूर्ण शक्तिशाली इकाई परिवार है। इसलिए मुक्तिबोध का बार-बार संकेत हुआ करता था

कि असल संघर्ष तो परिवार के भीतर है। बाहर मंच पर तो बहुत से विद्रोही हुआ करते हैं। घर आकर के सिट्टी-पिट्टी गुम हो जाती है, क्योंकि व्यवस्था वहाँ पिता के रूप में सामने आती है, माता के रूप में सामने आती है, भाई के रूप में सामने आती है, पत्नी के रूप में सामने आती है। व्यवस्था का यह संघर्ष बहुत कवित्वपूर्ण भी होता है, क्योंकि व्यवस्था यहाँ अमूर्त नहीं होती है, अमानवीय नहीं होती है, मानवीय होती है। यह संघर्ष कवित्वपूर्ण इसलिए होता है कि यह पीड़ादायक होता है, वेदनामय होता है। इसका संघर्ष भाव के धरातल पर होता है केवल बोध के धरातल पर नहीं होता। इस कुल-धर्म के विरुद्ध संघर्ष की कथा कम-से-कम शब्दों में कही गयी है लेकिन व्यथा का वह स्वर वहाँ भी गूँजता रहता है। इसीलिए मैंने कहा कि सौन्दर्य का गायक होते हुए भी कालिदास कहीं-न-कहीं उस वेदना व्यथा और पीड़ा को व्यक्त करते हैं, जो उन्हें अधिक आधुनिकबोध के निकट ले आता है। इस ट्रेजिक सेंस के कारण कालिदास अपेक्षाकृत आज के लोगों के अधिक निकट दिखाई पड़ते हैं और आधुनिकबोध की गूँज सुनाई पड़ती है। इसीलिए मुझे कभी-कभी लगता है कि प्रसाद जी ने समूची परम्परा को ही दो भागों में बाँट दिया था—एक आनन्द की परम्परा थी, जिसे उन्होंने कहा नाटकों की परम्परा। दूसरा उन्होंने कहा कि बुद्धि की, विवेक की, दुःखवाद की परम्परा है—जो महाकाव्यों की परम्परा है। जो बौद्ध दर्शन से बाक़ी रहस्यवादियों की ओर से। काव्य कला तथा अन्य निबन्धों में प्रसाद जी ने लिखा है कि दो परम्पराएँ हैं—एक आनन्द की, एक दुःख की परम्परा है। एक हृदय की, दूसरी बुद्धि की परम्परा है। दोनों का विभाजन है। मुझे बार-बार दिखाई पड़ता है, कदाचित् उस एक विशेष युग के कारण कालिदास को अपनी पूरी परम्परा विभाजित, विभक्त दिखाई पड़ी हो। मुख्यधारा हमारी ऐसी है कि ये दोनों कहीं-न-कहीं घुलमिल जाती हैं। क्लासिकी परम्परा में आनन्द और दुःख विभक्त नहीं हैं, हृदय और बुद्धि विभक्त नहीं हैं। क्लासिकी परम्परा उस एवियेनेशन की परम्परा नहीं है, डिसोसियेशन ऑफ़ सेंसिबिलिटी की परम्परा नहीं है, बल्कि हृदय और द्वन्द्व के संघर्ष के साथ दोनों के समन्वित विकास के अभिव्यक्ति की परम्परा है। इसलिए अक्सर लोग इसे ट्रेजिक कॉमेडी कहते हैं।

विचित्र है, किसी एक कोटि में नहीं बँधती है। इसीलिए आधुनिक भाव-बोध को आधुनिक संवेदन की दृष्टि से देखें, तो हमारी क्लासिकी परम्परा यूरोप की क्लासिक परम्परा से इस रूप में भिन्न है, विशिष्ट है। क्योंकि वहाँ हृदय और बुद्धि विभक्त नहीं हैं, बल्कि एक ही कवि में ये दोनों चीज़ें मिलती हैं। *इसीलिए मैंने क्लासिकी परम्परा के शीर्षस्थ कवि कालिदास को चुना,* क्योंकि जिस कवि की दृष्टि में हिमालय पृथ्वी का मानदण्ड है। हमारी परम्परा का—*पृथिव्या इव मानदण्डः*—हिमालय ही नहीं है, बल्कि भारतीय काव्य परम्परा का वह मानदण्ड है, युवक होते हुए भी। इस परम्परा में विन्ध्याचल तो कई हैं, अरावली भी हों, लेकिन अपेक्षाकृत युवा कवि उस ज़माने का कालिदास युवा होते हुए भी चिर-युवा होते हुए भी मानदण्ड है। इस मानदण्ड में हम हिमाच्छादित शिखर भी देख सकते हैं। निर्झर भी देख सकते हैं और व्यथा की वह करुणा भी प्रवाहित होते हुए देख सकते हैं जो गंगा के रूप में आज हम तक पहुँचती है। मेरा ख़याल है कि इसीलिए उस कवि को आज भी भाव-बोध को मानने वाले अपना समझते हैं।

(यह व्याख्यान 20 मार्च, 1983 को कालिदास अकादेमी, उज्जैन में दिया गया था।
साभार : कालिदास अकादेमी, उज्जैन)

शताब्दी के आख़िरी दौर में हिन्दी आलोचना

प्रस्तुत विषय पर बोलने के लिए जब कमला प्रसाद जी ने मुझे बुलाया उससे पहले इलाहाबाद से आये एक युवक अन्वेषी ने अपनी टिप्पणी मेरे पास भेजी जिसका पहला वाक्य मैं पढ़ देता हूँ, दूसरा पढ़ने की आवश्यकता नहीं है—विषय के प्रति अब तक का भटकाव आख़िरी सदी के अन्त में आलोचना के ठहराव का संकेत है अब वे चाहते हैं कि इस ठहराव को तोड़ें और उनका ख़याल है कि मैं ही तोड़ूँगा। बर्टोल्ड ब्रेश्ट जिसका ज़िक्र राकेश ने किया, उनका एक नाटक है—गैलिलियो का जीवन चरित (The life of Galilio) मशहूर नाटक है। उस नाटक का जहाँ अन्त होता है वहाँ से वाक्य आते हैं। चेला कहता है कि अभागा है वह देश जहाँ हीरो नहीं होते तो गैलिलियो इस पर टिप्पणी करता है कि उससे अभागा वह देश है जिसे हीरो की तलाश है। यहाँ हीरो से मुराद आलोचक से है कि बड़ा भारी संकट आ गया है और अभागा है वह देश जहाँ कोई बड़ा आलोचक नहीं है और उससे बड़ा अभागा है वह देश जिसे सचमुच एक बड़े आलोचक की तलाश है। अगर यहाँ कुछ रचनाकार होते और वे बोलते रहते तो उतनी ऊब नहीं होती लेकिन आलोचक जब अपने आलोचना-कर्म पर बोलने लगता है तो वह गोष्ठी महा ऊब में बदल जाती है और मैं बहुत घबराता हूँ इससे।

इसीलिए मैंने अपने आलोचना-कर्म पर कुछ लिखा नहीं। आलोचक तभी प्रिय लगता है जब वह रचना-कर्म के बारे में बात करता है। जैसे ही वह आलोचना-कर्म और आलोचना शास्त्र के बारे में बात करने लगता है—वह सुनने लायक नहीं रह जाता। यह व्यवहार में हम लोगों ने देखा है और इससे जो भी सबक लेना चाहें ले सकते हैं। इसलिए मैं बहुत घबराता

हूँ फिर भी जो विषय रखा गया है—'बीसवीं सदी के अन्त में आलोचना कर्म' उस पर थोड़ा विचार कर लिया जाये।

आरम्भ मैं आचार्य शुक्ल के उस एक कथन से कर सकता हूँ कि—सभ्यता के विकास के साथ-साथ कवि-कर्म कठिन होता जाता है और मैंने इसमे आगे जोड़ा था कि आलोचना-कर्म और भी कठिन होता जाता है। बीसवीं शताब्दी का अन्त जहाँ हो रहा है वहाँ सभ्यता से साफ़ अर्थ है पूँजीवादी सभ्यता। सभ्यता का वह औद्योगिक विकास यान्त्रिक विकास तथा इससे जुड़ी हुई जो समाज-व्यवस्था है, अर्थतन्त्र है—इसी का नाम सभ्यता का विकास है। हम और आप सभी जानते हैं कि पहले का यानी और सब छोड़ भी दें तो लगभग सौ डेढ़ सौ साल पहले का स्वयं हमारा जैसा जीवन था या यह बनारस जैसा पचास साल पहले था जो एक मन्थर गति से—इत्मीनान से, कोई हड़बड़ी नहीं थी, ठेलमठेल नहीं था—चल रहा था, सभी लोग एक-दूसरे को नाम से जानते थे, चेहरे से पहचानते थे। आप कह सकते हैं कि एक पुराने ढंग का सामन्ती ग्रामीण समाज था जो क़रीब पचास वर्षों में बदलकर बहुत सभ्य हो गया है। बनारस और उस सभ्यता की छाप हम-आप अपने परिवार में, शिक्षा-संस्थाओं में, मैत्रिक सम्बन्धों में, कचहरियों तक में देख सकते हैं। यह सभ्यता का विकास है और इससे यह अन्दाज़ा लगाया जा सकता है कि यह सारा-का-सारा विकास जुड़ा हुआ है उससे जिसे हम सुविधा के लिए पूँजीवादी समाज या पूँजीवादी सभ्यता कहते हैं। सच्चाई ये है कि 20वीं सदी के अन्त में जहाँ हम खड़े हैं इससे पहले पूँजीवाद की कल्पना कर रहे थे कि समाजवादी तन्त्र के सामने इसका तेज धूमिल पड़ेगा, मद्धिम पड़ेगा, यह कमज़ोर होगा, टूटेगा और विकल्प के रूप में एक अपेक्षाकृत अधिक मानवीय समाज बनेगा जो भले ही बिल्कुल समाजवादी न हो वरन् समाजवाद के लक्ष्य और व्यवहार में समाजवाद ने अब तक जैसी व्यवस्था क़ायम की है, उसकी बुराइयों को छोड़कर और लोकतान्त्रिक समाज की अच्छाइयों को लेकर एक विकल्प के रूप में उभरेगा। और यह विकल्प शायद तीसरी दुनिया के जो देश कहे जाते हैं—उन्हीं के बीच से निकलेगा और विश्व मानवता के इतिहास के विकास में एक नया चरण होगा—

पूँजीवाद और समाजवाद के टकराव से। ऐसा ख़याल था, ऐसा सपना हम पालते थे लेकिन बीसवीं शताब्दी के अन्त पर हम देख रहे हैं कि समाजवाद नष्ट हुआ या किया गया और वह पूँजीवाद जो डाँवाडोल था, संकटों से घिरा था वह अपेक्षाकृत संकटमुक्त और स्थिर दिखाई पड़ रहा है। लोगों को लगता है कि पूँजीवाद का विकल्प नहीं है और यह इक्कीसवीं सदी में भी रहेगा और सम्भव है इसी का परिवर्तित विकसित रूप कुछ इसी में से निकलेगा क्योंकि समाजवाद में से तो कुछ निकलने वाला नहीं है। ऐसा दिखायी पड़ रहा है। मैं नहीं कहता कि ऐसा सचमुच होगा, लेकिन इसको बड़े पैमाने पर प्रचारित किया जा रहा है। यह बीसवीं शताब्दी के अन्त का जो पूँजीवाद है जिस पर हम सब विचार कर रहे हैं कंज्यूमर कल्चर विकसित कर रहा है। यह वह पूँजीवाद नहीं है जो मार्क्स के ज़माने में था, जहाँ स्कूलों में सैमेल इस्माइल की किताबों का बड़ा महत्त्व था—सेल्फ हेल्प या थेफ्ट जैसी किताबें पढ़ी जाती थीं। उस समय जिस पूँजीपति ने विकास किया था—उदाहरण के तौर पर अपने बिरला वग़ैरह को ही लें तो ये जो बड़े सेठ रहे जिन्होंने उद्योगों का, धन्धों का, तकनीक का विकास करके अपने देश में जिस रूप में पूँजीवाद का विकास किया—तो स्वयं उसका जीवन चरित पढ़ें कि वे कितने मितव्ययी, धर्मप्राण, शराब न छूने वाले थे। यानी भले ही सेठों की बड़ी ही शोषक, क्रूर, संचयी तस्वीर हमारे उपन्यासों में पेश की गयी है वह पूँजीवाद था पर ग़ौरतलब यह भी है कि उस पूँजीवाद ने अपनी एक विशेष सात्विक जीवन पद्धति द्वारा, त्याग द्वारा इतना विकास किया था और बहुत सारे सामन्ती मूल्यों को तोड़ा था। दूसरी ओर आज का पूँजीवाद भोगवादी है। अब वह उन्नीसवीं सदी का ओजस्वी-तेजस्वी पूँजीवाद नहीं है बल्कि वह बीसवीं सदी का पूँजीवाद है—भोगवाद पर आधारित के एफ सी और पेप्सी कोला की नस्ल का। सभ्यता का विकास कवि कर्म को कठिन बना देता है। सभ्यता यानी पूँजीवाद का यह जो पुनर्जीवन हुआ है, जो भोगवादी है वह भी उस हद तक कि उसका प्रचार यह शोषित वर्ग से लेकर निम्न वर्ग तक की आकांक्षाओं को अपने प्रचार तन्त्र—टी.वी., विज्ञापन आदि द्वारा जगाने का भरपूर प्रयास करता है। स्पष्टतः बीसवीं सदी में सभ्यता के विकास के नाम

पर सारे विश्व में एक ऐसी बुभुक्षा जगाने वाली भयानक भोगवादी सभ्यता का प्रचार-प्रसार किया जा रहा है जो सिर्फ़ सामन्ती विकास ही नहीं है बल्कि इसकी नींव ख़ून, रक्तपात और हिंसा पर हुआ करती है। यह वह भोगवाद नहीं है जिसे हम रईसों के साथ देखते हैं। यद्यपि भोग में ख़ुद के द्वारा मार कर लाये गये शिकार का गोश्त खाने में जो मज़ा है वह दूसरे के द्वारा मार कर लाये गये और सामने परोसे गये गोश्त में नहीं है। इसलिए बर्बरता और भोगवाद, नरसंहार और भोगवाद ये दोनों परस्पर भयंकर रूप से जुड़े हैं। मेट्रो चैनल पर आयी फ़िल्म 'धारावी' जिसमें ओमपुरी काम करते हैं और जिसमें ख़ून-ही-ख़ून भरा है—एक संकेत है। वह यूँ कि जब सभ्यता अपने चरम पर पहुँचती है तो सभ्यताओं में एक महाभारत होता है और सारा-का-सारा अतीत नष्ट हो जाता है—एक नयी सभ्यता बनती है। यह परिप्रेक्ष्य हमारे सामने होना चाहिए, रचनाकर्म पर, आलोचना कर्म पर विचार करते समय। मैं यह नहीं कहता कि इसी पर आप लिखें, वैसे सुधीश पचौरी आपके इस पर लिखने का मौक़ा भी नहीं छोड़ेंगे। वैसे कुछ लोग इसका भी धन्धा कर रहे हैं। मैं यह भी कहूँगा कि बीसवीं सदी के सबसे बड़े संकट का धन्धा भी किया जा सकता है और किया भी जा रहा है। सुअन्ना—जो वामपन्थी है, एक कुशल रंगकर्मी, नाट्यकर्मी और नाटककार है—का नाटक 'आख़िरी किताब' मैंने देखी जिसे एन एस डी के तृतीय वर्ष के छात्रों ने प्रस्तुत किया था। सुअन्ना ने थियेटर में फ़िल्म को लाकर एक नया प्रयोग किया है और अपनी समझ में एक बड़ा तीर मारा है परन्तु लोगों का कहना है कि यदि यही वामपन्थी थियेटर है तो यह थियेटर का नाश है। नाटक शुरू होता है। नाटक—जो एक सस्ते क्रिमिनल टेस्ट से भरा हुआ है—शुरू होता है और दूसरे ही मिनट में गोली चलती है, ख़ून होता है, कौतूहल जगाता है, पर अन्ततः होता क्या है? अतः बीसवीं सदी के संकट को कुछ लोगों ने बेचने-खाने का धन्धा बना लिया है और मैं कह दूँ कि ऐसी कविताएँ और कहानियाँ भी लिखी जा रही हैं। अभी इंडिया टुडे में उदय प्रकाश की कहानी 'पालगोमरा का स्कूटर' आयी—पढ़ी परन्तु टिप्पणी नहीं करूँगा। हाँ इतना अवश्य कहूँगा कि यह एक महत्त्वपूर्ण कहानी है जिसकी शैली, फैंटेसी बहुत आकर्षक है और 1995 की दिल्ली के

मीडिया में या उसके बाहर जो चालू फ़ैशन के मुहावरे और शब्द हैं उसकी सारी जानकारी अकेले वह कहानी कह देती है और ऐसा लगता है कि लेखक यह कहना चाहता है कि ऐसा मैं जानता हूँ बेटा, तुम नहीं। जान लो तो अच्छा है। तभी तुम नये लेखक बनोगे। हाँ तो मैं कह रहा हूँ कि विकास के चरम पर पहुँची यह सभ्यता जहाँ है, उसका विरोध भी उसी सूचना-तन्त्र और प्रचार-तन्त्र का अंग बन सकता है। आप उस स्थिति में हैं कि विरोध, विद्रोह पचाकर भी वह सभ्यता कॉमर्शियलाइज़ कर सकती है और आपको भोगवादी सामान के रूप में बेच सकती है। आपको याद होगा कि एक ज़माने में आदिवासियों के जीवन को लेकर नक्सलवाद को लेकर कई सारी फ़िल्में बनीं। वे सारी फ़िल्में भुना रही थीं उस नक्सली क्रान्ति को और वह वर्ग जिसके ख़िलाफ़ ये फ़िल्में बनी थीं, मज़े ले-लेकर, देख रहा था। वे आर्ट फ़िल्में थीं। इलीट वर्ग को देखने के लिए और आज डीडी थ्री चैनल उन्हीं लोगों की खपत का माल प्रस्तुत कर रहा है इसलिए मामला बड़ा कठिन है। कवि-कर्म कठिन हो गया है। यहाँ जो छल है उसको तोड़ना भी। कहाँ छल बन जायेगा इसकी पहचान भी कठिन हो गयी है। मुक्तिबोध कहते थे कि रचना का कहाँ छद्म होता है यह पहचानना आज की सबसे बड़ी समस्या है। इसलिए आलोचना-कर्म कठिन होता जा रहा है। शमशेर ने कहा था—

हक़ीक़त को लाये तखय्युल के बाहर
मेरी मुश्किलों का जो हल कोई लाये।

आज तखय्युल के भीतर हक़ीक़त तक पहुँचना और ठीक-ठीक देख सकना कठिन है। आज की राष्ट्रीय छवियाँ ऊपर से परस्पर विरोधी दिखाई देते हुए—हाय! वे मयूर व्याल पूँछ से जुड़े हुए जैसी हैं। सेक्यूलर और एंटी सेक्यूलर कहीं एक बिन्दु पर मिले हुए दिखाई पड़ते हैं। पूँजीवाद के समर्थक और विरोधी मिले हुए दिखाई पड़ते हैं। आज की जो बुनियादी समस्या है जिसमें रचनाकार और आलोचक हमविरोधी, हमदुश्मन दिखाई पड़ते हैं, हैं नहीं। आज आवश्यकता है एक साथ मिलकर उस हक़ीक़त तक पहुँचने की। कविता, कहानी, उपन्यासादि किसी के द्वारा हक़ीक़त को तखय्युल से बाहर लायें। और इसमें आलोचना कर्म किस हद तक मदद

कर सकता है यह बुनियादी समस्या है इसका ज़िक्र करने से पहले मैं कहना चाहूँगा कि मार्क्स ने जब पूँजीवाद के बारे में शुरू के दिनों में लिखा था जो कम्युनिस्ट घोषणा-पत्र में अद्भुत कवित्वपूर्ण वाक्य है—पूँजीवाद के आते ही सारी पवित्र चीज़ें अपवित्र हो गयीं। जो चीज़ मुफ़्त में दे देने की थी आज वह बेचने-ख़रीदने की हो गयी। जैसे विद्या, प्रेम। कुछ भी पवित्र नहीं रह गया। उसने लिखा—"All that is solid melts in to air." उस नाते उसने कहा था कि जो भी मनुष्य के जीवन में पवित्र है, सुन्दर है, इस पूँजीवाद ने उसकी सुन्दरता नष्ट की है, पवित्रता कलुषित की है। धर्म जैसी पवित्र चीज़ भी बेची-ख़रीदा जाती है। यह चाकू, ख़ंजर बम बन गया है। जैसे गोगोल ने कहा था कि संस्कृति का नाम सुनता हूँ तो मेरा हाथ पिस्तौल पर चला जाता है। उसी तरह से मज़हब का नाम कोई लेता है तो मेरे सामने बम और छुरे चमकने लगते हैं। और यह पूँजीवादी सभ्यता ने किया है। मार्क्स ने यह तब लिखा और इस नाते साहित्य और कला के दुश्मन हैं। अब आप सोचिए कि सैकड़ों वर्ष पूर्व का पूँजीवाद जो उपेक्षाकृत अच्छा था यह कह सकता था तो आज बीसवीं सदी का भोगवादी पूँजीवाद उन्हीं सुन्दर पवित्र चीज़ों के साथ कैसा व्यवहार कर सकता है? उन्हें क्या बना सकता है? क्या आप इसका अन्दाज़ा लगा सकते हैं—यह जो दुर्गति हुई है उसकी? एक ज़माने में प्रगतिशीलता की यह पहचान थी कि पूँजीवाद पर हमला करने के लिए ताजमहल प्रसिद्ध था। पन्त जी ने कविता लिखी थी कि—हाय! मृत्यु का ऐसा अमर पार्थिव पूजन और साहिर ने मशहूर नज़्म लिखी—

एक शहंशाह ने दौलत का सहारा लेकर/ हम ग़रीबों की
मुहब्बत का उड़ाया है मज़ाक़/ मेरे महबूब कहीं और
मिला कर मुझसे।

तो फ़िराक़ साहब ने अपने ख़ास अन्दाज़ में कहा कि यार साहिर ताजमहल पर तो तुमने बड़ी अच्छी नज़्म लिखी एक जामा मस्जिद पर भी तो कह दे। आख़िर शाहजहाँ ने ताजमहल ही तो नहीं बनवाया जामा मस्जिद भी बनवायी और ले पहला मिसरा मैं कहे देता हूँ बाक़ी नज़्म तू लिखेगा—

एक शहंशाह ने दौलत का सहारा लेकर
हम ग़रीबों की इबादत का उड़ाया है मज़ाक़
मेरे अल्लाह कहीं और मिला कर मुझसे

इसलिए ताजमहल पर लिखने में कोई ख़तरा नहीं था पर जामा मस्जिद पर आप लिखें—ख़तरा था। इसलिए आसान रास्ता—इश्क़ो-मुहब्बत का जिसे ज़माने से ग़ज़ल बताती आयी—आपने अपनाया। शेखो बरहमन और ईरान के सूफ़ी से लेकर, हाफ़िज से हफ़ीज जलन्धरी तक लिखते आ रहे थे। वह एक पारम्परिक रूढ़ि मान ली गयी थी जिस पर कोई बुरा नहीं मानता था लेकिन आपको अगर मुल्लाओं के ख़िलाफ़ आवाज़ उठानी है तो कहिए—*एक शहंशाह ने दौलत का सहारा लेकर/ हम ग़रीबों की इबादत का उड़ाया है मज़ाक़/ मेरे अल्लाह कहीं और मिला कर मुझसे।*

मुद्दत हो गयी फ़िराक़ को कहे और ताजमहल पर साहिर को लिखे। समय का लम्बा सफ़र प्रगतिशील लेखकों ने तय कर लिया। परन्तु आज भी अच्छे-ख़ासे लोग धर्म, मज़हब, वेद, कुरान आदि पर कुछ कहते हुए काँप जाते हैं। एक सलमान रश्दी का जो हश्र हुआ उसके बाद क्या मज़ाल है कि कोई दूसरा लिखे। और ऐसे हालात में आप पूछते हैं कि आलोचक क्या करे, क्या लिखे? इसलिए मैंने कहा कि कवि-कर्म के साथ आलोचना-कर्म की भी कठिनाइयाँ वही हैं। मुश्किलें बढ़ी हैं, उन मुश्किलों में ख़ास चीज़ है कि आज के ज़माने में उत्तर-आधुनिकता के बारे में बच्चन जी कह रहे थे कि वह निहिलिस्ट है। इसलिए उन्हें सन्देह होता है। वह निहिलिस्ट है कि नहीं इसे अलग छोड़िए और बताइए कि आज ऐसी कौन-सी चीज़ है जो सन्देह के दायरे में नहीं आ गयी है? हर चीज़ पर शक होने लगा है। हर चीज़ को देखकर लगता है—साक़ी ने कुछ मिला न दिया हो शराब में। अच्छी-ख़ासी दोस्त भी जब प्याला हमारी तरफ़ बढ़ाती है शक कौंधता है ज़ेहन में। जिनकी तरफ़ से कभी खोज-ख़बर नहीं ली जाती और पैग़ाम है तो शक होने लगता है। शक, सन्देह प्रत्येक आइडियालॉजी, मान्धता, पार्टी संगठन यानी सब कुछ में मिला है। जिस सत्य को आँखों से देखते हैं उसे भी—यह सच है क्या? कहीं फैंटेसी तो नहीं!—मानना शुरू कर देते हैं। उत्तर-आधुनिकतावादी जो सन्देहवादी हैं, इसी यथास्थिति को थ्योरी बनाकर पेश कर रहे हैं यह हक़ीक़त है।

में ऐसा देख रहा हूँ, पर आप वैसा नहीं देख रहे हैं तो मैं कहूँगा कि वैज्ञानिक दृष्टि से हीन हैं, शून्य हैं। हमारा रचनाकार उन स्थितियों को अपनी रचनाओं में झलका नहीं रहा है। मुश्किल हो गया है मगर मैं कहूँगा कि यही तो चुनौती है। उस हक़ीक़त को देखना और उसे देखनेवाली जो रचनाएँ आ रही हैं उन रचनाओं के द्वारा हम अपनी बात कह सकें, यह ज़रूरी है। मैं ज़्यादा समय नहीं लूँगा बल्कि दो छोटी-छोटी टिप्पणियों के माध्यम से रचना और आलोचना के रिश्ते पर प्रकाश डालने की कोशिश करूँगा। मैं कहना चाहता हूँ कि ऐसी हालत में, इस बीसवीं सदी के अन्त में जहाँ सभ्यता का बहुत विकास हो गया है उन देशों में रचनात्मक साहित्य की अपेक्षा आलोचनात्मक साहित्य ज़्यादा लिखा जा रहा है—जो मात्रा, गुण और ताक़त की दृष्टि से ज़्यादा विकसित है। अमरीका में रचना की अपेक्षा आलोचना और आलोचकों का बोलबाला है। अमरीका और इंग्लैंड की पत्रिकाओं को आप देखें तो उनमें नब्बे प्रतिशत साहित्य के सिद्धान्त को ही आप पायेंगे। और कुछ नहीं तो आप नोबल पुरस्कार की सूची उठाकर ही देख लें तो आप पायेंगे कि जो तथाकथित अविकसित और पिछड़े हुए देश हैं उनके साहित्य और भाषा में बेहतर उपन्यासकार और रचनाकार पैदा हो रहे हैं। अभी नोबल पुरस्कार जिस लेखक को मिला है वह पिछड़े हुए आयरलैंड के रहने वाले हैं। यद्यपि वे अंग्रेज़ी में लिखते हैं परन्तु मूलतः आयरिश कवि हैं। और इंग्लैंड में रहते हैं। आयरलैंड वैसा ही पिछड़ा है जैसे दिल्ली में रहते हुए स्लम। आयरलैंड ब्रिटिश एम्पायर का स्लम है। इस बीच आप देखें तो अफ्रीका, लैटिन अमरीका और एशिया के देशों में रचनात्मक साहित्य लिखा जा रहा है। जबकि अमरीका फ्रांस (यहाँ तो अर्से से रचनात्मकता सुनी ही नहीं जाती और बुन्से के बाद कोई बड़ा कवि सुना ही नहीं जाता। केदार जी तो फ्रेंच कविताओं को काफ़ी पढ़ते हैं, इनसे भी मैंने नहीं सुना) जर्मनी में तो सिर्फ़ थ्योरी है। यानी तमाम विकसित देशों का साहित्य आलोचना प्रधान है और रचना ग़ायब है। इसके पीछे कारण है फूको की वह बात जो हमारे यहाँ बहुत पहले से व्यवहार में है कि—ताक़त ज्ञान में होती है, डंडे, तलवार और तोप में नहीं। अमरीका की ताक़त केवल पेंटागन में ही नहीं है, उसकी इम्पीरियलिस्टिक आइडियालॉजी में भी है। वहाँ आलोचना इसलिए ताक़तवर है कि उन देशों को उनकी ज़रूरत है। जब बीसवीं सदी की

ढलान और इक्कीसवीं सदी की शुरुआत पर पिछड़े देशों से रचनात्मक साहित्य रचनात्मक ऊर्जा के साथ निकल रहा है तो उसे अपने क़ाबू में लाने के लिए उन्हें थ्योरी की ज़रूरत है। वहाँ उस कारख़ाने में आलोचना के जो सिद्धान्त तैयार किये जा रहे हैं, वे इन रचनात्मकता से ओतप्रोत पिछड़े देशों में निर्यात किये जा रहे हैं। वह सिद्धान्त हमारे रचनात्मक साहित्य को पालतू, गुलाम और बँधुआ बनाने की कोशिश में हैं और हम-आप अच्छी तरह जानते हैं कि विचारों की ताक़त हथियार की ताक़त से बड़ी होती है। इसका सबूत है हमारी परम्परा कुम्भिधान्यलोलुपक्षलोलो–ब्राह्मण ने धर्मशास्त्र के द्वारा हज़ारों साल तक बहुत बड़े तबके को गुलाम बनाकर रखा। लाखों का सिर काट लिया, न मारा, न ख़ून किया। राजाओं ने गुलाम नहीं बनाया था, गुलाम शास्त्र ने बनाया था–वर्ण-व्यवस्था के द्वारा जहाँ सबसे निचले स्तर के आदमी से आप कहें कि भाई ज़रा पानी पिला दो तो वह पूछेगा कि कहिए किस वर्ण या जाति के हैं आप। आपने अगर कह दिया–ब्राह्मण या क्षत्रिय तो वह कहेगा नहीं साहब हमारा धरम चला जायेगा। उसको चिन्ता नहीं कि आपके धर्म का क्या होगा बल्कि स्वयं शूद्र का धर्म चला जायेगा। यदि उसने ब्राह्मण या क्षत्रिय को पानी पिलाया तो। ऐसी थी गुलामी। इसलिए मैं कहा रहा हूँ कि–Knowledge is power, language is power, इस समय अमरीकी इम्पायर की सबसे बड़ी कोशिश है कि सारी दुनिया में अंग्रेज़ी भाषा का बोलबाला हो जाये। यूरोप के लोग जिनको अपनी भाषा पर गुमान रहा है, आज काँप रहे हैं–क्योंकि ज्ञान का गहरा सम्बन्ध होता है भाषा से। ज्ञान शब्दों में होता है। शब्दों के द्वारा या शब्देतर माध्यमों में होता है इसलिए यह कहा जाता है कि संचार व्यवस्था के द्वारा अमरीका ने इराक-युद्ध जीता और इस नये सूचना तन्त्र से अब आगे की लड़ाई होने वाली है। सोवियत यूनियन को ध्वस्त उन्होंने इसी हिकमत से किया था। इसलिए भाषा सूचना तन्त्र, इलेक्ट्रॉनिक मीडिया (मशीन नहीं उसकी जो आइडियालॉजिकल ताक़त है) के बल पर वे कहते हैं अपनी बात। क्यों बीबीसी या सीएनएन भारतीय बाज़ार में अपने कार्यक्रमों को धड़ल्ले से दिखाये जाने का अधिकार माँगते हैं? क्योंकि उन्हें अभी उसका सहारा लेना है। वह उनकी ताक़त है। इसी तरह वे अपनी थ्योरी के सहारे रचनात्मक साहित्य को ख़ास दिशा देना चाहते हैं। उसका डंक और दंश निकाल लेना चाहते हैं।

उसकी स्वाधीनता, स्वायत्तता कम करके उसे एक विशेष रूप देना चाहते हैं। जब हम पचास के दशक में आज़ाद हुए थे तब शीतशुद्ध के दौरान हमारी नयी सर्जनात्मकता, ऊर्जा को इसी एंटीकम्युनिस्ट आइडियालॉजी के द्वारा वे नयी कविता, स्वतन्त्रता, मर्यादा, नैतिकता जैसे आन्दोलन जो हमारे साथियों ने चलाया था वह उसी का हिस्सा था। नव स्वाधीन देश की सर्जनात्मक ऊर्जा को नख-दन्तविहीन करके एक ऐसा रूप देने की कोशिश की गयी जिसका शिकार सारी जागरूकता के बावज़ूद प्रगतिशील कवि भी हुआ। आज स्वयं नागार्जुन की पहले के दौर की कविताओं और आज के दौर की कविताओं को देखें। लोगों को बुरा लगा था जब मैंने कहा था कि 'युगधारा' लिखने वाले कवि सतरंगे पंखों की बात करते हैं।

केदारनाथ अग्रवाल की पहले की कविताओं को फूल नहीं रंग बोलते हैं। ऐसा नहीं कि मैं फूलों का दुश्मन हूँ या रंग मेरी आँखों में चुभते हैं। मैं यह कह रहा हूँ कि शीतयुद्ध की नयी विचारधारा आने के बाद वो अड़तालीस उनचास के आसपास जो उसका तेवर था—भले ही अनगढ़ रहा हो, क्रूड रहा हो—वह स्वयं प्रगतिशीलों के बीच थोड़ा नरम पड़ा, मुलायम पड़ा। व्यंजना, लक्षणा रंगीन फूलों आदि का सहारा लेने लगा और दूसरे शब्दों में सभ्य हो गया, शिष्ट हो गया, बुर्जुआ हो गया और भद्रजनोचित हो गया। और यह भद्रजनोचित बनने और बना देने का एक प्रकार का साहित्य पैदा हो गया। बीसवीं सदी के उत्तरार्द्ध में। इसलिए सबक़ लेने की ज़रूरत है क्योंकि फिर कुछ वैसे ख़तरे हैं और इस आयी हुई विचारधारा का मुक़ाबला उतनी ही मज़बूत विचारधारा से करना पड़ेगा। आप तलवार का जवाब फूल की पंखड़ियों से नहीं दे सकते। निराला जी ने एक जगह 'जुही की कली' पर लिखा है कि—मसल दिये गोरे कपोल गोल। किसी ने कहा कि साहब यह तो बड़ा बीभत्स मालूम पड़ता है जैसे कपोल कपोल नहीं हुए, आटा हुआ, मसल दिया। निराला जी ने डाँटा—मूर्ख! कपोल, कपोल से ही मसले जाते हैं। यदि कपोल कपोल से मसले जाते हैं, लोहा लोहे से कटता है, हीरे को हीरा ही काटता है तो मैं यह भी कहूँगा कि आइडियालॉजी का जवाब आइडियालॉजी ही हो सकता है। इसलिए हिन्दी आलोचना के सामने यह कविता कहानियों की व्याख्या का अर्थ तो बाद में आयेगा पहले तो वे मज़बूत साम्राज्यवादी साहित्यिक विचारधाराएँ, जो बन रही हैं,

हथियार तैयार हो रहे हैं, उन विचारधाराओं, प्रवृत्तियों का उतनी ही मज़बूती से जवाब देना है—एक सशक्त थ्योरी के द्वारा। यह चुनौती है आज की आलोचना के सामने और इसकी कमी है हमारी हिन्दी आलोचना में। धोखे में हैं हम। वे कहते हैं—एंड ऑफ़ आइडियालॉजी, तो हम भी मान लेते हैं कि आइडियालॉजी का अन्त हो गया। अब कैसे—लोकामति के भोरा के अरे ई दोऊ राह न पायी—अपने देश के इन ज्ञानी समझदार लोगों को मैं समझाऊँ कि वे जो कह रहे हैं कि आइडियालॉजी का अन्त हो गया, वे ख़ुद कितनी बड़ी विचारधारा अपने यहाँ पैदा कर तुम्हारे पास भेज रहे हैं। अब तुम स्वयं हथियार डालकर कह रहे हो कि विचारधारा की आवश्यकता साहित्य में नहीं रही परन्तु आज विचारधारा की ज़्यादा ज़रूरत है और जब भी उस विचारधारा को लेकर वे लड़ने आयेंगे तो कोई विकल्प नहीं होगा, मार्क्स के अलावा तब कोई भी विचारधारा काम नहीं आयेगी। आप नफ़रत करते रहे हों क्म्युनिस्टों से घृणा करते रहे हों लेकिन अपने मैनिफेस्टो में कभी मार्क्स ने यूरोप को कहा था कि यूरोप को कम्युनिस्ट का भूत सता रहा है, हॉण्ट कर रहा है। उसी तरह समाजवाद मरने के बाद एक प्रेत के रूप में मँडरा रहा है। जॉक देरिदा जो पोस्ट स्ट्रक्चरलिस्ट विचारक हैं, उन्होंने 'Spectre of Marx' के नाम से एक किताब लिखी और इंग्लैंड में भाषण भी दिया। समाजवाद मरकर आज प्रेत के रूप में सारे यूरोप पर मँडरा रहा है और बहुत जल्दी यूरोप के उन तमाम देशों में जहाँ समाजवाद को ख़त्म करके पूँजीवाद पैदा हुआ था, एक गृहयुद्ध की स्थिति आ रही है। कम्युनिस्ट पार्टियाँ, नये नाम, नये बैनर तले उसी पुरानी विचारधारा के साथ सुधरे-सँवरे हुए रूप में आ रही हैं। इसलिए मैं कहना चाहता हूँ कि हिन्दी आलोचना के क्षेत्र में आपकी ये जो छोटी शिकायतें हैं अभी ठीक वैसी ही हैं जैसे कोई एम.एल.ए. या एम.पी. अपने चुनाव क्षेत्र में पहुँचे और लोग कहें कि हमारे यहाँ एक पम्प लगवा दीजिह, ज़रा नाली की सफ़ाई हो जाती आदि-आदि। आपकी कहानियाँ, कविताओं में ताक़त होगी और नामवर सिंह ने नहीं लिखा तो कोई और पैदा हो जायेगा लिखने वाला। आप आलोचना से माँग कीजिए कि इस बड़े मुक़ाबले का जवाब देने के लिए एक सिद्धान्त लेकर आओ कि जवाब दे सको।

वरना सुधीश पचौरी बनकर रह जाओगे। मुझ पर उन्होंने एक किताब लिखी कि नामवर जी और सब तो ठीक है परन्तु अभी तक आधुनिक नहीं बन सके। अरे भाई जियनपुर गाँव में पैदा होने वाला मैं उत्तर-आधुनिक काहे को बनूँ, बने सुधीश पचौरी। अतः आलोचना रचना को लेकर आख़िरी बात कहना चाहता हूँ कि कवि, उपन्यासकार, कहानीकार जो नया कुछ रच रहा है वह भाषा तोड़कर एक नयी भाषा गढ़ रहा है। जब तक किसी विधा में भाषा को तोड़कर नयी भाषा नहीं बनाई जाती, नया सृजन नहीं होता। आज भी आलोचना, आलोचना के प्रत्ययों, अवधारणाओं और पारम्परिक भाषा से इतनी जकड़ी हुई है कि वह नयी बन ही नहीं सकती। कबीर के बारे में द्विवेदी जी ने लिखा है कि इसी बनारस में पण्डितों में बहस चल रही थी—ब्रह्म या ईश्वर के स्वरूप पर। कुछ चेलों के आग्रह पर कबीर ने उन्हें सभा में जाने की अनुमति दे दी। उनके लौटने पर उन्होंने पूछा—क्यों भई इन तीन दिनों में आप लोगों ने वहाँ क्या सुना? वे कहने लगे—वहाँ तो इसी बात पर विवाद था कि वह परम ब्रह्म एक है कि दो हैं या कि तीन हैं। कबीर ने टोका और कहा—यह तो सभी मानते थे न कि वह सबसे ताक़तवर है, सर्वशक्तिमान है? वे बोले—हाँ, कबीर ने कहा कि जब वह सबसे ताक़तवर है, तो क्या वह एक-दो-तीन का बन्धन नहीं तोड़ सकता? क्या वह इन संख्याओं में ही बँधा रहेगा? अतः नया सिद्धान्त गढ़ने के लिए ज़रूरी है कि अपनी भाषा का जाल परिभाषाओं, प्रत्ययों और सारी शब्दावलियों को शक की नज़र से देखकर तोड़ना होगा। भाषा को जब तक हिन्दी आलोचना नहीं तोड़ेगी तब तक वह कवायद करती रहेगी एक ही जगह पर। इसलिए रचनाकारों से हाथ जोड़कर मैं निवेदन करूँगा कि मित्रो, तुम लोगों ने तो अपनी भाषा तोड़ी है, हम आलोचकों को भी बताओ कि भाषा कैसे तोड़ी जाती है। जिस दिन यह भाषा तोड़कर हम नयी भाषा बनायेंगे आलोचना पढ़ने लायक़ होगी अन्यथा वह चोरों की या उनके गिरोहों की एक कूट भाषा बनेगी जिसमें खग बोलेगा और खग ही सुनेगा।

(29 नवम्बर, 1995 को समीक्षक बच्चन सिंह के सम्मान में आयोजित प्रगतिशील लेखक संघ के 'समीक्षा-संवाद' के अवसर पर वाराणसी में दिया गया अध्यक्षीय भाषण। साभार : पहल-53 अंक)

आलोचना का मानदण्ड

"आचार्य रामचन्द्र शुक्ल जैसा *गम्भीर* और *स्वतन्त्र* समालोचक हिन्दी तो क्या अन्य भारतीय भाषाओं में भी दूसरा नहीं हुआ।" आज शुक्ल जी की जन्मशती के अवसर पर आचार्य हजारी प्रसाद द्विवेदी के इस कथन के स्मरण से गर्व की भी अनुभूति होती है और आत्मविश्वास की भी। किन्तु सवाल यह है कि अपने इन महान समालोचक की गम्भीरता और स्वतन्त्रता को हमने कितना समझा है?

हिन्दी आलोचना की स्वतन्त्रता से आचार्य शुक्ल का क्या तात्पर्य है, यह *काव्य में रहस्यवाद* के इस अनुच्छेद से स्पष्ट है : "यह अच्छी तरह से समझ रखना चाहिए कि हमारे काव्य का, हमारे साहित्यशास्त्र का, एक स्वतन्त्र रूप है जिसके विकास की क्षमता और प्रणाली भी स्वतन्त्र है। उसकी आत्मा को, उसकी छिपी हुई भीतरी प्रकृति को, पहले जब सूक्ष्मता से पहचान लेंगे तभी दूसरे देशों के साहित्य के स्वतन्त्र पर्यालोचन द्वारा अपने साहित्य के उत्तरोत्तर विकास का विधान कर सकेंगे। हमें अपनी दृष्टि से दूसरे देशों के साहित्य को देखना होगा; दूसरे देशों की दृष्टि से अपने साहित्य को नहीं।"

किन्तु इसका अर्थ अपने अतीत की ओर प्रत्यावर्तन नहीं, इसका स्पष्टीकरण आगे के इस कथन से हो जाता है कि "हम सारा काव्य क्षेत्र देव, मतिराम और बिहारी आदि के घेरे के भीतर देखने वाली पुरानी लकीर के फ़कीर न कभी रहे हैं और न हैं। हम अपने हिन्दी काव्य को विश्व की नित्य और अनन्त विभूति में स्वच्छन्दतापूर्वक अपनी स्वाभाविक प्रेरणा के अनुसार, अपनी आँख खोलकर, विचरण करते देखना चाहते हैं।

पर यह दिन तभी आ सकता है जब हमारी अन्तर्दृष्टि को आच्छन्न करने वाले परदे हटेंगे और हमारे विचारों में बल आयेगा।''

आचार्य शुक्ल की यह स्वातन्त्र्य-चिन्ता सिर्फ़ साहित्य और साहित्यशास्त्र तक सीमित नहीं है, बल्कि इसकी जड़ें ज़्यादा गहरी हैं और क्षेत्र भी अधिक व्यापक है—वस्तुतः इसका सम्बन्ध सम्पूर्ण जाति अथवा राष्ट्र की स्वतन्त्र सत्ता से है, जैसा कि अन्यत्र उनके इस कथन से स्पष्ट है : ''जो हृदय संसार की जातियों के बीच अपनी जाति की स्वतन्त्र सत्ता का अनुभव नहीं कर सकता वह देशप्रेम का दावा नहीं कर सकता। इस स्वतत्र सत्ता से अभिप्राय स्वरूप की स्वतन्त्र सत्ता से है; केवल अन्न-धन संचित करने और अधिकार भोगने की स्वतन्त्रता से नहीं। अपने स्वरूप को भूलकर यदि भारतवासियों ने संसार में सुख-समृद्धि प्राप्त की तो क्या?''

इसी प्रकार आचार्य शुक्ल की 'गम्भीरता' तो सिर्फ़ चिन्तन की गहराई नहीं, बल्कि दायित्व की गम्भीरता है, उनके लिए समालोचना-कर्म केवल कुछ साहित्यिक कृतियों के विश्लेषण और मूल्यांकन तक सीमित नहीं है, बल्कि उसके सम्मुख एक बड़ा सामाजिक और सांस्कृतिक दायित्व है, जिसे वे प्रायः 'लोकमंगल, 'लोकसंग्रह' और 'लोकरक्षा' आदि शब्दों से व्यक्त करते हैं। हिन्दी आलोचना का यह सौभाग्य है कि उसकी प्रतिष्ठा साहित्य के व्यापक सामाजिक दायित्व की गहरी नींव पर हुई, जिसे आलोचना-कर्म के दौरान अक्सर भुला दिया जाता है, इसीलिए शुक्ल जी की आलोचना में कर्म के लिए, संघर्ष के लिए आह्वान है, अन्य रसवादी आचार्यों के समान काव्यानुभूति अथवा सौन्दर्यानुभूति के 'आस्वाद' के लिए आमन्त्रण नहीं।

किन्तु महत्त्वपूर्ण बात यह है कि साहित्य की सामाजिक सार्थकता पर बल देते हुए भी आचार्य शुक्ल की दृष्टि साहित्य के स्वधर्म पर बराबर टिकी रहती है और वे बड़ी तत्परता से हर समय इस बात का निर्णय करते चलते हैं कि साहित्य की कोटि में क्या आता है, क्या नहीं आता, 1935 के इन्दौर साहित्य सम्मेलन की साहित्य परिषद् के अपने अध्यक्षीय भाषण के आरम्भ में ही वे घोषणा करते हैं कि ''कुछ हदबन्दी मैं कर लेना चाहता हूँ; यह स्थिर कर लेना चाहता हूँ कि शुद्ध साहित्य के भीतर क्या-क्या आता है।''

यहाँ 'शुद्ध साहित्य' शब्द से यह भ्रम न होना चाहिए कि आचार्य शुक्ल तथाकथित 'शुद्ध साहित्य' के हिमायती थे। अपने 'हिन्दी साहित्य का इतिहास' में शुक्ल जी ने जिस प्रकार 'साहित्य कोटि' में रचनाओं को सम्मिलित और तिरस्कृत किया है, उससे स्पष्ट है कि उनकी 'साहित्य कोटि' उतनी शुद्ध न थी, बल्कि उसमें एक निश्चित जीवन-दृष्टि भी समाविष्ट थी। उदाहरण के लिए जब वे कहते हैं कि देवकीनन्दन खत्री के उपन्यास 'साहित्य कोटि में नहीं आते' जबकि किशोरीलाल गोस्वामी की रचनाएँ 'साहित्य कोटि में आती हैं' तो दृष्टि बहुत कुछ साहित्यिक ही दिखाई पड़ती है। किन्तु एक विशेष प्रकार की जीवन-दृष्टि से समन्वित 'साहित्य कोटि' उस समय खुलकर सामने आ जाती है जब वे सिद्धों और योगियों की रचनाओं पर यह निर्णय देते हैं कि वे 'शुद्ध साहित्य की कोटि' में नहीं आतीं। अन्ततः आचार्य शुक्ल की संश्लिष्ट साहित्य-कोटि अथवा काव्य-कोटि का प्रतिनिधि मत वह है जब वे कहते हैं: "सच्चा कवि वही है जिसे लोक-हृदय की पहचान हो, जो अनेक विशेषताओं और विचित्रताओं के बीच से मनुष्य जाति के सामान्य हृदय को अलग करके देख सके।"

साहित्य की इस 'कोटि' से मतभेद हो सकता है, किन्तु इस बात में मतभेद की गुंजाइश नहीं है कि साहित्य को जाँचने-परखने के लिए आचार्य शुक्ल का एक निश्चित मानदण्ड था और साहित्य में वे एक मानदण्ड क़ायम करने के लिए निरन्तर संघर्षशील थे। आकस्मिक नहीं है कि अन्तिम दिनों में वे 'मानदण्ड' नाम से एक पत्रिका भी निकालना चाहते थे, जैसा कि पं. विश्वनाथ प्रसाद मिश्र के साक्ष्य से ज्ञात होता है। अपने साहित्यिक मानदण्ड को वे अन्ततः व्यवस्थित सैद्धान्तिक रूप भी देना चाहते थे, जिसका आभास मरणोत्तर सम्पादित और प्रकाशित 'रसमीमांसा' नामक ग्रन्थ की योजना से मिलता है, जिसमें पूर्व प्रकाशित निबन्धों को एक योजना के अन्तर्गत क्रमबद्ध करके रिक्त स्थानों की पूर्ति के लिए नये विषयों पर लिखने का प्रयास जारी था।

किन्तु अन्तिम व्यवस्थित रूप से प्राप्त न होने पर भी आचार्य शुक्ल के मानदण्ड का स्वरूप बहुत-कुछ पूर्ण और स्पष्ट है। इस मानदण्ड की विशेषता यह है कि साहित्य के अन्तर्गत क्या आ सकता है और क्या

नहीं तथा कौन-सा साहित्य महान है—इन दोनों बातों का निर्णय एक ही साहित्यिक मानदण्ड से सम्भव है। आचार्य शुक्ल टी. एस. इलियट के दोहरे मानदण्डों की इस विडम्बना से सर्वथा मुक्त दिखाई पड़ते हैं कि कविता क्या है और क्या नहीं—इसे जाँचने के लिए तो शुद्ध साहित्यिक मानदण्ड अपेक्षित है; किन्तु महान काव्य के निर्णय के लिए साहित्येतर मानदण्ड की आवश्यकता पड़ती है।

आचार्य शुक्ल के मानदण्ड की एक बड़ी भारी विशेषता यह भी है कि वह अपने सैद्धान्तिक और व्यावहारिक दोनों रूपों में सुलभ है। यदि 'कविता क्या है', 'काव्य में लोक-मंगल की साधनावस्था' आदि निबन्धों में सिद्धान्त का निरूपण है तो जायसी, सूरदास और तुलसीदास की समीक्षाओं में उस सिद्धान्त का विनियोग। यदि कोई सिद्धान्त और व्यवहार को एकत्र ही समन्वित रूप में देखना चाहता है तो शुक्ल जी का 'हिन्दी साहित्य का इतिहास' मूर्तिमान मानदण्ड है।

अब स्वभावतः यह सवाल उठता है कि आचार्य शुक्ल की आलोचना का वह मानदण्ड क्या है?

आचार्य शुक्ल की रचनाओं से उभरकर सबसे पहले जो बात सामने आती है वह है साहित्य में वस्तुमत्ता अथवा वास्तविकता—सिद्धान्त का आग्रह, जिसे यथार्थवाद की संज्ञा भी दी जा सकती है। 'रसमीमांसा' में उन्होंने स्पष्ट लिखा है कि 'शब्द काव्य की सिद्धि के लिए वस्तुकाव्य का अनुशीलन परम आवश्यक है।' तुलसीदास की पंक्ति *अन्तरजामिहु ते बड़ बाहिर जामी...!* को बार-बार दुहराते वे थकते नहीं, इस अनन्त रूपात्मक जगत् की रूप-तरंगों से उन्हें इतना लगाव है कि वे इसी के चित्रण को काव्य का चरम लक्ष्य मानते हैं। इतना ही नहीं वस्तुमत्ता के प्रति उनका आग्रह इस सीमा तक है कि वे प्रत्यक्षानुभूति को भी काव्यानुभूति की कोटि में मान लेते हैं और—सीधे प्रकृति-दर्शन को भी रसानुभूति का दर्जा देने के लिए तैयार हो जाते हैं। तुलसी, सूर और जायसी इसी वस्तुमत्ता के कारण उनके प्रिय कवि हैं और इसी के अभाव में वे योगियों, सिद्धों यहाँ तक कि कबीर की भी आलोचना करते हैं। रहस्यवाद और अध्यात्मवाद पर भी उनके प्रहार का यही कारण है कि वहाँ वस्तुजगत का तिरस्कार करके या तो अन्तःसाधना पर बल दिया जाता है, या फिर अलौकिक की ओर संकेत होता है।

वस्तुमत्ता के साथ ही आचार्य शुक्ल का आग्रह 'समग्रता' पर है, इसलिए वे काव्य में 'रामचरितमानस' जैसे प्रबन्ध काव्य को श्रेष्ठ मानते हैं और प्रबन्ध काव्यों की तुलना में प्रगीत मुक्तकों तथा गीतों को दूसरा स्थान देते हैं–फिर वह गीत-काव्य 'सूर-सागर' ही क्यों न हो। जीवन की समग्रता पर दृष्टि होने के कारण ही आचार्य शुक्ल साहित्य में 'विरुद्धों का सामंजस्य' देखना चाहते हैं, जिसके अन्दर मधुर और कोमल के साथ भीषण और प्रचण्ड का भी चित्रण अपेक्षित है और वहाँ रसराज शृंगार का ही अखण्ड राज्य नहीं है, बल्कि क्रोध और करुणा की भी प्रतिष्ठा है।

साहित्य में वस्तुमत्ता और समग्रता की स्वाभाविक परिणति है लोक-सामान्य अथवा साधारण की प्रतिष्ठा और विशिष्ट विलक्षण अथवा असाधारण का तिरस्कार। कवि मलयज ने अपने एक लेख में बड़े विस्तार से दिखलाने का प्रयत्न किया है कि–'सामान्य मनुष्य' ही शुक्ल जी की लड़ाई का 'हीरो' था और इसी के द्वारा उन्होंने साहित्य में हर तरह की विलक्षणता के विरुद्ध संघर्ष किया–चाहे वह प्रकृति-चित्रण के क्षेत्र में असामान्य वस्तुओं का चित्रण हो, चाहे कथात्मक कृतियों में व्यक्तिवैचित्र्यवाद अथवा कविता में चमत्कारवाद या कलावाद! आचार्य शुक्ल ने स्पष्ट लिखा है कि "केवल असाधारणत्व-दर्शन की रुचि सच्ची सहृदयता की पहचान नहीं है।" क्योंकि उनका दृढ़ विश्वास था कि "साधारण-से-साधारण वस्तु हमारे गम्भीर-से-गम्भीर भाव का आलम्बन हो सकती है।"

संक्षेप में, आचार्य शुक्ल ने *वस्तुमत्ता, समग्रता और साधारणता की त्रयी के आधार पर साहित्य* में उस सिद्धान्त की स्थापना की, जिसे सुविधा के लिए 'यथार्थवाद' की संज्ञा दी जा सकती है।

आचार्य शुक्ल के मानदण्ड को सूत्रबद्ध करते हुए अनायास ही मुझे प्रसिद्ध मार्क्सवादी आलोचक *जॉर्ज लूकाच* का स्मरण हो आया है, जिनकी जन्मशती भी संयोग से आगामी वर्ष यानी 1985 में पड़ रही है। विचारधारा में अन्तर होते हुए भी आचार्य शुक्ल और जॉर्ज लूकाच में कम-से-कम एक बात में अद्भुत समानता दिखाई पड़ती है कि दोनों ही आलोचक वस्तुमत्ता, समग्रता और साधारणता के प्रबल आग्रही थे और इन सिद्धान्तों के आधार पर उन्होंने बड़ी दृढ़ता से अपने साहित्य की परम्परा का मूल्यांकन

किया—साथ ही अपने समकालीन साहित्य की कड़ी आलोचना भी की। लूकाच यदि 'मॉडर्निज़्म' अथवा 'आधुनिकतावाद' से आजीवन जूझते रहे तो शुक्ल जी 'छायावाद' पर कुप्रभाव डालने वाले रहस्यवाद, अभिव्यंजनावाद और कलावाद से! इन दोनों महान आलोचकों में एक आश्चर्यजनक समानता यह भी है कि दोनों के मानदण्ड एक-सी नियति को प्राप्त हुए। लूकाच को चुनौती दी ब्रेख्ट ने तो रामचन्द्र शुक्ल को निराला ने! और यही वह घटना है जो शुक्ल जी के मानदण्ड की सीमाओं पर सोचने के लिए मजबूर करती है।

यह सही है कि आचार्य शुक्ल की मृत्यु पर निराला ने उनके महत्त्व को स्वीकार करते हुए एक कविता लिखी, जिसमें उन्हें समालोचना की अमानिशा में 'दिव्य कलाधर' के रूप में उदित होने वाला बताया। इसी के साथ यह भी उल्लेखनीय है कि 'हिन्दी साहित्य का इतिहास' के अन्तिम संस्करण में आचार्य शुक्ल ने निराला की 'बहुवस्तु-स्पर्शिनी प्रतिभा' की प्रशंसा की, यद्यपि निराला पर उन्होंने उतने विस्तार से नहीं लिखा जितने विस्तार से प्रसाद और पन्त पर लिखा था। किन्तु ये सब बाद की बातें हैं। 1928 में शुक्ल जी ने 'पाखण्ड-प्रतिषेध' शीर्षक कविता में निराला की ओर स्पष्ट संकेत करते हुए लिखा :

'काव्य' में 'रहस्य' कोई 'वाद' है न ऐसा
जिसे लेकर 'निराला' कोई पन्थ ही खड़ा करे।

मर्यादावादी आचार्य के मन में इस विषय को लेकर इतना क्षोभ था कि 'नवीनता की डींग भरी बकबक' और 'कहीं अंग्रेज़ी अनुवाद का अनाड़ीपन' लिखकर सन्तुष्ट नहीं हुए, बल्कि समस्त मर्यादाओं का उल्लंघन कर यह भी लिख डाला :

कहाँ है अध्यात्म? अरे कैसे ब्रह्मलिप्सा यह—
वासना का लम्बा-चौड़ा रूप विकराल अति।
देह के मलों का यह सागर अपार!
काव्यवृत्तियों का झंझावात झूठ की प्रचण्ड गति।
अये अये भण्डता की कैसी है पुकार यह?
जड़ता से जड़ी हुई कैसी यह मोटी मति?
अन्धाधुन्ध कैसी? यह भेड़ियाधसान कैसी!
नकलनवीसी कैसी! कैसी अज्ञान-रति!

इसके ठीक बाद शुक्ल जी का *काव्य में रहस्यवाद* नामक ग्रन्थ प्रकाशित हुआ जिस पर निराला ने 'काव्य-साहित्य' शीर्षक निबन्ध में टिप्पणी करते हुए लिखा : "पण्डित रामचन्द्र शुक्ल की 'काव्य में रहस्यवाद' पुस्तक उनकी आलोचना से पहले उनके अहंकार, हठ, मिथ्याभिमान, गुरुडम तथा रहस्यवादी या छायावादी कहलाने वालों के प्रति उनकी अपार घृणा सूचित करती है। ऐसा दुर्वासा समालोचक कभी भी किसी कृति शकुन्तला का कुछ बिगाड़ नहीं सके, अपने शाप से उसे और चमका दिया है।"

इस प्रसंग में डॉ. रामविलास शर्मा की टिप्पणी उल्लेखनीय है—विशेषतः इसलिए कि उन्हें आचार्य रामचन्द्र शुक्ल को प्रतिष्ठित करने का श्रेय है। डॉ. शर्मा ने 1948 में प्रकाशित *निराला* नामक अपनी पुस्तक में निराला के पक्ष से शुक्ल जी की आलोचना करते हुए लिखा कि ''रहस्यवाद के नाम पर नयी गीतात्मकता, भावव्यंजना, शब्दावली, छन्द आदि के प्रति भी शुक्ल जी उदासीन रहे। छायावादी कवियों ने साहित्य के सभी रूपों में जो व्यापक परिवर्तन किये थे, उन पर रहस्यवाद का पर्दा डालकर एक महान परिवर्तन का तिरस्कार किया गया। इस एकांगी आलोचना में साहित्य का अहित ही हो सकता था।''

इस सन्दर्भ में शुक्ल जी की 'एकांगी आलोचना' का कारण बतलाते हुए डॉ. शर्मा ने यह भी लिखा कि "शुक्ल जी द्विवेदी युग के सामाजिक रूढ़िवाद के समर्थक थे। तुलसीदास पर अपनी पुस्तक लिखते हुए उन्होंने इस बात को भी एक आदर्श के रूप में स्वीकार किया है कि गोस्वामी जी ने वर्णाश्रम धर्म का समर्थन किया था। कबीर को वह केवल एक ध्वंसात्मक और विशृंखल विचारों का कवि मानते थे। इन दोनों कवियों के क्रान्तिकारी पहलू भी उनकी दृष्टि से ओझल रहे। इसलिए यह स्वाभाविक था कि नये कवियों ने रूढ़ियों के प्रति जो विद्रोह किया था, उनका मूल्य वे न आँक सके। छायावाद का विरोध करके वे द्विवेदी युग की रूढ़ियों को स्थायी बनाने का असफल प्रयत्न करते रहे।''

आगे चलकर 1972 में प्रकाशित *निराला की साहित्य साधना* के दूसरे भाग में डॉ. शर्मा ने अपने इन विचारों में सिर्फ़ इतना ही परिवर्तन किया कि ''अनेक दृष्टियों से विचारधारा में प्रगतिशील होने पर भी,

शुक्ल जी भावबोध की उसी दुनिया में रहते थे जिसमें सम्राट महावीर प्रसाद द्विवेदी थे।'' इस क्रम में उन्हांने आचार्य शुक्ल की सीमा की ओर संकेत करते हुए यह भी कहा कि ''शुक्ल जी प्रकृति के सौन्दर्य पर तो मुग्ध हो लेते थे, नारी के सौन्दर्य को साधारणतः लोकमंगल की भावना का विरोधी समझते थे।''

यदि आचार्य शुक्ल के भावबोध की ये सीमाएँ हैं तो निश्चय ही इनके कारण उनकी साहित्य-दृष्टि भी सीमित हुई होगी; किन्तु क्या यह भावबोध विचारधारा की सीमा का भी संकेत नहीं देता? सिद्धान्त के स्तर पर विचारधारा और भावबोध के बीच अन्तर्विरोध की सम्भावना को स्वीकार करते हुए भी इस मामले की सूक्ष्म परीक्षा आवश्यक है। फ़िलहाल ब्योरे में जाने के लिए अवकाश नहीं है, इसलिए संक्षेपतः इतना ही कहना काफ़ी होगा कि कबीर और निराला के क्रान्तिकारी कृतित्व का विरोध केवल भावबोध की सीमा नहीं हो सकती, बल्कि इसका कुछ-न-कुछ सम्बन्ध विधारधारा से भी होना चाहिए।

ऐसा प्रतीत होता है कि आचार्य शुक्ल जीवन और साहित्य दोनों क्षेत्रों में किसी प्रकार के क्रान्तिकारी परिवर्तन के पक्ष में न थे। परिवर्तन के कारण उन्हें लोकजीवन और साहित्य के अन्दर विश्रृंखलता फैलने की आशंका थी। उनकी दृष्टि से वह युग ज़रूरत से ज़्यादा विश्रृंखलित हो चला था और उसे और अधिक बिखरने देने की अपेक्षा बाँधकर रखने की आवश्यकता अधिक थी, युग के बारे में अपनी इसी समझ के कारण वे बार-बार 'सामंजस्य' पर बल दे रहे थे और 'लोक-संग्रह' तथा 'लोक-रक्षा' जैसे शब्दों के द्वारा अपनी चिन्ता व्यक्त करते थे। इसलिए प्राचीन और नवीन के द्वन्द्व तथा प्राचीन से नवीन की दिशा में संक्रमण को वे 'परम्परा' के सूत्र से बाँधने का प्रयास कर रहे थे। अपने इस कार्य में उन्हें यदि सबसे अधिक उपयोगी तुलसीदास प्रतीत हुए तो इसीलिए कि स्वयं तुलसीदास भी अपने युग को इसी रूप में देख रहे थे और 'मर्यादा' तथा 'समन्वय' को ही सर्वोच्च आदर्श मान रहे थे। इसलिए यह अकारण नहीं है कि उस युग के अनेक रचनाकारों को आचार्य शुक्ल परम्परावादी प्रतीत हुए।

इस दृष्टि से आचार्य शुक्ल के विषय में जैनेन्द्र कुमार के लेख 'शुक्ल जी की मानसिक भूमि' की कुछ स्थापनाएँ अप्रत्याशित रूप से सत्य के काफ़ी निकट दिखाई देती हैं। जैनेन्द्र जी ने स्पष्ट लिखा है कि "वह (शुक्ल जी) स्थिति के प्रतिनिधि थे। गति के विपक्ष और स्थिति पक्ष के योद्धा के रूप में वह खड़े हुए और जूझे। वह स्थिरासन थे।" इतना होते हुए भी जैनेन्द्र जी के अनुसार "उन्होंने इस अंश में वर्तमान का हित किया कि अपनी परम्परा से उसे बिछड़ने न देने में अपनी शक्ति लगायी। अर्थात् साहित्य में अनुत्तरदायी और उच्छृंखल तत्त्वों को उन्होंने उभरने से रोका। वर्तमान को भविष्य की ओर बढ़ने में उनसे प्रेरणा नहीं मिली सही, पर साहित्य में प्रतिगामी और हल्की प्रवृत्तियों को उनसे अवरोध मिला।"

आचार्य शुक्ल ने अपनी आलोचना का मानदण्ड भी सम्भवतः इसी प्रयोजन के लिए निर्मित किया था और इस बात में कोई सन्देह नहीं कि वे कृतकार्य हुए : मर्यादा बाँधने में वे निश्चय ही सफल हुए। एक मानदण्ड के लिए यह सामान्य उपलब्धि नहीं है; पर मानदण्ड की नियति भी कदाचित् यही है। जॉर्ज लूकाच के यथार्थवाद की नियति भी भिन्न नहीं! पर इससे आलोचक की महानता में अन्तर नहीं पड़ता। आचार्य अपने आलोचना के मानदण्ड के कारण ही नहीं बल्कि उसके बावजूद महान हैं : आज भी हिन्दी के सबसे बड़े समालोचक! *स्थितः पृथिव्या इव मानदण्डः...*

(साभार : साक्षात्कार पत्रिका, अगस्त-नवम्बर 1984)

आलोचना-कर्म व्यक्तिगत है, फिर भी...

...आलोचक की हैसियत बीज की-सी है और जब मुझे बीजभाषण देने का अवसर मिला है तो निराला की एक बहुत पुरानी कविता याद आती है—'हिन्दी के सुमनों के प्रति'—जिसमें दो पंक्तियाँ हैं : 'फल के भी उर का कटु त्यागा/ मेरा आलोचक एक बीज'। आलोचक की हैसियत बीज की-सी ही है। इस पूरे सांग रूपक में अगर आप देखें—तो पेड़, फल, फूल तो हैं लेकिन आलोचक की जगह उस बीज की तरह है, जो सबसे नीचे रहता है, ज़मीन के अन्दर रहता है, पद हल में विराजता है। वे तो आकाश पूजन करने वाले हैं और बड़ी ऊँचाइयों को छूते हैं, लेकिन यह जो बीज है, रहता है फल के हृदय में ही। फल मीठा होता है, बीज कड़वा होता है। फल कोमल होता है, बीज कठोर होता है। याद करें—आम की गुठली। अब विडम्बना यह है कि आलोचक का जो बीज भाषण है, उसे कड़वा होना ज़रूरी है। यह उसकी प्रकृति है। अब तक के भाषणों में थ्योरी पर ही मुख्य बल है। ऐसा मालूम होता है जैसे भारत में भी हम चाहते हैं कि यह पूरा युग 'एज ऑफ़ थिअरी' के नाम से जाना जाये जैसे अमरीका में किसी समय 'एज ऑफ़ क्रिटिसिज़्म' हुआ था। ख़तरा यही है—'थ्योरी' की भूख माँग की आकांक्षा! पश्चिम के दो दशक 'थ्योरीज़' के हैं। हर कोई जानता है कि इस बीच जितनी 'थ्योरी' आयी है, उसकी प्रयोगशाला फ्रांस है और उसका कारख़ाना अमरीका के विश्वविद्यालय हैं। दुनिया भर के जो नाम आते हैं—फूको, लाकाँ, देरिदा वग़ैरह यहीं से हैं। कुछ चीज़ें होती हैं जो पैदा कहीं होती हैं, लेकिन शोभा उनकी अन्यत्र होती है। जैसे फ्रांस में पैदा हुईं और अमरीकी विश्वविद्यालय में छायी हुई हैं। अब अमरीका में ही हाल में

लोग थ्योरी से आतंकित हैं। बस सोचने लगे हैं कि अमरीकी पैसा आ जाये तो हमारा देश सम्पन्न हो जायेगा। साहित्य में बहुत-से लोग कुछ उम्मीद तो थ्योरी से ही लगाये हुए हैं। शायद यही विश्व-साहित्य में स्थान दिला सके। थ्योरी पर इस तरह के आग्रह का ख़तरा और भी है। कोढ़ में खाज यह है कि इस 'थ्योरी' को हम लोग 'पोस्ट-कोलोनियल' (Post-Colonial) कहने लगे हैं। इस पर गौर करने की ज़रूरत है।

प्रोफ़ेसर अय्यप्पा पाणिक्कर ने 'द एम्पायर राइट्स बैक' नाम की किताब का ज़िक्र किया जिसमें एक लेख भारतीय साहित्य शास्त्र के बारे में है जिसमें हमें लक्ष्य करके बताया गया है कि इस समय तो तुम्हारे पास कोई थ्योरी नहीं है। तुम अपनी संस्कृत काव्यशास्त्र परम्परा को फिर से 'रिवाइव' कर सको तो तुम भी सम्पन्न हो जाओगे। जैसे यह हमें बताया जा रहा है कि भारतीय परम्परा में 'वैदिक धर्म' को 'रिवाइव' कर लोगे यानी फिर से प्राप्त कर लोगे तो हमारे समकक्ष हो जाओगे। अर्थात् हमारी 'थ्योरी' का अनुकरण करके और उसमें स्वदेशी (Nativism) मिलाकर तुम एक नयी थ्योरी बना दोगे। यह ख़तरा काफ़ी बड़ा है। उत्तर-औपनिवेशिक अब भी उपनिवेशवाद ही है। एक उपनिवेशीकरण यह है कि भारतीय काव्यशास्त्र को पुनर्जीवित करके नयी थ्योरी बना लो, दूसरा यह कि हिन्दुत्व को पुनः अर्जित करके अधिक या और हिन्दू हो जाओ। दोनों में कोई सम्बन्ध है कि नहीं, मैं नहीं कहता। लेकिन जो स्वदेशी मंच, स्वदेशी नवजागरण के समानान्तर संस्कृत काव्यशास्त्र को पुनर्जीवित करने की माँग कर रहे हैं, वे बहुत बड़ा सच आँखों से ओझल कर रहे हैं। वह यह कि संस्कृत काव्यशास्त्र का आरम्भ लगभग आठवीं-नौवीं शताब्दी में हुआ जब संस्कृत काव्य की महान रचनाएँ हो चुकी थीं। महाभारत लिखा जा चुका था। वाल्मीकि रामायण लिख चुके थे। कालिदास लिख चुके थे। अश्वघोष लिख चुके थे। भास, भारवि, बाणभट्ट हो चुके थे। संस्कृत काव्य का वह स्वर्णयुग जब समाप्त हो चुका था तब काव्यशास्त्र उदित हुआ कि कहीं वह स्वर्णयुग नष्ट न हो जाये, साधारण पाठकों तक पहुँचे। इसी उद्देश्य से उन लोगों ने काव्यशास्त्र की रचना आरम्भ की। स्वयं आनन्दवर्धन ने और अभिनवगुप्त ने टीका करते हुए ध्वन्यालोक-लोचन में लिखा है कि

महाकाव्यात्मक प्रतिभाएँ तो हैं लेकिन महान प्रतिभाएँ युगों में कम ही होती हैं—दो-तीन या पाँच-छह जैसे कि कालिदास! तो लोग भूल न जायें, इनके मर्म को समझें—इसलिए लिख रहा हूँ। काव्यशास्त्र का आरम्भ जिस समय हुआ है, वह संस्कृत काव्य का ह्रास का दौर है! तो जो लोग हमें संस्कृत काव्यशास्त्र 'थ्योरी' के रूप में पढ़ाना चाहते हैं वे जैसे यह भी बता रहे हैं कि हमारे लिए भी तो कविता का युग ख़त्म हो गया है और काव्यशास्त्र लिखने का युग आ गया है। इस विडम्बना की ओर ध्यान जाना चाहिए। तो इस पूरे दौर में जिस 'थ्योरी' की बात की जा रही है उसकी सीमाएँ और उसके ख़तरे क्या हैं!

'थ्योरी' के साथ अनेक समस्याएँ हैं। 'थ्योरी' या 'सिद्धान्त' के लिए साहित्य महज़ 'उदाहरण' या Illustration है। इस तरह 'थ्योरी' साहित्य को संकुचित करती है। उसे एक खाँचे या साँचे में फिट करती है। एक बॉक्स में डालती है। उसको मॉडल बनाती है। इसलिए एक बड़ी रचना एक सिद्धान्त में आगे पढ़ें तो स्वयं इतने बड़े आलोचक आनन्दवर्धन को पढ़ने के बाद भी पता नहीं चलता है कि कालिदास कितने बड़े कवि थे। 'अभिज्ञान शाकुन्तल' का कहीं एकाध श्लोक मिलेगा, 'रघुवंश' या 'मेघदूत' के श्लोक मिलेंगे क्योंकि सिद्धान्त अपनी गति से अपनी पुष्टि चाहता है, उसके लिए। उदाहरण के रूप में साहित्य इस्तेमाल करने की चीज़ है—Useable product है। थ्योरी के लिए। कोई अपने आपमें लक्ष्य नहीं है। इसलिए 'इलस्ट्रेशन' मॉडल के रूप में आता है और वह भी बड़ी रचना को छोटा बनाकर। जिन लोगों ने संस्कृत का काव्यशास्त्र ही पढ़ा है, कालिदास को मूल रूप में नहीं पढ़ा है, वे कालिदास की महिमा को समझने में असमर्थ ही रहेंगे। दूसरी बात जो उससे ज़्यादा ख़तरनाक़ है, वह यह कि थ्योरी साहित्य को 'dehumanise' करती है, अमानुषिक बनाती है। टेक्स्ट को एक तो हमलोग जहाँ कविता, कहानी, कृति के अर्थ में लेते हैं वहाँ अब टेक्स्ट शब्द चल पड़ा है और 'Text' भी Textualisation हो गया है Textuality हो गया है। कविता, कहानी, उपन्यास को हम एक जानदार चीज़ समझते हैं जैसे हम किसी इन्सान को छू रहे हैं और अब आप हैं कि उसकी 'Textuality' देख रहे हैं। एक भरा-पूरा इन्सान है उसका उपयोग करके

हम भाववाचक संज्ञा बना देते हैं। यानी वस्तु भाव बन जाये। मैं समझता हूँ Dehumanisation का इससे भिन्न दूसरा तरीक़ा हो नहीं सकता। थ्योरी टेक्स्ट को, कविता को 'Dehumanise' करती है। वह 'ऑथर' को रचनाकार को अमानुषिक बनाती है। वह अशरीरी तत्त्व हो जाता है। कहा ही जा रहा है कि कवि कविता नहीं लिखता, भाषा कविता लिखती है। अन्ततः जो ज़्यादा ख़तरनाक है कि थ्योरी पाठक को भी अमानुषिक बनाती है, डि-ह्यूमनाइज़ करती है। अगर स्वयं पाठक या रचनाकार अमानुषिक होता है तो उसके साथ सबसे ख़तरनाक चीज़ होती है कि पाठक फिर पाठक नहीं रह पाता। इसलिए थ्योरी का सबसे बड़ा ख़तरा कि पूरी प्रक्रिया में मौत अगर हुई है तो 'पाठक' की हुई है 'Reader' की हुई है।

इस बीच बहुत-सी मौतों की घोषणा की गयी है। रचनाकार (ऑथर) की मौत तो हुई ही है पाठक अर्थात समालोचक की भी मौत हुई है क्योंकि एक समालोचक भी पाठक ही तो है। अंग्रेज़ी आलोचना में एक शब्द या पद चलता था–'द कॉमन रीडर' या 'द कॉमन सेंस'। यह अंग्रेज़ी परम्परा का शब्द है। इसे अमरीकी कभी नहीं समझ सकते। मैं नहीं जानता कि ख़ुद डाक्टर जॉन्सन जानते थे कि नहीं कि यह 'कॉमन रीडर' कौन होता है, कैसा होता है। पर यह उनका प्रिय शब्द था–शायद यह उनके लिए एक मुखौटा (mask) रहा हो जिसकी आड़ में वे सारे फैसले दिया करते थे। यह एक कल्पना भी रही हो तो इस 'कॉमन रीडर' या सामान्य पाठक में उनका अगाध विश्वास था। आज आलोचना लिखने वाले हमारे सारे अध्यापक या विद्वान ही हो गये हैं और कुछ लोगों ने 'स्कॉलर क्रिटिक' नाम की अवधारणा ही चलाने की कोशिश की है। डॉ. जॉन्सन का जो 'कॉमन रीडर' था, उससे केवल 'कॉमन सेंस' की अपेक्षा थी। ज़रूरी न था कि वह साहित्यिक प्राणी ही हो। निम्न मध्यवर्ग का मामूली आदमी हो सकता था–वह भी उस पुराने ज़माने का। उस परम्परा को बीसवीं सदी में बरसों बाद वर्जीनिया वुल्फ ने पुनर्जीवित किया 'द कॉमन रीडर' को। आजकल तो फेमिनिस्ट आन्दोलन ही चल पड़ा है और 'ए रूम ऑफ़ वन्स ओन' वर्जीनिया वुल्फ की किताब चर्चा में है। पर उनकी मशहूर किताब है–'द कॉमन रीडर' फिक्शन और क्लासिक कृतियों पर लिखी महत्त्वपूर्ण पुस्तक है और मेरी प्रिय पुस्तक है।

यह तमन्ना होनी चाहिए कि उस भाषा में उस तरह से ग़ैर-पेशेवर ग़ैर-टेक्नीकल ढंग से आलोचनाएँ लिखी जा सकें। उस परम्परा का कोई-न-कोई रूप बाद में भी रहा है। अमरीकी दौर में एडमंड विल्सन को मैं उसी परम्परा में मानता हूँ—कॉमन रीडर की परम्परा के लेखक। 'पार्टिजन रिव्यू' के इर्द-गिर्द जो और पत्रिकाएँ निकलती थीं उनमें भी कुछ ऐसे लोग आलोचना लिखने वाले थे। इसलिए जब मैंने कहा—एक पाठक की मृत्यु—तो इसका अर्थ है—थ्योरी की बमबारी में जो पहला हादसा हुआ है वह यही कि सामान्य पाठक की मौत हो गयी यी। अब विशेषज्ञ लोग आलोचना के नाम पर जार्गन और क्लीशे से भरी हुई टेक्नीकल किताबें लिखते हैं वे 'कॉमन रीडर' को हिकारत की नज़र से देखते हैं। मेरे लिए विकासशील तीसरी दुनिया के देशों की सबसे बड़ी समस्या 'कॉमन रीडर' की है। मैं कहना चाहता हूँ कि इस 'कॉमन रीडर' या 'सामान्य पाठक' को पुनर्जीवित करने की चुनौती इस समय सबसे बड़ी है। जो मूर्च्छित पड़ा है, जिसकी पूरी-की-पूरी मृत्यु अभी नहीं हुई है उसे पुनर्जीवित करने के साथ हमें एक बार आज़ादी के पहले और आज़ादी के बाद की आलोचनाओं के भेद पर भी ध्यान जाना चाहिए। हमारे पास एक अर्थ में थ्योरी नहीं है और उसकी जगह 'Reading of the Theory' पर ज़्यादा बल दिया जा रहा है। यह अचानक नहीं है।

समालोचना का गहरा सम्बन्ध संस्थान से है, बल्कि आलोचना सांस्थानिक होती है। थ्योरी एक दिन में नहीं बनती। संस्कृत का भी सिद्धान्त बना था तो उसमें डेढ़ हज़ार साल लगे थे। भरतमुनि के नाट्यशास्त्र से पण्डितराज जगन्नाथ तक। और उसका निर्माण विदग्ध गोष्ठियों के बीच में हुआ था। विधा की उन संस्थाओं के बीच—जहाँ गुरु-शिष्य परम्परा थी, जैसी नाटक या संगीत में होती है। वहाँ चिन्तन का भी सिलसिला था। जैसा सूफ़ियों के यहाँ होता है। डेढ़ हज़ार साल लगे थे, तब कहीं जाकर लोग रस और ध्वनि के मर्म तक पहुँचे और अलंकारों की बारीक़ी में गये। इस देश में जब विश्वविद्यालय नहीं थे, आलोचनाओं का एक ही संस्थान था—पत्र-पत्रिकाओं के रूप में। आरम्भ में हमारे अनेक समालोचक कई एक विश्वविद्यालयों से जुड़े थे—रामचन्द्र शुक्ल काशी हिन्दू विश्वविद्यालय से, हजारी प्रसाद द्विवेदी विश्वभारती शान्तिनिकेतन से सम्बद्ध थे।

लेकिन इधर जो संस्थाओं का ह्रास है दूसरे शब्दों में संस्था के रूप में आलोचना का ह्रास है। हमारे यहाँ आलोचना की उम्र एक शताब्दी है। सौ साल में आप समझते हैं 'थ्योरी' बनती है? रस ध्वनि वक्रोक्ति बनी थी डेढ़ हज़ार साल में। 'न्यू क्रिटिसिज़्म' के रूप में थ्योरी विकसित हुई तो अमरीका के विश्वविद्यालय को उसे बनाने में ही तीस-चालीस बल्कि पचास साल लगे। सिद्धान्त तो संस्थानों में बनता है। साहित्य अकादेमी की चिन्ता रचना या सर्जन के बारे में ज़्यादा है। यह वह जगह नहीं है जहाँ आलोचना का विकास किया जा सके। सेमिनार में किया जा सकता है। आलोचना के विकास की सही जगह विश्वविद्यालय है और हमारे विश्वविद्यालयों का पतन भारतीय भाषाओं में आलोचना के पतन का आईना है। कविता संस्थान के बाहर लिखी जा सकती है। कहानी लिखी जा सकती है। उपन्यास लिखा जा सकता है। लेकिन दो काम संस्थान के बिना नहीं हो सकते—आलोचना और नाटक। नाटक के लिए मंच चाहिए। उसे रंगमंच की एक परम्परा चाहिए। वह परम्परा यदि अभी तक जीवित है जिसका उदाहरण केरल है, बंगाल है, उत्तर भारत का गुजरात है, महाराष्ट्र है। तो रंगमंच की तो एक परम्परा गिरते-पड़ते चली आ रही है। आलोचना के लिए ऐसी कोई परम्परा नहीं है।

संस्थानों के बावजूद जो कुछ भी आलोचना लिखी जा रही है वह स्वैच्छिक या जिसे मैं राजनीतिक भाषा में जनता का क्षेत्र या Public Sphere कहूँगा—यहाँ आलोचना की सम्भावना पत्र-पत्रिकाओं में दिखती है। पहले 'कॉमन रीडर' का जो सवाल उठाया गया है वह हिन्दी में रामचन्द्र शुक्ल का 'लोकहृदय' शब्द है जिसका कोई अनुवाद नहीं हो सकता। बल उसमें हृदय पर है—उसकी पहली ज़रूरत है। अर्थात् जो 'थ्योरी' करती रही है उससे भिन्न। इस बीच हम लोगों ने जिस चीज़ का सबसे ज़्यादा अनादर किया है—वह है शब्द। शब्द के प्रति अनादर, उपेक्षा या उदासीनता सबसे अधिक है। यानी समझ लीजिए कि जो आदमी कविता के प्रति संवेदनशून्य है वह निश्चय ही कविता की भाष के प्रति भी संवेदनशून्य होगा। जिसकी दिलचस्पी कविता के वाक्य-विन्यास में, शब्दों की सुन्दरता आदि में नहीं है, यह तय समझिए कि वह कविता से केवल अपने मन का विचार ढूँढ़ता रहेगा यदि कोई स्त्रीवादी आलोचक हैं तो उसमें स्त्री की दशा ही ढूँढ़ते रह जायेगा और यह नहीं देखेगा कि शेक्सपियर के नाटक का विन्यास कैसा है?

इसलिए सौन्दर्य का जो महत्त्व है उसकी भाषा में है, उस शब्द में है। इस देश में शब्द को सबसे पवित्र माना गया है। यहाँ तक कहा गया है कि एक शब्द को जानो, ठीक से जानो। इसलिए 'कॉमन रीडर' के साथ ही जिस बात पर ध्यान देना है वह है–कृति के प्रति अनुराग और ममत्व जिसका सम्बन्ध लोकहृदयता के साथ है। इसलिए आलोचना के लिए सबसे बड़ी चुनौती है रचना को फिर से मानुषीकृत बनाना। पाठन की क्रिया हम अपने पूरे अस्तित्व शरीर मन से करते हैं। समस्त इन्द्रियों से कविता पढ़ते हैं, कहानी पढ़ते हैं, उपन्यास पढ़ते हैं।

अभी हाल में ही एक जगह शेषुआ मेगेष की चार पंक्तियों की कविता पर ध्यान गया। यहाँ पढ़ने की प्रक्रिया का ही संकेत है। अंग्रेज़ी अनुवाद कुछ इस तरह : "You asked me, what in the good of reading the gospel in Greek. I answered, that it is proper that we move our fingers along letters enduring them those carved in stones and that slowly pronouncing each syllable, we discover the true dignity of speech."–ग्रीक में गॉस्पेल क्यों पढ़ना चाहते हो, इसलिए कि अँगुलियों को उन शब्दों पर फेरते हुए और उन्हें छूते हुए, जो ज़्यादा टिकाऊ हैं, पत्थर पर उत्कीर्ण–लिखी हुई चीज़ों के अलावा काग़ज़ पर लिखे हुए अक्षरों को छूते हुए–'and that slowly pronouncing each syllable we discover the true dignity of speech'–यही है जिसे रोलाँ बार्थ ने कभी 'Pleasure of the text' कहा था। हम लोग पढ़ने का आनन्द भूल गये हैं और जब तक फिर से इसे पुनर्जीवित नहीं करेंगे तब तक सिद्धान्तकार बहुत मिलेंगे–क्योंकि सिद्धान्त लिखना बड़ा आसान है–पर आलोचना सम्भव न होगी।

(2)

अब उत्तरार्द्ध के रूप में कुछ। वह भी सूत्र रूप में। एक सूत्र देरिदा का है–'There is nothing outside the text'--पाठ के बाहर कुछ नहीं है। 'टेक्स्ट' के जो बाहर है एक विराट विश्व है–एक ओर वह विश्व है–संसार है और हमारे सामने कहानी, कविता, उपन्यास है–और उस पर 'टेक्स्ट' है। इन दोनों के बीच आलोचक क्या रिश्ता क़ायम करेगा, कैसे क़ायम करेगा

क्योंकि जिस तरह हम जीते हैं, उससे जो हम लिखते हैं, उसका गहरा सम्बन्ध है। अपने जीवन के कर्म को भूलकर लिखे हुए को पढ़ना न पाठक के लिए सम्भव है, न लेखक के लिए। इसलिए मानकर चला जाता है कि जो पाठ के बाहर है (outside text)—वह 'टेक्स्ट' में ही अन्तर्युक्त है। इसलिए किसी कविता में जो विश्व अंकित है, उसके अलावा जो विश्व है, उसे भी देखने से हम आँखें बन्द तो कर नहीं सकते हैं—तो दोनों के बीच सम्बन्ध कैसे साधा जाये। सम्बन्ध साधने के सिलसिले में जो दूसरा सूत्र है वह यह कि हर लेखक जैसे इस विश्व को देखता है, अपनी नज़र से, देखी हुई दुनिया की तस्वीर रचता है, कविता कहानी के रूप में, उसी तरह आलोचना-कर्म भी व्यक्तिगत है, पर्सनल है। Civilicism is personal or it is nothing : आलोचना या तो व्यक्तिगत है या कुछ भी नहीं है।

जिस तरह कविता में कवि का अपना रचा हुआ ही महत्त्वपूर्ण है। आप वही लिख रहे हैं जो दूसरे लिख चुके हैं तो लिखने की ज़रूरत क्या है? इसलिए कहीं-न-कहीं यह निजता ही आलोचना के लिए महत्त्वपूर्ण है। 'पर्सनल' वाल्ट ह्विटमैन का शब्द है। पहले जैसे कहा कि आप किताब छूते हैं तो वह केवल निर्जीव शब्दों का समूह नहीं है उसमें एक धड़कते हुए इन्सान का दिल और दिमाग़ है। आलोचना 'पर्सनल' है और पर्सनल होने का मतलब है। पहले हम पाठकों की मौत के बारे में कह रहे थे। जैसे ही आलोचना-कर्म को 'पर्सनल' कहते हैं उसके साथ उससे व्यक्तिगत सम्बन्ध क़ायम होने लगता है और वह व्यक्तिगत सम्बन्ध उसमें लीन हो जाता है। लीन होने का मतलब है—पढ़ने का मतलब है। पाठक की एक और ढंग की मौत। 'रीडिंग' एक तरह की 'मौत' है—वह मौत जिसे हम तन्मय होना कहते हैं। उर्दू में एक शेर है जिसका आशय यह है कि विसाल में भी जीना मरने से कम न था। अगर विसाल में जीना मरने से कम नहीं है तो जीती-जागती किताब से जो सम्पर्क होता है, उसके साथ हमारा जो विसाल होता है, वह भी मरने से कम नहीं होता। और जो लेखक हर किताब के साथ मरता नहीं है, फिर दूसरी किताब के साथ वह जीता है और फिर नये सिरे से मरता है। हर पढ़ना एक तरह की मौत है। हिन्दी में अभी हाल ही में वागीश शुक्ल ने 'राम की शक्ति पूजा' की टीका लिखी है। अपना दर्शन भी बताया है और समालोचना को अतिप्रश्न कहा है।

आलोचना, श्रेष्ठ आलोचना के अर्थ में अतिप्रश्न कहा है। अतिप्रश्न मौत है। सच्चे अर्थों में यही वह संसार है जहाँ लेखक कृति और पाठक तीनों मृत्यु को प्राप्त होते हैं। इसे ही हम लय होना या तन्मय होना कहते हैं। यही वह मृत्यु है जिसमें गहरी पीड़ा और गहरा आनन्द है। यह निहायत पर्सनल है—पश्चिम की आलोचना में चल रहा है—पर्सनल इज़ पोलिटिकल...। गहरा प्रेम ही राजनीतिक होता है। न होता तो अनेक प्रेमी मौत के घाट न चढ़ते। पर्सनल इज़ पोलिटिकल सूत्र आज के नारीवादियों का भी है। पर यही आलोचना तो निजी है एक प्रकार का मेजर फार्म ऑफ़ पब्लिक डिस्कोर्स भी है। आलोचना 'पर्सनल' है और 'पर्सनल' 'पोलिटिकल' है तो तर्क दूर तक जाता है—कि वही 'पब्लिक डिस्कोर्स' भी है। आलोचना का बड़ा काम है—पब्लिक स्पेस या सार्वजनिक जगह को 'रिकैप्चर' करना। उन्नीसवीं सदी के आलोचकों को पढ़ें या बीसवीं सदी के स्वाधीनता-संग्राम के आलोचकों को, तो आलोचना लगभग 'पब्लिक डिस्कोर्स' थी। चाहे वह भारतेन्दु हरिश्चन्द्र की हो या महावीर प्रसाद द्विवेदी की रामचन्द्र शुक्ल की या शिबली मोमानी या हाली की—वह पब्लिक डिस्कोर्स थी। पब्लिक डिस्कोर्स होते ही एक प्रलोभन भी होता है कि हम इतिहास बनाने लगते हैं—साहित्यिक कृति को ऐतिहासिक दस्तावेज़। कुछ लोग हाली के मुसद्दस को हिस्ट्री समझते हैं। प्रेमचन्द के 'गोदान' को समाजशास्त्र का डॉक्यूमेंट समझते हैं। यहाँ एक बड़ा ख़तरा होता है कि आलोचना 'पोलिटिकल क्रिटिसिज़्म' हो जाती है, या सोशियोलॉजिकल, या साइको-एनलिटिकेल/फेमिनिस्ट थियरी भ्रम पैदा करती है कि साहित्यिक है पर होती है 'पोलिटिकल'। ऐसा मार्क्सवाद के दौर में तो बहुत हुआ था। मार्क्सवाद का पुराना पाप तो लोग भूल गये हैं, नये पापी आ खड़े हुए हैं। तो पहली ज़रूरत है कि आलोचना—साहित्यिक आलोचना अन्ततः साहित्यिक रहे। वह अनेक अनुशासनों का ऐसा संगम न हो कि साहित्यिक आलोचना के कर्म और धर्म से दूर चली जाये। यह बहुत बड़ा संकट है और कैसे इस सन्तुलन को बनाया जाये, इस पर ध्यान देने की ज़रूरत है।

कुछ बातें 'पब्लिक डिस्कोर्स' के बारे में। कभी मार्क्सवाद की ओर से कहा जाता था कि स्तालिन ने कहा था लेखकों के लिए—'इंजीनियर ऑफ़ ह्यूमन सोल'—'मानव आत्मा का इंजीनियर'—सुनने में लेखकों या आलोचकों

के लिए यह कहना अच्छा लगता था। शायद रूस में तब इंजीनियर की महत्ता और थी। आजकल हमारे यहाँ भी कुछ हद तक है। ध्यान रखने की बात है कि आलोचक 'प्लम्बर' नहीं है। 'इलेक्ट्रिशियन' नहीं है, यहाँ तक कि वह 'मानव आत्मा का इंजीनियर' भी नहीं है। इसलिए उसका काम केवल टेक्नीकल डिस्कोर्स करना नहीं है। टेक्नीक वाले या रूपवादी आलोचक लगभग वही काम करते हैं जो 'प्लम्बर', 'इलेक्ट्रिशियन', 'इंजीनियर' किया करता है। कई जगह आप देखेंगे कि बहुत ही डायग्राम और चित्रादि बनाकर जैसे इंजीनियर 'ब्लूप्रिंट' बनाता है, इंस्ट्रक्टर को समझाने के लिए नक्शे बनाये जाते हैं। तो आलोचना कोई 'मैनुअल' नहीं है कि इस्तेमाल कर लिया। साहित्य की आलोचना है, साहित्यिक आलोचना है।

यह मान लिया गया है कि चूँकि साहित्य 'टेक्स्ट' है या 'राइटिंग' है तो भेद करने की ज़रूरत नहीं है कि कौन बड़ी है कौन छोटी। यानी पाठ पाठ है तो भेद कैसा पर आलोचना का मुख्य कार्य मूल्यांकन है तो भेद का विवेक ज़रूरी है। आलोचकों द्वारा एक 'कैनन' बनाने का काम भी होता है। हमारे ज़माने में हिन्दी में नौ रत्न चुने गये थे। कबीर से तुलसी तक नौ रत्न। अब आलोचना के काम को कैनन विरोधी काम माना जाता है कि कैनन बनाना तो घटिया काम है। रेटिंग करना, ग्रेडिंग करना। यदि यह काम आलोचक का नहीं है तो किसका काम है। यह हो सकता है कि एक ख़ास विचारधारा के लोग कैनन बनायें तो सवाल उठे, कौन है और कौन नहीं है। स्वयं कबीर बाहर थे, रैदास बाहर थे, मीरा बाहर थीं। हिन्दी नौ रत्नों में उनकी जगह न थी। इसलिए कैनन को चुनौती देना, काउंटर कैनन बनाना भी आलोचना का ही काम है। जो आलोचक हर चीज़ को सराहता है, ऐसे राजशेखर ने ऐसे लोगों को नाम दिया है—'सतृणा व्यवहारी'—यानी वह जानवर जो सभी कुछ घास-भूसा खा लेता हो—यानी हर किताब अच्छी लगती हो, हर कहानी अच्छी लगती हो, हर कविता अच्छी लगती हो। इनकी भी जय, उनकी भी जय। यह आलोचना-कर्म नहीं है। 'मेजर', 'माइनर', 'बड़ी', 'छोटी' रचना में भेद करना आलोचना का ही काम है। आलोचना केवल आस्वाद नहीं, बल्कि निर्णय है। पाठक वही है, जो कृतियों में फ़र्क़ करता है। इसलिए कैनन निर्माण इसलिए भी महत्त्वपूर्ण है कि जिनका मुँह बन्द कर दिया गया हो, ऐसे हाशिए के लोगों को आवाज़ देकर दूसरा कैनन, काउंटर-कैनन बनाया जाये। मैंने शायद इसी

दिशा में प्रयास करने की कोशिश की थी जब मैंने दूसरी परम्परा की बात उठाई थी। दूसरी का मतलब 'अदर'।

आख़िरी बात—इस पूरे मूल्यांकन-कर्म के साथ मूल्य-निर्धारण भी आलोचना का काम है। इस मूल्य-निर्धारण वाले क्रम में मेरे लिए व्यक्तिगत रूप से चुनौती रही है—महान कृतियाँ? कालजयी कृतियाँ—मसलन महाभारत, मसलन रामायण, मसलन अभिज्ञान शाकुन्तल, मसलन तुलसीदास का रामचरितमानस। जितनी महान कृतियाँ हैं और कालजयी हैं, श्रेष्ठ हैं, जो 'कैनन' बनाती हैं वे पोलीटिकली 'करेक्ट' नहीं हैं, 'इनकरेक्ट' हैं। वाल्टर बेंजामिन ने कहा है कि सभ्यता का कोई दस्तावेज़ नहीं है, जो सभ्यता के साथ ही बर्बरता का भी दस्तावेज़ न हो। तुलसीदास का 'रामचरितमानस' जो महान ग्रन्थ है, हिन्दी की श्रेष्ठ कृति है, लोकहृदय में बसा हुआ है। वह भी वर्ण-व्यवस्था को रामराज्य में न्यायोचित ठहराता है। अगर महाभारत को कुल मिलाकर पढ़ें तो स्वयं व्यास के कहने से मालूम होता है कि एक तरह से प्रतिशोध की ही कथा है। बर्बरता की बर्बरगाथा है। गीता में जब अर्जुन ने कहा—कि अपने भाइयों का ख़ून बहाऊँ तो कृष्ण ने सारा ब्रह्मज्ञान बखानने के बाद यही तो कहा कि तुम क्षत्रिय हो, तुम्हारा धर्म है लड़ना, तुम्हें लड़ना ही पड़ेगा। इतनी महान कृति बर्बरता का भी दस्तावेज़ है। इसलिए आलोचक के लिए बहुत कठिन होता है निर्णय करना कि किस तरह अनेक महान कृतियाँ सभ्यता के साथ बर्बरता का दस्तावेज़ हैं और पोलिटिकली इनकरेक्ट लगती हैं। इसलिए आज के दौर में जब 'पोलिटिकल करेक्टरनेस' कभी-कभी साहित्य का मानदण्ड हो गया है, अतीत की ही नहीं वर्तमान की भी कृतियों को जाँचते हुए सतर्क रहने की ज़रूरत है। यहीं आलोचक का द्वन्द्व महत्त्वपूर्ण हो जाता है। सत्य तक पहुँचने के लिए उसे अपना 'स्व' और अपना अनुभव दाँव पर लगाना होगा और वह दाँव पर लगाना लगभग मौत के समान है। उस अनुभव से गुज़रे बिना हम आलोचना नहीं लिख सकते।

(यह शायद साहित्य अकादमी के साहित्योत्सव 2002 में दिया गया बीज भाषण है। इसे स्व. डॉ. परमानन्द श्रीवास्तव ने लिखकर पिताजी के पास 15 जुलाई, 2002 को प्रकाशित करने के लिए भेजा था।)

साहित्य का इतिहास-दर्शन और आचार्य रामचन्द्र शुक्ल

आचार्य रामचन्द्र शुक्ल का 'हिन्दी साहित्य का इतिहास' साहित्य का इतिहास तो है ही, साहित्य के इतिहास का एक दर्शन भी है जो उस इतिहास के आरम्भ में ही इस प्रकार सूत्रबद्ध है : "जबकि प्रत्येक देश का साहित्य वहाँ की जनता की चित्तवृत्ति का संचित प्रतिबिम्ब होता है तब यह निश्चित है कि जनता की चित्तवृत्ति के परिवर्तन के साथ-साथ साहित्य के स्वरूप में भी परिवर्तन होता चला जाता है। आदि से अन्त तक इन्हीं चित्तवृत्तियों की परम्परा को परखते हुए साहित्य-परम्परा के साथ उनका सामंजस्य बिठाना ही 'साहित्य का इतिहास' है। जनता की चित्तवृत्ति बहुत-कुछ राजनीतिक, सामाजिक, साम्प्रदायिक तथा धार्मिक परिस्थिति के अनुसार होती है। अतः कारण-स्वरूप इन परिस्थितियों का किंचित् दिग्दर्शन भी साथ-ही-साथ आवश्यक होता है। इस दृष्टि से हिन्दी साहित्य का विवेचन करने में यह बात ध्यान में रखनी होगी कि किसी विशेष समय में लोगों में रुचि-विशेष का संचार और पोषण किधर से और किस प्रकार हुआ।"

साहित्य के इतिहास की बुनियादी शर्त है साहित्य की ऐतिहासिक संकल्पना में विश्वास, जिसका अर्थ है साहित्य की प्रकृति में परिवर्तन और परम्परा का युगवत् स्वीकार। इतिहास न तो साहित्य को शाश्वत सनातन मानकर किया जा सकता है और न ही नितान्त परिवर्तनशील। आचार्य शुक्ल को साहित्य की इस द्वन्द्वात्मक प्रकृति का कितना गहरा अहसास था, इसका पता इस बात से लगाया जा सकता है कि 'हिन्दी शब्द सागर' की भूमिका में प्रकाशित 'हिन्दी साहित्य का विकास' में पहले उन्होंने साहित्य को जनता की चित्तवृत्ति का 'स्थायी प्रतिबिम्ब' लिखा था, बाद में उसे बदलकर

'संचित प्रतिबिम्ब' कर दिया। अभी तक इस परिवर्तन की ओर किसी का ध्यान नहीं गया है किन्तु यह परिवर्तन न सामान्य है और न उपेक्षणीय ही। स्पष्ट है कि यदि साहित्य 'स्थायी' प्रतिबिम्ब है तो फिर उसके परिवर्तन की बात एकदम असंगत है; क्योंकि साहित्य की शाश्वतवादी धारणा का मेल इतिहास के साथ बैठ ही नहीं सकता।

साहित्य की ऐतिहासिकता साहित्य की सामाजिक प्रकृति में अन्तर्निहित है। साहित्य को समाज-निरपेक्ष और स्वायत्त मानकर साहित्य का इतिहास लिखा ही नहीं जा सकता; और लिखने का प्रयास किया भी गया तो वह सही अर्थों में साहित्य का 'इतिहास' न होगा—साहित्य की किसी रूपगत विशेषता का कालानुसारी विवरण हो तो हो। इसलिए साहित्य के इतिहास का आधार साहित्य और समाज के मूलभूत सम्बन्ध की समझ है। किसी इतिहासकार की यह समझ ही उसके द्वारा प्रस्तुत साहित्य के इतिहास की कसौटी है।

आचार्य शुक्ल ने साहित्य के इतिहास के सन्दर्भ में 'जनता की चित्तवृत्ति' पर बल दिया है, जो उल्लेखनीय है। अपने 'इतिहास' की भूमिका में उन्होंने 'जनता' के पहले 'शिक्षित' विशेषण जोड़कर 'शिक्षित जनता' पद का प्रयोग किया है जो उपेक्षणीय नहीं है। 'जनता' और 'शिक्षित जनता' का यह द्वन्द्व आचार्य शुक्ल के इतिहास में क्या भूमिका अदा करता है, यह विस्तृत अनुशीलन का विषय है, किन्तु यह तथ्य कम महत्त्वपूर्ण नहीं कि हिन्दी साहित्य के प्रथम इतिहासकार द्वारा साहित्य के इतिहास में जनता की नियामक भूमिका को इतनी स्पष्टता के साथ रेखांकित किया गया।

आचार्य शुक्ल ने साहित्य को जनता की चित्तवृत्ति का 'प्रतिबिम्ब' कहा है जिससे साहित्य की सक्रिय भूमिका की उपेक्षा का आभास मिलता है। किन्तु स्वयं इतिहास के अन्तर्गत यथाप्रसंग इस प्रकार के वाक्य मिलते हैं : "कालदर्शी भक्तकवि जनता के हृदय को सँभालने और लीन रखने के लिए दबी हुई भक्ति को जगाने लगे।" (प्रथम संशोधित और प्रवर्धित संस्करण, पृ. 76) और फिर "बड़ा काम उन्होंने (भारतेन्दु ने) यह किया कि साहित्य को नवीन मार्ग दिखाया और उसे वे शिक्षित जनता के साहचर्य में ले आये।" (वही, पृ. 535) कहने की आवश्यकता नहीं कि ये वाक्य

निष्क्रिय प्रतिबिम्बवाद के विरुद्ध साहित्य और साहित्यकार की सक्रिय पहल सूचित करते हैं।

जनता की चित्तवृत्तियों के परिवर्तन का कारण आचार्य शुक्ल राजनीतिक, सामाजिक, साम्प्रदायिक तथा धार्मिक परिस्थितियों को मानते हैं। इस कारण कहीं-कहीं उनको विधेयवादी (पॉज़िटिविस्ट) भी कहा गया है। किन्तु ऐसा प्रतीत होता है कि निर्णय देने की जल्दबाज़ी में आचार्य शुक्ल के कथन को ध्यान से नहीं देखा गया है। उनका वाक्य है : ''जनता की चित्तवृत्ति बहुत कुछ राजनीतिक, सामाजिक, साम्प्रदायिक तथा धार्मिक परिस्थिति के अनुसार होती है।'' (रेखांकन मेरा) इस वाक्य में 'बहुत-कुछ' पद महत्त्वपूर्ण है। स्पष्ट है कि आचार्य शुक्ल राजनीतिक-सामाजिक आदि परिस्थितियों को जनता का चित्तवृत्ति का जनक या नियामक नहीं मानते। उन्होंने सिर्फ़ इतना ही कहा है कि चित्तवृत्ति परिस्थिति के 'अनुसार' होती है और वह भी 'बहुत-कुछ'; स्पष्ट है कि 'बहुत-कुछ' सब कुछ नहीं है। इसीलिए इतिहास-लेखन के क्रम में आचार्य शुक्ल ने परिस्थितियों का 'किंचित् दिग्दर्शन' ही किया है, औरों की तरह लम्बा-चौड़ा विवरण नहीं दिया है। परिणाम है वह इतिहास जो मुख्यतः 'साहित्य' का इतिहास है—निपट इतिहास नहीं।

इस प्रकार आचार्य शुक्ल ने हिन्दी में साहित्य के इतिहास-दर्शन की जो बुनियाद रखी है, वह संक्षिप्त और सामान्य होते हुए भी सार्थक है। परवर्ती चिन्तन के आलोक में कोई चाहे तो इस नींव पर साहित्य के इतिहास-दर्शन का विशाल सैद्धान्तिक प्रासाद खड़ा कर सकता है और ऐसी सिद्धान्त चर्चा के लिए विशेष आभास भी अपेक्षित नहीं है; पर हर हालत में साहित्य और समाज के द्वन्द्वात्मक सम्बन्धों की सूक्ष्म-से-सूक्ष्म व्याख्या ही वह धुरी है जिस पर इतिहास-सम्बन्धी चिन्तन की गति निर्भर है। यदि इन सम्बन्धों की समझ सपाट और सतही है तो साहित्य का इतिहास भी उतना ही सपाट और सतही होगा। किन्तु उन सम्बन्धों की जटिलता की सैद्धान्तिक समझ से ही साहित्य के निर्दोष इतिहास की रचना सम्भव नहीं, क्योंकि इतिहास के लिए अपेक्षित ठोस साहित्यिक और सामाजिक तथ्यों का अन्वेषण, चयन और विनियोजन भी आवश्यक है—

विशेषतः सामाजिक इतिहास के तथ्य, जो साहित्य के इतिहासकार के लिए वांछित रूप में सदैव सुलभ नहीं भी होते।

किन्तु सिद्धान्त और अनुसन्धान की समस्याओं से भी अधिक महत्त्वपूर्ण और मेरी दृष्टि में केन्द्रीय अथवा निर्णायक प्रश्न है अपने समकालीन साहित्य और समाज में स्वयं इतिहासकार की भूमिका। साहित्य के किसी भी इतिहास की सार्थकता बहुत कुछ इस बात से निर्धारित होती है कि स्वयं अपने युग के साहित्यिक और सामाजिक संघर्षों से इतिहासकार का सम्बन्ध क्या है? उसकी स्थिति कहाँ है? उसका पक्ष क्या है, और कुल मिलाकर उसकी भूमिका कैसी है? इतिहासकार की इस साहित्यिक और सामाजिक स्थिति से ही बहुत कुछ समूचे इतिहास के अन्तर्गत समाज और साहित्य के सम्बन्धों की पहचान बनती है। इस प्रकार, मेरी दृष्टि में, आचार्य शुक्ल के 'इतिहास' के अन्तर्गत वीरगाथाकाल, भक्तिकाल, रीतिकाल आदि के साहित्य की सामाजिक व्याख्या ही नहीं, बल्कि साहित्यिक व्याख्या और समूचे काल-विभाजन के ऐतिहासिक आधार की कुंजी आधुनिककाल है जहाँ इतिहासकार इतिहास में स्वयं उपस्थित है और जिस काल का साहित्य अपने समूचे सामाजिक सन्दर्भ के साथ उसके लिए प्रत्यक्षगोचर है।

आचार्य शुक्ल का सम्बन्ध 'इतिहास' में आधुनिक काल के द्वितीय और तृतीय उत्थान से है जो क्रमशः सं. 1950 वि. (1893 ई.) तथा 1975 वि. (1918 ई.) में शुरू हुए। कहने की आवश्यकता नहीं कि सं. 1950 वि. (1893 ई.) में समाप्त होने वाला प्रथम उत्थान उनके लिए निकट अतीत ही नहीं बल्कि जीवन्त स्मृति था। 'इतिहास' में आधुनिक काल के इन प्रथम दोनों उत्थानों का आकलन जिस सूक्ष्म दृष्टि से किया गया है वह द्रष्टव्य है :

"प्रथम उत्थान के भीतर हम देख चुके हैं कि किस प्रकार काव्य को भी देश की बदली हुई स्थिति और मनोवृत्ति के मेल में लाने के लिए भारतेन्दु मण्डल ने कुछ प्रयत्न किया। यह प्रयत्न केवल सामाजिक और राजनीतिक स्थिति को हृदय को थोड़ा प्रवृत्त करके रह गया। राजनीतिक और सामाजिक भावनाओं को व्यक्त करने वाली वाणी भी दबी-सी रही। उसमें न तो संकल्प की दृढ़ता और न्याय के आग्रह का जोश था, न उलट-फेर की प्रबल कामना का वेग। स्वदेश-प्रेम व्यंजित करने वाला वह स्वर अवसाद और खिन्नता का

स्वर था, आवेश और उत्साह का नहीं। उसमें अतीत के गौरव का स्मरण और वर्तमान ह्रास का वेदनापूर्ण अनुभव ही स्पष्ट था। अभिप्राय यह कि यह प्रेम जगाया तो गया, पर कुछ नया-नया-सा होने के कारण उस समय काव्यभूमि पर पूर्ण रूप से प्रतिष्ठित न हो सका।"

"द्वितीय उत्थान में... स्वदेश-गौरव और स्वदेश-प्रेम की जो भावना प्रथम उत्थान में जगाई गयी थी उसका अधिक प्रसार द्वितीय उत्थान में हुआ और 'भारत-भारती' ऐसी पुस्तक निकली। इस भावना का प्रसार तो हुआ पर उसकी अभिव्यंजना में प्रातिभ प्रगल्भता न दिखाई पड़ी।" (वही, पृ. 775)

इसके बाद तृतीय उत्थान में बदली हुई स्थिति का जो विवरण 'इतिहास' में दिया गया है उससे आचार्य शुक्ल की सामाजिक जागरूकता तथा सूक्ष्म पर्यवेक्षण में विश्वास दृढ़ होता है। लिखते हैं : "तृतीय उत्थान में आकर परिस्थिति बहुत बदल गयी। आन्दोलनों ने सक्रिय रूप धारण किया और गाँव-गाँव राजनीतिक और आर्थिक परतन्त्रता के विरोध की भावना जगाई गयी। सरकार से कुछ माँगने के स्थान पर अब कवियों की वाणी देशवासियों को ही 'स्वतन्त्रता देवी की वेदी पर बलिदान' होने को प्रोत्साहित करने में लगी। अब जो आन्दोलन चले वे सामान्य जन-समुदाय को भी साथ लेकर चले। इससे उनके भीतर अधिक आवेश और बल का संचार हुआ। सबसे बड़ी बात यह हुई कि ये आन्दोलन संसार के और भागों में चलने वाले आन्दोलनों के मेल में लाये गये, जिससे ये क्षोभ की एक सार्वभौम धारा की शाखाओं से प्रतीत हुए। शोधक साम्राज्यवाद के विरुद्ध राजनीतिक आन्दोलन के अतिरिक्त यहाँ भी किसान-आन्दोलन, मज़दूर-आन्दोलन, अछूत-आन्दोलन इत्यादि कई आन्दोलन एक विराट परिवर्तनवाद के नाना व्यावहारिक अंगों के रूप में चले। श्री रामधारी सिंह दिनकर, बालकृष्ण शर्मा 'नवीन', माखनलाल चतुर्वेदी आदि कई कवियों की वाणी द्वारा ये भिन्न-भिन्न प्रकार के आन्दोलन प्रतिध्वनित हुए।" (वही, पृ. 779)

इस वाणी का काव्य-मूल्य आचार्य शुक्ल की दृष्टि में क्या था, यह आगे के इस वाक्य से स्पष्ट है कि 'क्रान्ति' के नाम से परिवर्तन की प्रबल कामना हमारे हिन्दी काव्य-क्षेत्र में प्रलय की पूरी पदावली के साथ व्यक्त की गयी।

किन्तु जहाँ 'प्रलय की पूरी पदावली' न थी उसके बारे में आचार्य की चुप्पी सोचने को मजबूर करती है। ध्यान देने की बात है कि तृतीय उत्थान की राजनीतिक स्थिति के सन्दर्भ में एक बार भी आचार्य शुक्ल को निराला, प्रसाद, पन्त आदि छायावादी कहे जाने वाले कवियों में से कोई याद न आया। छायावादी कवि याद भी आये तो बहुत देर बाद एक अन्य प्रसंग में और वह भी इस रूप में : "छायावाद का रंग-रूप खड़ा करने वाले कवियों के सम्बन्ध में... इस प्रकार की पदावली का कोई अर्थ नहीं कि... रूढ़ियों के भार से दबी हुई युग की आत्मा अपनी अभिव्यक्ति के लिए हाथ-पैर मार रही थी। 'न कोई आँधी थी, न तूफ़ान; न कोई कसक थी न वेदना,' न प्राप्त युग की नाना परिस्थितियों का हृदय पर कोई नया आघात था, न उसका आहत नाद।" (वही, पृ. 784; रेखांकन मेरा)।

स्पष्ट है कि आचार्य शुक्ल की दृष्टि में छायावादी कवियों के हृदय पर 'प्राप्त युग की नाना परिस्थितियों का कोई नया आघात' न था। निराला की दृष्टि में 'देश-काल के शब्द से बिंधकर⁄ वह जागा कवि अशेष कविधर' भले ही रहा हो पर आचार्य शुक्ल की दृष्टि में वह देश-काल से अनविद्ध ही था। इसलिए वे छायावादी काव्य को केवल अभिव्यंजना की रोचक प्रणाली के रूप में ही स्वीकार कर सके–यह भी ऐसी प्रणाली का विकास "जो धीरे-धीरे अपने स्वतन्त्र ढर्रे पर भी मैथिलीशरण गुप्त, मुकुटधर पाण्डेय आदि के द्वारा हो रहा था।" (वही, पृ. 784) यहाँ तत्कालीन परिस्थितियों के साथ छायावादी काव्य के सम्बन्ध-सूत्र की पहचान का अभाव जितना विचारणीय है उससे किसी कदर कम विचारणीय छायावाद और मैथिलीशरण गुप्त का सम्बन्ध नहीं। यदि मैथिलीशरण गुप्त अपने स्वतन्त्र ढर्रे पर अभिव्यंजना की उसी प्रणाली का विकास कर रहे थे जो छायावादी काव्य में संभव हो सका तो छायावाद के मध्याह्न काल में प्रकाशित 'साकेत' छायावाद से इतना दूर क्यों है?

साहित्य के इतिहासकार की दृष्टि जब केवल राजनीतिक आन्दोलनों की 'प्रतिध्वनि' को तो पकड़े पर उस दूर की ध्वनि को न पकड़ सके जिसे निराला ने 'मैं दूर, सदा मैं दूर' कहा है, तब स्वभावतः उसकी साहित्य और समाज के बीच सम्बन्ध-सूत्र पहचानने वाली दृष्टि की पर्याप्तता के सामने प्रश्नचिह्न लग जाता है। फिर पहचान की इस अपर्याप्तता के कारणों की

खोज करते समय उस साहित्य और समाज के साथ स्वयं इतिहासकार के सम्बन्ध को लेकर भी अनेक प्रश्न उठ खड़े होते हैं। अक्सर इस सम्बन्ध-सूत्र को पहचानने में चूक तभी होती है जब इतिहासकार न अपने समय के साहित्य में और न अपने समय के समाज को बदलने में सक्रिय और सर्जनात्मक भूमिका अदा करता है। इस सीमा का अतिक्रमण तभी सम्भव है जब वह कम-से-कम अपने समय की परिवर्तनकारी सर्जनात्मक शक्तियों से लगाव महसूस करे। सार्थक इतिहास स्वयं इतिहास में सक्रिय एवं सर्जनात्मक भूमिका अदा करने से बनता है।

इसका अर्थ यह नहीं कि समकालीन साहित्य की आलोचना करने के कारण किसी इतिहासकार की दृष्टि सीमित हो जाती है। आचार्य शुक्ल की सीमा यह नहीं कि उन्होंने छायावाद की आलोचना की अथवा उसे यथोचित सहानुभूति न दी। छायावाद में निहित रहस्यवाद की आलोचना भी सही है और कल्पना के अतिचार से उत्पन्न कलावाद की समीक्षा भी। सीमा यह है कि वे छायावादी काव्य में उभरने वाली रहस्यवादी और कलावादी प्रवृत्तियों के सामाजिक आधार को न देख सके और अन्त तक उन्हें विदेशी प्रभाव के रूप में अपने आक्रमण का लक्ष्य बनाये रहे। यह आकस्मिक नहीं है कि हिन्दी साहित्य के अन्य युगों में भी आचार्य शुक्ल को जो प्रवृत्तियाँ अवांछित जान पड़ीं वे सब विदेशी प्रभाव प्रतीत हुईं। इतिहासकार जब इतिहास की गति की व्याख्या अन्तर्निहित अन्तर्विरोधों के स्थान पर बाहरी प्रभावों के द्वारा करने की कोशिश करे तो समझ लेना चाहिए कि वह इतिहास के अन्दर नहीं बल्कि इतिहास के बाहर है; और तय है कि इतिहास की व्याख्या इतिहास के बाहर रहकर बाहरी नियमों से नहीं की जा सकती।

यह जिज्ञासा अप्रासंगिक नहीं कि आचार्य शुक्ल के 'इतिहास' ने अपने युग के रचनाकारों को क्या सर्जनात्मक प्रेरणा दी? लिखित रूप में सबकी प्रतिक्रिया आज सुलभ नहीं। निराला ने 'काव्य में रहस्यवाद' के विरुद्ध प्रतिक्रिया व्यक्त की थी, पर 'इतिहास' पर उनकी कोई टिप्पणी ज्ञात नहीं। जैनेन्द्र ने अवश्य ही विस्तार से विचार किया है, जिसका एक वाक्य उल्लेखनीय है : "इतिहास उन्होंने जुटाया है, जगाया नहीं।" आगे जैनेन्द्र ने यह भी कहा है कि "वर्तमान को भविष्य की ओर बढ़ने में उनसे

प्रेरणा नहीं मिली सही, पर साहित्य में प्रतिगामी और हलकी प्रवृत्तियों को उनसे अवरोध मिला।''

प्रस्तुत प्रसंग में ये टिप्पणियाँ न समर्थन के लिए उद्धृत हैं, न विरोध के लिए; किन्तु एक समकालीन रचनाकार की एक प्रतिक्रिया के रूप में निश्चय ही इनका ऐतिहासिक महत्त्व है और इस दृष्टि से वे इतिहास के एक तथ्य के रूप में विचारणीय हैं।

यहाँ स्वभावतः यह प्रश्न उठता है कि साहित्य का इतिहास क्यों और किसके लिए? क्या साहित्य के इतिहास की सार्थकता केवल छात्रों को अपने अतीत का व्यवस्थित परिचय कराने में है अथवा उसका कोई और बड़ा प्रयोजन है? यदि स्वयं साहित्य किसी जाति के जीवन में समय-समय पर उठने वाले प्रश्नों का उत्तर और नये प्रश्न उठाने का सिलसिला है तो साहित्य का इतिहास-दर्शन भी इस प्रश्नोत्तर-परम्परा का ही एक अंग है? इस संक्षिप्त टिप्पणी का अन्त शायद इसी प्रश्न के साथ समीचीन होगा कि 'आज साहित्य का इतिहास कैसा हो?' इसका उत्तर इस प्रश्न पर निर्भर है कि आज साहित्य के सम्मुख मुख्य प्रश्न क्या है?

इतिहास के प्रति इस बहिरंग दृष्टिकोण का ही परिणाम है मध्यकाल के हिन्दी साहित्य को केवल हिन्दू-मुस्लिम संघर्ष के रूप में देखना। अब अधिकांश जागरूक इतिहासकार अनुभव करने लगे हैं कि सिर्फ़ तुर्कों और मुग़लों के हमलों के ऐतिहासिक ढाँचे में न तो आदिकालीन वीरगाथाओं और वीरगीतों की सन्तोषप्रद व्याख्या सम्भव है और न कबीर से लेकर तुलसीदास तक के विशाल भक्तिकाव्य की। यह स्थिति एक अर्थ में आधुनिक काल के साहित्य से भी अधिक जटिल है। यदि साम्राज्यवाद-विरोध ही आधुनिक युग की मुख्य चेतना होती तो राष्ट्रीयता की भावना से युक्त राजनीतिक कविताएँ ही आधुनिक हिन्दी काव्य की एकमात्र उपलब्धि होती और साहित्य का इतिहास बहुत सरल और सपाट जैसा। आधुनिक युग के उपन्यास, कहानियाँ, नाटक तथा श्रेष्ठ काव्यकृतियाँ इस सच्चाई को निर्भ्रान्त रूप में प्रकाशित करती हैं कि साम्राज्यवाद-विरोध के साथ ही सामन्तवाद-विरोध की चेतना भी आधुनिक भावबोध के मूल में थी—यही नहीं बल्कि साम्राज्यवाद-विरोध और सामन्तवाद-विरोध घनिष्ठ रूप से

परस्पर-सम्बद्ध थे और इस सम्बन्ध-भावना की जितनी गहरी चेतना किसी कवि या लेखक में मौजूद थी वह उतनी ही सार्थक रचना कर सका। क्या यही बात साहित्य के इतिहासकार के लिए भी लागू नहीं होती?

कहने की आवश्यकता नहीं कि यदि साहित्य के इतिहासकार से समकालीन इतिहास के इस जटिल अन्तर्विरोध को पकड़ने में चूक होती है तो अतीत के इतिहास की व्याख्या में भी इसी प्रकार की चूक की आशंका अस्वाभाविक नहीं है। उदाहरण के लिए आचार्य शुक्ल की अनाविल दृष्टि ने भक्ति काव्य के उदय के बारे में इतना तो स्पष्ट देखा कि "वह प्रवाह राजाओं या शासकों के प्रोत्साहन आदि पर अवलम्बित न था। वह जनता की प्रवृत्ति का प्रवाह था।" (वही, पृ. 137) किन्तु इसके बाद उसी साँस में जब वे कहते हैं कि 'जिसका प्रवर्तक काल था।' तो यह 'काल' इतिहास को मनुष्य की शक्ति से बाहर ले जाकर छोड़ देता है। इस प्रसंग में आचार्य शुक्ल का यह कथन स्थूल विधेयवादी इतिहासकारों को सटीक और करारा जवाब है कि "अतः सूर और तुलसी ऐसे भक्त कवीश्वरों के प्रादुर्भाव के कारणों में अकबर द्वारा संस्थापित शान्ति और सुख को गिनना भारी भूल है।" किन्तु इसके साथ ही यह भी सच है कि 'विनय-पत्रिका' की अन्तर्वेदना की व्याख्या मुस्लिम-साम्राज्य के स्थापित होने के बाद हिन्दुओं में फैली हुई उदासी और निराशा से पूरी तरह नहीं होती और न यह राजनीतिक कारण 'सूरसागर' की गोपियों के उस स्वच्छन्द प्रेम की ही कोई सन्तोषप्रद व्याख्या दे पाता है, जिससे आचार्य शुक्ल को स्वच्छन्द समाज का स्वप्न देखने वाले अंग्रेज़ कवि शेली की याद आयी थी।

स्पष्ट है कि सामन्त-विरोधी चेतना के बिना भक्ति काव्य की विश्वसनीय व्याख्या उसी प्रकार सम्भव नहीं है जिस प्रकार आधुनिक छायावादी काव्य की। इसलिए यदि आचार्य शुक्ल के इतिहास में दोनों काव्यधाराओं के मूल्यांकन में समान ऐतिहासिक दृष्टि दिखाई पड़ती है तो यह अकारण और आकस्मिक नहीं है; बल्कि उसकी जड़ें समकालीन साहित्य और समाज के साथ उनके सम्बन्ध में ही मिलेंगी।

इसका अर्थ यह नहीं कि आचार्य शुक्ल की दृष्टि में सामन्तवाद-विरोध न था। साहित्य का जो इतिहासकार रीतिकालीन काव्य में अश्लीलता की

सीमा तक पहुँच जाने वाले शृंगार के बारे में यह कह चुका हो कि 'इसका कारण जनता की रुचि नहीं; आश्रयदाता राजाओं-महाराजाओं की रुचि थी जिनके लिए कर्मण्यता और वीरता का जीवन बहुत कम रह गया था' उसके सामन्तवाद-विरोध में सन्देह नहीं किया जा सकता। इस दृष्टि से तो आचार्य महावीर प्रसाद द्विवेदी भी कम सामन्तवाद-विरोधी न थे और जैसा कि डॉ. रामविलास शर्मा ने *निराला की साहित्य साधना* के दूसरे भाग में कहा है, "अनेक दृष्टियों से विचारधारा में प्रगतिशील होने पर भी, शुक्ल जी भावबोध की उसी दुनिया में रहते थे जिसके सम्राट महावीर प्रसाद द्विवेदी थे।" (पृ. 132) इसीलिए आचार्य शुक्ल आधुनिक काल के द्वितीय उत्थान तक के साहित्य का मूल्यांकन जितने विश्वसनीय ढंग से करते हैं, उसके बाद के साहित्य के मूल्यांकन में उतना आश्वस्त नहीं करते।

कहने की आवश्यकता नहीं कि एक अत्यन्त जागरूक और समर्थ इतिहासकार की यह दुर्निवार ऐतिहासिक सीमा है जो उसकी इतिहास-दृष्टि को भी सीमित कर देती है; जिसके अतिक्रमण की क्षमता विरली प्रतिभाओं में ही दिखाई पड़ती है।

आचार्य हजारी प्रसाद द्विवेदी की इतिहास दृष्टि

आदरणीय सभानेत्री जी एवं उपस्थित विद्वत् परिषद्, साहित्य इतिहास की आज चर्चा के केन्द्र *आचार्य हजारी प्रसाद द्विवेदी की इतिहास दृष्टि* के विषय में विशेष रूप से कुछ कहने का आदेश दिया गया है। मेरा अनुमान है कि पिछले तीन दिनों की गोष्ठियों में भी प्रसंगवश आचार्य द्विवेदी की इतिहास दृष्टि की चर्चा हुई होगी। यह मेरा दुर्भाग्य है कि मैं उस मूल्यवान चर्चा से वंचित रहा। इसलिए सम्भव है कि कुछ ऐसी बातों का दोष मुझ पर आ जाये जिसमें एक पुनरावृत्ति भी है और दूसरी वह है जो न अभिप्रेत है और न पर्याप्त। कुछ ऐसी टिप्पणी मुझसे हो जाये तो मेरे अनजाने और अनचाहे पहले की कही हुई किसी बात से टकरा जाये या उसे काट दे। मैंने कहा कि यह अभिप्रेत नहीं क्योंकि मैं जब जानता नहीं उन बातों को तो कह नहीं सकता कि क्या है। प्रो. दास का निबन्ध सुनते हुए मुझे उसी क्रम में आचार्य द्विवेदी के एक भाषण की याद हो आयी। घटना सम्भवतः 1951 के आस-पास की है। एक वर्ष पहले ही वे शान्ति निकेतन से काशी विश्वविद्यालय में आये थे और प्रोफ़ेसर का पद सँभालने के बाद विश्वविद्यालय में उनका वह पहला भाषण था। यद्यपि इस विश्वविद्यालय में लेक्चरर के इनआगुरल की कोई परम्परा नहीं थी फिर भी आचार्य द्विवेदी के लिए विशेष रूप से वह आयोजन किया गया था और अपने इस प्रथम व्याख्यान का विषय उन्होंने चुना था– मध्यकालीन साहित्यकारों की परस्पर सापेक्षता। यह निबन्ध कल्पलता में आगे चलकर के प्रकाशित हुआ और इसका पुनर्मुद्रण 'विचार प्रवाह' में हुआ था। वे क्या कहना चाहते हैं और जिस भारतीय साहित्य की चर्चा प्रो. दास ने की है। आचार्य द्विवेदी के उस

विषय में कुछ विचार मिल सकते हैं। हमारे देश का सांस्कृतिक इतिहास इस मज़बूती के साथ अदृश्य काल विधाता के हाथों से सिला गया है कि उसे प्रान्तीय सीमा में बाँधकर सोचा ही नहीं जा सकता। एक टाँका काशी में मिलेगा तो दूसरा बंगाल में, तीसरा उड़ीसा और चौथा महाराष्ट्र में मिलेगा और पाँचवाँ मालाबार या सीलोन में मिल जाये तो आश्चर्य करने की कोई बात नहीं है। मेरी बात को कहीं ग़लत न समझ लिया जाये इसलिए मैं ज़रा स्पष्ट करने के उद्देश्य से कहना चाहता हूँ कि अपने मध्यकालीन साहित्य को एक ओर अभिच्छेद समझने वाला मेरा प्रस्ताव केवल बात-की-बात नहीं है। वस्तुतः पग-पग पर प्रान्तीय भाषाओं में लिखित बताया जाने वाला साहित्य किसी प्रकार दूसरे प्रदेशों में रचित साहित्य से एकदम स्वतन्त्र नहीं। साहित्य का विद्यार्थी न तो जानता है कि किस प्रकार हिन्दी काव्य रूपों और भाव योजनाओं की तह तक पहुँचने के लिए उसे कभी बंगाली, कभी गुजराती, कभी मराठी और कभी पंजाबी का सहारा लेना पड़ता है। उसे अपने पुराने साहित्य को एक और अभिच्छेद समझने की महिमा को स्वीकार करना ही पड़ेगा। विभेदों और वैशिष्ट्यों की जानकारी आवश्यक है पर प्रधान रूप से भी साम्य का पूरा केन्द्र होना चाहिए।

जैसा इस उद्धरण से स्पष्ट हो गया होगा कि आचार्य हजारी प्रसाद द्विवेदी जब भारतीय भाषाओं में लिखकर समस्त साहित्य की परस्पर सापेक्षता की बात कर रहे थे तो यह एक स्वेच्छा नहीं थी। जब उन्होंने कहा कि यह केवल बात-की-बात नहीं है बल्कि सचमुच जब आप काम करने लग जायेंगे तो चाहे आप एक ही भाषा का साहित्य लिखें या साहित्य का इतिहास लिखें लेकिन तब तक उसे नहीं समझ सकेंगे जब तक आपको किसी दूसरी भाषा के स्रोत नहीं मिलेंगे और बिना समझे हुए आप उस अखण्ड भारतीय साहित्य के परिप्रेक्ष्य के बिना किसी एक भारतीय भाषा का साहित्य ठीक-ठीक समझा नहीं जा सकता। चाहे साहित्य रूपों का विकास हो अथवा भाव योजना की तह तक जाने की बात हो। मेरा ख़याल है और मुझे ऐसा लगता है कि यहाँ प्रश्न कुछ अखिल भारतीय परिप्रेक्ष्य का है। आचार्य हजारी प्रसाद द्विवेदी ने भारतीय साहित्य का इतिहास नहीं लिखा लेकिन जिसकी ओर संकेत किया वह संकेत एक इतिहास-लेखन का था।

वह एक राजनीतिक नेता की स्वेच्छा नहीं थी कि सम्पूर्ण भारतीय साहित्य एक होना चाहिए और वह नेशनल इंटीग्रेशन पर कोई भाषण नहीं दे रहे हैं। भाव और एकता की कामना नहीं कर रहे हैं बल्कि यह एक व्यावहारिक इतिहास लेखक का अनुभव था कि जब भी किसी एक भाषा के साहित्य का या किसी एक कृति या किसी परम्परा या काव्य रूप का जब भी अध्ययन करने जायेंगे तो उन्होंने कहा कि इतिहास के अदृश्य काल विधाता ने इस तरह से सी दिया है कि आप एक टाँके को जैसे पकड़ने की कोशिश करेंगे तो अपने आप दूसरे टाँके पर आपको जाना ही पड़ेगा उसके बिना आप पहुँच नहीं सकते। यह अनुभव से विस्तृत परिप्रेक्ष्य से सम्पन्न दूसरी भाषा में भी विद्वान निश्चय ही होंगे। लेकिन इतना स्पष्ट रूप इस हिन्दी में पहली बार मुझे ऐसा लगता है कि श्री हजारी प्रसाद द्विवेदी जी ने इस अखिल भारतीय परिप्रेक्ष्य में हिन्दी साहित्य को देखने और रखने का प्रयास किया और दिखाने की उन्होंने व्यावहारिक चेष्टा भी की। शायद यह भी कहा जा सकता है कि क्योंकि वे शान्ति निकेतन में थे इसलिए हिन्दी साहित्य को जो काशी और प्रयाग को देखते हैं और हिन्दी साहित्य को जो बंगाल से या केरल, गुजरात से देखते हैं, वे नहीं करते हैं। परिप्रेक्ष्य इस बात पर निर्भर है कि आप कहाँ खड़े होकर के देख रहे हैं। दिल्ली से भारत वही नहीं दिखाई पड़ेगा जो इम्फाल से दिखाई पड़ेगा या कन्याकुमारी से दिखाई पड़ेगा। इसलिए श्री हजारी प्रसाद द्विवेदी ने यही वजह है कि और ऐसा प्रतीत होता है कि हिन्दीवालों के बीच ठीक-ठीक हिन्दीवाला नहीं था। और अच्छा-ख़ासा प्रतिरोध था। उनके लिए हिन्दी के जो छोटे-छोटे विद्वान थे उनको हिन्दी का विद्वान कहा था, मानने को तैयार नहीं थे। उनके इस परिप्रेक्ष्य की सार्थकता के कारण कदाचित् यह भ्रम हुआ करता था इसलिए इतिहास-लेखन में पहली महत्त्वपूर्ण बात जिसकी ओर आचार्य हजारी प्रसाद द्विवेदी ने ध्यान आकर्षित किया है वह है परिप्रेक्ष्यता और हम और आप सभी जानते हैं। सच पूछिए तो चाहे राजनीतिक इतिहास हो, चाहे साहित्यिक इतिहास हो, किसी एक काल खण्ड का लिखें, चाहे एक प्रदेश खण्ड का लिखें, जब तक इतिहास सम्भव नहीं है। जब भी इतिहास की परिकल्पना की जाती है और इसलिए इतिहास पुरुष कहते हैं, इतिहास विधाता हम कहते हैं।

एक छोटी-सी घटना का विश्लेषण करते हुए अनिवार्यतः इतिहास को वह ग्लोबल परस्पेक्टिव रखना ही पड़ेगा, भले ही उसका एक अंग चाहे वह यूरोपीय हो, चाहे भारतीय हो या पौवत्यि या प्रोग्रेसिव, जिसे कहते हैं या पाश्चात्य। इन खण्डों में बाँटे लेकिन ज़ोर होना चाहिए। उदाहरण देने के लिए क्षमा किया जाये, फिर भी अनिवार्य है। समाज के विकास का और आने वाले परिवर्तनों का अध्ययन करते हुए और अपने राजनीतिक कवियों को मार्क्स ने जर्मनी की तत्कालीन घटनाओं से शुरू किया और जर्मनी, फ्रांस आस-पास जुड़े हुए थे किन्तु बार-बार यह लगा कि जिस काल के विराट फलक पर हम समाज के परिवर्तन के विभिन्न चरणों और सोपानों की चर्चा कर रहे हैं तो समूचे यूरोपीय समाज को अतिप्राचीन काल से जिसको उन्होंने एन्शियेंट फ्यूडल ऑफ़ द कैपिटलिस्ट, इन वर्गों में बाँटा तो उस समूचे आरम्भ में पाश्चात्य ग्लोबल परस्पेक्टिव इतिहास कहा। जिस प्राचीन यूनान से लेकर के उस समय का इंग्लैंड या फ्रांस या जर्मनी शामिल था और क्रमशः इस ग्लोबल परस्पेक्टिव की जाँच करते हुए आगे उन्होंने कहा वह पूरा नहीं हो सकता था। जब उन्होंने एशिया के देशों का अध्ययन किया और वे देश के यूरोपीय नारों में फिट नहीं बैठते हैं। तब उन्हें मालूम हुआ कि वहीं उत्पादन की प्रणाली जो यूरोप में है वही नहीं है। बल्कि दुनिया के ऐसे भी देश हैं जहाँ, उत्पादन की प्रणाली बिल्कुल भिन्न है। इसलिए इतिहास का वह चक्र उसमें परिवर्तन करना पड़ा। उन्होंने इसे बहुत-से लोग, इतिहास के विद्वान जानते हैं कि इतिहास का एशियाटिक मोड ऑफ़ प्रोडक्शन के नाम से उन्होंने दूसरा मोड ऑफ़ प्रोडक्शन निर्धारित किया जो यूरोप के प्राचीनतम विकास के सोपान से पूर्ववत हैं। मैंने मार्क्स का उदाहरण देकर बताना चाहा कि बिना ग्लोबल अवधारणा के इतिहास के किसी एक काल खण्ड का, किसी एक समाज व्यवस्था का, किसी देश का अध्ययन हो ही नहीं सकता इसलिए किसी इतिहास दृष्टि का निरूपण करते समय, विचार करते समय पहले प्रश्न उठता है और उठाना चाहिए और वह यह है कि उसका परस्पेक्टिव क्या है? ब्योरे में अन्तर हो सकते हैं और ब्योरों के अन्तर से हो सकता है कि पूरे-का-पूरा परस्पेक्टिव बदल जाये लेकिन कम-से-कम प्राप्त कल्पना के रूप में हाइपोथेसिस के रूप में यह

ग्लोबल होना ही चाहिए। त्वायनवी का इतिहास दर्शन इसीलिए ग्लोबल है कि सभ्यताओं के उत्थान और पतन की कहानी कहते हुए त्वायनवी का एक प्रसंग लिखकर ही सन्तुष्ट हो सकते हैं। इसके पहले प्राचीन लोगों में हेविल का इतिहास दर्शन स्वयं ग्लोबल है। इसलिए एक बात मैं निवेदन करना चाहूँगा कि इतिहास की दृष्टि से चर्चा करते समय आमतौर से हम लोग साहित्य के इतिहास तथा इतिहासकार का ज़िक्र करते हैं तो दृष्टि के नाम पर नितान्त नगण्य और क्षुद्र बातों की चर्चा करते हैं। क्योंकि विचारधारा क्या है वे समाज साहित्य के सम्बन्ध को किस रूप में देखते है। अक्सर हम लोग पढ़ते हैं कि इतिहास की दृष्टि विराट फलक पर जब भी इतिहास के परिवर्तनों की चर्चा की जानी चाहिए तो किसी के सामने प्रश्न के रूप में जो वस्तु रखी जानी चाहिए वह है परस्पेक्टिव। परिप्रेक्ष्य क्या है और उस परिप्रेक्ष्य में ही इतिहास दृष्टि सम्भव होती है। अन्य दृष्टि को मैं इतिहास नहीं मानता। भले ही उसे कितना ही सघन और ब्योरेवार तथ्यों के द्वारा एक अम्बार खड़ा होता रहे। इसलिए सही अर्थों में मुझे ऐसा प्रतीत होता है कि हिन्दी साहित्य का इतिहास लिखते समय परस्पेक्टिव की दृष्टि से आचार्य हजारी प्रसाद द्विवेदी पहले आदमी हैं जिन्होंने उस साहित्य इतिहास की दृष्टि पर सचेत रूप से परिचय दिया। इतिहासों में कोई-न-कोई दृष्टि अन्तर्निहित, अविवक्षित रूप से निहित रही हो, उनमें हमको आपत्ति हो सकती है और मैं कहना चाहूँगा कि इतिहास-लेखन की पद्धति के इतिहास की दृष्टि से अलग करने की ज़रूरत है। सम्भव है कि एक पद्धति आपने इस्तेमाल की और उसमें कोई-न-कोई दृष्टि अन्तर्निहित है लेकिन सचेत जागरूक रूप से एक विराट फलक पर इतिहास को देखने की दृष्टि से इतिहास किसी भाषा का इतिहास लिखा जा सकता है। इस सन्दर्भ में दूसरी महत्त्वपूर्ण बात जो हमें दिखाई पड़ती है, वह यह है कि हर इतिहास लेखक काल और देश के पैमाने पर रचे हुए साहित्य ग्रन्थों और पैदा होने वाले और मर जाने वाले साहित्यकारों के ब्योरे पर कोई-न-कोई ढाँचा आरोपित करता है। प्रत्येक इतिहास लेखक के ढाँचे का आरोपण है और दूसरे शब्दों में कहें जीवन के समान ही इतिहास अनेक अतार्किक घटनाओं का पुंज है। किसी बँधी-बँधाई और योजना के अनुसार न तो एक मनुष्य

अपना जीवन बिता पाता है फिर समूची जाति के बारे में हम कह ही नहीं सकते हैं कि सम्पूर्ण जाति या सम्पूर्ण समाज बड़े सुसंगत, सुनियोजित ढंग से इतिहास का निर्माण करे और इतिहास उसी हिसाब से चले। अक्सर सोचा हुआ हो नहीं पाता है और होता वह है जो सोचा नहीं हुआ है। साहित्य का इतिहास भी इन आकस्मिकताओं से मुक्त नहीं है। इस प्रकार ऐसी आकस्मिकताओं से और अतर्क घटनाओं से भरा हुआ इतिहास किस प्रकार तर्कसंगत बनाया जाये, बुद्धिसंगत बनाया जाये। हर इतिहासकार किसी-न-किसी तरह का ढाँचा आरोपित करके तर्क और आकस्मिक घटना से इतिहास को तर्कसंगत और बुद्धिसंगत बनाता है और किस हद तक यह तर्कसंगत और बुद्धिसंगत बनाने वाला ढाँचा है जिस बात की वास्तविकता की व्याख्या करता है और व्याख्या करने में कितनी सफलता मिलती है उतनी ही दूर तक वह ढाँचा सही है। इसीलिए आप देखेंगे कि इतिहास का वस्तुगत स्वरूप आमतौर से सैद्धान्तिक ढाँचों को चुनौती देता रहता है और बार-बार नया ढाँचा या नया जाल फेंककर के इतिहास को बाँधने की कोशिश करता है। कदाचित् आचार्य हजारी प्रसाद द्विवेदी जी से पहले हिन्दी साहित्य बिखरी हुई सामग्री को व्यवस्था देने के लिए ज़रूरी समझा गया कि इसको विभिन्न साहित्यिक काल खण्डों में विभाजित किया जाये और काल खण्डों का विभाजन उस समय बहुत अनिवार्य आवश्यक लगा और व्यवस्थित ढाँचा देने की कोशिश की गयी। आप देखते हैं कि वह जो ढाँचा है, आज भी मज़बूत है। बावजूद इसके कि उस ढाँचे से सिर टकराने वालों की कमी नहीं है। ये दोनों दीवारें अपनी-अपनी जगह हैं। दीवारों से टकराने वालों के सिर भी अपनी जगह हैं। वे सन्तोष भी देते हैं और असन्तोष भी देते हैं और बार-बार काल खण्डों को बदलने की कोशिश की जाती है लेकिन जैसा मैंने कहा वे काल खण्ड या काल विभाजन जिसे हिन्दी साहित्य में कहते हैं वह एक निश्चित व्यवस्था देने के लिए प्रस्तुत किया हुआ सैद्धान्तिक ढाँचा है और जब तक उस सैद्धान्तिक ढाँचे का अतिक्रमण आप नहीं करते हैं और अतिक्रमण एक-दूसरे सैद्धान्तिक ढाँचे के द्वारा ही हो सकता है, तब तक आप उसमें केवल संशोधन परिष्कार करेंगे और फिर भी ढाँचा वही रहेगा और अन्ततः आप पायेंगे कि बुनियादी ढाँचा ही सही है।

सारा संशोधन और परिष्कार व्यर्थ था। जैसे राजनीतिक परिवर्तनों के बारे में होता है। भारत के समाज के बारे में हम यह मान करके चलते हैं कि मिश्रित अर्थव्यवस्था और लोकतन्त्र ही वह ढाँचा है जिसके अन्तर्गत भारत चल रहा है। अब इसके अन्तर्गत चाहे जितने विरोधी दल हों, परिष्कार के लिए, संशोधन के लिए तमाम सुझाव देते रहे हों लेकिन राजनीतिक जनतन्त्र पर निर्मित मिश्रित अर्थव्यवस्था का जब तक आप अतिक्रमण नहीं करते हैं तब तक आप दूसरी समाज अर्थव्यवस्था की कल्पना ही नहीं कर सकते और उसके लिए क्रान्तिकारी जीवन दृष्टि अपेक्षित है। आचार्य हजारी प्रसाद द्विवेदी ने इस इतिहास का जो आकस्मिकताओं और अतर्क घटनाओं से जुड़ा हुआ था उसे एक दूसरे तर्कसंगत ढाँचे और व्यवस्था में बाँधने की कोशिश की और उसे एक नयी व्यवस्था देने की कोशिश की और इस सिलसिले में उनमें उनका एक निबन्ध या संवादनुमा निबन्ध, जहाँ उन्होंने अपनी धारणा को पहली बार व्यक्त किया है जब वे शान्ति निकेतन में थे। हिन्दी साहित्य की भूमिका लिख चुके थे 1942 में। उसी के आस-पास का संवादनुमा एक लेख है—साहित्य का नया क़दम। इसमें अनेक नौजवान मुल्कों की चर्चा करते हुए और उनकी रचनाओं में पहली बार जो नयी व्यवस्था देना चाहते हैं। अपनी आकांक्षा भी उन्होंने सैद्धान्तिक रूप से व्यक्त की है। लिखा है उन्होंने साहित्य का इतिहास ग्रन्थों और ग्रन्थकारों के उद्‌भव और विलय की कहानी नहीं है। वह काल स्रोत से बहे आते हुए जीवन्त समाज की विकास कथा है, अन्धकार और ग्रन्थ प्राणधारा की ओर सिर्फ़ इशारा करते हैं। वही मुख्य नहीं है, मुख्य है वह प्राणधारा जो नाना परिस्थितियों से गुज़रती हुई आज हमारे भीतर अपने आप को प्रकाशित कर रही है। साहित्य के इतिहास में हम अपने आप को ही पढ़ने का सुख पाते हैं जो प्राणधारा नाना देश काल की विभिन्न परिस्थितियों से गुज़रती हुई हमारे भीतर तक पहुँची है, वही किसी भी इतिहास का मुख्य लक्ष्य है। मैं उन समस्त पुस्तकों का एक स्वर से प्रतिवाद करता हूँ जो इतिहास के नाम पर चला दी गयी हैं और इस प्राणधारा को प्रकट करने में असमर्थ हैं। मैं इतिहास को जीवन का अनिरुद्ध स्रोत मानता हूँ और दृढ़ता से कहना चाहता हूँ कि यही मानना सही मानना है। जो लोग आचार्य हजारी प्रसाद द्विवेदी

की विनम्रता और उनके लचीलेपन से बहुत प्रभावित हैं वे इस वक्तव्य में एक युवक की दृढ़ता देख सकते हैं जिसकी उम्र उस समय लगभग पैंतीस वर्ष के आस-पास थी। यही मानना सही मानना है और मैं दृढ़ता के साथ कहता हूँ और जिस स्वर से उन्होंने कहा कि इतिहास के नाम पर जो किताबें चला दी गयी हैं मैं उन सबका प्रतिवाद करता हूँ। इस दृढ़ विश्वास के पीछे इतिहास को देखने का वह नया मॉडल है। कुछ लोग कहना चाहेंगे कि वह नया पैराडाइम है जिसमें हिन्दी साहित्य को वे देखना चाहते हैं और वही उन्होंने एक शब्द में कहा कि मैं प्राणधारा की खोज करना चाहता हूँ। मैं इतिहास के ग्रन्थों और ग्रन्थकारों को उपलक्षण मानता हूँ। यह संकेत उस मूल प्राणधारा के हैं इसलिए मेरे सामने जिस इतिहास के ग्रन्थों और ग्रन्थकारों के बीच निहित वह प्राणधारा मेरे लिए महत्त्वपूर्ण है। अनुमान लगाया जा सकता है कि यह प्राणधारा उनको पहले के इतिहास ग्रन्थों में मिली न होगी इसीलिए वे ऐसा इतिहास लिखना चाहते थे जिसमें हिन्दी साहित्य के सन्दर्भ में ही प्राणधारा है क्योंकि उन्होंने कहा था कि संस्कृतियाँ इतिहास हुआ करती थीं। इस प्राणधारा की खोज केवल साहित्य ग्रन्थों और ग्रन्थकारों के आधार पर नहीं हो सकती है बल्कि जब वह भारतीय साहित्य कहते हैं तो इसी सन्दर्भ में मैं यह जोड़ दूँ और ऐसा प्रतीत होता है कि उनके सामने जो आधुनिक भारतीय भाषाओं का ही साहित्य नहीं है। आचार्य हजारी प्रसाद द्विवेदी जी जब भारतीय साहित्य को देख रहे थे तो यह सही है कि केवल हिन्दी की भूमि से ही नहीं देख रहे थे, अन्य भारतीय भाषाओं की भूमि से देख रहे थे। उसके साथ ही उनके सामने संस्कृत, प्राकृत, पाली और अपभ्रंश तथा विशाल साहित्य भी थे। आधुनिक भाषाओं के साहित्य में एक विचित्र बात देखेंगे, देर-सवेर तमिल का कुछ पहले से शुरू हो जाता है। लेकिन एक दसवीं-ग्यारहवीं सदी के आस-पास से कोई आठवीं-नौवीं सदी से सहसा बंगला का इतिहास तो हिन्दी का इतिहास गुजराती, मराठी का शुरू हो जाता है। साधारण पाठक के मन में स्वभावतः यह जिज्ञासा होती है कि इन्हीं प्रदेशों में रहने वाली पहले भी कही जाती थी, पहले भी इतिहास साहित्य लिखा जाता था। उन साहित्यों के बीच से सहसा यह हिन्दी कहाँ से शुरू हो गयी? हज़ार-दो हज़ार साल पहले भी

साहित्य रचा गया था उन साहित्यों से इसका सम्बन्ध क्या है? इसलिए हिन्दीभाषी जाति के साहित्यिक लेखक के इतिहास का अर्थ है उस समूची परम्परा के साथ हिन्दी के सम्बन्ध को जोड़ना जहाँ पहले नैनाझारण्ड में कथाएँ लिखी गयी हों, इतिहास-पुराण लिखे गये हों, वेद और उपनिषद् लिखे गये हों और जहाँ संस्कृत का ही नहीं बल्कि प्राकृत का काव्य लिखा गया हो, पाली के साहित्य की रचना हुई हो और उपनिषद् की रचना हुई हो। इसलिए दो बातें अक्सर द्विवेदी जी के बारे में कही जाती हैं कि उनकी दृष्टि सांस्कृतिक थी। दूसरी बात यह कही जाती है कि उन्होंने परम्परा के साथ जोड़ करके देखा लेकिन परम्परा और सांस्कृतिक दृष्टि यह दोनों सहायक रूप से जिस ऐतिहासिक दृष्टि के अंग बनकर के आते हैं वह प्राणधारा की खोज और इतिहास में उस प्राणधारा की खोज के लिए भी उन्होंने अपनी दृष्टि को साहित्य से बढ़ाकर संस्कृति के आयाम को देखा और संस्कृति के आयाम पर जाने का अनिवार्य परिणाम था कि हिन्दी साहित्य सहसा इतिहास के बीच से शुरू होने वाला इतिहास नहीं है बल्कि वह अभिन्न रूप से उसी प्रदेश से उसी जाति की पहले की साहित्यिक परम्पराओं से स्वभावतः जुड़ जाता है। इस प्राणधारा के सिलसिले में तीसरी बात है और वह महत्त्वपूर्ण प्रश्न जो किसी इतिहासकार के लिए होता है। इतिहास में दो ही चीज़ें हम आमतौर से देखते हैं। एक नयी अन्तरीय और दूसरा परिवर्तन। किसी इतिहासकार के सामने दो ही सवाल होते हैं। इतिहास में होने वाले परिवर्तनों को रेखांकित कर सकें, उन परिवर्तनों की व्याख्या कर सकें, साहित्यिक या सामाजिक और उन परिवर्तनों में निहित अनुसयत जो एक न्यूनतर्य है इस नैरंतर्य की व्याख्या कर सकें। मैं फिर कहूँगा कि मार्क्स के इतिहास दर्शन में इन दोनों चुनौतियों में बुनियादी प्रश्न यही था कि इतिहास में परिवर्तन कैसे हुआ और परिवर्तन का प्रश्न उस प्रत्येक चिन्तक और विचारक के लिए उठेगा जो स्वयं परिवर्तन करना चाहता है। जो इतिहास को बदलना चाहता है। वही इतिहास में होने वाले परिवर्तनों पर दृष्टिपात करेगा जो इतिहास में यथास्थिति स्थापक है, उसे परिवर्तन की चिन्ता नहीं होगी वह केवल निरन्तरता की ओर परम्परा की बात करेगा। इसलिए इतिहास में परिवर्तनों की खोज करने के पीछे दृष्टि यही होती है कि जो

इतिहास को नया मोड़ देना चाहते हैं, बढ़ाना चाहते हैं, एक अभीष्ट दिशा देना चाहते हैं, उनके सामने यह प्रश्न रहेगा कि इतिहास में कब तक परिवर्तन हुए, यह परिवर्तन क्यों हुए, किन कारणों से हुए और आज इतिहास को बदलने के लिए हम क्या करते हैं। मैं यह सारी बात इसलिए कह रहा हूँ कि श्री हजारी प्रसाद द्विवेदी की इतिहास दृष्टि स्वयं उसके दौर में, उस युग में बनी जब भारतीय समाज स्वयं एक नये परिवर्तन के दौर से गुज़र रहा था। सन् 1934-35-36 के आस-पास के साहित्यिक वातावरण की कल्पना कीजिए मेरा इशारा केवल उस मार्क्सवादी विचारधारा से प्रेरित साहित्यिक आन्दोलन की ओर ही नहीं बल्कि स्वयं राष्ट्रीय जीवन में उस समय यह वह दौर है जब सुभाषचन्द्र बोस इतिहास के क्षितिज पर आये थे। यह वह दौर है जब भारतीय राष्ट्रवाद समाजवादी मोड़ ले रहा था और हमारे राष्ट्रीय आन्दोलन में जिस प्रकार की जनता जो गाँधी जी के साथ आने वाला जो विशाल ग्रामीण समाज था, सन् 1935 के आस-पास वह लगभग किसानों और मज़दूरों के नाम से जाना जाने लगा था और यह दोनों नाम यद्यपि उस भारतीय समाज के ही अंग थे लेकिन इन दो के साथ दो वर्गदृष्टियाँ भी थीं। एक परिवर्तन की, एक विशेष प्रकार की आकांक्षा रखते हैं। इसलिए आचार्य हजारी प्रसाद द्विवेदी जी जब इतिहास में प्राणधारा की बात करते हैं जो उनके सामने भी बुनियादी समस्या यह थी कि हिन्दी साहित्य के इतिहास अथवा भारतीय साहित्य में प्राणधारा की वह बात है उसके साथ वह प्राणधारा किन परिवर्तनों के बीच से अग्रसर हुई, विकसित हुई है, कब-कब हुई—क्यों-क्यों हुई है। और भारतीय इतिहास के बारे में ऐसी धारणा रही है। अचानक द्विवेदी जी को लगा कि इन परिवर्तनों की व्याख्या हमारे इतिहास में बाहरी आक्रमणकारियों के द्वारा की जा रही है। भारतीय समाज में होने वाले राजनीतिक परिवर्तन को हम कभी हूणों के आक्रमण से, हूण के ही क्यों अगर अंग्रेज़ों द्वारा लिखे हुए इतिहास को माना जाये तो समूचा भारतीय इतिहास विदेशी आक्रमणकारियों के द्वारा सम्पन्न हुआ है। आर्यों ने द्रविड़ों को मार भगाया। पहले आक्रमणकारी आर्य थे उसके बाद हूण और शक एक लम्बी फौज भारत के बाहर से आती रही और उनके आक्रमण से सामाजिक परिवर्तन हुए। फिर इस्लाम आया।

इस्लाम धर्म को मानने वाले लेकिन तुर्क और मुग़ल भी आये थे। आगे चलकर के अंग्रेज़ आये। इसलिए अंग्रेज़ों के लिए बड़ा अनुकूल था कि समूचे भारत के इतिहास को विदेशी आक्रमणकारियों का इतिहास प्रमाणित किया जाये, दिखाया जाये और शायद इसमें कहीं-न-कहीं अपने अस्तित्व का औचित्य स्थापना भी रहा होगा। आचार्य हजारी प्रसाद द्विवेदी ने अपने हिन्दी साहित्य की भूमिका में 'हिस्ट्री ऑफ़ आर्यन्स रूल इन इंडिया' नाम की किताब का ज़िक्र किया है और ज़िक्र करते हुए और बल्कि उसके प्रतिवाद में उन्होंने लिखा है—हमारा सारा इतिहास विदेशी आक्रमणकारियों के द्वारा दिखाया जाता है। मार्क्स पहले आदमी थे जिन्होंने भारतीय समाज की दो चीज़ों की ओर उनका ध्यान गया। भारत का इतिहास एक तो क्योंकि विदेशी आक्रमणकारियों से युद्धों से इतिहास बनता-बिगड़ता नहीं है। इतिहास में परिवर्तन पर ज़्यादा गहरा बुनियादी कारण हुआ करता है। उसे उन्होंने कहा कि उत्पादन की प्रणाली से इसका गहरा सम्बन्ध है। उत्पादन की प्रणाली के साथ इतिहास बदलता है। कोई एक जाति दूसरे को हरा दे और हमला कर दे इससे इतिहास बदला नहीं जाता। ज़्यादा बुनियादी कारण स्वयं उसी समाज में मौजूद होना चाहिए। उत्पादन के जो साधन हैं, टेक्नोलॉजी बदले, टेक्नोलॉजी बदलने के साथ उत्पादन की प्रणाली बदले और फिर आदि-आदि इन सिद्धान्तों से भली-भाँति परिचित हैं और उसने यह महसूस किया। पहली बार उसको लगा कि अंग्रेज़ों के आने के पहले जो तथ्य सुलभ थे कि भारतीय इतिहास में कोई बुनियादी परिवर्तन हुआ ही नहीं। शताब्दियों से भारतीय इतिहास लगभग अपरिवर्तनशील, अपरिवर्तित और स्थिर समाज का इतिहास था। और उसका कारण उस समय के तथ्यों से लगा कि चूँकि इस परिवर्तन का बुनियादी रूप दिखाई पड़ता है कि ज़मीन पर व्यक्तिगत सम्पत्ति नहीं है। मैं उसके ब्योरे में नहीं जाना चाहता हूँ। मैं कहता हूँ कि भारतीय समाज में भारतीय समाज परिवर्तन के बारे में और साथ ही साहित्य के परिवर्तन के बारे में एक ही मॉडल द्विवेदी जी के पहले सुलभ था कि हिन्दी साहित्य के परिवर्तन के इतिहास में जो भी परिवर्तन आये विदेशी आक्रमणकारियों के द्वारा आये और हम आप सभी परिचित हैं कि वीरगाथाकाल को विदेशी आक्रमणकारियों के प्रभाव का परिणाम कहा गया।

भक्ति को भी उसी का परिणाम बताया गया। रीतिकाल स्वयं मुग़लकाल दरबार क़ायम हुआ और उन दरबारों में एक विशेष प्रकार का साहित्य लिखा गया। आधुनिक काल में भारतेन्दु के बाद राजभक्ति और देशभक्ति का द्वन्द्व चला तो अंग्रेज़ों के बाद। इसलिए हमलावरों के द्वारा ही हमारा साहित्य भी बदला। यह अंग्रेज़ी इतिहासकारों ने लिखा था। द्विवेदी जी को लगा कि परिवर्तन की यह व्याख्या कोई बहुत संगत नहीं है। परिवर्तन इतना बाहरी कारणों से नहीं हुआ करता। परिवर्तन का मूल स्वयं भारतीय साहित्य और चिन्ता में होना चाहिए। विदेश आक्रमणकारी उत्प्रेरित हो सकते हैं, केटेलिक एजेंट हो सकते हैं, जो उनके माध्यम बन सकते हैं, किसी परिवर्तन के लेकिन कोई बाहरी शक्ति आकर के हमको बदले, यह कोई बहुत तर्कसंगत नहीं लगता है कि यह बात न तो हमारे सामाजिक-आर्थिक परिवर्तन के बारे में लागू होती है और न साहित्यिक और सांस्कृतिक परिवर्तन के बारे में। द्विवेदी जी की तीसरी महत्त्वपूर्ण चिन्ता यह थी कि इस परिवर्तन की व्याख्या किसी भारतीय के इतर सामाजिक शक्ति और सत्ता में न ढूँढ़ी जाये बल्कि इस परिवर्तन का आधार और बीज और मूल कारण स्वयं भारतीय समाज, संस्कृति और इसके साहित्य में होना चाहिए। और मैं समझता हूँ कि पहली बार आचार्य हजारी प्रसाद द्विवेदी जी भारतीय साहित्य के परिवर्तन के प्रश्न को उन्होंने आर्टिकुलेट किया, विवक्षित किया और परिवर्तन का मूल स्रोत स्वयं उसी में ढूँढ़ना चाहिए। मैं समझता हूँ यह अधिक साहित्यिक दृष्टि भी थी, वैज्ञानिक दृष्टि भी थी। साहित्य बाहरी परिस्थितियों को बदलता है लेकिन साहित्य के परिवर्तन और विकास के अपने नियम भी होते हैं। केवल बाहरी परिवर्तन से लोग साहित्य में परिवर्तन की बात करते हैं। यही नहीं कि वे अवैज्ञानिक या अनैतिहासिक कारण का सहारा लेते हैं बल्कि वे असाहित्यिक और ग़ैर-साहित्यिक का भी सहारा लेते हैं। और मैं जोड़ना चाहूँगा कि बहुत से लोगों की धारणा है कि आचार्य हजारी प्रसाद द्विवेदी के साहित्य की इतिहास दृष्टि साहित्यिक नहीं है। मुझे आश्चर्य होता है इस बात पर कि जो आदमी साहित्य के परिवर्तन का बीज स्वयं साहित्य में ढूँढ़ रहा है वह तो हुआ असाहित्य और जो लोग साहित्य के परिवर्तन का बीज साहित्य के बाहर ढूँढ़ रहे हैं वे हो गये साहित्यिक। इसलिए आपके सम्मुख

विचार के लिए दूसरी बात जो मैं रख रहा हूँ कि स्वयं इस प्राणधारा की खोज में भारतीय साहित्य का बीज स्वयं भारतीय साहित्य के अन्दर ढूँढ़ने की कोशिश करें। अन्दर ढूँढ़ने में यहाँ दो तत्त्वों की बात मैं करना चाहूँगा और मुझे ऐसा प्रतीत होता है कि आचार्य हजारी प्रसाद द्विवेदी के लेख में जितनी परिवर्तन की बात की जाती है परिवर्तन उतना हुआ नहीं। हिन्दी साहित्य में कोई चार साल कर दे कोई छह कर दे, कोई आठ कर दे। वर्गीकरण करने में कुशल इस देश में चार का छह-आठ तीन-पाँच करने वाले लोग तो होते ही हैं और एक तरह से कहना चाहिए कि नौ-दो ग्यारह होते हैं। इसलिए पहली बार और मुझे ऐसा लगता है कि इस इतिहास के इस जाति के सांस्कृतिक परम्परा में रहते हुए एक आदमी ने पहली बार यह अनुभव किया। उससे बाहर निकलकर के कि अपने साहित्य का इतिहास उतना बदला नहीं है जितना बदला हुआ बताया जाता है। जैसे मार्क्स को पहली बार भारतीय इतिहास के ग्रन्थों की रिपोर्टें पढ़ते हुए लगा कि अंग्रेज़ों के आने से पहले इस देश में आश्चर्य है कि इसका कोई इतिहास नहीं है। परिवर्तन हुए नहीं। क्यों नहीं इस देश में बड़ा परिवर्तन हुआ जो जिसे 'शॉप ऑफ़ रिकाग्निशन' कहते हैं। भारत के इतिहास के बारे में, भारत ही नहीं चीन के बारे में महत्त्वपूर्ण है। क्या बात है कि यूरोप में इतनी जल्दी परिवर्तन हुए और परिवर्तन ही नहीं 'वायोलेंट रिवॉल्यूशन'। भारतीय इतिहास में परिवर्तन नहीं हुए। क्योंकि यह पहला जैसे 'शॉप ऑफ़ रिकाग्निशन' मार्क्स का था। द्विवेदी जी को लगा कि भारतीय इतिहास में सचमुच परिवर्तन जितना बताया जाता है उतना नहीं हुआ। बहुत कम हुआ। क्यों कम हुए हैं। हिन्दी साहित्य की भूमिका और उनका अधिकांश लेखन इसी प्रश्न पर हुआ है। परिवर्तन क्यों कम हुआ है और जहाँ हुआ है उस परिवर्तन के मूल बीज क्या हैं। क्या तत्त्व हैं। एक पक्ष जिसके बारे में अपनी छोटी-सी किताब *दूसरी परम्परा की खोज में* मैं ज़िक्र कर चुका हूँ मैं उसे दोहराना नहीं चाहूँगा केवल संकेत करूँगा। आचार्य हजारी प्रसाद द्विवेदी को लगा और इस परिवर्तन की 'टाइम लिमिट' उन्होंने ढूँढ़ी कि क्या इस परिवर्तन की गतिशीलता थी क्योंकि महत्त्वपूर्ण चीज़ है जैसे मार्क्स ने इतिहास को कौन-सी चालक-शक्ति दी है। चालक-शक्ति, उन्हें लगा कि

भारतीय साहित्य के इतिहास में परिवर्तन के लिए सक्रिय जो चालक-शक्ति हो सकती है, यानी बिना अन्तर्द्वन्द्व के, बिना अन्तर्विरोध के, बिना कंट्राडिक्शन के परिवर्तन नहीं हो सकता। यह तो अपना सांख्य दर्शन भी मानता है। प्रलय है, प्रलय में हर चीज़ 'हारमोनियस' होती है। जब विकास विक्षोभ नहीं होगा और विकास विक्षोभ की प्रकृति एक पुरुष के बीच हो, चाहे समाज की स्वयं दो शक्तियों के बीच जब अन्तर्विरोध हो, टकराव होगा, तभी परिवर्तन होगा। इसलिए इस प्राणधारा के बीच में अन्तर्विरोध था, टकराव था। द्विवेदी जी को लगा कि दो शक्तियाँ हैं—शास्त्र और लोक। दोनों के द्वन्द्व में ही भारतीय साहित्य के इतिहास और संस्कृति में बराबर परिवर्तन हुआ। ध्यान देने की बात है कि इस साहित्यिक परिवर्तन की व्याख्या के लिए आचार्य हजारी प्रसाद द्विवेदी ने जो दो संकल्पनाएँ चुनीं जो दो कॉन्सेप्ट चुने, वे दोनों राजनीतिक नहीं थे। किसी दूसरे शास्त्र से लिए हुए नहीं थे। किसी आइडियालॉजी से लिए हुए नहीं थे। मार्क्स आदि जो भी व्याख्या करने वाले सुलभ हों, इसको कहते थे होम मेड। लोक और शास्त्र—दो के द्वन्द्व से पूरा इतिहास और आप देखेंगे कि हिन्दी साहित्य की भूमिका का सारा निरूपण आचार्य द्विवेदी ने दिखाने की कोशिश की है। शास्त्र जो निश्चित रूप से प्रतीक है रस समाज के ही एक ऐसे वर्ग को जो वर्ग नियमों के लिए, नियन्त्रण के लिए, शासन के लिए बनते हैं। एक ओर शास्त्र है शोभा के लिए जिसे आप कहते हैं ब्राह्मण जो स्वयं द्विवेदी जी ने माना है कि यह श्रेणी बहुत व्यापक है। केवल वर्ण और जाति की ही सूचक नहीं है बल्कि नियम, विधान करने वाले, क़ानून बनाने वाले चाहे अलंकार का शास्त्र बनाते हों, कला का शास्त्र बनाते हों, चाहे स्मृतियों का और धर्म ग्रन्थों का निर्माण करते हों, चाहे दर्शन का निर्माण करते हों इसलिए आचार से लेकर आचार शास्त्र, सौन्दर्यशास्त्र और साहित्य शास्त्र तक इन शास्त्रों का निर्माण किया ही जाता है। एक निश्चित सामाजिक समुदाय के हितों के औचित्य स्थापन के रूप की व्याख्या के लिए और दूसरी ओर वह जो चाहते हैं वे छूट जाते हैं। द्विवेदी जी का शब्द है कि जो शास्त्र वंचित है और यह शास्त्र वंचित शब्द दोनों अर्थ देता है। शास्त्र द्वारा वंचित—शास्त्र ने जिसको वंचित किया है। कहूँ कि प्रबन्धक शास्त्र ने जिसको वंचित किया

है और जो शास्त्र पढ़ने से वंचित रह गया है जिसे अवसर ही नहीं मिला पढ़ने का इसलिए एक और शास्त्र वंचित लोक और दूसरा होना चाहिए कि उस लोक का वंचक शास्त्र। इन दोनों के द्वन्द्व और तनाव से जब यह उग्र हुआ है तो कुछ परिवर्तन आया लेकिन बराबर और शायद भारतीय समाज की दूसरी स्थिति की ओर इशारा करते हैं द्विवेदी जी कि समाज में परिवर्तन नहीं हुआ क्योंकि द्वन्द्व को टूटने के बिन्दु तक कभी पहुँचने ही नहीं दिया गया। प्रायः सामरस्य स्थापित कर दिया जाता है। समन्दर और सामरस्य एक समानान्तर चलने वाले हैं। यहाँ तक कहना चाहिए बिल्कुल उसी ब्राह्मण का कि शास्त्र का बनाया हुआ नियम है। भारतीय समाज में समन्वय और सामरस्य बहुत बड़ा मूल्य माना जाता है कोई कारण होना चाहिए कि लगभग राष्ट्रीय स्तर पर यह ऐसा बहुमान्य हो गया है कि विवादी आदमी तो गड़बड़ है। संवाद जो है वही सुन्दर है चाहे संवाद हो। संगीत के विवादी सुर बेसुरापन है तो संवादी संगीत है, यानी एक कलात्मक मूल्य में ही नहीं बल्कि आचार के धरातल पर और राजनीति के धरातल पर एक द्वन्द्व के बिन्दु तक पहुँचने ही नहीं देते हैं जिससे समाज टूट जाये। यही वजह है कि भारतीय ग्रामीण समाज इतने जातीय उत्पीड़नों और असन्तोष के बावजूद और दैविक विकास इतना हो जाने के बाद यह समाज अपना बुनियादी ढाँचा क़ायम रख सकता है जिस जाति ने बहुत गड़बड़ किया एक अलग खाता खोलकर के उसको जाति के रूप में शामिल कर लिया गया। यह लचीलापन जाति व्यवस्था की मज़बूती के कारणों से, हमारे शास्त्रियों ने बताया है कि इसकी 'फ्लेक्सिबिलिटी' बहुत बड़ी शक्ति था। एक और अत्यन्त विचित्र बात और इसी देश के एक कवि का कहना है–

पार्वती के सौन्दर्य का वर्णन करते हुए जब तपस्या हो रही थी तो कहा है कि उनका शरीर कांचन कवि से निर्मित है। बड़ा ही कठोर और बड़ा कोमल है। मैं कह सकता हूँ कि पार्वती इस देश की सबसे बड़ी देवी है। तो इस संस्कृति के बारे में भी ऐसा ही प्रतीत होता है। एक ओर कितनी सख़्त अपने तन और दूसरी ओर इतनी लचीली कि हर असन्तोष को वह कंटेन कर लेने की क्षमता रखती है। इस टाइमिंग के तहत इसीलिए भारतीय साहित्य में स्वयं कोई ऐसा रूपान्तरकारी परिवर्तन नहीं हुआ। लोक और शास्त्र के द्वन्द्व

अक्सर द्विवेदी जी दिखाते हैं। भक्ति साहित्य के आन्दोलन के इतिहास के सिलसिले में उन्होंने कहा कि बौद्धों के तन्त्र के जो प्रगतिकाल है यानी 1000 ई. उसके आस-पास का उदय है। द्विवेदी जी कहते हैं कि शास्त्र लोक की ओर झुकने के लिए बाध्य हो गया। लोक भाषा का उदय हुआ। इसके साथ लोक साहित्य का उदय हुआ। जिसे हम सिद्ध रचनाओं में तो पाते ही हैं। जिस अवधी और ब्रज, मैथिली आदि बोलियों का ज़िक्र किया गया है इन बोलियों के बीच में लोक साहित्य आया और ऐसा लगा कि सारा शास्त्र टूट जायेगा। अलंकार शास्त्र इस शास्त्र का बनाया हुआ सारा ढाँचा सबको चुनौती देते हुए कबीर, जायसी, सूर, तुलसी आदि लोगों को छोड़ कोई शास्त्र इनके लिए बना नहीं था अलंकार शास्त्र। यह शास्त्र आया और ऐसा लगा और नये विद्रोह की भावनाओं को साथ लेकर, नयी आचार संहिता के साथ यह आन्दोलन उठा और द्विवेदी जी कहते हैं शास्त्र लोक की ओर झुका, बाध्य हुआ। लोक का उदय हुआ और फिर शास्त्र का ही सहारा लेकर यह लोक साहित्य पुनः शास्त्र बन गया। अर्थात् भारतीय साहित्य में परिवर्तन का जब भी क्षण आये तो यह इस परिवर्तन को शास्त्र के बराबर कॉन्टेंट जैसे समाज शास्त्रीय तथ्यों का ज़िक्र किये हुए आचार्य हजारी प्रसाद द्विवेदी जी के इस ग्रन्थ को पढ़ते हुए बार-बार लगता है। यह आदमी भारतीय संस्कृति की नस को ज़्यादा समझता है। उन लोगों की अपेक्षा जो राजनीतिक इतिहास-लेखन करते हैं। इस द्वन्द्व और तनाव में शास्त्र और लोक का बार-बार सामरस्य होना और कोई बड़ा परिवर्तन न होने देना वरना कोई वजह नहीं कि विशाल भक्ति आन्दोलन उठा हो और उसके बाद ठीक उस साहित्य की परिणिति क्लासिसिज़्म के रिवाइवल में हो। संस्कृत में जिस अलंकार और काव्य को छोड़कर हम आये थे और लोकभाषाओं को आधार पर नयी प्राणशक्ति और जीवनीशक्ति के साथ जो साहित्य आया था वह चार सौ वर्षों तक रहा और ठीक उसके बाद आप देखते हैं कि उस क्लासिसिज़्म का रिवाइवल होता है। रीतिकाल के रूप में और रीतिकाव्य इस प्रकार ढाई सौ वर्षों तक छाया रहता है कि बाक़ी और धाराएँ लुप्त हो जाती हैं। वह खजड़ी बजाने वाले तब भी थे, मठ भी तब भी थे, सूफ़ी भी हुए।

साहित्यिक इतिहास : क्यों और कैसे

जब से शमशेर की कविता 'काल, तुझसे होड़ है मेरी' पढ़ी है, साहित्य के इतिहास में सन्देह होने लगा है। सन्देह साहित्यिक इतिहास की क्षमता में, सम्भावना में और सार्थकता में भी। काल से कवि का यह संवाद एक तरह से साहित्य के इतिहासकार से भी संवाद है। संवाद भी और चुनौती भी।

काल से कवि की यह होड़ एक 'अपराजेय समर' है जिसमें काल अपराजित है तो काँटे भी। 'अपराजित तू—तुझमें अपराजित मैं...'। किन्तु कवि काल के हृदय में तीर-सा समा रखा है जो रुका हुआ लगता है। यह तीर-ए-नीमकश है! इसीलिए कालोपरि है—काल से ऊपर, काल से परे! सत्यासत्योपरि भी—सत्य और असत्य, दोनों से ऊपर! कवि के शब्दों में 'सौन्दर्य यही तो है'! सुन्दर काल नहीं, कला है क्योंकि कला काल पर विजय है। इसीलिए हम कला या काव्य को कालजयी कहते हैं। कबीर ने भी किसी समय कुछ ऐसा ही कहा था :

कहे कबीर सोइ संतजना सूरमा
कला निच्चोरि कै अमृत पीवै।

सूरमा सन्त यानी कवि। वह काल को निचोड़कर ही अमृत पीता है। यह अमृत कालजयी कृति है।

काल इतिहास है तो निश्चय ही इतिहास और साहित्य प्रतिस्पर्धी हैं या फिर परस्पर-विरोधी। साहित्य की सार्थकता इस इतिहास के अतिक्रमण में है, किन्तु इतिहास की सार्थकता?

साहित्य का इतिहास प्रायः साहित्य की व्याख्या में इतिहास की सार्थकता देखता है क्योंकि उसकी दृष्टि में इतिहास साहित्य का सन्दर्भ है। इसीलिए 'टेक्स्ट' के साथ 'कंटेक्स्ट' शब्द का प्रयोग युगवत् होता है।

यह सही है कि प्रत्येक साहित्यिक कृति का एक ऐतिहासिक सन्दर्भ होता है और उस सन्दर्भ से ही कृति का अर्थ भी निर्धारित होता है। किन्तु अक्सर इतिहास-ग्रन्थों में भिन्न प्रकृति की कृतियों के लिए एक ही सन्दर्भ को सामाजिक पृष्ठभूमि के लिए प्रस्तुत किया जाता है। यह सन्दर्भ उन कृतियों में निहित समानता की व्याख्या तो एक हद तक कर देता है, किन्तु उनकी भिन्नता पर प्रकाश डालने की क्षमता उस सन्दर्भ में नहीं दिखती। उदाहरण के लिए सूर, तुलसी और मीरा के लिए प्रायः एक ही ऐतिहासिक सन्दर्भ का उपयोग किया जाता है किन्तु उस सन्दर्भ से इन भक्त कवियों की भिन्नता की व्याख्या नहीं होती। इसी प्रकार एक ही ऐतिहासिक सन्दर्भ में काव्यगुण में श्रेष्ठ और निकृष्ट कवियों के अन्तर की भी व्याख्या नहीं हो पाती। एक ही सन्दर्भ में एक काव्यकृति क्यों श्रेष्ठ होती है और दूसरी उससे कमतर—इस प्रश्न का उत्तर ऐतिहासिक सन्दर्भ नहीं दे पाता।

इस प्रसंग में उल्लेखनीय तथ्य यह है कि साहित्य के इतिहासकार जिसे वस्तुगत ऐतिहासिक सन्दर्भ के रूप में पेश करते हैं, वह वस्तुतः इतिहासकार की स्वनिर्मित रचना होती है और प्रायः इस कल्पित निर्मिति का आधार विवेच्य कृतियाँ ही होती हैं। इस प्रकार साहित्यिक कृतियों की व्याख्या के लिए प्रस्तुत सन्दर्भ इतिहासकारों की मनगढ़न्त रचना है जिसकी तथ्यात्मकता तो सन्दिग्ध है ही, उपयोगिता भी प्रश्नों के दायरे से बाहर नहीं है।

इतिहास की सन्दर्भपरक व्याख्या की त्रुटियों के परिहार के लिए कुछ मार्क्सवादी साहित्यिक इतिहासकारों ने 'मध्यस्थता' की अवधारणा प्रस्तुत की है, किन्तु उससे भी साहित्यिक कृतियों की 'विशिष्टता' की पहचान में अधिक सहायता नहीं मिलती। कहने की आवश्यकता नहीं कि समाज और साहित्यिक कृति के बीच मध्यस्थ की भूमिका में कृतिकार ही है और उसकी भूमिका निश्चय ही सबसे निर्णायक है। किन्तु हमारी यह सीमा है कि रचनाकार के मानस से कृति के रूप में जो कुछ बाहर आता है, उसे तो हम सब देख सकते हैं, किन्तु उस मानस में जो कुछ जाता है, उसका ठीक-ठीक पता लगाना लगभग असम्भव-सा है।

इन थोड़ी-सी बातों से अनुमान लगाया जा सकता है कि साहित्यिक इतिहास में व्याख्या के लिए प्रयुक्त सामाजिक पृष्ठभूमि और ऐतिहासिक सन्दर्भ वाले अंश क्यों सबसे कमज़ोर और सन्दिग्ध प्रतीत होते हैं।

ऐसी स्थिति में मुझे आर. जी. कालिंगवुड द्वारा प्रस्तावित 'प्रश्नोत्तर पद्धति' अपेक्षाकृत अधिक सन्तोषप्रद प्रतीत होती है। *यदि हम किसी साहित्यिक कृति का अभिप्रेत अर्थ जानना चाहते हैं तो हमें इस बात का पता लगाना चाहिए कि मूल कृतिकार के अपने प्रश्न क्या थे, जिनका उत्तर देने के प्रयास में उसने कृति-विशेष की रचना की।* आवश्यक नहीं कि ये प्रश्न सीधे-सीधे उस कृति-विशेष के अन्दर से ही प्राप्त हों। उन प्रश्नों को प्रायः ऐतिहासिक दृष्टि से पुनर्निर्मित करना पड़ता है; पुनर्निर्मित प्रश्न जितना सटीक होगा, कृति से प्राप्त होने वाला उत्तर उतना ही उचित होगा। *रामचरितमानस* के उदाहरण से यदि इस पद्धति को समझना चाहें तो हम कह सकते हैं कि *रामचरितमानस* की रचना का सामाजिक सन्दर्भ ढूँढ़ने की जगह हमें उन प्रश्नों का 'ऐतिहासिक पुनर्निर्माण' करना चाहिए जिनके उत्तर-स्वरूप महाकवि ने इस ग्रन्थ की रचना की। निश्चय ही 'सन्दर्भ' के समान ही यह 'प्रश्न' भी एक मानसी सृष्टि है और इसीलिए बहुत कुछ कल्पित भी। किन्तु इस तरह तो स्वयं इतिहास ही मानसी सृष्टि है। सारी तथ्यपरकता के बावजूद तथ्यों की प्रस्तुति में इतिहास भी एक आख्यान ही है। इतिहास भी उपन्यासकार के समान ही तथ्यों, घटनाओं और ऐतिहासिक चरित्रों को सम्बन्ध-सूत्रों में बाँधकर एक विराट कथानक की सृष्टि करता है और कभी-कभी वही प्रविधियाँ भी इस्तेमाल करता है जिन्हें उपन्यास के क्षेत्र में बड़ी ख़ूबी से इस्तेमाल किया जा चुका है।

तात्पर्य यह कि यदि इतिहास भी साहित्य के समान ही एक कल्पना-प्रसूत रचना है तो उसे साहित्य की सामाजिक व्याख्या करने का सर्वोपरि विशेषाधिकार नहीं दिया जा सकता। जैसे कोई उपन्यास एक 'टेक्स्ट' है, उसी तरह उस काल का लिखा हुआ कोई इतिहास दूसरा टेक्स्ट। दोनों 'पाठ' समान रूप से व्याख्या-सापेक्ष हैं। निश्चय ही इनके अन्तःसम्बन्धों का अध्ययन उपयोगी हो सकता है। साहित्यिक इतिहास में साहित्य के साथ इतिहास का यही सम्बन्ध सम्भव है, जिसे चाहें तो प्रतिस्पर्धा के रूप में भी देख सकते हैं।

प्रतिस्पर्धा में यदि साहित्यिक इतिहास अन्य इतिहासों से विशिष्टता ग्रहण करता है तो अपनी विषय-वस्तु के कारण। साहित्यिक इतिहास की विषय-सामग्री किसी भाषा की सर्जनात्मकता और साहित्य-सृष्टि है, जिसकी गुणवत्ता का तारतमिक मूल्यांकन भी साहित्यिक इतिहास का अतिरिक्त दायित्व है। यह आलोचना-धर्म साहित्यिक इतिहास का ऐसा पक्ष है जो अन्य इतिहासों से उसे अलग करता है। इस दृष्टि से यदि एक ओर इतिहास से साहित्य की होड़ है तो साहित्यिक इतिहास भी इस होड़ में उसका बगलगीर है।

(हिन्दी माध्यम क्रियान्वयन निदेशालय, दिल्ली विश्वविद्यालय द्वारा प्रकाशित पुस्तक 'हिन्दी साहित्य : पुनर्लेखन की समस्याएँ' में प्रकाशित आलेख—सं. श्याम कश्यप)

हिन्दी साहित्य के इतिहास का पुनर्लेखन

कुछ लोग इतिहास लिखते हैं, जैसे आचार्य रामचन्द्र शुक्ल और आचार्य हजारी प्रसाद द्विवेदी। कुछ लोग सिर्फ़ बात करते हैं, जैसे मैं। इसके अलावा कुछ लोग ऐसे हैं जो न इतिहास लिखते हैं, न बनाते हैं, न बात करते हैं सिर्फ़ सोचते हैं। और इसके अलावा कोटियाँ तो बहुत हो सकती हैं, कुछ लोग सुनते हैं। सम्भव है जो सोचते हैं, वे सुनते न हों किसी की। और उनके बीच फिर आज साहित्य के इतिहास के पुनर्लेखन की योजना के लिए हिन्दी-विभाग की ओर से बात करने की अनुमति मिली है। इसकी शुरुआत करता हूँ। और एक तरह से मेरा वक्तव्य मंगलाचार के रूप में लिया जाये।

मैं अपनी बात, ये ख़ुशी की बात है कि इस अवसर पर इतिहासविद् विदुषी महिला हमारे बीच हैं। अपनी बातों को तीन हिस्सों में संक्षेप में कुछ कहने की कोशिश करूँगा। पहली बात इतिहास-दृष्टि जिसे दर्शन या सिद्धान्त जो कह लें, दूसरी बात इतिहास-लेखन की पद्धति जिसको कि हिस्ट्रोग्राफी कहते हैं, तीसरी बात ये कि हिन्दी साहित्य के इतिहास की अपनी समस्याएँ क्या हैं?

आप जानते हैं कि सुधीश जी ने जैसा कहा कि जिस दौर से हम गुज़र रहे हैं, वह इतिहास के अन्त का दौर है। एक दौर था जब इतिहास के अन्त का दौर मान लिया गया था। उसके बाद इतिहास के अन्त का भी अन्त हो गया। और ऐसे दौर में हम लोग इतिहास की बात कर रहे हैं। इस सिलसिले में पृष्ठभूमि के रूप में, लगभग 1970 के आस-पास अमरीका से, एक विश्वविद्यालय से वर्जीनिया से शायद New Literary History Journal प्रकाशित होना शुरू हुआ और उस जरनल का एक दूसरे वर्ष का ही पहला अंक जिसमें कहा गया—Is literary history obsolete क्या साहित्य

का इतिहास लुप्त हो गया है। उस पर बहस हुई थी। उसका मतलब है कि और यह वह दौर था, जब अंग्रेज़ी की नयी समीक्षा के चलते इतिहास को लगभग ख़ारिज कर दिया था। कुछ दिनों बाद, काफ़ी दिनों बाद Is literary history possible कि क्या साहित्येतिहास सम्भव है, पर विचार शुरू हुआ। दो दशकों बाद ये चीज़ उठायी गयी थी। इतिहास के बारे में, साहित्य के इतिहास के बारे में और उसमें भी हिन्दी साहित्य के इतिहास के बारे में जो आप जानते हैं लेखकों के रूप में एक दौर था जब लगभग उन्नीसवीं सदी जो डार्विन और मार्क्स की सदी जहाँ evolution और इतिहास चिन्तन मुख्य चीज़ थी और दुनिया एक ऐसे दौर से गुज़र रही थी, जैसे एक नया इतिहास बनाया जा रहा हो। विज्ञान में डार्विन के evolution का दौर था। और दूसरी ओर मार्क्स के समाज चिन्तन के सिलसिले में विकास, क्रान्ति के साथ विकास और सामाजिक बदलाव की बात कही गयी और लगभग ये दौर था उन्नीसवीं सदी जिसमें साहित्य का इतिहास, कलाओं का इतिहास, याद रखिए, आगे चलकर उसी क्रम में विज्ञान का इतिहास भी बदलता है। यद्यपि विज्ञान का इतिहास लिखते समय लोग भूलते नहीं हैं। जे. डी. बर्नाल ने दूसरे विश्व युद्ध के बाद एक किताब लिखी थी। Science in history, A history of science नहीं। विज्ञान का इतिहास नहीं। इसलिए मुख्य प्रश्न यह है कि साहित्य का इतिहास कहें या इतिहास में साहित्य। और दोनों में बहुत फ़र्क़ है। जैसे Science in history और दूसरी ओर a history of science। एक बात और ध्यान में रखें। अंग्रेज़ी में लिखी हुई आमतौर से किताबों को देखेंगे तो History of English Literature कोई किताब The history of English Literature दिखाई नहीं देगा। हमारे यहाँ a और the लगाने की कोई गुंजाइश नहीं मालूम होती। हर इतिहास the history माना जाता है। इसलिए A history of Hindi किताब आप देखेंगे तो कोई भी आदमी हिमाकत नहीं करेगा कि The history of Hindi लिख दे। यह फ़र्क़ समझना चाहिए। इस बात को सोचने की बहुत ज़रूरत है। 'कोई भी इतिहास' ये भी प्रोजेक्ट लिखा जा रहा है तो A history of Hindi Literature होगी। यह सोचकर तब आप इस पर काम करना शुरू करें। इस दृष्टि से साहित्य का इतिहास, जो सवाल उठा था, सम्भव है।

यह साहित्य के बारे में क्यों उठ रहा है? राजनीति के बारे में कभी किसी ने नहीं उठाया। Political history of India लिखी जाती है। Economic history of India लिखी जाती है। हर सम्भावना पर चिह्न-प्रश्नचिह्न कोई लगाता नहीं। साहित्य के बारे में, इतिहास के बारे में सवाल क्यों उठाया गया जो नयी समीक्षा के दौर में लगभग लोगों ने ख़ारिज कर दिया था कि इतिहास नाम की कोई चीज़ लिखी जा रही है, आलोचना लिखी जा रही है। अपनी तमाम चीज़ों के बावजूद आचार्य रामचन्द्र शुक्ल का इतिहास अपनी आलोचनाओं के लिए याद किया जायेगा, पढ़ा जायेगा, प्रत्येक कवि को, प्रत्येक प्रवृत्ति की जो उन्होंने आलोचना की है, वह अपनी जगह क़ायम है, उसको हिला नहीं सकता है, भले ही मतभेद रखता हो, लेकिन जो इतिहास लिखा है उन्होंने, इतिहास ज्यों-का-त्यों मानें या न मानें, उस पर प्रश्नचिह्न लगाये गये। लेकिन कवियों का, प्रवृत्तियों का, धाराओं का जो मूल्यांकन किया, निरूपण किया है, समीक्षा की, आलोचना की है वह अपनी जगह स्थायी है। इतिहास के बारे में दो प्रश्नचिह्न लगाये गये।

साहित्य के इतिहास के सिद्धान्त पर दृष्टि क्या होगी? वो इसलिए कि साहित्य का धर्म ही होता है—भये कवि धीर सन्त कोई सुरमा, काल में चौरो...

साहित्य काल का अतिक्रमण करने के लिए लिखा जाता है। हर कवि लिखता है कि मैं आज के लिए नहीं लिख रहा हूँ, हमेशा-हमेशा के लिए लिख रहा हूँ, इसलिए साहित्यिक कृतियों को आप देखेंगे कि भाव बदल जाता है। महाभारत, रामायण, कालिदास की रचनाएँ, हिन्दी में कबीर, सूर की रचनाएँ अब भी बनी हुई हैं। इसलिए जिसका धर्म ही है काल का अतिक्रमण करना, वह स्वयं काल में बँधे क्यों? इसलिए बहुत गहरा सम्बन्ध है इतिहास में time से। समय और समय का क्या विज्ञान है या दर्शन है, क्या परिकल्पना है? इस पर निर्भर करता है कि इतिहास की परिकल्पना क्या होगी? और समय के बारे में आप नहीं कह सकते कि समय लिनियर (Linear) है, स्वयं अपने व्यवहार से देखते हैं कि आवृत्तियाँ होती हैं, दिन के बाद रात, रात के बाद दिन, गर्मी के बाद बरसात, बरसात के बाद जाड़ा। मौसम बदलते हैं। 24 घण्टे में बदलते हैं, तो यह जो cycle की तरह एक रूप है। यह भी देखते हैं कि वर्ष के बाद दूसरा वर्ष आता है, लेकिन पिछला वर्ष जैसे बीता, वही अगला वर्ष होगा, ऐसा नहीं होता है।

ऐसी स्थिति में इतिहास लिखते समय, मैंने कहा, पहली विडम्बना है कि साहित्य का काम है काल का अतिक्रमण करना और आप काल में बाँधते हैं। यह विडम्बना है साहित्य की कि कालबद्ध होकर भी काल का अतिक्रमण साहित्य को करना पड़ता है। और ऐसी वस्तु का इतिहास लिखा जाता है। दूसरी बात है कि साहित्य में परिवर्तन होते हैं और कुल मिलाकर समय एकरेखीय नहीं है। एकरेखीय नहीं है तो क्या वह वर्तुल है, चक्राकार है, काल जैसे, हम रात-दिन के बारे में, वर्षों के बारे में, ऋतुओं के बारे में देखते हैं। इस वर्तुलता का, एकरेखीयता का क्या सम्बन्ध है। तीसरी चीज़ देखनी पड़ेगी एकरेखीयता, वर्तुलता के अलावा जो स्वयं वस्तु है साहित्य की, लगभग हम देखते हैं कि अपने देश में रहते हुए भी एक समय एक जगह गर्मी पड़ती है, तो उस समय दूसरी जगह देखते हैं कि घनघोर वर्षा हो रही है। एक दिन सूखा, वर्षा, गर्मी पड़ती है तो दूसरे दिन यह होता है। इसलिए साहित्य में ज़रूरी नहीं है कि लगभग समानान्तरता दिखाई पड़ती, एक साथ एक से अधिक प्रवृत्तियाँ एकरेखीय नहीं हैं, उसके विपरीत दूसरी भिन्न धाराएँ भी चलती रहती हैं। यह इकहरा नहीं है तो दोहरा, तिहरा भी हो सकता है। टाइम के साथ इतिहास लिखते समय धाराप्रवाह नहीं हुआ कभी भी। नदी की धारा के समान, गंगा की धारा के समान हिन्दी साहित्य का इतिहास है, नहीं कह सकते। सच्चाई यह है कि इतिहास में केवल विच्छिन्नता ही नहीं होती, निरन्तरता ही नहीं होती है, बल्कि टूटती भी है, अपने ही देश में वैदिक धर्म को चैलेंज किया गया और बौद्धों के प्रतातित धर्म को आप माने। प्रतातित धर्म विच्छिन्न प्रवाह। जब राजनीतिक इतिहास लिखते हैं तो कभी-कभी अन्धकार युग Dark Age लिखना पड़ता है। किसी इतिहास में केवल निरन्तरता नहीं होती, विच्छिन्न प्रवाह होता है। और सबसे बढ़कर बात है कि इतिहास हमको तय करना है, यद्यपि वस्तु का इतिहास हम लिख रहे हैं। कलाकृति एक वस्तु है, तो अपने आप में कोई भी कृति उपन्यास, कहानी, गीत, प्रबन्ध या महाकाव्य यह क्या वस्तु है या एक पूरी-की-पूरी प्रक्रिया है। वह उससे नये अर्थ, नये शब्द और अर्थ की कला है, तो शब्द और अर्थ के सम्बन्ध स्थायी नहीं हुआ करते। इसलिए साहित्य का इतिहास लिखते समय हम बराबर ध्यान में रखें कि हम वस्तुओं, कलाकृतियों का इतिहास लिख रहे हैं या प्रक्रियाओं का इतिहास लिख रहे हैं।

और जब भी प्रक्रियाओं (Process) का इतिहास लिखेंगे, तो कौन-सा Process? आमतौर से माना जाता है कि यह जो सृष्टि है, भौतिक दृष्टि से जिसे उत्पादन (Production) कहते हैं, तो साहित्यिक कृतियाँ अकेले नहीं, व्यापक रूप से सांस्कृतिक प्रक्रिया के रूप में आती हैं। जैसे भक्ति आन्दोलन जब हम कहते हैं तो भक्ति एक सांस्कृतिक प्रक्रिया है, जिसमें अनेक कृतियाँ मिलीजुली हैं। वह चाहे रामभक्ति हो, कृष्णभक्ति हो। इसलिए जब मूर्ति स्थापित की गयी तो क्या मूर्तियों का इतिहास लिख रहे हैं। हम Icons नहीं बल्कि इन सारी चीज़ों को एक प्रक्रिया के रूप में देखते हैं। ये सांस्कृतिक प्रक्रियाएँ हैं, जिन सांस्कृतिक प्रक्रियाओं का इतिहास लिखा जायेगा। मुझे याद है Rewriting Literary history किताब हाथ लग गयी थी। तब चीन के लोगों ने किया था, लेकिन हांगकांग में किया था और यह 1984 के आसपास हुआ था। Rewriting history इसमें जहाँ इतिहास के अन्त की बात की गयी जहाँ बहस हुई, मेरी दिलचस्पी इसलिए भी हुई कि और लोगों के अलावा फ्रेडरिक जेमेसन भी गये थे उसमें, और मुख्य अतिथि के रूप में। जेमेसन उन लोगों में थे जिन्होंने दक्षता के साथ नयी समीक्षा के अन्तर्गत साहित्य की इतिहास-सम्बन्धी पुस्तकें लिखीं। तब यह मालूम हुआ कि ये समस्याएँ जो जुड़ी हुई हैं, साहित्येतिहास के लेखन से। क्या इतिहास-लेखन सम्भव है? और दूसरे पश्चिमी देश आज भी पुनर्लेखन किये जा रहे हैं, पुनर्लेखन की दोनों प्रवृत्तियाँ साथ-साथ चलती हैं। मुझे ध्यान है ये दोनों प्रवृत्तियाँ हमारे देश में, हमारी भाषा में मौजूद हैं। इस सिलसिले में इतिहास दृष्टि के अन्तर्गत मैं यह निवेदन करना चाहता हूँ कि इसका गहरा सम्बन्ध इतिहास-लेखन की पद्धति से है, जिस दृष्टि की बात हम कर रहे हैं, उन दृष्टियों के बारे में बहुत पहले यह विचार किया गया था, जिसे हम इतिहास-दर्शन कहते हैं। इस पर भी बहुत सारी किताबें लिखी गयीं। साहित्य के इतिहास-दर्शन पर भी लिखी गयीं। दर्शन के क्षेत्र के शास्त्र अनेक हैं। सिद्धान्त एक नहीं हैं। 'द थियरी' (The theory) नाम की कोई चीज़ नहीं है। जो नाम उत्तर-आधुनिक Post-Modernism के ज़माने में 'The theory' हो गयी थी। The theory कहते ही मतलब होता था देरिदा आदि की आप बात कर रहे हैं, वह 'the' एक खुलापन था इतिहास के साथ। और उस इतिहास की पद्धति ज़्यादा महत्त्वपूर्ण है।

दर्शन और दृष्टि के बारे में अनेक प्रकार की विधियाँ आपको दिखाई पड़ेंगी और उसके बारे में आज मैं ज़िक्र नहीं करना चाहता। मेरी मुख्य दिलचस्पी इतिहास-लेखन की पद्धति में है और Histriography में है। हिन्दी साहित्य के इतिहास-लेखन में यह भारी समस्या के रूप में आयेगी। इसमें एक बात ध्यान रखने की है, जैसा मैंने कहा कि साहित्य का इतिहास, इतिहास का अतिक्रमण करता है। साहित्य एक ऐतिहासिक तथ्य है। आपको इसके अनेक उदाहरण मिलेंगे। साहित्य का धर्म है, इतिहास। और उसका एक विषय है। इतिहास के लोगों पर, शिवाजी पर महाकाव्य लिखे गये, राणा प्रताप पर लिखे गये। पिछले एक ज़माने में राजसभाओं में, राजसभाओं से बाहर रखे जाते थे। क्रानिकल लिखा करते थे, उसका यह रूप हुआ करता, इसलिए गहरे अर्थ में काण्डकी के रूप में साहित्य का धर्म है इतिहास, कर्म है इतिहास। साहित्य इतिहासकारों के लिए सामग्री भी जुटाता है, उसको जाँच-परख कर राजनीतिक इतिहास लिखने वाले लोग इस्तेमाल करते हैं। अलावा इसके विश्वसनीय हो, अविश्वसनीय हो, लिखते लोग निश्चित रूप से थे, और इस अर्थ में साहित्य अपने अतीत के बोध से हमेशा जुड़ा रहता है। अपने अतीत से, माने साहित्य की अपनी परम्पराओं से, पहले हमसे कौन हो चुके हैं, को याद करते हैं, लोग नमस्कार करते हैं, प्रणाम करते हैं और यह आप देखेंगे कि आरम्भिक श्लोकों में यह बात कालिदास भी कहते हैं, तुलसीदास भी कहते हैं, हर कवि अपने पहले हुए को याद करता है। और अपने अतीत को याद करना, अपने को उस अतीत से जोड़ना है। जोड़ने का मतलब यह नहीं है कि हमेशा उसके चरणचिह्नों पर चलता है बल्कि उससे जो अलग होता है, उसे भी कहता है। ग़ालिब मीर को याद करते हैं, कहते हैं–'अगले ज़माने में कोई मीर भी था।' लेकिन इसके बाद वह कहते हैं कि लेकिन मैं वह ही नहीं कर रहा हूँ जो कि मीर ने किया। पहले के कवियों को, लेखकों को, साहित्यकारों को हम याद करते हैं, लेकिन उससे अलग जो रास्ता होता है, यह पथ जो हमारा है, इससे अलग होता है, हम अलग रास्ता निकाल रहे हैं, ये भी अतीत से सम्बन्ध जोड़ने का एक दूसरा रूप है। इसलिए अनुकरण करना ही नहीं, बल्कि उससे भिन्न पथ पर चलना भी सम्बन्ध ही है, इस प्रकार की भिन्नता भी उसे जोड़ती है और उसके अलावा एक यह भी तथ्य है कि इतिहास में

अतीत का बोध एक तरह के अतिरिक्त सौन्दर्यबोध की तरह है। ये थोड़ी महीन और बारीक़ बात थी।

जैसे ही मालूम होता है अमुक कृति जब आप कलाकृतियों को देखते हैं, साफ़ कर दिया जाये कि ये प्रागैतिहासिक काल की हैं वैसे ही उसका महत्त्व बढ़ जाता है। आमतौर से बाज़ार में बहुत सारी कलाकृतियों का, पेंटिंग का महत्त्व इसलिए होता है कि पुरानी है। और पुरानी होने के साथ आप जैसे ही देखते हैं तो आप कहते हैं क्लासिकल है। पुरानी कृतियाँ क्लासिक हैं। वर्तमान महत्त्वपूर्ण कृतियों को जैसे ही आप देखते हैं कहते हैं क्लासिक है, कालजयी है। यह एक Asthetic dimension है। तुलसीदास को पढ़ते हैं, सूर को पढ़ते हैं तो–

मनो है, मनो है मनोहारि जे जमुना के तीर।

अतीत में भी छलाँग लगाते हैं, यह छलाँग लगाना कृति के सौन्दर्यबोध के कारण होता है। जिसको कहें कि आज की चीज़ घटिया मालूम होती है, लेकिन जैसे ही मालूम होता है कि इतनी पुरानी है, तो महत्त्व बढ़ जाता है। आप देखेंगे कि बाज़ार में ऐसी चीज़ें, गन्दा करके, ऐंटिक बनाकर बेची जाती हैं। तो ऐंटिक का जो मूल्य है, साहित्य में यह एक नये सौन्दर्यबोध का आभास है। इस नाते भी साहित्य है। इसको कहें कि पुरानी कहानी के रूप में कि वो दूर है इसलिए सुन्दर है, नज़दीक है तो अतिपरिचय का अध्ययन है। आज भी आप देखेंगे कि आज का कवि है, सामने का है, रोज़ देखते हैं, इसे तो...। तो जो सुदूर की सुन्दरता है वह आमतौर से कलाकृति के बारे में देखेंगे वह–मुंशी का एक उपन्यास आपने नहीं पढ़ा होगा। आपने गुजरात विनाश नाम से, मोदी का राज्य तो गुजरात विनाश में लिखा है कि वह नौजवान जो राजा था, उसने अचानक मिलने देवी जो किसी की माँ थी से कहा था कि मैं घर-घर जाकर लोगों की सेवा करना चाहता हूँ, मैं राज्य का अध्यक्ष हूँ... घर-घर जाकर ग़रीबी दूर करूँगा, यह करूँगा, वह करूँगा। तो माँ ने कहा, मत कर ऐसा। यह सूर्य को देखता है न, बहुत ऊँचे हैं। हाथ वहाँ तक नहीं पहुँच सकता है, इसलिए हम जल चढ़ाते हैं। जिस दिन सूर्य को चिन्ता हो कि घर-घर जाकर अँधेरे में, जहाँ दीया नहीं जलता, वहाँ रोशनी करूँ, जिस चूल्हे में आग नहीं है उस चूल्हे में आग बनकर जलूँ। उस दिन चूल्हे में पानी डालकर लोग आग बुझा देंगे और दीपक को फूँककर बुझा देंगे।

राजा हो, राज करो, दूर रहो, तुम्हारा प्रताप बना रहेगा, जिस दिन आओगे; फूँक करके बुझा दिये जाओगे। तुलसीदास आज होते तो उनके साथ वही व्यवहार होता जो आज नये कवियों के साथ हो रहा है। वह दूर हैं, नहीं पहुँच सकते हैं, इसलिए नहीं पहुँच पाने की जो गरिमा आती है, इतिहास लिखते समय हम अतीत में झाँक रहे होते हैं। इतिहास में हम देखते हैं कि इतिहास के कवियों के बारे में विवाद नहीं होते, बहस नहीं होती, कम होता है। वर्तमान के बारे में होता है, अच्छा-अच्छा रघुवीर सहाय के बारे में लिखते हो। यह हिस्टोरियोग्राफी से जुड़ी हुई समस्या है। इतिहास-लेखन में इन चीज़ों के बारे में हमें सतर्क होने की ज़रूरत है। उस सतर्कता के साथ इतिहास-लेखन की पद्धति और विधियाँ या टेकनीक होती हैं, उसे जो संचालन समिति बनायेंगे, उस संचालन समिति के जिम्मे सौंपता हूँ। मैं सीधे तीसरी जो समस्या है, हिन्दी साहित्य के इतिहास की, उस पर आता हूँ। हिन्दी साहित्य के इतिहास की समस्याओं के सिलसिले में यह हिन्दी के इतिहास-लेखन की समस्या बन गयी है, कि एक हज़ार से ऊपर के इतिहास को कैसे काल में विभाजित किया जाये। एक बात मैं निवेदन कर दूँ शुरू में कि ये समस्या हमारे भारत के राजनीतिक इतिहास के बारे में भी है। हम लोगों ने इतिहास को Ancient, Medieval और Modern और Contemporary चार भागों में बाँट रखा है। यह ऐसा विषय है कि इतिहासकार Prof. Lahiri हैं, इसलिए संकेत करके छोड़ दे रहा हूँ, इतना बड़ा विषय है कि वह लोग इसे तय करेंगे। मुझे लगता है कि ये European history के मॉडल को हमने आँख मूँदकर अपना लिया है। Ancient कहते हुए Ancient Greece सामने होता है, Medieval कहते हैं तो Christian, Christian Wisdom आ जाता है और जो लगभग कटा हुआ है, Ancient history, Medieval History जो है वह Loaded है धर्म से, उसका अर्थ भी होता है जब रिनेसां आता है तब Modern, भारतीय इतिहास के सन्दर्भ में जब भी Medieval इस्तेमाल किया जाता है, मुझे ही नहीं खटकता है, मेरा ख़याल है मध्यकाल (Medieval) पर काम करने वालों को भी खटकता होगा। वैसे भी Modern की बात करते हैं तो कब से। आमतौर पर उन्नीसवीं सदी से Modern Literature की बात शुरू करते हैं। क्यों उन्नीसवीं सदी से करते हैं, जैसे ही शुरू करते हैं तो वज्रपात होता है

colonial countries में। उपनिवेशवादी दौर में आधुनिक शब्द का इस्तेमाल करते हैं, लगभग इसे Problematise करने की ज़रूरत है कि क्या वह आधुनिक है? तो ध्यान रखें हम लोग इसके साथ रिनेंसाँ भी जोड़ देते हैं। इसलिए काल-विभाजन की समस्या बहुत बड़ी समस्या मानी जाती है हिन्दी साहित्य के इतिहास में। और इस काल-विभाजन में मध्यकाल, मध्य-युग, शब्द बराबर इस्तेमाल करते हैं जो मुझे बराबर खटकता है। उसकी जगह यह वह मध्यकाल है जो एक तरह का लोक-जागरण का युग है। उसमें हिन्दी का श्रेष्ठ साहित्य जो लिखा गया है, सन्त साहित्य और भक्ति साहित्य, सूफ़ियों की प्रेमगाथाएँ। लगभग यह वह दौर है, जहाँ विद्यापति और चन्दायन का लेखक मौलाना दाऊद—दो पुराने लोग हैं। पंजाबी को मानें न मानें, बाबा फ़रीद होता है। सारी भारतीय भाषाओं में, ख़ासकर हिन्दी पर विचार करते समय, हिन्दी के परिप्रेक्ष्य में देखें तो तमिलनाडु संगमकाल रीतिकाल से मिलता-जुलता है और भक्ति आन्दोलन को मानें-न-मानें तो दसवीं सदी में हमारे यहाँ सारे भारत में दक्षिण से लेकर कश्मीर तक और पंजाब से लेकर बंगाल तक सर्वत्र पहली बार आधुनिक भारतीय भाषाएँ साहित्यिक भाषाएँ बनीं। पहली बार उनमें साहित्य लिखा गया और ऐसा साहित्य लिखा गया कि नवजागरण के परिणामस्वरूप चार सौ साल तक साहित्य लिखा गया है वह स्वर्णयुग है, उसको आप medival कह रहे हैं। मध्यकाल कह रहे हैं। इसलिए काल-विभाजन करते समय हम बराबर ध्यान रखें कि लगभग अंग्रेज़ों के आने वाले समय को रिनेसाँ, बंगाल रिनेसाँ कहते हैं। बंगाल रिनेसाँ वाले भूल गये कि इससे पहले तुम्हारे यहाँ जो बंगाल में लिखा गया, आसाम में लिखा गया, मिथिला में लिखा गया और महाराष्ट्र में लिखा गया, ये सारा-का-सारा विशाल साहित्य, लोक-जागरण का साहित्य है। और यह साफ़ दिखाई देता है। इसलिए हम लोग हमारे यहाँ जो काल-विभाजन स्वीकार किया, दुर्भाग्य से, Orientalism का, प्राच्यवाद का शिकार हो गया। इस रूप में शिकार हुआ कि आचार्य रामचन्द्र शुक्ल ने जो विभाजन किया, आधार लिया वह ज्यों-का-त्यों ग्रियर्सन का आधार लिया। डॉ. ग्रियर्सन ने 1887 के आसपास Modern vernacular Literature of Hindustan नाम की किताब लिखी। वहाँ देखें ग्रियर्सन के विभाजन को इधर शुक्ल के विभाजन को तो वही चीज़ें लगभग दिखाई देंगी।

पहला काल उन्होंने कहा जिसे हम आदिकाल कहते हैं। इतिहास लिखा जायेगा तो आदिकाल कोई होगा ही। सन्त काव्य उसी तरह से है। आदिकाल को वीरगाथा काल कहते हैं। ग्रियर्सन ने verdict पीरियड कहा। छठी सदी। दूसरा religious revival of 15th century, कबीर और रैदास वग़ैरह हुए। तीसरा उन्होंने कहा, romantic poetry of Mallik Mohammad Jayasi। रोमांटिक शब्द कहा। रोमांटिक शब्द हम लोग छायावाद के लिए प्रयोग करते हैं। प्रेमाख्यान को उन्होंने romance कहा। Romance और प्रेम दोनों एक नहीं हैं। ये romance अगर कहते हैं। चौथा है, कृष्ण काव्य का ब्रज, फिर है तुलसीदास सातवाँ है, The Arts Poetica लैटिन से शब्द लेकर, आठवाँ है, 18th Century जिसमें भिखारीदास का नाम जोड़ा गया है। नौवाँ है, हिन्दुस्तान एंड कम्पनी।

आचार्य शुक्ल ने वीरगाथाकाल, भक्ति का सगुण और निर्गुण भेद किया है। सगुण में चार भेद कर दिये हैं, कृष्णभक्ति और रामभक्ति। कृष्णभक्ति पहले और रामभक्ति बाद में आयेगी। और निर्गुण जहाँ किया वहाँ एक में कबीर को रखा और एक में सूफ़ियों को रखा है। इसमें निर्गुण की उपासना होती है, इस मत के मुताबिक। एक विभाजन उन्होंने Arts Poetica ज्यों-की-त्यों ले ली। कठिनाई ये हुई कि कोई विभाजन लिया, कोई भी विभाजन पर जब हम विचार करेंगे तो ये विभाजन, और सच्चाई तो कुछ और भी, उस सच्चाई को देखते हुए सारा इतिहास फुटकल खाते से भरा हुआ है। कई महत्त्वपूर्ण कवि, जो साँचा बनाया है उन्होंने और जो साँचा उन्होंने ग्रियर्सन से लिया, और वही काल को ज्यों-का-त्यों दोहराया जा रहा है, वही साँचा जो आचार्य शुक्ल ने दिया और जिसको ग्रियर्सन से लिया, जिसको मैंने कहा कि सारा-का-सारा orientalism से जुड़ गया, जिसमें Edward Said और लोग लिख रहे हैं। उसमें आप देखें तो कुल निष्कर्ष साहित्य का यही है कि कवि और कविता साँचों में नहीं चलती। कुछ कवि साँचे से बाहर चले जाते हैं। फुटकल खाता जो उन्होंने खोला, तो देखा कि विद्यापति को कहाँ रखें। विद्यापति जैसा बड़ा कवि फुटकल खाते में है। वीरगाथाकाल के खाते के बाहर विद्यापति, सोचिए। कहाँ विद्यापति का काव्य। विद्यापति की पूरी-की-पूरी 'पदावली'। ग्रन्थ की पूरी सूची देखें तो मैथिली में कितने ग्रन्थ

तो शुरू हो चुके हैं। भक्तिकाल के फुटकल रचनाओं को देखें तो सच का पता चलेगा। नरोत्तमदास का सुदामाचरित, आलम, गंग, केशवदास, रहीम और बनारसीदास, अर्द्ध-कथानक के लेखक, सेनापति, रुक्मिणी जी ये कविताएँ भक्तिकाल की फुटकल कविताएँ हैं। जैसा मैंने कहा साहित्य में एक साथ, एक ही तरह की प्रवृत्ति नहीं होती है, समानान्तर धाराएँ चलती हैं और जैसे ही समानान्तर धाराओं को आप ध्यान में रखेंगे, कठोर लोहे के साँचे से बना हुआ काल-विभाजन टूट जाता है। इस अर्थ में साहित्य इसका अतिक्रमण करता है। एक ही काल में, ऐसा भी नहीं कि एक ओर वर्चस्ववादी लोग हों और दूसरी ओर सबॉल्टर्न। वे सबॉल्टर्न नहीं थे।

जैसे सबॉल्टर्न के नाम पर आज कुछ भी लिखा जा रहा है। नरोत्तमदास का सुदामाचरित और आलम की कविताएँ, गंग जैसा कवि, केशवदास जैसा कवि जो रीतिकाल का आचार्य माना जाता है। शुक्ल जी ने गम्भीर क़िस्म की आलोचना की, रहीम के साथ की और बनारसीदास जैन पुराने ज़माने में अकेला कवि है जिसने आत्मकथा लिखी।

अब धरि में है खेल रही, नाइन हाट बाज़ार

मधुमति-इरावती बनारसीदास जैन। हिन्दी साहित्य में जैन लोगों का भी योगदान है, गुजराती में भरा हुआ है। लेकिन केवल वैदिक परम्परा के नहीं, वैदिक इतर परम्परा के भी लोग हुए जिन्होंने काम किये। इसलिए यह ढाँचा बाद में, रीतिकाल में तो और कमाल कर दिया है आचार्य शुक्ल ने, रीतिकाल में फिर फुटकल खाता खोल दिया। फुटकल खाता में वामन दो बार लिखे गये, वृन्द, आलम, गुरु गोविन्द सिंह दशम ग्रन्थ पूरा-का-पूरा सिक्ख होते हुए भी पंजाबी में नहीं लिखा, फ़ारसी में लिखा, पटना में रहने के बाद हिन्दी में लिखा। घनानन्द जैसा बड़ा कवि, रीतिमुक्त कहकर रीतिकाल से बाहर कर दिया। ये फुटकल खाते में है। भक्त वाले नागरीदास, गिरिधर कविराय, बोधा जैसा कवि रीतिकाल में ठाकुर बाबा दीन दयाल गिरि, पहोश...।

इसलिए मैंने कहा कि उस साँचे की विडम्बना है काल-विभाजन। जो काल के आधार पर शक संवत् लगाने पर नहीं आते वे भिन्न प्रकृति के कवि हैं, ये उनको अन्य में रखते हैं। और आप जानते हैं कि 'अन्य' (other) के concept पर आज के ज़माने में इतना लोग लिख रहे हैं।

मैं और दूसरा जो मेरा भाई other. इतिहास ने उसके लिए भी 'अन्य' में जगह निर्धारित की है, जो मुख्यधारा में आते हैं, जैसे आजकल हम कहते हैं एक हमने mainstream बना रखा है और एक दूसरी stream। ये साहित्य का पाठक तय करेगा कि कौन मुख्यधारा में है और कौन दूसरी धारा में। आप पूर्व निर्णय देकर इतिहास में इस तरह का काम करेंगे, ऐसे में एक सिद्धान्त नहीं रखा काल-विभाजन करते समय। आधुनिककाल का विभाजन करते समय आचार्य शुक्ल ने कमाल ही कर दिया। संयोग से ग्रियर्सन ने नहीं लिखा था। ग्रियर्सन 1885 में लिख रहे थे। उस समय कुछ हुआ ही नहीं था। बाद में शुक्ल जी ने बड़ा आसान नुस्ख़ा ढूँढ़ा कि पच्चीस-पच्चीस साल को उत्थान युग कहा। प्रथम उत्थान, द्वितीय उत्थान, तृतीय उत्थान, चतुर्थ उत्थान। उस हिसाब से हम लोग सातवें, आठवें उत्थान में होंगे। ये उत्थान क्या होता है भई। इसलिए इतिहास को बिल्कुल सिम्पुल पच्चीस-पच्चीस साल में बाँट दिया, कोई बीस-बीस साल का मानते हैं, कोई पच्चीस साल का मानते हैं। इसलिए कोई एक सिद्धान्त नहीं है। मैं भी निवेदन करना चाहूँगा कि काल-विभाजन मुख्य समस्या है। विचारणीय स्थिति है, हिन्दी साहित्य में लोक-जागरण हुआ, संस्कृत आदि की जगह देसी भाषाएँ आयीं, लोक-जागरण, जो भारतीय था, जो लगभग प्रकट हो गया, दसवीं सदी के बाद से जिसे हम भक्ति आन्दोलन के रूप में जानते हैं। सन्तों का आन्दोलन था, वह पहला लोक-जागरण था। लोकभाषाएँ साहित्य की भाषा बनीं। ये भारतीय साहित्य इतिहास में क्रान्तिकारी घटना है कि संस्कृत, पालि, प्राकृत और अपभ्रंश से अलग जनता की बोलचाल की भाषा साहित्य सेवा की भाषा बनी, ये लोक-जागरण है।

और दूसरा, इसके बाद जिसे पुनर्जागरण हम कहें ये उन्नीसवीं सदी का पुनर्जागरण हुआ और बीसवीं सदी में जब राष्ट्रीय आन्दोलन ज़ोर पकड़ता है तो राष्ट्रीय राजनीति के रूप में इस सदी के रूप में माना जाये और उसके बाद 1947 के आसपास से स्वाधीनता। इसलिए मोटे तौर से काल की दृष्टि से देखें, उस युग चेतना के आधार पर बनते हैं। अब आप जो चाहें विभाजन करें, मैं नहीं कहता कि आप इसे स्वीकार कर लें। लेकिन काल-विभाजन करते समय इन बातों का ध्यान रखना चाहिए और अन्त

में उन कृतियों का विभाजन काल-विभाजन के हिसाब से लें। मुझे लगता है काल-विभाजन हिन्दी साहित्य की मुख्य और बड़ी समस्या है। साहित्य के इतिहास में जब भी समस्या होगी, उन समस्याओं में माना जाता है कि इतिहास क्यों लिखा जाये। तो याद आता है मैंने आपसे कहा था कि कुछ लोग इतिहास बनाते हैं, कुछ लोग लिखते हैं। एक छोटा-सा उदाहरण मैं देना चाहता हूँ। जवाहरलाल नेहरू ने 'भारत की खोज' लिखी थी। जिस भारत की खोज कर रहे थे, उस भारत में गाँधी जी के नेतृत्व में बना भी रहे थे। यही नहीं स्वाधीन भारत को बनाने में स्वयं नेतृत्व कर रहे थे। जो इतिहास बनाता है वही आदमी इतिहास लिखने का काम करता है। और जो इतिहास लिखने का काम करता है तो उसकी सोच के साथ रीजन होता है कि आपके पास कोई विजन है कि नहीं भविष्य को लेकर। कोई सपना है कि नहीं। इतिहास, भविष्य को रखकर क्या प्रतीत कराता है, केवल नॉस्टेलजिया के लिए इतिहास नहीं लिखा जाता, बल्कि जो भविष्यवेत्ता है, वह इतिहास रचता है? जब इतिहास लिखता है तो तमाम स्मृतियों में जाता है। जवाहरलाल नेहरू ने बड़े पते की बात कही है। उन्होंने कहा कि जब लोग भारतमाता की जय कहते थे तो मैं उनसे पूछता था कि भारतमाता कौन है तो लोग एक-दूसरे का मुँह देखते थे। एक किसान था, उसने कहा धरती। धरती, नदी है, पहाड़ है यही सब कुछ है भारतमाता। तब मैंने कहा—भारतमाता तुम हो, भारतमाता मैं हूँ, हम ही लोग और इस बात पर विचार करके देखते हैं कि उन लोगों को मैंने देखा कि—जीवन में उनका अतीत इतना रचा-बसा, रोज़मर्रा ये महाभारत खेलते हैं, रामायण गाते हैं। उनके नृत्य में, उनके संगीत में, सारे पुराण और सारा इतिहास। अपने भक्त कवियों को कहते हैं और इस तरह संस्कृति का इतिहास जो उनमें बना है कि एक-दूसरे को देखते हैं, नाचते भी हैं। पूरी दुनिया को देखते हैं। इसलिए रवीन्द्रनाथ ने भी लिखा, लेकिन कविता के माध्यम से, काव्यभाषा के माध्यम से। गाँधी जी ने भी देखा-लिखा, लेकिन गाँधी जी ने मुख्य रूप से भारत के सभी धर्मों को रखने की कोशिश की। नेहरू ने भारत को, भारतीय इतिहास और वह इतिहास की स्मृतिग्रन्थों में पुराण कथाओं से, रामायण, महाभारत की साहित्यिक कलाकृतियों की दृष्टि से देखने की कोशिश की।

और इस दृष्टि से देखने के बाद एक नये भारत का निर्माण करने में आगे आये। इसलिए हिन्दी साहित्य का इतिहास लिखते समय साहित्य को बनाने वाले, केवल देश के हमारे जैसे—नहीं, शोधकर्त्ता नहीं, जो सचमुच हिन्दी साहित्य को बना रहे हैं, अपनी कविताओं से, कहानियों से, उपन्यासों से, आलोचनाओं से। इससे भी हिन्दी साहित्य का निर्माण होता है। वे लोग हिन्दी भाषा को बना रहे हैं। विभिन्न माध्यमों से बना रहे हैं, उन लोगों का एक सपना होता है और उस सपने के मुताबिक अगर इतिहास बनाएँगे तब वह इतिहास होगा जो कि भविष्योन्मुखी इतिहास होगा। केवल नॉस्टेलजिया या Archive नहीं। इतिहास शुद्ध संग्रहालय नहीं है, बल्कि एक जीवन्त क्षेत्र है और इस इतिहास का नक्शा धुँधला-सा है, लेकिन ख़ाका उसका हमारे सामने जो था, उसको हमने पेश किया और अन्त में मैं इस निवेदन के साथ कि पहले तो हरि अनन्त हरि कथा अनन्ता। इतिहास भी अनन्त है। इसका अन्त तो सुधीश जी भी नहीं मानते इतिहास का अन्त। इसलिए अनन्त है और इस घड़ी में मेरी स्थिति शरशैया पर पड़े हुए भीष्म की तरह है जो युधिष्ठिर के प्रश्नों का जवाब देते हुए बार-बार ये कहते हैं—

तन्तापि उदाहरणन्ते, इतिहासं, पुराणम्। पुरानी बातों का उदाहरण दे-देकर बता सकता हूँ, इसलिए अन्त में इतिहास-दृष्टि ही महत्त्वपूर्ण है, इसका अर्थ नहीं कि आप मुझे इतिहास में अलग से जगह दे दें। इतिहास ख़ुद ही है, आपको कृष्ण जैसे एक सारथी की आवश्यकता है जो इतिहास देखकर उसका रसपान कर सके और आप ही ऐसा कर सकते हैं। ऐसे अवसर पर मैं अपनी ओर से केवल शुभाशीष दे सकता हूँ और शरशैया पर पड़ा देखता रहूँगा कि आपका रथ कहाँ, किधर और किस गति से आगे जा रहा है। हार्दिक शुभकामनाएँ।

(यह व्याख्यान 29 अक्टूबर 2007 को विश्वविद्यालय अनुदान आयोग (यू.जी.सी.) की विशेष सहायता योजना के अन्तर्गत दिल्ली विश्वविद्यालय के हिन्दी विभाग द्वारा आयोजित सेमिनार में उद्घाटन भाषण के समय दिया गया था।)

'रचना' और रचना

आख़िर रचना और सृजन का अचानक इतना हल्ला क्यों?

कल तक जो नये कवि प्रयोग और अन्वेषण कर रहे थे वही आज 'सृजन के क्षण' से गुज़र रहे हैं। सुधियों में तड़पने वाले गीतकार तक सृजन के गीत गाने लगे हैं, आलोचनाओं में भी ज़्यादातर 'रचना-प्रक्रिया' ही समझाई जा रही है। देखते-देखते रचना सर्जना सृजन नाम से संस्थाएँ खड़ी हो गयीं और पत्रिकाएँ निकल पड़ीं। एकबारगी सारे वातावरण में इतनी सृजन-चेतना कहाँ से आ गयी?

राजनीति में भी राष्ट्रनिर्माण का ही नारा बुलन्द है। निर्माण शब्द हर श्रोता की ज़बान पर है। साहित्य में सृजन है तो राजनीति में निर्माण। शब्द दो हैं तो कहा जा सकता है कि क्षेत्र भी दो हैं। कौन कह सकता है कि साहित्य समाज का दर्पण नहीं है। राजनीति के नाम से बिदकने वाले साहित्यकार भी, अपने ही ढंग से सही, राजनीति के कितने साथ हैं! व्यक्तिवादी कहलाने वाले लेखक भी इस मामले में कितने सामाजिक हैं!

वैसे, इस राष्ट्रनिर्माण और साहित्य-सृजन में और कोई समानता हो या नहीं किन्तु इतनी समानता अवश्य है कि दोनों ही अपने-आप में पूर्ण हैं—यहाँ तक कि निर्माण के साथ 'नाश' जैसे अप्रिय शब्द का भूल कर भी उल्लेख नहीं होता और सृजन के साथ भी 'विध्वंस' जैसे कटु शब्द का नाम नहीं लिया जाता!

यह तथ्य इसलिए महत्त्वपूर्ण है कि पिछले युग के साहित्यकार 'नाश और निर्माण' का प्रयोग साथ-साथ करते थे। उनकी धारणा थी कि खँडहर पर का निर्माण सदा खँडहर होता, इसलिए निर्माण के लिए कुछ का विनाश आवश्यक है।

'काव्य में लोक-मंगल' की प्रतिष्ठा करने वाले आचार्य रामचन्द्र शुक्ल की दृष्टि 'सिद्धावस्था' के साथ-साथ 'साधनावस्था' पर भी थी, बल्कि 'साधनावस्था' पर अधिक थी। उनकी दृष्टि में पूर्णकालिक वे थे जो सुख-सौन्दर्यमय माधुर्य आदि उपभोग पक्ष की ओर आकर्षित होने के साथ ही 'पीड़ा, बाधा, अन्याय, अत्याचार आदि के दमन में तत्पर शक्ति के संचरण में भी पूरी रमणीयता देखते हैं।' सामंजस्य को सौन्दर्य की कसौटी मानने वाले प्रेमचन्द का तो संकल्प ही था कि "हम जब ऐसी व्यवस्था को सहन न कर सकेंगे कि हज़ारों आदमी कुछ अत्याचारियों की गुलामी करें, तभी हम केवल काग़ज़ के पृष्ठों पर सृष्टि करके ही सन्तुष्ट न हो जायेंगे, किन्तु उस विधान की सृष्टि करेंगे, जो सौन्दर्य, सुरुचि, आत्मसम्मान और मनुष्यता का विरोधी न हो।" इसी प्रकार प्रसाद की 'कामायनी', निराला के 'बादल', पन्त के 'परिवर्तन' तथा महादेवी की 'रश्मि' में भी निर्माण की कल्पना के साथ विनाश का उद्‌घोष भी है।

लेकिन सृजन की जो नयी लहर बही है उसमें विनाश, विध्वंस या संघर्ष जैसे कड़वे शब्दों के लिए जगह नहीं है : या तो अब ये बातें अनावश्यक मान ली गयी हैं, या फिर इन्हें सृजन में बाधक समझा जा रहा है। राजनीति में तो सत्तारूढ़ दल ने साफ़ कर दिया है कि असहयोग और रणभेरी के दिन स्वाधीनता मिलने के साथ ही ख़त्म हो गये और अब तो सिर्फ़ राष्ट्रनिर्माण का ही कार्य शेष है! साहित्य में भी कुछ-कुछ ऐसी ही बात कही जा रही है, लेकिन साहित्यिक ढंग से।

'सृजन' शब्द जिनका तकियाकलाम है उनमें से एक धर्मवीर भारती भी हैं। उनके सृजन का धरातल इतना विशाल है कि राष्ट्रीय सीमा ही नहीं बल्कि पूर्व-पश्चिम के भी भेद को दूर करके सहज मानवीयता के आधार पर साहित्य-सृजन करने की आकांक्षा रखते हैं। परन्तु उनकी मानवीयता यह है कि आज भी अवशिष्ट उपनिवेशवाद को ख़त्म करने की ज़रूरत को महसूस करना तो दूर, उपनिवेशों के पूर्ववर्ती स्वाधीनता-संग्राम को भी मिथ्या मूल्यों का प्रश्रयदाता कहते हैं।

मानव मूल्य और साहित्य पुस्तक में संकलित 'निर्माणपरक दायित्व और राष्ट्र' शीर्षक निबन्ध में भारती ने विस्तार से इस मान्यता की व्याख्या की है। 'साम्राज्यवाद' शब्द शायद भारती के लिए भी अप्रिय है,

इसलिए इसके स्थान पर उन्होंने 'पश्चिमी शासकों' जैसे कोमल शब्द का प्रयोग किया है। इसी प्रकार साम्राजी अत्याचार और शोषण भारती की रचनात्मक भाषा में, 'मानव-विरोधी सम्बन्ध क़ायम' होना है। उसके स्थान पर 'हम सहज मानवीय धरातल पर अपने सम्बन्धों को *पहचानें* और ऐतिहासिक वेदना और नियति के सहभागी हों' तो भारती के सृजन का सपना पूरा हो। साफ़ भले न कहा जाये (क्योंकि सृजनात्मक भाषा का अस्पष्ट रहना आवश्यक है) लेकिन कम्युनिज़्म के अलावा वह कौन-सा ख़तरा है जिसके सामने, भारती की दृष्टि में, पूर्व और पश्चिम समान रूप से 'ऐतिहासिक वेदना और नियति के सहभागी' हो सकते हैं?

आकस्मिक नहीं है कि सृजन के मूल्यों के पौने दो सौ पृष्ठों की लम्बी चर्चा में एक जगह भी किसी प्रकार के सामाजिक संघर्ष का उल्लेख नहीं है। सामाजिक संघर्ष से भारती को इतनी नफ़रत है कि इसके कारण उन्नीसवीं सदी के सारे कथा-साहित्य को ही उन्होंने 'अवरुद्ध सृजनात्मकता' की संज्ञा प्रदान कर दी। उनके विचार से सच्ची सृजनात्मकता वह है जिसमें *आत्मान्वेषण* और *आत्मोपलब्धि* हो। और सम्भवतः नये सृजन का नया अन्वेषण यही है। पुराने सृजन और नये सृजन का अन्तर शायद यही है कि एक के साथ जहाँ विनाश और संघर्ष का नाम जुड़ा था तो दूसरे के साथ अन्वेषण और उपलब्धि का!

सवाल यह है कि सृजन का यह नुस्ख़ा अचानक किस अन्वेषण से उपलब्ध हुआ है? आन्तरिकता का आग्रह भारती चाहे जितना करें किन्तु इस तथ्य को छिपाने में वे स्वयं असमर्थ हैं कि यह नुस्ख़ा उन्हें 'पश्चिम' से मिला है—उसी पश्चिम से जिसके साथ वे 'सहज मानवीय सम्बन्ध' क़ायम करने की चेष्टा कर रहे हैं और जिसकी 'ऐतिहासिक वेदना और नियति' के सहभागी होना चाहते हैं।

यूरोप और अमरीका में कुछ पहले से ही 'सृजन' की हवा बह रही है जिसे कुछ समझदार लेखकों ने 'मिथ ऑफ़ क्रिएटिविटी' कहना शुरू कर दिया है। सदी के आरम्भ में फ्रेंच दार्शनिक बर्गसाँ ने 'क्रिएटिव इव्ल्यूशन' की मान्यता चलाई और दर्शन में उपेक्षित होते हुए भी साहित्य में वह मान्यता काफ़ी लोकप्रिय हुई। यह आकस्मिक नहीं था। अपने 'सृजनात्मक विकास' को समझाने के लिए बर्गसाँ बार-बार कला-सृजन की उपमा देता था।

विचित्र बात है कि बर्गसाँ को यह सृजनात्मकता या तो निम्न श्रेणी के कुछ जन्तुओं में मिली या फिर कुछ कलाकारों और साहित्यकारों में; और निःसन्देह स्वयं बर्गसाँ में तो वह रही ही होगी। दुर्भाग्य से प्रथम महायुद्ध ने बर्गसाँ की 'सृजनात्मकता' को ध्वस्त कर दिया।

लेकिन सृजनात्मकता के साथ विकास का नाम बर्गसाँ ने यों ही नहीं लिया था। विकास उसका पुनः हुआ और इस बार मनोवैज्ञानिक युग के द्वारा अमरीका में। फ़र्क़ इतना ही पड़ा कि इस बार सृजनात्मकता बर्गसाँ के जीवों से विकास करके आदिम मानव के गहन मन में पहुँच गयी; सृजनात्मकता जीव विज्ञान से आगे बढ़कर गहन मनोविज्ञान में पहुँच गयी। द्वितीय महायुद्ध से युग की सृजनात्मकता को कितना प्रश्रय मिला यह तो हिसाब लगाने वाले जानें, लेकिन सृजनात्मकता का अन्वेषण करते-करते अमरीकी कथा-साहित्य आदिम-जीवन तक ज़रूर पहुँच गया! यहाँ तक कि इस स्थिति से वहाँ के भी प्रबुद्ध साहित्यकार घबरा उठे हैं।

अल्फ्रेड काज़िन ने जो स्वयं एक रचनाकार भी हैं, सन् '59 के 'पार्टीज़न रिव्यू' पत्रिका में 'साइकोएनालिसिस एंड लिटरेरी कल्चर टुडे' शीर्षक निबन्ध में इस स्थिति पर असन्तोष प्रकट करते हुए लिखा है कि सृजनात्मकता एक प्रकार का 'मिथ' या प्रसाद है, वर्तमान युग में इसकी अभिव्यक्ति 'आत्मान्वेषण' के रूप में हो रही है। और इस अन्वेषण में परेशान लोग वे हैं जिनका विश्वास है कि यह आत्मोपलब्धि किसी पूर्व अनुभव में ही हो सकती है—ऐसा अनुभव जो सच्चे स्रष्टा का है। काज़िन की शिकायत है कि आधुनिक कथानायक एक 'अपरिचित' है जो वर्तमान नैतिक व्यवस्था को नष्ट करने की अपेक्षा एक ऐसी व्यवस्था का सृजन करना चाहता है जिसमें उसे मानवता की भावना वापस मिल सके। काज़िन को इस बात पर अफ़सोस है कि वर्तमान कथा साहित्य में उन्नीसवीं सदी जैसे विद्रोही कथानायक नहीं मिलते जिनके जीवन का उद्देश्य ही था किसी-न-किसी नैतिक रूढ़ि या सामाजिक अन्याय के विरुद्ध संघर्ष!

सृजन और सृजन के मोहभंग की एक तस्वीर यह है और दूसरी तस्वीर वह है जो सृजन को नयी-नयी आत्मोपलब्धि समझकर आत्मान्वेषण के पीछे भाग रही है।

सृजन की दलील में जिस 'विश्वव्यापी मानवीय विघटन' और 'व्यक्ति की ध्वस्त अन्तरात्मा' का नाम बार-बार भारती लेते हैं, वह भी आत्मान्वेषण की ही तरह पश्चिम से उपलब्ध हुआ है। विघटन की जिस वेदना को आत्मसात् करने के लिए भारती इतने आकुल हैं उसे आत्मसात् करने में वेदना भले ही हो, सृजन की सम्भावना नहीं है और नहीं है आत्मोपलब्धि की आशा।

सामाजिक संघर्ष से अलग होकर 'ध्वस्त अन्तरात्मा का पुनर्निर्माण' कितना सम्भव है इसके लिए पिछले कई वर्षों के अनुभव कम न होंगे। विकास की स्थिति यह है कि मानव-व्यक्तित्व के सृजन से चलकर टूटी अन्तरात्मा के जोड़ने पर आये और अन्त में 'क्षण को एक संगति, एक अर्थ, एक क्रम प्रदान करना' ही रह गया। और कौन जाने वह क्षण भी पकड़ से बाहर दुर्लभ हो गया हो।

राष्ट्रनिर्माण के नाम पर आत्मनिर्माण कर लेना राजनीति में भले ही सम्भव हो, साहित्य में आत्मोपलब्धि इतनी सरल नहीं है और यदि सरल है तो वह आत्मोपलब्धि भी नेताओं के आत्मनिर्माण की ही तरह काफ़ी स्थूल होगी!

आत्मान्वेषण और आत्मोपलब्धि को सृजन का उद्देश्य कहने वाले भारती अकेले नहीं हैं। ज़्यादातर लोगों को मालूम है कि 'अन्वेषण' की उत्पत्ति 'प्रयोग' के साथ ही हुई थी और 'तार सप्तक' के साथ ही अज्ञेय ने इसका प्रवर्तन किया था और अन्वेषण की क्रिया में यदि घूम-फिरकर हर अन्वेषी आत्मा तक लौट आया हो या पहुँच गया हो तो क्या आश्चर्य? और फिर आत्मान्वेषण की इस परिणति को आत्मोपलब्धि न कहा जाये तो क्या कहा जाये? और यदि हर अन्वेषी को खोज में यही शब्द मिले तो उसका क्या दोष? जब अन्वेषण का दायरा भी एक ही है तो भिन्न-भिन्न सत्य कहाँ से मिलेंगे? फिर भी कहने में सत्य का कहीं-कहीं विस्तार हो ही जाता है, ख़ासतौर से जब अन्वेषी कुछ नया हो।

मसलन जगदीश गुप्त के पास आकर 'आत्मान्वेषण' 'आत्म-विस्तार' हो गया और रहस्य यह खुला कि साहित्य-सृजन का अर्थ है स्वातन्त्र्य अर्थात् व्यक्ति स्वातन्त्र्य! 'साहित्य सृजन : नियतिवाद के विरुद्ध उद्‌घोष' शीर्षक

निबन्ध (आलोचना-16) में जगदीश गुप्त ने स्पष्ट कर दिया कि 'सृजन' का नाम व्यक्ति-स्वातन्त्र्य वाले राजनीतिक नारे का ही अंग है। साथ ही गुप्त जी से 'सृजन' की निरुद्देश्यता का भी आभास मिल गया। उनके अनुसार 'साहित्य और कला की सृष्टि निरुद्देश्य नहीं होती, किन्तु उसका उद्देश्य इतना *सूक्ष्म* होता है कि उसे किसी *निश्चित* शब्दावली में बाँधकर जड़ीभूत नहीं किया जा सकता।' यद्यपि इसके बाद ही उन्होंने 'आत्मविस्तार' और 'आत्मोपलब्धि' का नाम लिया है, गोया ये जड़ीभूत नहीं, बल्कि 'जड़ी-भूत' हैं, तो भी यह *निश्चित* शब्दावली नहीं है। आख़िर यह उद्देश्य कितना सूक्ष्म है कि निश्चित शब्दावली में बाँधते डर लगता है? और जिस उद्देश्य को निश्चित शब्दावली में बाँधने से डर है उससे साहित्य-सृजन क्या होगा? बेहतर है इस प्रश्न के उत्तर के अन्वेषण के लिए जगदीश गुप्त को स्वतन्त्र छोड़ दिया जाये और अन्यत्र देखा जाये कि इस उद्देश्य की निश्चित शब्दावली क्या है?

'चक्रव्यूह' के कवि कुँवरनारायण ने स्वीकारात्मक प्रश्न किया है कि—

क्या ज़रूरी है कि यह मालूम ही हो लक्ष्य क्या है?
अनवरत संघर्षरत इस ज़िन्दगी का पक्ष क्या है?

और यदि यह प्रश्न पर्याप्त नहीं है तो कुँवरनारायण के निश्चित शब्द ये रहे—

चाल का सम्पूर्ण आकर्षण अनिश्चित मार्ग
जिसका अन्त है शायद
कहीं भी
या कहीं भी नहीं।

कुँवरनारायण ने जगदीश गुप्त के 'सूक्ष्म उद्देश्य' और 'नियतिवाद-विरोधी उद्घोष' दोनों ही को स्पष्ट कर दिया और स्पष्ट कर दिया कि 'सृजन' के लिए लक्ष्य का मालूम होना ज़रूरी नहीं है और मार्ग के अनिश्चित रहने में ही सृजन का सम्पूर्ण आकर्षण है। यह दूसरी बात है कि यह लक्ष्यहीनता भी एक लक्ष्य है और यह अनिश्चित मार्ग भी एक निश्चित मार्ग है; किन्तु यह मान्यता बर्गसाँ के सृजनात्मक 'सहज ज्ञान' (इनटुइशन) और मूल वृत्ति (इन्सटिंक्ट) के कितना निकट है, इसे देखा जा सकता है। आकस्मिक नहीं है कि 'सृजन' आन्दोलन ने एक नये प्रकार के रहस्यवादी

काव्य को जन्म दिया है। सृजन की रहस्यवादी मात्रा का रोचक वर्णन भारती की 'सात गीत वर्ष' की भूमिका में प्राप्त किया जा सकता है।

अनेक नये कवि सृजन के ऐसे गहन क्षण में अक्सर पहुँच जाते हैं जो कहा नहीं जा सकता है और जिसकी अभिव्यक्ति केवल 'मौन' द्वारा ही सम्भव होती है। सृजन की इस मान्यता से अनेक कवियों को यह कहने का आधार मिल गया है कि उन्हें पहले से नहीं पता कि क्या कहना है और शायद कह लेने के बाद भी कुछ को इसका पता नहीं चलता! इस प्रकार अस्पष्टता सृजन का अंग बन गयी है और इसी के फलस्वरूप कविता क्रमशः विचारों से रिक्त होती जा रही है।

सृजनाकांक्षा की इसी अस्पष्टता की पुष्टि में भारती ने युग के सिद्धान्त की दुहाई दी है और कहा है कि सृजन-प्रक्रिया का मूल अन्तःप्रेरणा है और अन्तःप्रेरणा कवि के निजी वैयक्तिक सचेत भाव-प्रक्रिया की सीमा से बाहर की वस्तु है। इस प्रकार 'सृजन' 'सचेत भाव-प्रक्रिया' से बाहर है। दूसरे शब्दों में सृजन अचेत क्रिया है! चूँकि अचेत क्रिया वाले सृजन का वास्तविक ग्रहण अचेत स्थिति में ही सम्भव है इसलिए इन रचनाओं के वास्तविक अधिकारी अचेत ही हो सकते हैं अर्थात् पत्थर, योगी, युंग और सृजनाचेत कवि!

बात अचेतनता तक ही रहती तो भी ग़नीमत थी; अचेतन सृजन ने कुछ कवियों को धार्मिक अलौकिकता के द्वार तक पहुँचा दिया है। 'पूजा'-भाव वाले भारती ने सृजन के दैवी अलौकिक स्रोत को नकारते हुए भी स्वीकार किया है 'वह (कलाकार) कला के आशयों का साक्षात्कार अपने माध्यम से होने देता है।' इस 'साक्षात्कार' का क्या अर्थ है? और 'होने देता है' से प्रकट होने वाली निष्क्रियता क्या है? सृजन की जिस क्रिया में कलाकार केवल 'माध्यम' है वह कैसी है? जो सृजनकामी कलाकार समाज का 'माध्यम' होना अस्वीकार करता है, वह आख़िर किस सत्ता का 'माध्यम' है। वह सत्ता अलौकिक नहीं तो क्या है? 'अरी ओ करुणा प्रभामय' के अज्ञेय जापानी 'ज़ेन' बौद्धमत की साधनाओं से आकृष्ट हैं तो वह अलौकिक है या लौकिक?

जैसा कि आई.ए. रिचर्ड्स ने कोलरिज की 'कल्पना' पर आपत्ति करते हुए बहुत पहले आशंका प्रकट की थी, 'सृजन' शब्द में धार्मिक अर्थ सन्निहित है।

सृजन प्रक्रिया को मन की गहन अचेतन स्थिति तक ले जाने वाला युंग यों ही धर्म का पुरोधा नहीं है! बीसवीं सदी के इस उत्तरार्द्ध में भी कविता और धर्म के पारम्परिक सम्बन्ध की जो बात नये सिरे से उठाई गयी है, वह आकस्मिक नहीं है। नयी कविता में पुराने धार्मिक प्रतीकों का पुनरुद्धार केवल कला के लिए नहीं हो रहा है? पुराने प्रतीकों को नये अर्थ और नये मूल्य देने की घोषणा चाहे जितनी की जाये, लेकिन उनसे लिपटे हुए जिन पुराने धार्मिक संस्कारों का अवतरण होगा उसे कौन रोक सकता है? 'क्रॉस' या 'सलीब' के प्रतीक में ऐसी कौन-सी कलात्मकता है जिसके लिए नये कवियों ने गिरजाघरों तक दौड़ लगाई है? सृजन का यह कौन-सा नया आयाम है जो गिरजाघरों की मेहराबों से ही उभरता है? सृजन के क्षण का वह कौन-सा अनुभव है जो आरती के अगरु-धूप, पूजा के फूल और तुलसी के दीप की गन्ध से ही तृप्त होता है? सृजन की वे कौन-सी अनुभूतियाँ हैं जो धार्मिक प्रतीकों का आश्रय लेने को विवश हैं? क्या इनके साथ पुराने अन्धविश्वास और अज्ञान को भी पुनर्जीवन नहीं मिलता? धार्मिक प्रतीकों के इस पक्ष पर सृजनकामी कवियों का ध्यान क्यों नहीं जाता? सृजन का यह बोध कैसा है जो धार्मिक रूढ़ियों के प्रति एकदम अन्धा हो उठा है? क्या पूर्ण और सन्तुलित सृजन-दृष्टि इसी को कहते हैं?

'कला के आशयों का साक्षात्कार अपने माध्यम से होने देने' के साथ ही सृजन का एक चक्र पूरा हो जाता है। अन्तःप्रेरणा से अलौकिकता तक होता हुआ पुनः अन्तःप्रेरणा तक। और जैसा कि भारती को स्वयं इस पर आश्चर्य है, "आप यह पूछ सकते हैं कि क्या आप तर्क करते-करते एक गोल चक्कर में नहीं घूम गये।" (मानव मूल्य और साहित्य, पृष्ठ 160) लेकिन आश्चर्य की कोई बात नहीं है। सामाजिक संघर्ष से विरत शुद्ध सृजन कवि को अनिवार्यतः एक गोल चक्कर में घुमाता है : उसका उद्देश्य या निरुद्देश्यता यही है। किन्तु इस गोल चक्कर के भीतर और भी कई गोल चक्कर हैं।

अलौकिकता की लौकिक सन्तान असाधारणता है। अलौकिक की शरण जाने के बाद कवि अपने को असाधारण समझने के लिए विवश है क्योंकि किसी असाधारण व्यक्ति को ही कला के आशयों का साक्षात्कार हो सकता है। सृजनकामी कवि यदि अपने को असाधारण समझता है तो

चौंकने की बात नहीं है। अज्ञेय ने भारती को 'जीनियस' होने का प्रमाण-पत्र दिया तो भारती को जल्द ही अपने 'बोधिसत्व' होने का अहसास होने लगा। 'सीढ़ियों पर धूप में' संकलित 'लेखक के चारों ओर' शीर्षक 'अन्तरालोकित वाक्यों' में रघुवीर सहाय ने भी बार-बार कवि की असाधारणता का उद्घोष किया है नयी पीढ़ी के कवियों को तो प्रमाण-पत्र की भी दरकार नहीं—वे स्वतः जीनियस हैं।

वैसे यह मान्यता रोमांटिक काव्य से ही उत्पन्न हुई है कि कवि असाधारण होता है और सृजन के इस विशेष बोध का भी जन्म तभी हुआ; किन्तु सृजन के नये दौर में उस मान्यता का असाधारण विकास हो गया है।

एक बार अपने को असाधारण समझ लेने के बाद कवि का यह मानना स्वाभाविक हो जाता है कि वह असाधारण की रचना करता हैं। जो साधारण जगत् में है उसी का चित्रण कवि ने किया तो क्या किया? रचना तो वह है जो साधारण जगत् में न हो। मिस लैंगर ने *प्राब्लम्स ऑफ़ आर्ट* पुस्तक में बड़ी गम्भीरता से यह प्रश्न उठाया है कि कलाकार क्या सृजन करता है? और फिर उतनी ही गम्भीरता से उन्होंने उत्तर भी दिया है कि वह 'सेम्ब्लेन्स' (Semblance) या प्रतिभास का सृजन करता है जो वास्तविक वस्तुओं, तथ्यों, व्यक्तियों और अनुभवों से सर्वथा भिन्न होता है। मिस लैंगर के अनुसार यह 'प्रतिभास' ही 'इमेज' या 'बिम्ब' है! बिम्ब वस्तुतः यही है या नहीं, इस पर विवाद हो सकता है किन्तु 'सृजन' के साथ 'बिम्ब' सम्बन्धी प्रचलित मान्यताओं का सम्बन्ध अवश्य है। यह आकस्मिक नहीं है कि नयी कविता में 'बिम्ब' का प्रचार उसी समय से इतना हुआ है जब से 'सृजन' का आन्दोलन चला है।

कवि असाधारण है क्योंकि बिम्ब का सृजन करने में समर्थ है अथवा कवि बिम्ब का सृजन करता है क्योंकि असाधारण है—असाधारणता बिम्ब और सृजन के इस पारस्परिक सम्बन्ध को फ्रैंक कर्मोड ने अपनी *रोमांटिक इमेज* पुस्तक में बड़े विस्तार से उद्घाटित किया है। यह सम्बन्ध इतना दुर्निवार है कि सहज बिम्बधर्मी कवि केदारनाथ सिंह भी 'रचना-प्रक्रिया' से गुज़रते हुए कभी-कभी युंग के 'घने अन्धकार' में भटक जाते हैं।

सृजन के साथ अचानक जो बिम्ब, प्रतीक, 'मिथ' आदि का इतना प्रचार हुआ है उसमें समाज से पलायन का भाव स्पष्ट है। नया कवि बिम्बों

का सृजन केवल अमूर्त को मूर्त करने के लिए नहीं करता, बल्कि वास्तविक के स्थान पर मृगमरीचिका की सृष्टि करने के लिए करता है। नये बिम्बों में जाकर ठोस वस्तुएँ भी हवा हो जाती हैं, यथार्थ आभास हो जाता है, स्पष्ट वस्तुएँ अस्पष्ट हो जाती हैं और ज्वलन्त प्रश्न पिघलकर ठण्डे हो जाते हैं। सृजन के नाम पर ये बिम्ब प्रायः भ्रम का सृजन करते हैं।

कथा-साहित्य में इस प्रतीकवादी प्रवृत्ति को बढ़ते देखकर अमरीकी आलोचक ट्रिलिंग ने हाल ही में चिन्ता प्रकट की है। ट्रिलिंग का कहना है कि "छात्रों ने दोस्तोव्सकी के उपन्यासों में धन-सम्बन्धी मसलों को भी प्रतीकात्मक बतलाने का कौशल प्राप्त कर लिया है, गोया किसी को न तो इस चीज़ की ज़रूरत पड़ती है और न इसे ख़र्च करता है या जुए में लगाता है और ऐसा हो गया है कि इसके वजूद के बारे में सोचना भी असाहित्यिक लगता है।"

क्या ऐसे छात्र केवल ट्रिलिंग के ही देश में हैं? उपन्यासों के रुपये-पैसे की ओर भारती का ध्यान कैसे नहीं गया, यह कहना तो कठिन है, लेकिन ताल्सतॉय के *युद्ध और शान्ति में* उन्हें सभी चरित्र आत्मान्वेषण के प्रतीक अवश्य दिखाई पड़े। दरअसल बिम्ब और प्रतीक की रचना से बड़ी सुविधा है; सुविधा यह है कि तमाम तात्कालिक समस्याएँ प्रतीक मालूम होने लगती हैं और इस तरह न तो उनसे कोई ख़तरा रह जाता है और न उन्हें वास्तविक धरातल पर हल करने की समस्या ही! बिम्ब-विधान और प्रतीक सृजन लेखक और पाठक दोनों को एक ही साथ तमाम सामाजिक ज़िम्मेवारियों से मुक्त कर देते हैं। इस प्रकार सृजन का एक गोल चक्कर फिर पूरा होता है।

इतने गोल चक्करों में घूमने की तकलीफ़ सृजन-कामी साहित्यकारों को न होती यदि वे सृजन में बुद्धि या विवेक-ज्ञान को भी थोड़ी सी जगह देते। किन्तु यहाँ तो यह हुआ कि सृजन की सारी प्रक्रिया को ही बुद्धि-विवेक से परे प्रातिभज्ञान तथा अवचेतन में घटित मान लिया गया। यहाँ तक कि बुद्धि-विवेक को सृजन का शत्रु समझा गया। बुद्धि का विरोध करते-करते सृजनवादी इस हद तक चले गये कि उन्होंने आलोचना-मात्र के विरुद्ध जेहाद बोल दिया। समस्या 'रचना-बनाम आलोचना' के रूप में उपस्थित की गयी गोया इनमें शाश्वत-विरोध है। 'साहित्य जीवन की आलोचना है' यह धारणा एकबारगी पुरानी पड़ी गयी, कवि आलोचक के

साहचर्य की दीर्घ भारतीय परम्परा भी परित्याज्य मान ली गयी। इस प्रकार आलोचना से अपने को मुक्त करके कवियों ने निर्द्वन्द्व भाव से अबौद्धिक प्रातिभज्ञान के जंगल में भटकने के लिए मार्ग ढूँढ़ लिया। राष्ट्रनिर्माण करने वाली सत्ता ने यदि विरोधी पक्ष की आलोचना को निर्माण-विरोधी कहकर दम लिया तो साहित्य-सृजन करने वाले साहित्यकारों ने भी आलोचना को सृजन-विरोधी घोषित किया। नुक़सान आलोचना का क्या होता, सृजन विवेक से वंचित अवश्य हो गया।

परन्तु सृजन और रचना की एक दूसरी तस्वीर भी है जिसे गजानन मुक्तिबोध ने 'काव्य की रचना-प्रक्रिया' शीर्षक निबन्ध (नयी कविता-4) में प्रस्तुत किया है। मुक्तिबोध ने निम्न-मध्यवर्गीय संघर्ष-भावना की प्रखरता का आह्वान करते हुए रचना-प्रक्रिया में 'आलोचना-धर्म, आभ्यन्तर भाव-सम्पादन, आत्मसंघर्ष' के महत्त्व पर ज़ोर दिया है और फिर इस आत्मसंघर्ष को विश्व-संघर्ष की पृष्ठभूमि में स्थापित करने का प्रस्ताव रखा है। जो संघर्ष सृजनवादियों के लिए होना है वही मुक्तिबोध की रचना-प्रक्रिया का आधार है। उन्होंने स्पष्ट शब्दों में कहा है कि "कवि, केवल रचना-प्रक्रिया में पड़कर ही कवि नहीं होता, वरन् उसे वास्तविक जीवन में अपनी आत्म-समृद्धि को प्राप्त करना पड़ता है, और मनुष्यता के प्रधान लक्ष्यों से एकाकार होने की क्षमता को विकसित करते रहना पड़ता है। यही कारण है कि काव्य केवल एक सीमित शिक्षा या संस्कार नहीं है, वरन् एक व्यापक भावनात्मक और बौद्धिक परिष्करण (कल्चर) है—वह 'कल्चर', वह परिष्कृति जो वास्तविक जीवन में प्राप्त करनी पड़ती है।"

'रचना' और रचना की दोनों तस्वीरों को मिलाकर देखा जा सकता है कि कौन 'रचना' एकांगी है और कौन सांगोपांग!

दरअसल, 'सृजन' और 'रचना' के नाम पर हिन्दी में इधर जो इतना घटाटोप खड़ा किया गया है वह मुक्तिबोध के ही शब्दों में—

इतना गूढ़, इतना गाढ़, सुन्दर जाल
केवल एक जलता सत्य देने टाल!

जनतन्त्र और आलोचना

इतने गम्भीर और विचारोत्तेजक निबन्ध प्रस्तुत किये गये हैं कि उनके साथ न्याय करने के लिए और स्वयं अपने विचारों के साथ न्याय करने के लिए भी, उचित तो यही है कि लिखित रूप में ही ठीक-ठीक बातें की जायें और की जा सकती हैं। हालाँकि लिखित का बहुत ही अतिक्रमण हो रहा है जैसी कि चिन्ता *अशोक जी* ने व्यक्त की है, लेकिन बातचीत तो मौखिक ही हो सकती है और स्वभावतः उसमें एक प्रकार का सरलीकरण भी हो सकता है। समय की सीमा को देखते हुए मैं इस चर्चा को प्रारम्भ करने के लिए और चर्चा करने के लिए इन पर्चों पर अपनी टिप्पणी करते हुए कुछ और प्रश्न अपनी ओर से जोड़े देता हूँ। *महाभारत* में *भीष्म* से जब कोई सवाल पूछा जाता है तो वे कहते हैं कि पहले भी इसी विषय पर कुछ लोगों ने ऐसा ही किया था। उस शैली में यदि मैं कहूँ तो यह एक संयोग ही है कि जिस वर्ष *पूर्वग्रह* स्थापित हुआ लगभग उसी समय शिकागो में *क्रिटिकल इन्क्वायरी* नाम की पत्रिका स्थापित हुई और दस वर्ष पूरा होने की उम्मीद करने से पहले ही आज से दो साल पहले उसके सम्पादक ने लगभग ऐसा ही प्रश्न उठाया। वह प्रश्न था आलोचना में प्यूरलिज़्म की आवश्यकता। *पूर्वग्रह* ने पाँच वर्ष होने पर ऐसा कोई प्रश्न नहीं उठाया था और जहाँ तक मुझे याद है उस समय आलोचना में प्रचलित दो प्रवृत्तियाँ *पूर्वग्रह* ने अपनी ओर से रेखांकित की थीं—अकादेमिक आलोचना और धन्धई आलोचना। इन दो के विकल्प के रूप में *पूर्वग्रह* ने *तीसरा साक्ष्य* प्रस्तुत करना चाहा था। पाँच वर्ष के बाद पूर्वग्रह को यह अनुभव हुआ कि दरअसल ज्वलन्त समस्या आलोचना में लोकतन्त्र की या जनतन्त्र की है।

यानी जनतान्त्रिक मूल्यों की भी और जनतान्त्रिक पद्धति की भी। यह भी संयोग की ही बात है कि अपने परिपत्र में *अशोक जी* ने बहुलता और बहुवाचकता की बात उठाई है जिसमें यह निहित है कि हम आलोचना में लोकतन्त्र की अपेक्षा करते हैं तो हम उसमें एक तरह की बहुलता प्यूरलिज़्म या बहुत्ववाद की अपेक्षा करते हैं। जो प्रश्न मेरे मन में उठ रहा है, वह यह है कि आमतौर से लोकतन्त्र की आवाज़ वे लोग उठाते हैं जो सत्ता में नहीं होते, सत्ता के विरोधी होते हैं और अपने को अल्पसंख्यक समझते हैं, क्योंकि यह समझा जाता है कि सत्ता स्वयं अपने को चाहे जितना लोकतान्त्रिक कहे, लेकिन लोकतन्त्र की आवश्यकता सबसे ज़्यादा उसे अनुभव होती है जो सत्ता में नहीं होता, सत्ता के विरोध में होता है और इसी कारण वह अल्पसंख्यक भी हुआ करता है। सामान्यतः हम राजनीति में यही देखते हैं। साहित्य में क्या स्थिति है, पाँचवें वर्ष के अवसर पर भी *पूर्वग्रह* ने अपने को अल्पसंख्य साक्ष्य कहा था और *अशोक जी* ने अपने वक्तव्य में अपने को, यानी *पूर्वग्रह* को वैचारिक अल्पसंख्यकों में गिना है। मैं सिर्फ़ यह जानना चाहता हूँ, मेरे मन में यह जिज्ञासा उठ रही है कि साहित्य में, आलोचना में इस समय कितने प्रकार की प्रवृत्तियाँ सक्रिय हैं और जितने प्रकार के लोग हैं उनमें बहुसंख्यक कौन हैं? वह कौन-सी प्रवृत्तिं है, कौन-सा साहित्यिक मूल्य है जो सत्ता में है? साहित्य में सत्ता का दर्जा हासिल करने वाला जो मूल्य या आलोचना प्रणाली है उसका सम्बन्ध स्वयं हमारे सार्वजनिक जीवन की सत्ता से क्या है, कैसा है?—जब तक इसका निर्णय नहीं होता, तब तक अल्पसंख्यकों की संख्या ज़्यादा दिखलाई पड़ रही है—और मुझे ऐसा प्रतीत होता है कि आलोचना में सारी-की-सारी बहस विभिन्न अल्पसंख्यकों के बीच चल रही है। मसलन मार्क्सवादी विचारधारा को मानने वाले लोग न हमारे सार्वजनिक जीवन में सत्ता में हैं और न हमारे हिन्दी साहित्य में वर्चस्व के रूप में, सत्ता के रूप में प्रतिष्ठित मार्क्सवादी आलोचना पद्धति है; भले ही उसके कितने ही रंग हों। विचित्र स्थिति है कि सारा-का-सारा रचनात्मक साहित्य भी और आलोचनात्मक साहित्य भी व्यवस्थाविरोधी है, सब सत्ता विरोधी हैं। और व्यवस्था विरोधी और सत्ता विरोधी जितने भी हैं, किसी-न-किसी रूप में उन सारे-के-सारे लोगों को यह विश्वास है कि वे अल्पसंख्यक हैं।

पूर्वग्रह स्वयं अपने को अल्पसंख्यक कहता है, तो कोई कारण नहीं कि हम उसे बहुसंख्यक मानकर के चलें।

अशोक जी ने अपने वक्तव्य में एक और बात उठाई है, जो *क्रिटिकल इन्क्वायरी* की ही एक बात से और समानता रखती है वह यह कि साहित्य एक सामाजिक संस्था है। चूँकि आलोचना एक साहित्य है तो आलोचना स्वयं एक संस्था है। *आचार्य दुबे* समाजशास्त्री हैं, कदाचित् उनको कोई आपत्ति हो, क्योंकि समाजशास्त्र में संस्था का, इंस्टीट्यूशन का जो अर्थ लगाया जाता है, वह बिल्कुल दूसरा है, इसलिए साहित्य के संस्था होने का प्रश्न निर्विवाद नहीं है, विवादास्पद है किन्तु क्रिटिकल इन्क्वायरी के सम्पादक ने यह स्वीकार किया है कि आलोचना किसी-न-किसी रूप में वैचारिक होते हुए भी चाहे शिक्षा संस्थाओं के द्वारा, अकादेमियों के द्वारा, साहित्यिक संगठनों के माध्यम से, यहाँ तक संगोष्ठियों के माध्यम से भी किसी-न-किसी रूप में कभी भौतिक संस्थान से जुड़कर और कभी नितान्त अभौतिक-बौद्धिक स्तर भी संस्था का रूप ग्रहण कर सकती है। इसीलिए प्रत्येक आलोचना को (जैसा कि ईमानदारी के साथ उसने भी स्वीकार किया) जब भी वह बहुलता का आग्रह करती है तब उसे स्वयं भी आत्मालोचन करना चाहिए, स्वयं भी जाँच करनी चाहिए कि यदि वह स्वयं संस्था है तो उस संस्था का सामाजिक आधार क्या है और कौन-सी वह सामाजिक संस्था है जिससे वह जुड़ी हुई है, जिसके सामाजिक हित से वह जुड़ी हुई है अथवा जिसकी पीठिका पर वह प्रतिष्ठित है। यह उपयोगी होगा। अल्पकाल में मैं कतई इस पर विचार करने या फतवा देने की स्थिति में नहीं हूँ, न मैं चाहता हूँ कि अल्पसंख्यकों की जिस कोटि में *पूर्वग्रह* अपने को मानता है उस *पूर्वग्रह* का—यदि वह संस्था है तो उस संस्था का सामाजिक आधार क्या है। पर स्वयं वह सामाजिक आधार अल्पसंख्यक है, विरोध का है अथवा सत्ता का है—जब तक इसकी जाँच नहीं होती, तब तक केवल अल्पसंख्यक कहने से भ्रम हो सकता है। मैं इस बात को थोड़ा-सा स्पष्ट करने के लिए कहूँ कि ऐसा हुआ है कि आलोचना में विरोध की भूमिका अदा करने वालों की कोटि लगभग अल्पसंख्यकों की रही है। यदि बहुत दूर न जायें तो बीसवीं सदी का ही उदाहरण लें। एक *एफ.आर. लीविस* का

उदाहरण स्वयं *शाह साहब* ने लिया है या स्वयं *मैथ्यू आर्नल्ड* का उदाहरण लें तो उससे लेकर के *एफ.आर. लीविस* और *इलियट* तक की परम्परा के बहुत सारे लोग अपने को माइनारिटी मानते थे। लीविस आत्मसजग थे अपने अल्पसंख्यक होने को लेकर। अमरीका का सारा-का-सारा न्यू क्रिटिसिज़्म स्वयं अपने को उत्तरी अमरीका के दक्षिणी भाग के उन अल्पसंख्यकों की कोटि में रखता था, जो वर्तमान सभ्यता और उस पर निर्भर जनतान्त्रिक मूल्यों के ख़िलाफ़ संघर्ष करता रहा है। इस पूरे संघर्ष में यानी *मैथ्यू आर्नल्ड* से लेकर जो मुख्य धारा अंग्रेज़ी आलोचना की एफ.आर. लीविस तक आती है वह वैचारिक अल्पसंख्यकों की रही है और हम देखते हैं कि ये वैचारिक अल्पसंख्यक समाज के उस समाप्त होते हुए, क्षीण होते हुए उस अभिजात वर्ग के और आधुनिक युग के पूर्व के इंग्लैंड के जिसको आर्गेनिक सोसायटी कहते हैं—उसके मूल्यों की प्रतिष्ठा करने वाले थे, इस अर्थ में अल्पसंख्यक थे पर आगे चल करके हम देखते हैं कि उसी कैम्ब्रिज जिसने लीविस को दरकिनार किया था, उसकी उपेक्षा की थी अन्त में लीविस उसी के द्वारा स्वीकृत, मान्य, प्रतिष्ठित हुए। स्क्रूटनी अल्पसंख्यक से बहुसंख्यक बने। मैंने यह उदाहरण इसलिए दिया है कि इतना कहना काफ़ी नहीं होता कि आज वैचारिक अल्पसंख्यकों की जो संख्या है—वे विरोध में हों यह महत्त्वपूर्ण नहीं है। विरोध विरोध में भी फ़र्क़ होता है। अल्पसंख्यक हैं ये भी महत्त्वपूर्ण नहीं है, महत्त्वपूर्ण यह है कि कुल मिलाकर जिन मूल्यों की प्रतिष्ठा कर रहे हैं वे कहीं-न-कहीं सत्ता द्वारा स्वीकार्य होने की स्थिति में हैं, सत्ता का समर्थन करते हैं या नहीं करते हैं? मेरे ख़याल से जब भी ऐसे प्रश्नों पर विचार करें और ख़ासतौर से जब हम लोकतन्त्र को आलोचना में प्रतिष्ठित करना चाहते हैं और मूल्यों की उस पद्धति का निरूपण करना चाहते हैं तो इसकी और जाँच की जानी चाहिए कि बहुलता को स्वीकार करते हुए अल्पसंख्यकों के सामाजिक ढाँचे का आधार क्या हो सकता है।

दूसरी बात इसी सन्दर्भ में यहाँ मैं और जोड़ते हुए कहूँ कि अतीत लोगों को बड़ा मनोहर लगा करता है। कहा गया कि उन्नीसवीं सदी की आलोचना ज़्यादा जनतान्त्रिक थी, बीसवीं सदी में अपेक्षाकृत असहिष्णु हो गयी है। मैं अंग्रेज़ी साहित्य का विद्यार्थी नहीं हूँ, जो कुछ थोड़ी-बहुत सूचनाएँ

मिली हैं उन्हीं के आधार पर बात कर रहा हूँ। इस सन्दर्भ में मैथ्यू आर्नल्ड को बहुत जनतान्त्रिक कहा गया है। *अवर कल्चरल एनॉर्की* किताब को मैं जितना देख सका हूँ, समझ सका हूँ—एनॉर्की के विरुद्ध कल्चर की प्रतिष्ठा करते हुए उस पुस्तक के अन्त में मैथ्यू आर्नल्ड (और ध्यान देने की बात है कि फ्रांसीसी क्रान्ति के मूल्यों के विरुद्ध मैथ्यू आर्नल्ड *कल्चरल एनॉर्की* किताब लिख रहे थे) हड़ताल का विरोध करते हैं, जुलूस का विरोध करते हैं। कहते हैं इससे अराजकता फैलती है। जो सर्वोत्तम सोचा और लिखा गया है उन मूल्यों की प्रतिष्ठा करने वाले मैथ्यू आर्नल्ड कहते हैं कि यह हड़ताल, जुलूस आदि के पीछे शुरू हुई मनोवृत्ति ऐसे कार्यों के लिए, उनके कल्चर का पर्याय बन जाता है स्टेट। और कहते हैं कि राज्य को चाहिए कि वह इसका पूरी तरह से दमन करे। इसकी जाँच की जानी चाहिए। आमतौर से जब हम बहुलता की चर्चा करते हैं, बहुत्ववाद की तो अक्सर ऐसा होता है, जहाँ भी विरोध होता है, उस सारे विरोध को हम अराजकता का नाम दे दिया करते हैं और उस अराजकता के विरुद्ध हम कहते हैं कि व्यवस्था होनी चाहिए। मैं इसलिए यह बात कह रहा हूँ कि लोकतन्त्र ख़तरे में है। *रघुवीर सहाय जी* की एक कविता है कि *लोकतन्त्र का अन्तिम क्षण है, कहकर आप हँसे।* कभी-कभी सत्ता में प्रतिष्ठित लोकतन्त्र कहता है कि लोकतन्त्र ख़तरे में है, केवल विरोध ही नहीं कहता। तो—*कितने आप सुरक्षित होंगे मैं सोचने लगा* जब लोकतन्त्र बहुत सुरक्षित होता है तब वह लोकतन्त्र ख़तरे में है, जैसी बात कहकर हँस सकता है। इसलिए सोचने की बात यह है कि लोकतन्त्र का सवाल कब सत्ता की ओर से उठाया जाता है और यह कहा जाता है कि अराजकता फैल रही है, लोग फालतू सवाल उठा रहे हैं, जूतम पैजार कर रहे हैं, गाली गलौज कर रहे हैं, इस अराजकता को समाप्त करने के लिए हमको लोकतान्त्रिक मूल्यों की व्यवस्था स्थापित करनी चाहिए। आमतौर से उसका अर्थ यह हुआ करता है जिसमें निहित होता है एक सहमति प्राप्त करना, कॉशेंसियस पर ज़ोर देना और इस कॉशेंसियस या सहमति के आधार पर वह उन लोकतान्त्रिक मूल्यों की प्रतिष्ठा करना चाहती है। इसलिए मैं निवेदन करूँगा कि इस पूरी चर्चा में यदि आपको प्रासंगिक प्रतीत हो तो हम देखें कि लोकतान्त्रिक मूल्यों और पद्धतियों का सवाल

किस सन्दर्भ में आज हम उठाते हुए दिखाई दे रहे हैं? राजनीति के सन्दर्भ को अपनी सुविधा के लिए यदि आप छोड़ दें महज़ परिप्रेक्ष्य के रूप में ही रखें तो स्वयं साहित्य के अन्तर्गत मेरे सामने यह सवाल है। यदि *पूर्वग्रह* जिन साहित्यिक मूल्यों के लिए संघर्ष कर रहा है वे विरोध में हैं, प्रतिपक्ष में हैं, अल्पसंख्यक हैं तो सबसे पहले हमें यह निर्धारित करना चाहिए कि इस समय वे कौन-से साहित्यिक मूल्य हैं जो सत्ता में हैं? और जो जड़ हैं, जो रूढ़ हैं जिनके विरुद्ध संघर्ष करना चाहिए, वैचारिक स्तर पर और तर्क आदि चीज़ों का सहारा लेकर के करना चाहिए वे मूल्य कौन-से हैं? वो बात सारे फ़साने में जिसका ज़िक्र नहीं, वह नागवार गुज़री है कि नहीं, लेकिन स्पष्ट कहना चाहिए जैसा कि पिछली बार कहा गया था—कि अकादेमिक आलोचना और धन्धई आलोचना दो ख़तरे हैं। वैसे ही आज स्पष्ट रूप से बताया जाना चाहिए कि आलोचना में अराजकता फैलाने वाले या तानाशाही पर बल देने वाले मूल्य कौन-से हैं? मैं नहीं कहता कि लोगों का नाम लिया जाये। पर यह अपरिभाषित रूप से जब तक रहेगा तब तक बहुत स्पष्टता के साथ बहस नहीं हो सकती। चूँकि स्वयं अपरिभाषित यह चीज़ है इसलिए अनेक प्रकार की व्याख्याओं की छूट ले करके अपनी ओर से उसकी कोई संज्ञा नहीं देना चाहता। लेकिन इसको कहीं-न-कहीं रेखांकित किया जाना चाहिए।

यहाँ ऐसा प्रतीत हो रहा है कि साहित्य के क्षेत्र में विचारधारा या आइडियोलॉजी को बल देने के कारण स्वभावतः एक प्रकार की तानाशाही आती है, इसलिए उससे जब तक मुक्त नहीं हुआ जायेगा तब तक साहित्य के क्षेत्र में उस प्रकार की तानाशाही मनोवृत्ति के ख़तरे बने रहेंगे, भले ही वह आइडियोलॉजी मार्क्सवादी हो या कुछ भी हो। मैं यहाँ एक बात और कहकर समाप्त करूँगा। इस सिलसिले में मुझे हन्ना एरेंट की किताब—*बिटवीन पास्ट एंड फ्यूचर* के अन्तिम अध्याय में एक बहुत ही उपयोगी बात मालूम हुई। उन्होंने *कांट के क्रिटिक ऑफ़ जजमेंट* का हवाला देते हुए कहा कि कांट अपने *क्रिटिक ऑफ़ जजमेंट* में यह कहते हैं कि कला और साहित्य की दुनिया में दर्शन से यह भिन्नता और विशिष्टता होती है कि दर्शन में तो अपने आप से संवाद और स्वयं अपने आप में सुसंगत बने रहने का प्रयास

होता है यानी उसे इस रूप में निरूपित किया जाता है कि सारी दुनिया से विरुद्ध होने की मैं इतनी परवाह नहीं करता; लेकिन मुझे इसकी चिन्ता ज़्यादा है कि मैं स्वयं अपने विरुद्ध न रहूँ, मैं अपने आप में सुसंगत रहूँ। हन्ना एरेंट ने कहा कि साहित्य और कला की दुनिया इस मामले में भिन्न होती है कि हम अपने इम्प्रेशन केवल अपनी भावनाओं तक की सीमित नहीं रखते, बल्कि हम अपने आपको दूसरे की स्थिति में रखकर सोचने का प्रयास करते हैं जहाँ दूसरे के मत की अपेक्षा रहती है जिसे उन्होंने कहा कि *एनलॉर्ज मेंटलिटी* की ज़रूरत पड़ती है। इसीलिए उन्होंने कहा कि साहित्य में रुचि, अभिरुचि पर बल दिया जाता है। दर्शन से साहित्य इस मामले में भिन्न है कि वैचारिक मतभेदों के बावजूद हम देखते हैं कि किसी कलाकृति के पसन्द-नापसन्द के आधार पर हम किसी को अपना साझीदार मान लेते हैं, बावजूद इसके कि विचारों के मामले में हम उससे घोर असहमत हुआ करते हैं। इस सिलसिले में उन्होंने *सिसिरो* के एक कथन का उदाहरण दिया। सिसिरो ने कहा कि मैं *अफलातून* के साथ भटकना पसन्द करूँगा, किन्तु अफलातून के विरोधियों के साथ सही रास्ते पर चलना मंज़ूर नहीं करूँगा। मैं एक उदाहरण दे सकता हूँ *पण्डित विष्णुकान्त शास्त्री* का जिनके नाम से कदाचित् आप परिचित हों, उनकी विचारधारा यद्यपि भारतीय जनता पार्टी की है। दूसरी ओर *डॉ. रामविलास शर्मा* हैं जो मार्क्सवादी हैं। विचित्र बात है कि *तुलसीदास* को लेकर या *निराला* को लेकर टेक्स्ट के धरातल पर दोनों आदमी एक बिन्दु पर मिलते हैं, जबकि विचारों में इन दोनों के बीच कोई मेल नहीं है। इसीलिए जैसा कि हन्ना एरेंट ने कांट के क्रिटिक ऑफ़ जजमेंट के हवाले से कहा है कि उसने टेक्स्ट को किसी व्यक्ति की राजनीतिक सीमाओं और क्षमताओं के अतिरिक्त रखा है। कदाचित् जब कांट के सौन्दर्यशास्त्र से कोई आदमी पूरी तरह से ही असहमत हो तो उस दायरे को तोड़कर दूसरी स्थापना कर सकता है। किन्तु मुझे ऐसा प्रतीत होता है कि साहित्य और कलाओं के सिलसिले में जिस आइडियोलॉजी का स्थान ठीक-ठीक निरूपित नहीं किया जा सकता है उस पर ज़्यादा विचार किया जाना चाहिए। इसी के कारण शायद वह असहिष्णुता दिखाई पड़ती है क्योंकि तर्क में, दर्शन में, तत्त्वचिन्तन में और राजनीतिक विवाद में तो

ज़्यादा गुंजाइश है लेकिन साहित्य और कला में आइडियोलॉजी कदाचित् वही भूमिका अदा नहीं करती जैसा कि कॉन्ट मानते थे। *क्रिटिक ऑफ़ प्योरलिज़्म* में कांट अपने *असहिष्णु* रूप में दिखाई पड़ते हैं। लेकिन *क्रिटिक ऑफ़ जजमेंट* में उस असहिष्णुता को छोड़कर कहीं उस विस्तृत मानसिकता (एनलॉर्ज मेंटलिटी) को स्थापित करते हुए दिखाई पड़ते हैं।

हम लोग ठीक-ठीक अभी तक साहित्य और कला में विचारधारा की भूमिका पर बहुत गम्भीरता और गहराई से शायद विचार नहीं कर सके हैं—न विचारधारा के समर्थक, न विचारधारा के विरोधी। इन्हीं कारणों से आलोचना में वह कट्टरता या तानाशाही रवैया दिखाई पड़ रहा है, जिन सुलझे हुए महत्त्वपूर्ण मार्क्सवादियों ने विचारधारा की भूमिका को साहित्य सृजन में बहुत नियामक नहीं माना है उनमें से एक डॉ. रामविलास शर्मा का नाम मैं ले सकता हूँ। *आस्था और सौन्दर्य* किताब को ही देखें और भी किताबों में। बार-बार वे कहते रहे हैं कि साहित्य में ऐन्द्रिय बोध भी होता है, भावबोध भी होता है। प्योर विचारधारा के रूप में साहित्य को लेना सही नहीं है। और यदि यह बात सही है तो इसी में से एक रास्ता निकलता दिखाई देता है, जहाँ हम साहित्य और कला के क्षेत्र में कदाचित् अधिक बहस मुबाहसे के दौरान लोकतान्त्रिक पद्धति का विकास कर सकते हैं, जहाँ चिन्तन में तो विकास हो ही, कदाचित् अभिरुचि के द्वारा भी हम एक ऐसी साझेदारी की स्थापना कर सकते हैं।

*(पूर्वग्रह की दसवीं वर्षगाँठ पर सितम्बर 1984 में भारत भवन,
भोपाल में आयोजित संवाद में दिया गया व्याख्यान।
साभार : पूर्वग्रह-66 पत्रिका, जनवरी-फ़रवरी 1985)*

समकालीन आलोचना

'युग-युग की समकालीन आलोचना की राह से गुज़र कर' डॉ. मदान जो सत्य लेकर आये वह यह है कि "इसने (आलोचना ने) जीनियस या राजकृतियों का सदा विरोध किया है, तिरस्कार किया है।" कारण ढूँढ़ा तो यह पाया कि "समकालीन कृतियों के तिरस्कार के अनेक कारण हैं जिनमें संवेदना की सीमा, सहानुभूति का अभाव, गुटबाज़ी, जलन आदि हैं।" किन्तु तुरन्त महसूस हुआ कि "इस तरह के परिणामों को निकालना बेकार साबित हुआ है।" इसलिए नतीजा यह निकला कि "समकालीन कृतियों और कृतिकारों की मौलिकता, नवीनता और सृजनात्मकता अभिशप्त है।" कृतियाँ अभिशप्त हैं तिरस्कृत होने के लिए और आलोचना अभिशप्त है भूल करने के लिए। गरज़ कि कुछ किया नहीं जा सकता। यदि यह स़च है तो ईमानदारी का तकाज़ा है कि आलोचना लिखना बन्द कर देना चाहिए। शुक्र है कि डॉ. मदान निराश नहीं हैं। प्रमाण है स्वयं यह लेख। निराशावादी निष्कर्ष सिर्फ़ दूसरों के लिए है। अपनी दिलचस्पी तो कहानी में है। उन्होंने साफ़ कहा है कि "पुराने और नये सब आलोचकों ने तरह-तरह की भूलें की हैं, इनकी भूलोंमय कहानी को कहा तो जा सकता है, लेकिन उससे कभी सीखा नहीं जा सकता।" लिहाज़ा डॉ. मदान ने बँटवारा ले-लेकर आलोचना की भूलोंमय कहानी को कहने तक ही अपने आप को सीमित रखा है, क्योंकि इसमें सुरक्षा है। वे निराशावादी मूर्ख हैं जो अपने बनाये हुए विचारों के मकान में स्वयं ही रहने लगते हैं, चतुर निराशावादी भवन बनाकर किराये पर उठा देते हैं। जो आलोचना में संसक्त है, वह आलोचना की भूलोंमय कहानी को इस तरह चटखारा लेकर नहीं सुना सकता।

यह दृष्टिकोण आलोचक का नहीं, आलोचना और आलोचकों के कहानीकार का दृष्टिकोण है। एकेडेमिक और पत्रकार आलोचक इसी कोटि में आते हैं, जिन पर डॉ. मदान ने फब्तियाँ कसी हैं, इस बात से बिल्कुल बेख़बर होकर कि स्वयं उनका यह निबन्ध भी एकेडेमिक और पत्रकारिता का अद्भुत घोल है : तथ्य संग्रह में एकेडेमिक और स्वर के हल्के-फुल्केपन में पत्रकारिता। यह स्वर ही सबसे ज़्यादा आपत्तिजनक है, जो किसी भी गम्भीर चर्चा की सम्भावना को शुरू से ही निरस्त कर देता है।

यह सही है कि पुराने और नये सब आलोचकों ने तरह-तरह की भूलें की हैं, लेकिन उनसे कभी सीखा नहीं जा सकता, यह कहना सही नहीं है। सवाल यह है कि 'सीखने' का मतलब क्या है? सीखने का मतलब यदि यह है कि भविष्य में कोई 'जीनियस' या राजकृति तिरस्कृत न हो तो तय है कि इस बात की कोई गारंटी नहीं। इस अर्थ में सचमुच ही पिछले आलोचकों की भूलों से कभी सीखा नहीं जा सकता। लेकिन आलोचना ऐसी सीख नहीं है वह विधि का विधान नहीं मानवीय मूल्यांकन है, एक 'जजमेंट' है, एक निर्णय है, जिसमें भूल की सम्भावना प्रकृत्या अन्तर्निहित है, और इसकी मानवीय गरिमा इस बात में है कि इसे अन्य व्यक्तियों और युगों की अपेक्षा सदैव बनी रहती है। केवल परमुखापेक्षी व्यक्ति ही अन्तिम और सही निर्णय के अन्देशे से हर समय दुबले रहते हैं। प्लेटो की भूल से यदि अरस्तू ने कुछ न सीखा होता तो पाश्चात्य काव्यशास्त्र का इतिहास वह न होता जो आज है। आलोचना के इतिहास में ऐसे अनेक प्रमाण हैं जहाँ एक आलोचक दूसरे आलोचक की भूल से ही नहीं, स्वयं अपनी भूल से भी सीखता है। छायावाद के मूल्यांकन में आचार्य रामचन्द्र शुक्ल से शुरू-शुरू में कुछ भूल हुई तो उसे आगे चलकर दूसरे आलोचकों ने ही नहीं, स्वयं आचार्य शुक्ल ने भी सीखा, जिसका प्रत्यक्ष प्रमाण है उनके 'इतिहास' का अन्तिम संस्करण। डॉ. मदान ने अंग्रेज़ी साहित्य से इतने उदाहरण दिये हैं कि इस बात को स्पष्ट करने के लिए अंग्रेज़ी आलोचना से एक उद्धरण देना अप्रासंगिक न होगा। विलियम एम्पसन ने कविता में भाव की स्थिति पर आई.ए. रिचर्ड्स के मत की आलोचना करते हुए एक स्थान पर लिखा है। अन्य लेखकों की सफलताओं की अपेक्षा रिचर्ड्स की ग़लती भी एम्पसन को आलोचकप्रद

इसलिए लगी कि उन्होंने सवाल को ज़्यादा गहराई से उठाने का प्रयास किया है। जो गहरे स्तर पर जाकर छायावाद के मूल्यांकन का प्रयास करेगा वह डॉ. मदान की तरह आचार्य शुक्ल को एकदम ग़लत कहकर दरकिनार न कर देगा, बल्कि जैसा कि डॉ. नित्यानन्द तिवारी ने अक्टूबर-दिसम्बर 69 की 'आलोचना' में प्रकाशित एक निबन्ध में कहा है, आचार्य शुक्ल अपने मूल्यांकन में ग़लती करने के बावजूद छायावाद के समर्थक आलोचकों से कहीं अधिक आलोकप्रद हैं। निस्सन्देह भूलों से प्रकाश पाने के लिए दृष्टि चाहिए और खेद के साथ कहना पड़ता है कि निराशावाद दृष्टि की रही-सही रोशनी भी छीन लेता है। निराशावाद बौद्धिक आलस्य की सन्तान ही नहीं, उसका जनक भी है।

इस बौद्धिक आलस्य से मुक्त होकर आलोचना के इतिहास को देखें तो वह उतना इकहरा और सपाट न दिखाई देगा, जितना डॉ. मदान ने चित्रित किया है। 'जीनियस' और राजकृतियों के तिरस्कार के उदाहरण पर उदाहरण देने की जगह यदि डॉ. मदान किसी एक उदाहरण पर थोड़ी देर ठहरकर यह सवाल उठाते कि उस 'जीनियस' का विरोध करने वाले कौन लोग थे तो तस्वीर कुछ और साफ़ होती। कालिदास और शेक्सपियर तो काफ़ी दूर के हैं और उनके बारे में जो थोड़े बहुत तथ्य उपलब्ध हैं वे विवादास्पद भी हो सकते हैं, किन्तु निराला की स्मृति तो ताज़ा है। निराला के विरोधियों की सूची बनाकर विश्लेषण करें तो साफ़ उभरकर यह तथ्य सामने आयेगा कि समाज और साहित्य में जिन रूढ़ियों पर निराला प्रहार कर रहे थे उन रूढ़ियों के रक्षक ही निराला विरोधी अभियान में शामिल थे। किन्तु जैसा कि डॉ. रामविलास शर्मा ने *निराला की साहित्य-साधना* नामक सद्य प्रकाशित पुस्तक के प्रथम खण्ड में सप्रमाण दिखलाया है, "हिन्दी प्रदेश में निराला को विरोध मिला तो जीने, लड़ने, लिखने की बहुत बड़ी शक्ति भी मिली।" यही नहीं बल्कि "यह देखकर आश्चर्य होता है कि उन्होंने अपनी विचारभूमि छोड़े बिना इतने अधिक भिन्न रुचि और संस्कारों के साहित्य-प्रेमियों का समर्थन प्राप्त किया।" एक शोधकार्य यह भी है, इसे प्रमाण मानें या डॉ. मदान के शोध-निबन्ध को, जिसमें निराला जैसे 'जीनियस' को तिरस्कार-ही-तिरस्कार मिला।

दरअसल 'जीनियस' शब्द ही इतना रोमांटिक है कि ख़याल में आने भर से बड़े-बड़े ग़ैर-रूमानी लोग भी रोमैटिक हो जाते हैं, और इस तरह 'जीनियस' की प्रभामण्डित प्रतिमा की रक्षा के लिए यह कल्पना अनिवार्य हो जाती है कि उसे हर तरफ़ से विरोध-ही-विरोध मिला। 'जीनियस' की महिमा के लिए चौतरफ़ा विरोध की पीठिका कुछ इतनी आवश्यक है कि उसे किसी कोने से मिलने वाले समर्थन का उल्लेख करके लोग उसकी महिमा को कम करना नहीं चाहते। सामाजिक अन्तर्विरोध की यह भी एक विडम्बना ही है कि महानता का मान समर्थन नहीं बल्कि विरोध है इस रूमानियत के शिकार अकेले डॉ. मदान ही नहीं हैं। 'कलम के सिपाही : प्रेमचन्द' के लेखक श्री अमृत राय ने भी प्रेमचन्द की ऐसी ही इकहरी तस्वीर पेश की है, जिसकी आलोचना में डॉ. रामविलास शर्मा को कहना पड़ा कि "अमृत राय ने प्रेमचन्द पर किये गये आक्षेपों का उल्लेख काफ़ी विस्तार से किया है। उनके समर्थन में प्रकाशित होने वाले लेखों का हवाला बहुत ही कम है। इससे यह ग़लत तस्वीर सामने आती है कि प्रेमचन्द का विरोध बहुत ज़्यादा था, समर्थन बहुत कम।"

इस प्रकार आलोचना के इतिहास में 'जीनियस' के विरोध के साथ-साथ समर्थन की कथा भी जुड़ी हुई है और इतिहास के इस द्वन्द्वात्मक रूप को भुलाकर निराशावादी नतीजे निकालना एकांगीपन है। 'जीनियस' का विरोध आलोचना की असफलता नहीं देखने वाली दृष्टि की असफलता है। रूढ़ियों के ख़िलाफ़ विद्रोह करने वाले 'जीनियस' को रूढ़ि के रक्षकों से समर्थन की उम्मीद ही क्यों हो? इस ग़लत उम्मीद का ही नतीजा है आलोचना मात्र को असफल घोषित करना। ज़ाहिर है कि यह आलोचना की असफलता नहीं, डॉ. मदान की असफलता है।

('समकालीन आलोचना' विषय पर आयोजित एक संगोष्ठी में दिया गया अध्यक्षीय व्याख्यान)

मार्क्सवादी सौन्दर्यशास्त्र

अध्यक्ष-मण्डल के आदरणीय सदस्यगण और मित्रो,

अक्सर रस की चर्चा नीरस और सौन्दर्य की चर्चा असुन्दर होती है। यह विरोधाभास अक्सर देखा जाता है। क्यों ऐसा होता है! मुझे ऐसा लगता है कि जब सुन्दर की चर्चा करते हुए हम 'सिस्टम' बनाते हैं, शास्त्र रचते हैं, तो उस शास्त्र के अपने कुछ तर्क होते हैं, नियम होते हैं, जिनके कारण वह सुन्दर की मांसल, मूर्त कृतियों से धीरे-धीरे अलग होता जाता है, अमूर्त होता जाता है, और अपनी प्रणाली बनाने लगता है, यह भाववाद में अक्सर होता है, ज़रूरी है कि मार्क्सवाद भी इसका शिकार हो?

अब डॉ. रमेश कुन्तल मेघ को ही लीजिए।

करना तो चाहते हैं हेगेल के भाववादी सौन्दर्यशास्त्र की प्रणालीबद्धता का विरोध, लेकिन विकल्प में स्वयं सौन्दर्यशास्त्र की एक मार्क्सवाद प्रणाली बनाने के लिए व्याकुल हैं।

इस सन्दर्भ में मुझे ग्राम्शी की एक बात याद आती है। बुखारिन ने जब 1923-24 के आस-पास मार्क्सवाद पर एक 'हैंडबुक' लिखी थी तो ग्राम्शी ने कहा था कि जिस दौर से मार्क्सवाद गुज़र रहा है उसमें 'हैंडबुक' लिखना कयामत है। मार्क्सवाद को, जो शास्त्र नहीं है बल्कि 'गाइड टु एक्शन' है, आप शास्त्र बनाने की कोशिश कर रहे हैं। एक चौकोर चीज़ को गोल चीज़ में डालने की कोशिश कर रहे हैं। यह अपने आपमें मार्क्सवाद का विरोध है। उसकी चेतना का विरोध है। ग्राम्शी ने कहा था कि कोई शास्त्र जब पूर्ण परिवक्वता पर पहुँच जाता है तब कदाचित् उसका 'सिस्टम' बनाने की ज़रूरत पड़े, लेकिन जब वह संघर्ष के दौर से,

निर्माण और विकास के दौर से गुज़र रहा हो, उस समय उसकी प्रकृति आमतौर पर वही होगी और वही होनी चाहिए जो स्वयं मार्क्स की अपनी रचनाओं की थी। वह 'क्रिटिकल क्रिटिक' का रोल अदा करता है, वह 'पोलेमिक्स' का रोल अदा करता है। गोविन्द देशपाण्डे और रमेश कुन्तल मेघ दोनों के विवेचनों को आप देखें तो इनमें से एक का रोल 'पोलेमिकल' था, जो मार्क्सवादी सौन्दर्यशास्त्र के निर्माण और विकास की सही दिशा है, और दूसरे की कोशिश उसे 'सिस्टम' और प्रणाली में बाँध देने की थी, और मुझे लगता है कि ग्राम्शी की बात इस सन्दर्भ में सही है—ख़ासतौर से मार्क्सवादी सौन्दर्यशास्त्र जिस दौर से गुज़र रहा है उसमें वह बिल्कुल सही है। सभी लोग स्वीकार करते हैं कि मार्क्सवादी सौन्दर्यशास्त्र का वैसा विकास अभी नहीं हुआ है जैसा मार्क्सवादी अर्थशास्त्र का। मार्क्सवादी राजनीतिशास्त्र की तुलना में तो वह और भी कम विकसित हुआ है इसलिए पहली बात तो मुझे यह लगती है कि मार्क्सवादी सौन्दर्यशास्त्र का रोल इस विकास के दौर में संघर्षशील होगा, 'पोलेमिकल' होगा, विवादात्मक होगा। उसका रोल 'क्रिटिकल क्रिटिक' का होना चाहिए।

अब यदि इस दौर से गुज़रना है तो उसमें अपने देश की इन समस्याओं पर हम कैसे विचार करें? मैं साँस रोककर इन्तज़ार कर रहा था—अब प्रेमचन्द का नाम कई बार आया तो सोचा कि शायद सौन्दर्यशास्त्र के सिलसिले में प्रेमचन्द का कहा हुआ एक मशहूर वाक्य ज़रूर कोई-न-कोई कहेगा। प्रेमचन्द ने प्रगतिशील लेखक संघ के प्रथम अधिवेशन के अध्यक्ष-पद से जो महत्त्वपूर्ण भाषण दिया था, उसमें उन्होंने कहा था कि हमें सौन्दर्य की परिभाषा बदलनी पड़ेगी, और यह बात वह आदमी कर रहा था जो स्वयं सौन्दर्य की एक नयी परिभाषा अपनी रचनाओं के द्वारा देने की कोशिश कर चुका था, और उस सन्दर्भ में उन्होंने बताया कि बादलों को देखकर—मेघजी क्षमा करें—मेघ को देखकर एक किसान के मन में वही भाव नहीं उठ सकते हैं जो महलों में रहनेवालों के मन में उठेंगे; क्योंकि दोनों का जीवन-अस्तित्व और जीवन-अनुभव एक ही वस्तु के बारे में दो भिन्न दृष्टिकोण पेश कर रहा है। प्रेमचन्द मार्क्सवाद से कितने प्रभावित थे, कितने नहीं; कितने क़रीब थे, कितने दूर थे, फीते लेकर नापिए आप लोग; लेकिन एक जनता के

लेखक की हैसियत से सौन्दर्यशास्त्र का एक महत्त्वपूर्ण सूत्र उन्होंने दिया था। और आप पायेंगे कि उसमें वह वर्ग-सिद्धान्त विद्यमान है जिसमें वे मानते हैं कि सौन्दर्य का कोई शाश्वत सिद्धान्त नहीं होता। सभी वर्गों के लिए समान सिद्धान्त नहीं होता है। भिन्न हुआ करता है। टकराहट होती है। इस सन्दर्भ में हमारा प्रयत्न यह होना चाहिए कि प्रेमचन्द के बाद हम स्वयं देखें कि कविता में, कथासाहित्य में, पिछले पचास-साठ वर्षों में रचनाकारों ने किस रूप में सौन्दर्य की परिभाषा बदली है, बदलने की कोशिश की है, उसके लिए संघर्ष किया है अपनी वास्तविकताओं के बीच। एक मार्क्सवादी सौन्दर्यशास्त्री उन अनुभवों को सिद्धान्त का रूप देने की कोशिश यदि करे तो विकास करेगा। यदि वह उन अनुभवों से अलग होकर शास्त्रों से शास्त्र पैदा करने की कोशिश करेगा तो फिर शास्त्र नहीं बनेगा।

दूसरे लोगों ने कहा है कि फल से फल पैदा नहीं होता है, फल के बीज को जब मिट्टी में डालते हैं तब उससे पेड़ पैदा होता है और वहाँ से फिर दूसरा फल पैदा होता है। इसलिए अगर कोई सोचता है कि हेगेल के सौन्दर्यशास्त्र से मार्क्सवादी सौन्दर्यशास्त्र निकलेगा, या क्रोचे से निकलेगा, या भरत से निकलेगा, तो यह उल्टी प्रक्रिया है, ग़ैर-मार्क्सवादी है। शास्त्र से शास्त्र कभी नहीं बनता है। जब भी बनेगा—और यदि हम सिद्धान्त और व्यवहार की एकता को मानते हैं तो सौन्दर्यशास्त्र सम्बन्धी जो नया मार्क्सवादी सिद्धान्त विकास करेगा—वह स्वयं अपने जनवादी, क्रान्तिकारी, प्रगतिशील लेखकों के रचनात्मक प्रयासों द्वारा सौन्दर्य की जो परिभाषाएँ पिछले पचास-साठ साल में बदली गयी हैं, उन्हीं से बनेगा। निराला 'वह तोड़ती पत्थर' में केवल एक पत्थर तोड़नेवाली औरत का चित्र ही नहीं उपस्थित करते हैं बल्कि सौन्दर्य की एक नयी परिभाषा भी देते हैं। जब वे 'श्याम तन पर बँधा यौवन' ही नहीं, बल्कि उसके क्रोध की और करुणा की मूर्ति भी रचते हैं, तब एक नया सौन्दर्य हमारे सामने आता है जो सारे छायावादी सौन्दर्यशास्त्र को तोड़ देता है। इस आलोक में यदि हम मार्क्सवादी सौन्दर्यशास्त्र का विकास करने की कोशिश करेंगे तो कदाचित् कुछ क़दम हम लोग आगे बढ़ सकें। वह कदाचित् भारतीय भी होगा,

कम नीरस होगा, कम असुन्दर होगा और वह रचनाकारों से इतना दूर भी नहीं जायेगा और शायद जनता के लिए भी उपयोगी होगा।

इस सन्दर्भ में गोविन्द देशपाण्डे ने एक महत्त्वपूर्ण सवाल उठाया है और वह है *दलित सौन्दर्यशास्त्र* का जिसे हम लोगों ने जाति और वर्ग की परिभाषा में समझने की कोशिश की है। ऐसा लगा कि यह सवाल इसलिए उठा है कि दलित लेखकों में से कई हैं जो मार्क्सवाद-विरोधी हैं, कुछेक हैं जो मार्क्सवाद को अपनाते हैं। मैं जाति और वर्ग की सीमा से अलग होकर आपको याद दिलाना चाहूँगा कि कुछ लोग 'ब्लैक एस्थेटिक्स' की भी बात करते हैं और उनका कहना है कि एक अश्वेत जिस तरह से दुनिया को देखता है, उसी तरह से एक श्वेत नहीं देखता है। दलित लोग जब यह कहते हैं कि हम अपने अस्तित्व या जीवन-अनुभवों के बीच इस दुनिया को और इसके अन्दर की सारी सुन्दर समझी जानेवाली चीज़ों को वैसे ही नहीं देखते हैं जैसे दूसरे लोग देखते हैं, तो यह सचाई है। महत्त्वपूर्ण रचनाएँ इससे लिखी गयी हैं। 'ब्लैक एस्थेटिक्स' के आधार पर और दलित सौन्दर्यशास्त्र के आधार पर रचनाएँ लिखी गयी हैं। सवाल यह है कि यह जो दलित सौन्दर्यशास्त्र सामने रखा गया है, यहाँ, मार्क्सवाद से कहाँ न्यून पड़ता है और कितनी दूर उसमें योग देता है? मेरी ख़याल है कि इस यथार्थ को मार्क्सवाद स्वीकार करते है। जब हम यह मानते हैं कि सर्वहारा की नज़र में—थोड़ी देर के लिए दलितों को उसके समानान्तर रखकर देखिए—वही सुन्दर नहीं है जो बुर्जुआ की नज़र में सुन्दर है, तो इस स्थिति को स्वीकार करने में क्यों आपत्ति होनी चाहिए? मार्क्स तो इससे आगे बढ़कर कहते हैं कि इस स्थिति का वास्तविक कारण यह बना है कि यदि वह सुन्दर चीज़ों को सुन्दर नहीं समझ पाता तो इसलिए कि उतनी दूर तक वह मनुष्य नहीं रह गया है। मज़दूर के 'एलियेनेशन' की बड़ी चर्चा की जाती है, विस्तार से मार्क्स की जिस पुस्तक 'इकोनोमिक एंड फिलोसोफिकल मैन्युस्क्रिप्ट्स' की चर्चा आज यहाँ की गयी है, उसमें कहा गया है कि शोषण के कारण, दमन के कारण वह मज़दूर उतनी दूर तक मनुष्य नहीं रह जाता है। यहाँ तक कि वह जिस संगीत-वाद्य का निर्माण करता है, उसी के संगीत को सुनने की क्षमता रखनेवाले उसके कान नहीं बजते हैं। मेहनत के दौरान वह

रंग का बोध खो देता है, स्पर्श का बोध खो देता है। इसलिए ज़रूरी यह है कि वह इस योग्य बने। उसकी सारी इन्द्रियाँ मनुष्य की हों। अर्थात् वह पूर्ण मनुष्यत्व को प्राप्त करके अपने सौन्दर्यबोध को अर्जित करे। अर्थात् वह मज़दूर सर्वहारा न रह जाये, बल्कि सच्चे अर्थों में एक नयी व्यवस्था के अन्तर्गत 'अनएलियेनेटेड, इन टू सेंस प्रोड्यूसर' बन जाये।

दलित सौन्दर्यशास्त्र की सीमा यह है कि वह दलित की वास्तविक स्थिति को तो स्वीकार करता है, लेकिन उसके अतिक्रमण के लिए जो मार्ग मार्क्स ने बताया है—कदाचित्, मैंने देखा नहीं है, गोविन्द देशपाण्डे ज़्यादा जानते होंगे—उससे आगे बढ़कर, उससे मुक्त होकर सौन्दर्य की पूरी परिकल्पना को और उस जाग्रत और सही सौन्दर्यबोध तक पहुँचाने की प्रक्रिया को दलित सौन्दर्यशास्त्र नहीं दिखाता है। कम-से-कम मेरे देखने में नहीं आया। इसलिए उसकी सीमा यह नहीं है कि वह वर्ग के स्थान पर एक जाति की परिकल्पना अपनाता है, बल्कि उसकी सीमा यह है कि वह दलित की वास्तविकता स्वीकार करके उसकी मुक्ति को जो मार्ग हो सकता है—और वह संघर्ष का मार्ग है—उसको वह केवल दलितों की मुक्ति के रूप में समझता है। लेकिन जिस प्रकार सर्वहारा अकेला अपने को मुक्त नहीं कर सकता, बल्कि व्यापक पैमाने पर किसानों से मिले और अन्य वर्गों का सहयोग प्राप्त किये बिना अपनी मुक्ति नहीं पा सकता—जिसके साथ वह सभी वर्गों को मुक्त करता है—उसी तरह दलित की मुक्ति भी केवल दलित होने और रहने में नहीं है। और न दलित सौन्दर्यशास्त्र की मुक्ति इस बात में है। इसलिए मुझे लगता है, दलित सौन्दर्यशास्त्र को सहानुभूति के साथ यदि हम समझें और उसकी वास्तविकता को स्वीकार करते हुए उसके अगले क़दम की ओर आगे बढ़ें तो हम दलित सौन्दर्यशाास्त्र को मार्क्सवादी सौन्दर्यशास्त्र के अन्तर्गत हजम ही नहीं करेंगे, बल्कि उसको एक सही दिशा भी दे सकेंगे और मार्क्सवादी सौन्दर्यशास्त्र का विकास भी कर सकेंगे।

दूसरी बात जो उन्होंने उठायी वह यह कि भारतीय सौन्दर्यशास्त्र से मार्क्सवादी सौन्दर्यशास्त्र क्या ले, कैसे ले, क्या ले सकता है। स्वयं हम लोग मार्क्स को ही देखें कि उन्होंने अपने पूर्ववर्ती सौन्दर्यशास्त्र से क्या लिया है। चूँकि प्रत्येक शास्त्र के विकास के लम्बे इतिहास में उसके प्रत्यय

बनते हैं, 'कॉन्सेप्ट्स' बनते हैं। 'केटेगरीज' बनती हैं, इसलिए तय समझिए कि मार्क्सवादी सौन्दर्यशास्त्र केवल 'मोड्स ऑफ़ प्रोडक्शन' और 'मीन्स ऑफ़ प्रोडक्शन' जैसी 'इकोनोमिक केटेगरीज' पर ही नहीं चलेगा, केवल 'पोलिटिकल इकोनोमी' की 'केटेगरीज' पर ही नहीं चलेगा। सौन्दर्यशास्त्र के इतिहास में भाववादी और बुर्जुआ, अनेक परिकल्पनाएँ विकसित हुई हैं—जिन्हें 'इमेज' वगैरह कहा गया है—इन परिकल्पनाओं को मार्क्सवादी सौन्दर्यशास्त्र आलोचनात्मक बुद्धि के साथ लेकर अपनी चिन्तन-प्रक्रिया और ढाँचे में एक नयी अर्थवत्ता प्रदान करेगा। जैसे 'बुर्जुआ पोलिटिकल इकोनॉमी' के 'कॉन्सेप्ट्स' को ग्रहण करते हुए मार्क्स ने उनके अर्थों को बदला था, उसी तरह से मार्क्सवादी सौन्दर्यशास्त्र का अर्थ अतीत की सम्पूर्ण परिकल्पनाओं और 'केटेगरीज' का तिरस्कार नहीं है, बल्कि उनमें नये अर्थ भरना है। मसलन संगीत की आलोचना करते समय आप हमेशा वर्ग और जनता से काम नहीं चला सकते। कविता या उपन्यास की आलोचना करते समय कविता और उपन्यास की भी कुछ 'केटेगरीज' हैं जिन्हें आपको लेना पड़ेगा ही। सवाल यह है कि इन्हें किस ढाँचे में आप लेते हैं और उस ढाँचे में उन्हें क्या अर्थ देते हैं।

इस सिलसिले में मैं कहना चाहूँगा कि यह देश भाग्यशाली है कि सौन्दर्यशास्त्र की बड़ी समृद्ध परम्परा यहाँ है। और वह केवल काव्यशास्त्र की नहीं, संगीत की, चित्रकला की, मूर्तिकला की, स्थापत्य की भी परम्परा है, जिसकी अनेक परिकल्पनाएँ विकसित हुई हैं, और ऐसे ग्रन्थ हैं जिन पर लोगों ने काम भी किया है। सवाल यह है कि उन्हें लेकर हम कैसे मार्क्सवादी सौन्दर्यशास्त्र का निर्माण करें। यहाँ मैं यह कहना चाहूँगा कि भरत या मार्क्स की, दोनों में से एक को चुनने और दूसरे को छोड़ने की बात यहाँ नहीं है। मित्रो, थोड़ी जो जानकारी मुझे है, उससे मुझे ऐसा लगा कि परम्परा ज्यों-की-त्यों अपनायी या त्यागी नहीं जाती, उसका विकास होता है। वह बदलती रहती है। उदाहरण के लिए काव्यशास्त्र में आगे चलकर बहुत दिनों तक रस-सिद्धान्त एक धुरी बन गया था, जो केवल काव्य तक सीमित नहीं था, बल्कि संगीत में, चित्रकला में, मूर्तिकला में भी था। समस्त कलाओं का केन्द्रबिन्दु रस बन गया था। यह सचाई है, किन्तु रस-सिद्धान्त

वही नहीं रह गया था—'सिस्टम' बनते समय—जो भरत मुनि के समय था। इस पर लोगों ने किताब लिखी है। जी. के. बेडेकर ने बहुत अच्छा लेख लिखा था। हिन्दी में भी छपा था। भरत के समय जो यह रस-केन्द्रित सौन्दर्यशास्त्र था, वह मुख्यतः उत्पादन-उन्मुख था—'प्रोडक्शन-ओरियेंटेड' था। क्रमशः वर्गों के आपसी सम्बन्धों के विकास के कारण सामन्ती दौर में पूरा-का-पूरा रस-सिद्धान्त उत्पादन से हटकर आस्वाद में बदल गया। यानी 'कंजंप्शन' से जुड़ गया। आमतौर पर हुआ करता है, जैसे अर्थव्यवस्था में, उसी तरह सौन्दर्यशास्त्र के क्षेत्र में भी हम देखते हैं कि अनेक मान्यताएँ चलती हैं जो उत्पादन की ओर से शुरू होती हैं और उनकी परिणति 'कंजंप्शन' में या उपभोग में या आस्वाद में होती है। भरत मुनि के रस-सिद्धान्त को—रस को—हम सब समय एक-सा मानकर नहीं चलेंगे, बल्कि उसकी जड़ों तक जायेंगे।

और इस मामले में याद रखना चाहिए कि भरत मुनि ज़्यादा लोकवादी हैं। यह हमें नहीं सोचना चाहिए कि दलित सौन्दर्यशास्त्र की बात गोविन्द देशपाण्डे ही कर रहे थे। स्वयं भरतों को उसी वर्ण-व्यवस्था में बहुत निम्न कोटि में रखा जाता था और वे बहुत मान्य नहीं थे। उनको वर्ण-व्यवस्था स्वीकार नहीं करती थी। वे अस्पृश्य या अछूत थे, इसीलिए पंचम वेद कहकर नाटक को मान्यता दी गयी क्योंकि वह वेद के समान कोटि नहीं पा सकता था। और स्वयं भरत के विचारों के बारे में बतायें कि वे चरक-सुश्रुत जैसे उस समय के भौतिकवादियों के क़रीब थे—अपेक्षाकृत लोकायतों के क़रीब थे, इसलिए भरत के समूचे नाट्यशास्त्र में निरूपित सौन्दर्यशास्त्र को यदि हम बुर्जुआ या सामन्ती मानकर तिरस्कृत करेंगे तो हम एक बहुत बड़ी सम्पदा खो देंगे। स्वयं जॉर्ज लूकाच ने जब मार्क्सवादी सौन्दर्यशास्त्र की पुनर्व्यवस्था की अपने विशाल ग्रन्थ में—जो जर्मन में होने के कारण यहाँ के उपस्थित लोगों में केवल डॉ. अनिल भट्टी तक सीमित है, लेकिन जिसकी चर्चा करते समय कहा जाता है कि उसमें—लूकाच अरस्तू तक जाता है। और अरस्तू के अनुकरण-सिद्धान्त को 'रिवाइव' करते हुए कहता है कि वह बड़ा ही वस्तुनिष्ठ था और उसका आधार भौतिकवादी था, अनुकरण-सिद्धान्त में कोई भाववाद नहीं है। ख़ैर, क्या व्याख्या की, कैसे की,

वह विस्तार की चीज़ है। इसलिए भारतीय साहित्यशास्त्र और सिद्धान्त से मार्क्सवादी साहित्यशास्त्र या सौन्दर्यशास्त्र ले सकता है उन संकल्पनाओं और अवधारणाओं को, और आज के सन्दर्भ में उनका विकास करने की कोशिश की जा सकती है। अन्यथा यह वही उच्छेदवादी दृष्टिकोण होगा जो किसी समय 'प्रोलेटेरियन आर्ट' के सिलसिले में था, 'प्रोलेटेरियन एस्थेटिक्स' के बारे में था। इस ख़तरे से, इस भटकाव से हमें बचना होगा।

और भटकाव तो चलते ही रहते हैं। किसी समय हम लोग अतीत की सर्वथा उपेक्षा करते थे, पाण्डेजी ने कहा कि इस समय हम *अतीत के पूजक* हो गये हैं, तो ऐसी स्थितियाँ आयें, लेकिन मेरा ख़याल है कि मार्क्सवादियों के बीच अतीत की पूजा के उतने बड़े ख़तरे नहीं हैं जितने अतीत की सर्वथा उपेक्षा के। "भ्रम में जो दिया ज्ञान में लो तुम गिन-गिन।" निराला ने कहा है। इसलिए ज्ञान में गिन-गिनकर लीजिए। यह नहीं कि मुट्ठी बाँधकर ले लीजिए। इस तरह कदाचित् हम विकास कर सकेंगे।

अन्तिम बात जो इससे निकलती दिखाई देती है वह यह कि प्राचीन शास्त्र से लेते समय रचना को बराबर ध्यान में रखें। जो सबसे महत्त्वपूर्ण बात इस सन्दर्भ में है, जिसे नहीं भूलना चाहिए, वह यह है कि मार्क्सवादी सौन्दर्यशास्त्र का विकास स्वयं इस मामले में 'लौप्साइडेड' रहा है। शुरू में हम लोगों ने कला की सामाजिक उत्पत्ति—'सोशल ओरिजिन ऑफ़ आर्ट'—के बारे में बहुत किताबें लिखीं। इसलिए अधिकांश मार्क्सवादी सौन्दर्यशास्त्र *उत्पत्तिपरक* है। इसके बाद दूसरे जिस क्षेत्र का विकास हुआ है वह 'फंक्शनल' है कि इसका क्या उपयोग है, क्या लाभ है, जनता के लिए, मज़दूरों के लिए, क्रान्ति के लिए। उत्पत्तिमूलक और उसके उपयोगमूलक, इन दोनों पक्षों पर इतना ज़्यादा लिखा गया है कि एक बड़ी समस्या बराबर रह जाती है, और वह इस चुनौती के रूप में है कि स्वयं जो 'एस्थेटिक ऑब्जेक्ट' है, 'एस्थेटिक प्रोसेस' है, 'एस्थेटिक एक्शन' है, उसके बारे में भी जब तक हम लोग नहीं कहते हैं, तब तक सारी मार्क्सवादी आलोचना अनावश्यक रूप से एक राजनीतिक आलोचना प्रतीत होगी, अनावश्यक रूप से आर्थिक आलोचना प्रतीत होगी, सामाजिक प्रतीत होगी, ऐतिहासिक प्रतीत होगी। लेकिन स्वयं वह विश्वसनीयता नहीं प्राप्त कर सकेगी जहाँ

हम किसी क्रान्तिकारी कलाकृति के लिए सौन्दर्य का निरूपण कर सकें, और इस सन्दर्भ में मैंने कई शब्द इस्तेमाल किये हैं—'एस्थेटिक ऑब्जेक्ट' कहा है, 'एस्थेटिक एक्शन' कहा है, 'एस्थेटिक प्रोसेस' कहा है—जान-बूझकर मैंने कहा है; क्योंकि किसी कलाकृति को कलावस्तु मान लेना अपने आप में एक बहुत ही ख़तरनाक धारणा है जो स्वयं कला को रूपवाद की दिशा में, सौन्दर्यवाद की दिशा में ले जाती है।

कलाकृति कलावस्तु है या वह एक क्रिया या प्रक्रिया है? यह धारणा अपने आपमें मार्क्सवादी सौन्दर्यशास्त्र के निर्माण के लिए एक नया बिन्दु प्रस्तुत करती है। और इस निर्माण की प्रक्रिया में, मुझे लगता है, कुछ ऐसी नयी अवधारणाएँ मार्क्सवादी सौन्दर्यशास्त्र ने विकसित भी की हैं। अभी यथार्थवाद का नाम लिया गया। ब्रेश्ट ने कुछ और चीज़ों के बारे में बात की है। इसलिए क्रान्तिकारी, जनवादी, या जो समाज को बदलनेवाली कृतियाँ हैं, उनके बारे में सिर्फ़ यही कहना काफ़ी नहीं है कि वे किस वर्ग से और किस काल से पैदा हुई हैं, बल्कि स्वयं हमें यह कोशिश करनी चाहिए कि कलाकृति में—चाहे वह अतीत की कृति हो या आज लिखी जानेवाली कृति हो—सौन्दर्य का कोई वह नुक्ता खोजकर बता सकें जो बुर्जुआ सौन्दर्यशास्त्री को न दिखा हो, लेकिन जो उस कृति को ज़्यादा प्रासंगिक बनाता हो।

और इस सिलसिले में, यानी जब हम इस चुनौती का सामना करेंगे, तो डॉ. देशपाण्डे के उस कथन से केवल टकराने के लिए नहीं, बल्कि उसे नकारने के लिए प्रस्तुत होंगे कि मार्क्सवादी सौन्दर्यशास्त्र केवल *प्रासंगिकता* बतानेवाला है, कला की *गुणवत्ता* बतानेवाला नहीं है। मैं समझता हूँ कि यह प*राजय होगी मार्क्सवादी सौन्दर्यशास्त्र की कि गुणवत्ता बुर्जुआ सौन्दर्यशास्त्री* बतायेगा कि कौन 'ग्रेट' है, और हम यह बतायेंगे कि क्या 'रिलेवेंट' है। यह श्रम-विभाजन मार्क्सवाद नहीं स्वीकार करता है। वह एक समग्र दर्शन है। वह विश्वदृष्टि है। इसलिए किसी कलाकृति की प्रासंगिकता बताने के साथ ही मार्क्सवादी सौन्दर्यशास्त्र को बताना पड़ेगा कि एक ही क्रिया सम्पन्न करनेवाली दो कृतियों में कौन श्रेष्ठतर है।

'क्वांटिटी' और 'क्वालिटी' ऐसे 'कॉन्सेप्ट्स' हैं जिनको मार्क्सवाद स्वीकार करता है। इनको मार्क्सवाद ने जब अन्यत्र नहीं अस्वीकार किया है

तो सौन्दर्यशास्त्र के क्षेत्र में ही क्यों अस्वीकार करेगा? 'क्वांटिटी' 'क्वालिटी' में कैसे बदलती है, यह मार्क्सवादी नहीं बतायेगा तो क्या दूसरे लोग बतायेंगे? इसलिए मैं समझता हूँ कि इस प्वाइंट पर हमारे मित्र गोविन्द देशपाण्डे एकदम ग़लत हैं और यह स्पष्ट कहने की ज़रूरत है। प्लेखानोव ने भी यही काम किया था। जब भी मार्क्सवादी सौन्दर्यशास्त्र इस सिलसिले में काम का बँटवारा करेगा, ग़लती करेगा, इसीलिए कला की उत्पत्ति और इतिहास बताने के लिए प्लेखानोव ने डार्विन और मार्क्सवाद का सहारा लिया था और कलाकृतियों की गुणवत्ता बताने के लिए उसने कांट का सहारा लिया था। यदि आप मार्क्सवादी सौन्दर्यशास्त्र को केवल ऐतिहासिक मानेंगे—डॉ. पाण्डे इतिहास पर बहुत ज़ोर दे रहे थे—तो गुणवत्ता निर्धारित करने के लिए बुर्जुआ और भाववादी सौन्दर्यशास्त्रियों और कला-समीक्षकों के पास जाने के अलावा आपके पास कोई मार्ग नहीं रहेगा।

अन्ततः, मार्क्सवादी सौन्दर्यशास्त्र विकास करने की दिशा में अग्रसर हो तो बराबर यह ध्यान में रखना चाहिए कि यह केवल 'एकेडेमिक' चर्चा नहीं है, बल्कि इसका मुख्य उद्देश्य वही है—जो मार्क्स का एक सामान्य कथन है—कि हमारा काम केवल व्याख्या करना नहीं, हमारा काम बदलना है। और मार्क्सवादी सौन्दर्यशास्त्र की कसौटी यही है कि आज के युग में कला के विभिन्न क्षेत्रों में काम करनेवाले कलाकारों को वह कितनी दूर तक उत्प्रेरित करता है। और उसके लिए ज़रूरी है कि शिक्षक को उनसे शिक्षित भी होना चाहिए। मार्क्सवादी सौन्दर्यशास्त्रियों की यह 'एरोगेंस' है कि सिद्धान्त ज़्यादा बघारते हैं और स्वयं रचनाकारों से सीखने की कोशिश कम करते हैं।

(4 सितम्बर 1983, ज.ले.स., नयी दिल्ली,
कथन अक्टूबर-दिसम्बर 1983; सम्पादन—रमेश उपाध्याय,
दिल्ली के सौजन्य से)

हिन्दी साहित्य पर मार्क्सवाद का प्रभाव

हिन्दी प्रदेश में मार्क्सवाद का प्रचार कम्युनिस्ट पार्टी की स्थापना से पहले ही शुरू हो चुका था। इस शुरुआत में नवम्बर 1917 की बोल्शेविक क्रान्ति की भूमिका ऐतिहासिक है। बोल्शेविक क्रान्ति के कारण ही हिन्दी के लेखक मार्क्सवाद की ओर आकृष्ट हुए। वे जागरूक लेखक थे जिन्हें राष्ट्रीय स्वाधीनता के साथ-साथ किसानों और मज़दूरों से भी गहरा लगाव था। इस प्रकार समाजवादी चेतना के अभ्युदय का आधार मूलतः स्वाधीनता आन्दोलन है। भारत में साम्यवादी आन्दोलन का इतिहास लिखने वालों ने उस सामग्री पर कम ध्यान दिया है जो इस दौर में हिन्दी तथा अन्य भारतीय भाषाओं में लिखी गयी है। जहाँ तक हिन्दी का सम्बन्ध है, इस अभाव की पूर्ति बहुत कुछ डॉ. रामविलास शर्मा की पिछले साल प्रकाशित पुस्तक *भारत में अंग्रेज़ी राज और मार्क्सवाद* (1982) से हो जाती है। इस पुस्तक में नवम्बर 1917 से लेकर दिसम्बर 1925 तक रूसी क्रान्ति, समाजवादी विचारधारा और मार्क्सवाद के बारे में हिन्दी में जो कुछ लिखा गया है उसका विस्तृत विवरण दिया गया है।

समाजवाद और मार्क्सवाद के प्रचार में हिन्दी की जिन पत्र-पत्रिकाओं ने पहल की उनमें कानपुर के साप्ताहिक 'प्रताप', इलाहाबाद की मासिक 'मर्यादा' और गोरखपुर के मासिक 'स्वदेश' की भूमिका अग्रणी है। 'प्रताप' के यशस्वी सम्पादक अमर शहीद गणेश शंकर विद्यार्थी थे, 'मर्यादा' के सम्पादक कृष्णकान्त मालवीय और 'स्वदेश' के सम्पादक दशरथ द्विवेदी। इन पत्र-पत्रिकाओं में इतनी गहरी आपसदारी थी कि अक्सर एक-दूसरे की मूल्यवान सामग्री उद्धृत करते रहते थे। प्रत्येक पत्र और पत्रिका के गिर्द

जागरूक लेखकों का एक मण्डल था जो आपस में काम बाँटकर प्रसंगानुकूल विषयों पर समान दृष्टि से लिखा करता था। वस्तुतः ये पत्र-पत्रिकाएँ हिन्दी प्रदेश की जाग्रत राजनीतिक चेतना के बौद्धिक केन्द्र की तरह सक्रिय थीं।

रूसी क्रान्ति और उसके साथ ही मार्क्स के विचारों का संक्षिप्त परिचय 'मर्यादा' के जनवरी 1919 के अंक में प्रकाशित 'मज़दूरों के आन्दोलन' शीर्षक निबन्ध में दिया गया है, जिसके लेखक 'सत्येन्द्र' (बेनी प्रसाद) हैं। अगस्त 1919 में 'मर्यादा' ने *बुख़ारिन* के एक लेख का अनुवाद छापा : 'कम्युनिज़्म (समतत्त्वता) की स्थापना कैसे हो?' सम्भवतः हिन्दी अथवा किसी भारतीय भाषा में एक रूसी मार्क्सवादी के लेख का यह पहला अनुवाद है। इसके बाद अगस्त और सितम्बर के अंकों में 'मर्यादा' ने लगातार बोल्शेविज़्म पर लेख छापे। सितम्बर 1919 के अंक में 'मर्यादा' ने 'स्वदेश' से एक टिप्पणी उद्धृत की जिसमें मार्क्स के ग्रन्थ 'पूँजी' का परिचय देते हुए कहा गया है कि ''इतिहास के अध्ययन ने कार्ल मार्क्स को यह दिखलाया है कि संसार में लुटेरों और लूटे जाने वालों तथा अमीरों और ग़रीबों का युद्ध होता रहा है। उसका विचार है कि आदर्श राज्य बनाने के लिए साधारण लोगों को संगठित होकर हुकूमत करना चाहिए।'' मार्क्स के सिद्धान्तों के लिए लिखा है कि उन्हें केवल रूस में अमल में लाया गया है, "वहाँ पर साधारण लोग सबसे उच्च स्थान पर हैं और अमीर गुलाम बना दिये गये हैं।"

गणेश शंकर विद्यार्थी ने 21 जुलाई, 1919 के 'प्रताप' में 'आगामी मज़दूर महाक्रान्ति' शीर्षक सम्पादकीय लिखा और स्पष्ट शब्दों में घोषित किया कि ''रूस की क्रान्ति तथा बोल्शेविज़्म अर्थात् ग़रीबों के राज्य की स्थापना ने मज़दूर दुनिया को आशातीत बल और साहस पहुँचाया है।'' 1920 की फ़रवरी के लगातार दो अंकों में विद्यार्थी जी ने क्रमशः 'बोल्शेविज़्म की लहर' और 'बोल्शेविक ख़तरा' शीर्षक सम्पादकीय लिखे। इनमें भारत की जनता को बोल्शेविज़्म के ख़िलाफ़ किये जाने वाले अंग्रेज़ी प्रचार से सावधान किया गया है। स्पष्ट है कि 1920 के दौर के भारतीय राष्ट्रवादी रूसी बोल्शेविज़्म और मार्क्सवाद को अभारतीय और विदेशी समझकर त्याज्य मानने के लिए तैयार न थे। बोल्शेविक क्रान्ति के आदर्शों

से ही प्रेरित होकर विद्यार्थी जी ने आगे चलकर 14 जुलाई, 1924 के 'प्रताप' में 'स्वराज्य किसके लिए' शीर्षक सम्पादकीय में लिखा—"देश में जो स्वराज्य होगा, वह होगा किसी छोटे-मोटे समुदाय का नहीं, धनवानों और शिक्षितों का नहीं, वह होगा साधारण-से-साधारण आदमी तक का।" इस घोषणा की आवश्यकता विद्यार्थी जी को इसलिए महसूस हुई कि उनकी आँखों के सामने 'स्वराजी लोग' साधारण जनता से दूर होते जा रहे थे। इसलिए उन्होंने भविष्यवाणी-के-से स्वर में लिखा—"आज वर्ष भर पहले स्वराजी लोग देश के साधारण आदमी के जितने पास थे, आज उससे कहीं अधिक दूर हैं। जो लक्षण है, उससे मालूम पड़ता है कि अन्तर बढ़ता ही जायेगा। वे जनता से दूर पड़ते जायेंगे। अन्त में स्वराज्य दल शिक्षितों और धनवानों का एक साधारण दल रह जायेगा। उस ओर उसका झुकाव भी स्पष्ट रूप से है। इस प्रकार के आदमी किसी बड़े परिवर्तन के लिए तैयार नहीं होते। बड़ी उथल-पुथल से वे डरते हैं। वे चाहते हैं कि वर्तमान शासन में कोई गहरा धक्का न लगे क्योंकि उन्हें डर लगता है कि यदि ऐसा हुआ तो हमारी छोटी-सी नैया की ख़ैरियत नहीं। स्वराजियों की यह अवस्था उनमें ब्रिटिश पार्लियामेंट और अंग्रेज़ जाति की ओर लौ लगाने की इच्छा को बढ़ायेगी और देश की अनन्त शक्तियों की ओर उनका चित्त और भी हटायेगी।" इस प्रकार विद्यार्थी जी यदि स्वाधीनता आन्दोलन के इस दूरगामी परिणाम की ओर देख रहे थे तो कहने की आवश्यकता नहीं कि उन पर यह समाजवादी विचारधारा का प्रभाव था।

यह आकस्मिक नहीं है कि समाजवाद पर पहली पुस्तक हिन्दी में प्रताप पुस्तकालय, कानपुर से 1919 में निकली। पुस्तक का नाम *साम्यवाद*। 'प्रताप पुस्तक-माला' की 15वीं पुस्तक। लेखक के नाम पर 'सामयिक विषयों का एक विद्यार्थी'—'एक ग्रेजुएट'। प्रकाशन-काल कार्तिक 1976 वि. (अर्थात् अक्टूबर 1919 ई.) पृष्ठ संख्या 85। मूल्य छह आना। छपी कुल दो हज़ार। पता नहीं, इसका लेखक 'एक विद्यार्थी' कौन है? प्रवेशिका-स्वरूप लिखी गयी इस पुस्तिका में दिखाया गया है कि "साम्यवाद क्या है, इसकी उत्पत्ति और विकास कैसे हुआ, इस समय उसका प्रचार कहाँ-कहाँ और कितना है।" पुस्तक के अन्त में अंग्रेज़ी की सहायक पुस्तकों की जो सूची

दी गयी है उससे स्पष्ट है कि लेखक को स्वयं मार्क्स की कोई पुस्तक सुलभ न हो सकी थी, लेनिन की पुस्तक का तो सवाल ही नहीं उठता। फिर भी लेखक के दृष्टिकोण और पुस्तिका के उद्देश्य का पता इस एक उद्धरण से लग जाता है—"यहाँ (अर्थात् भारत में) साम्यवाद की भारी सामग्री उपस्थित है। परन्तु जनता को अपनी दशा का ज्ञान न होने से, उसमें कष्टों के अनुभव करने का भाव तीव्र न होने से तथा सब कुछ भाग्य के नाम पर सह लेने की आदत होने से यहाँ साम्यवाद का अभी तक प्रचार नहीं हुआ है।"

समाजवाद पर दूसरी पुस्तक हिन्दी में *साम्यवाद* नाम से ही इसी वर्ष अर्थात् 1919 के दिसम्बर महीने में छपी। इसके लेखक हैं काशीवासी बाबू रामचन्द्र वर्मा। प्रकाशक हिन्दी ग्रन्थ रत्नाकार कार्यालय, बम्बई। यह पहली पुस्तक से बड़ी है। यह पुस्तक केवल मार्क्सवादी विचारधारा पर नहीं है; इसमें अनेक प्रकार के समाजवादों का विवेचन है। भूमिका में लेखक ने स्पष्ट कर दिया है कि जिस सिद्धान्त का वर्णन किया गया है उसका नाम 'साम्यवाद' की अपेक्षा 'समष्टिवाद' ही अधिक उपयुक्त तथा युक्तियुक्त है। उस समय तक हिन्दी में शायद 'समाजवाद' शब्द का चलन न हुआ था। इस पुस्तक के लेखक को भी मार्क्स-एंगेल्स और लेनिन में से किसी की पुस्तकें सुलभ न थीं। अधिकतर ग़ैर-मार्क्सवादी दृष्टिकोण से लिखी हुई पुस्तकों का सहारा लेने के कारण पुस्तक में स्वभावतः अनेक दोष आ गये हैं, फिर भी पुस्तक का ऐतिहासिक महत्त्व असन्दिग्ध है। वर्मा जी ने स्पष्ट लिखा है कि मार्क्स और एंगेल्स का उद्देश्य 'साम्यवाद को वैज्ञानिक रूप देना' था।

वर्मा जी की पुस्तक की प्रस्तावना लिखी है काशी हिन्दी विश्वविद्यालय के प्रोफ़ेसर *जीवन शंकर याज्ञिक* ने। प्रस्तावना में याज्ञिक जी लिखते हैं कि "साम्यवाद में मानव जाति के समस्त सन्ताप दूर करने की जितनी सामर्थ्य है उतनी और किसी आन्दोलन में नहीं जान पड़ती।... न्याय, स्वतन्त्रता, भ्रातृभाव और सहकारिता इसके चार सुदृढ़ स्तम्भ हैं और यही साम्यवाद को जगद्विजयी बनाने में सफल होंगे।"

1920 में कानपुर से ही 'वर्तमान' के यशस्वी सम्पादक *रमाशंकर अवस्थी* की पुस्तक *रूस की राज्य क्रान्ति* प्रकाशित हुई। एक वर्ष बाद 1921 में अवस्थी जी ने 'लेनिन की जीवनी और उसके विचार' पर

बोल्शेविक जादूगर नाम से एक और पुस्तक कलकत्ता से प्रकाशित करवायी। मुखपृष्ठ पर लेनिन का चित्र है और उसके नीचे दो पंक्तियों की कविता है :

यह है लेनिन विश्व विषगता हरनेवाला?
साम्यवाद का सिंहनाद-सा करनेवाला।

1921 की जनवरी में ही रमाशंकर अवस्थी ने कानपुर के लोकप्रिय कवि गया प्रसाद शुक्ल 'सनेही' का कविता-संग्रह राष्ट्रीय यन्त्र प्रकाशित किया जो उन दिनों 'त्रिशूल' नाम से कविताएँ लिखते थे। अवस्थी जी द्वारा इस कविता-संग्रह के प्रकाशन का कारण सम्भवतः यह प्रतीत होता है कि एक कविता में 'साम्यवाद' का स्पष्ट रूप प्रस्तुत किया गया है। कविता का एक अंश इस प्रकार है :

समदर्शी फिर 'साम्य' रूप धर जग में आया।
समता का सन्देश गया घर-घर पहुँचाया।।
धनी रंक का ऊँच नीच का भेद मिटाया।
विचलित हो वैषम्य बहुत रोया-चिल्लाया।।
काँटे बोये राह में फूल वही बनते गये।
साम्यवाद के स्नेह में सुजन सुधी सनते गये।।

त्रिशूल की इस कविता को *नज़रुल इस्लाम* की 16 दिसम्बर, 1925 के 'लाङ्गल' में प्रकाशित 'साम्यवादी' शीर्षक कविता के साथ रखकर तुलना करते हुए डॉ. रामविलास शर्मा ने लिखा है कि नज़रुल की कविता में "वर्गभेद और सामाजिक विषमता का उल्लेख नहीं है, उन्हें मिटाने की आकांक्षा की अभिव्यक्ति नहीं है। इसमें हिन्दू, बौद्ध, मुस्लिम, क्रिश्चियन, सब धर्मों की एकता पर बल है।" इसके विपरीत "त्रिशूल के चिन्तन का मूल्यवान पक्ष यह है कि उसमें वर्गभेद और सामाजिक असमानता पर बल है और सामाजिक न्याय पाने की आकांक्षा को वह सीधे स्वाधीनता आन्दोलन से जोड़ते हैं। उनके चिन्तन में यह भी स्पष्ट है कि मानव समाज में शोषण और अन्याय क्रान्ति द्वारा मिटाया गया है।" इस प्रकार "साम्यवाद का नाम लेकर उस पर लिखी हुई कविता सम्भवतः यह हिन्दी में *पहली* है। अन्य भारतीय भाषाओं को देखते हुए यह निश्चय साम्यवाद पर लिखी *प्राथमिक* कविताओं मे ठहरेगी।"

(*भारत में अंग्रेज़ी राज और मार्क्सवाद,* खण्ड एक, पृ. 301)

इस क्रम में दो वर्ष बाद 1923 में आयी *सत्य भक्त* की पुस्तिका *भारतीय श्रमजीवियों को सन्देश*। श्रमजीवी लेखमाला सं. 1 (Proletariat Series No. 1) *भारतीय श्रमजीवियों को सन्देश* के नीचे छपा है :

(A message to the Indian Proletariat, 'Workers of all lands unite, you have nothing to loose (lose) but your chains, you have a world to win.'–Karl Marx)

'संसार भर के श्रमजीवियो मिलकर उठ खड़े हो। तुम्हारे पास खोने के लिए सिवाय अपने बन्धनों के कुछ नहीं है, और जीतने के लिए सारा संसार सामने पड़ा है।' 'निवेदन' का स्थान नागपुर, ता. 21.5.23 है।

साल भर बाद 1924 में सत्य भक्त ने कानपुर से दूसरी पुस्तक प्रकाशित की–बोल्शेविज़्म क्या है?। प्रकाशक सोशलिस्ट बुकशॉप कानपुर। पुस्तक के आरम्भ में 'बोल्शेविज़्म' का अर्थ 'बड़ा दल या बहुमत–कम्युनिज़्म का पर्याय' बताने के बाद मार्क्स और उनकी पुस्तिका 'कम्युनिस्ट मेनिफेस्टो' का परिचय दिया गया है। पुस्तिका के अन्तिम आवरण पृष्ठ पर कम्युनिस्ट पार्टी के नियम और उद्देश्य छपे हैं। शीर्षक है : 'इंडियन कम्युनिस्ट पार्टी'। नीचे है :

सत्य भक्त
सेक्रेटरी, इंडियन कम्युनिस्ट पार्टी
कानपुर।

तीसरे आवरण पृष्ठ पर 'साम्यवादी लेखमाला' शीर्षक से 11 'ट्रैक्ट्स' का विज्ञापन है।

इस पुस्तक से पता चलता है कि इस बीच सत्य भक्त नागपुर से कानपुर आ गये और कानपुर के मज़दूरों के बीच काम करते हुए उन्होंने *'इंडियन कम्युनिस्ट पार्टी'* की स्थापना भी कर ली। यही नहीं बल्कि 1925 के दिसम्बर महीने में सत्य भक्त ने कानपुर में भारतीय कम्युनिस्टों का पहला सम्मेलन भी बुला दिया जिसमें कलकत्ता से मुज़फ़्फ़र अहमद और बम्बई से श्रीपाद अमृत डांगे जैसे कम्युनिस्ट नेता शामिल हुए। इस प्रकार भारत के विभिन्न केन्द्रों में काम करने वाले अनेक कम्युनिस्ट गुटों को एक जगह एकत्र करके एक पार्टी बनाने का यह पहला प्रयास था।

प्रसंगवश उल्लेखनीय है कि इस प्रथम कम्युनिस्ट सम्मेलन के स्वागताध्यक्ष उर्दू के मशहूर शायर *हसरत मोहानी* थे। परिणाम क्या हुआ और अन्ततः सत्य भक्त कहाँ पहुँचे राम्प्रति यह अप्रासंगिक है। प्रसंगानुकूल यह है कि 1925 में भारत की कम्युनिस्ट पार्टी की स्थापना की पहल करने वाले सत्य भक्त हिन्दी में मार्क्सवाद का प्रचार करने वाले एक लेखक थे—ऐसे लेखक जिनके पीछे लगभग एक दशक से हिन्दी प्रदेश में समाजवाद का प्रचार करने वाले हिन्दी लेखकों की एक अच्छी-ख़ासी परम्परा है, जिसका केन्द्र कानपुर था।

इस प्रसंग में सत्य भक्त के सहयोगी *राधा मोहन गोकुल जी* (1865-1930) की चर्चा आवश्यक है। राधा मोहन गोकुल जी ने 1908 में कलकत्ता से *देश का धन* नामक पुस्तक लिखकर प्रकाशित की थी। उल्लेखनीय है कि यह पुस्तक *सखाराम गणेश देउस्कर* की पुस्तक से पहले निकली थी। राधा मोहन गोकुल जी स्वयं तो लेखक थे ही, उस समय के अनेक हिन्दी साहित्यकारों से घनिष्ठ रूप से जुड़े हुए भी थे। प्रताप नारायण मिश्र के 'ब्राह्मण' पत्र के वे मैनेजर रह चुके थे। कलकत्ता के 'मतवाला' मण्डल में उनका रोज़ का उठना-बैठना था। क्रान्तिकारी कवि निराला उन्हें गुरु जैसा सम्मान देते थे। और कहने की आवश्यकता नहीं कि उस समय कानपुर के राजनीतिक और साहित्यिक जीवन के प्रेरणा केन्द्र गणेश शंकर विद्यार्थी से भी उनका सम्पर्क था। बहरहाल राधा मोहन गोकुल जी ने भी हिन्दी में *कम्युनिज़्म क्या है* नामक पुस्तक लिखी, जो प्रकाशित तो हुई 1927 में, लेकिन सत्य भक्त के साक्ष्य पर वह प्रथम कम्युनिस्ट सम्मेलन से पहले 1924-25 में लिखी जा चुकी थी और तभी सत्य भक्त को प्रकाशनार्थ दी जा चुकी थी।

यह आकस्मिक नहीं है कि हिन्दी में मार्क्सवाद के बारे में पहले पहल जो इतना लेखन हुआ, उसका केन्द्र कानपुर था। कानपुर हिन्दी प्रदेश का सबसे बड़ा औद्योगिक केन्द्र होने के साथ ही भारत में मज़दूर संगठन और आन्दोलन का भी बहुत बड़ा केन्द्र था। इसके अलावा 1920-21 के दौरान अवध में जो व्यापक किसान आन्दोलन हुआ, उसकी लहरें भी कानपुर तक पहुँचती थीं। गणेश शंकर विद्यार्थी का इन सबसे घना सम्बन्ध था।

सम्बन्ध ही नहीं था, इन सबमें उनकी सक्रिय भूमिका थी। वे कानपुर के मज़दूर संगठन के बड़े नेता थी थे। प्रताप कार्यालय काँग्रेसी, कम्युनिस्ट, मज़दूर नेता, किसान नेता आदि सभी प्रकार के राजनीतिक कर्मियों का मिलन-स्थल था। यहाँ तक उन दिनों सशस्त्र क्रान्ति में विश्वास करने वाले क्रान्तिकारी भी विद्यार्थी जी को अपना विश्वासभाजन मानते थे। भगत सिंह को तो विद्यार्थी जी ने कुछ समय तक 'प्रताप' में काम देकर कार्यालय में भी रखा था। इन सबके अलावा लेखकों और साहित्यकारों का अड्डा तो वह था ही। मज़दूरों में काम करने वाले कम्युनिस्ट नेताओं के प्रति विद्यार्थी जी का क्या रुख़ था, इसका आभास उस फ़ोटोग्राफ़ से चलता है जिसमें अन्य अनेक मज़दूर नेताओं के साथ डांगे कुर्सी पर बैठे हैं, मुजफ़्फ़र अहमद पीछे खड़े हैं और कुर्सियों पर बैठे हुए लोगों के चरणों में ज़मीन पर विद्यार्थी जी बैठे हैं। यहाँ फ़ोटो उस समय का है जब कानपुर में ट्रेड यूनियन काँग्रेस का अधिवेशन हुआ था और विद्यार्थी ने सभी मज़दूर नेताओं को 'प्रताप कार्यालय' में आमन्त्रित किया था। तात्पर्य यह कि गणेश शंकर विद्यार्थी का 'प्रताप' भारत के साम्राज्य-विरोधी स्वाधीनता संग्राम का ऐसा जीवन्त केन्द्र था, जहाँ राष्ट्रीय आन्दोलन की अनेक राजनीतिक विचारधाराएँ तो मिलती ही थीं, राजनीति और साहित्य का भी संगम होता था। मार्क्सवाद यदि सिद्धान्त और व्यवहार की एकता है तो कानपुर का यह केन्द्र उस एकता का साक्षात् विग्रह है। आश्चर्य नहीं कि इस प्रेरणा-केन्द्र ने समूचे हिन्दी साहित्य को भी प्रभावित किया। 'प्रताप' कार्यालय से ही 'प्रभा' नाम की साहित्यिक पत्रिका भी निकलती थी, जिसके सम्पादक हिन्दी के ओजस्वी कवि बालकृष्ण शर्मा 'नवीन' थे। 'नवीन' की सुप्रसिद्ध कविता 'कवि कुछ ऐसी तान सुनाओ जिससे उथल-पुथल मच जाये।' इसी वातावरण की अभिव्यक्ति है। इसी वातावरण से प्रेरित होकर कानपुर के ही कवि छैल बिहारी 'कण्टक' ने 'मज़दूर' शीर्षक क्रान्तिकारी कविता लिखी थी, जिसकी ये चार पंक्तियाँ विशेष रूप से उल्लेखनीय हैं।

मैं मालिक मिल-रेल-खेत का, मेरा सब संसार।
मैं असंख्य, पूँजीपति तो हैं इने-गिने दो-चार।।
यों गुलाम होकर न सहूँगा अब मैं अत्याचार।
मैं जाग्रत मज़दूर माँगता हूँ अपने अधिकार।।

कवि 'कण्टक' ने आगे चलकर मार्च 1935 में 'दुनिया के मज़दूरों से' शीर्षक एक और उद्बोधन गीत लिखा जो अपनी सादगी और शक्ति के कारण आज भी मज़दूर एकता पर लिखी हुई कविताओं में सम्मानपूर्ण स्थान का अधिकारी है।

एक हों दुनिया के मज़दूर!
साम्यवाद का पर्व पड़ा है।
घर-घर में जीवन उमड़ा है।
एक तुम्हारा ध्येय बड़ा है—
एक साथ सब क़दम बढ़ाओ
कोटि कोटि कण्ठों का स्वर हो
काँप रहा अवनी, अम्बर हो
सिंहासन हिल उठे भयंकर संघर्षों में
सहमे पूँजीवाद, कँपे युग, हो दुख चकनाचूर
एक हो दुनिया के मज़दूर।

मज़े की बात यह है कि कण्टक जी गाँधीवादी थे और काँग्रेस के सक्रिय सदस्य। कहने की आवश्यकता नहीं कि उस दौर में ऐसे गीत और ऐसी कविताएँ न जाने कितनी लिखी गयीं। यह दूसरी बात है कि कण्टक और उनके जैसे दर्जनों कवि एकदम भुला दिये गये।

दुर्भाग्य से गणेश शंकर विद्यार्थी 1931 के कानपुर के साम्प्रदायिक दंगे में शहीद हो गये, लेकिन उनके इर्द-गिर्द मार्क्सवादी चेतना की जो चिनगारी फूटी वह बुझी नहीं। इसी परम्परा में आगे चलकर राहुल सांकृत्यायन ने *बाईसवीं सदी* (1931), *साम्यवाद ही क्यों* (1935) *सोवियत भूमि* (1938) जैसी पुस्तकें लिखीं। यशपाल का 'मार्क्सवाद' (1943) भी इसी परम्परा में है। इन पुस्तकों ने शिक्षित हिन्दी जनता में मार्क्सवाद के विचारों को फैलाने में अभूतपूर्व योग दिया। सन् 30-31 तक मार्क्सवाद के प्रचार-प्रसार के द्वारा चिन्तन और कर्म की दुनिया में जो क्रान्तिकारी परिवर्तन हुआ, सर्जनात्मक साहित्य में तत्काल तो उसकी अभिव्यक्ति उतने विशद रूप में न हो पायी, किन्तु ठीक बाद वाली दशक में प्रगतिशील साहित्य के आन्दोलन से प्रमाणित

हो गया कि पहले वाले वैचारिक क्रान्ति निष्फल न गयी। आकस्मिक नहीं है कि 1936 में अखिल भारतीय प्रगतिशील लेखकों का पहला सम्मेलन भी लखनऊ में ही बुलाया जा सका और उसके पहले सभापति प्रेमचन्द बने। लखनऊ कानपुर से ज़्यादा दूर नहीं, और न प्रेमचन्द ही। 'ज़माना' में वे लिखते ही न थे, कानपुर आते-जाते भी थे। जिस कानपुर से उनका वास्ता था, उसमें दयानारायण निगम ही न थे, गणेश शंकर विद्यार्थी भी थे। बहरहाल जहाँ 1925 में कम्युनिस्ट पार्टी की स्थापना हुई, वहीं से जरा हटकर लखनऊ में 1936 में *प्रगतिशील लेखक संघ* की स्थापना हुई। पहले राजनीतिक चेतना का संगठन फिर साहित्यिक चेतना का। विकास की दिशा में एक मंज़िल और। मार्क्सवाद अब सिर्फ़ विचार न था, जन-संघर्षों में मूर्त हो रहा था, जीवन को बदल रहा था और अनुभव बन रहा था—एक नया अनुभव। सच्ची साहित्य-सर्जना के लिए सही ज़मीन।

लेकिन इसके साथ ही संघर्ष में जटिलताएँ भी आने लगीं। विचारों के संघर्ष में भी और राजनीतिक संघर्ष में भी। अब मार्क्सवाद के प्रचार के लिए पहले जैसा अबाध और भावुक वातावरण न रहा। कम्युनिस्ट पार्टी, मज़दूर संगठन और किसान-सभा बनने के बाद नक्शा बदल गया। स्वराज्य के स्वरूप को स्पष्ट करने की प्रक्रिया शुरू हुई तो खींचतान भी शुरू हो गयी। एक वर्ग चेतना के जगते ही दूसरा वर्ग-स्वार्थ भी प्रबुद्ध हुआ। एक ओर अंग्रेज़ी साम्राज्यवाद को पूरी तरह ख़त्म करने के लिए संघर्ष और दूसरी ओर उससे समझौता करके अपनी पूर्व प्राप्त सुविधाओं को किसी तरह बचा लेने की जी-तोड़ कोशिश। विचारधारा के स्तर पर मार्क्सवाद का प्रचार सामान्य पत्र-पत्रिकाओं में मद्धिम ही नहीं पड़ा, इधर-उधर उसका विरोध भी बढ़ा। सन् 35 के ऐक्ट के अनुसार अंग्रेज़ी हुकूमत के ही तहत प्रान्तीय सरकारों के बनने की पृष्ठभूमि तैयार होने लगी थी। यह सब कठोर यथार्थ था। जागरूक लेखकों के लिए अब पहले की तरह रोमांटिक ढंग से लिखना सम्भव न रहा। प्रेमचन्द 'प्रेमाश्रम' और 'रंगभूमि' की अति आत्मविश्वासमयी और कल्पनाशील भूमि छोड़कर 'पूस की रात', 'शतरंज के खिलाड़ी' और 'कफ़न' जैसी कहानियाँ लिख रहे थे। साथ-साथ 'गोदान' भी शुरू हो गया। हिन्दी में यह एक नया यथार्थवाद था और नया मानवतावाद भी।

प्रगतिवाद 1936 में इसी नये मानवतावाद और नये यथार्थवाद का समन्वित और संक्षिप्त अभियान बनकर सामने आया।

यह सही है कि वाद के रूप में प्रगतिवाद हिन्दी तथा अन्य भारतीय भाषाओं के साहित्य में बाहर से ही आया—नाम, घोषणापत्र, संगठन की योजना आदि सब कुछ। संवाहक अपने ही थे, आये बाहर से। इसलिए 'हस्तक्षेप' 'Intervention' जैसा लगा। वास्तविक चेतना को संगठित और विकसित करने के लिए कभी-कभी ऐसा 'हस्तक्षेप' सम्भवतः आवश्यक भी होता है। आख़िर भारत के स्वाधीनता आन्दोलन में गाँधी जी का आगमन हस्तक्षेप—एक बाहरी 'हस्तक्षेप' नहीं तो क्या था? और सभी जानते हैं कि उस 'हस्तक्षेप' ने स्वाधीनता-संघर्ष की धारा ही बदल दी। फिर भी अपने यहाँ कुछ लोग हर नयी चेतना को 'बाहरी प्रभाव' के रूप में देखने के अभ्यस्त हैं—शायद अपने को दूध का जला मानते हैं लेकिन ज़रूरी नहीं कि हर जला दूध का ही हो! भक्ति के अभ्युदय के बारे में हिन्दी में एक दोहा बहुत प्रचलित है—

भक्ति द्राविड़ ऊपजी, लाये रामानन्द।
परगट किया कबीर ने, सप्त दीप नव खण्ड।।

जब 'भक्ति' भी कहीं और उपजी हुई मान ली गयी तो 'प्रगतिवाद' की क्या बिसात? ढाँचा तो पहले से तैयार ही है, सिर्फ़ नामों को बदलने की ज़रूरत है, बशर्ते द्वन्द्व बाधक न बने। भक्ति की जगह 'प्रगति', द्राविड़ देश की जगह इंग्लैंड, रामानन्द तो सज्जाद ज़हीर हैं ही। कबीर की जगह मुल्कराज आनन्द को रखने में हिचक हो तो अपने-अपने 'आनन्द' भारत की हर भाषा में मिल सकते हैं।

आचार्य हजारी प्रसाद द्विवेदी ने किसी समय इस बाहरी 'प्रभाव वाली धारणा का खण्डन' करते हुए कहा था कि यदि इस्लाम न भी आया होता तो हिन्दी साहित्य का बारह आना वही होता। इसी वज़न पर क्या हम यह नहीं कह सकते कि यदि सज्जाद ज़हीर आदि भारतीय लेखक लन्दन से प्रगतिवाद का घोषणापत्र न लाये होते तब भी भारतीय साहित्य का बारह आना यानी पचहत्तर प्रतिशत वही होता? प्रगतिशील आन्दोलन के दौरान जिस नये मानववाद और यथार्थवाद का विकास हुआ वह क्या हमारे साहित्य की क्रमागत चिन्ता धारा का स्वाभाविक निकास नहीं है?

लेकिन हम सभी जानते हैं कि 'जो ये होता तो क्या होता' वाला तर्क चलता नहीं—न जीवन में, न साहित्य में। यह सिर्फ़ पश्चात् बुद्धि का विलास है। एक बार जो हो गया सो हो गया। देखना यह चाहिए कि 'प्रगतिवाद' के रूप में जो मार्क्सवादी कहलाने वाली दृष्टि अपने साहित्य में 'प्रगतिशील लेखक संघ' के घोषणापत्र के साथ आयी उसका प्रभाव क्या पड़ा? यह सही है कि लेखक संघ का घोषणा-पत्र आख़िर संगठन बनाने और चलाने के लिए एक घोषणापत्र ही है, कविता, कहानी, उपन्यास या नाटक लिखने के लिए कोई 'मैनुअल' या शास्त्र नहीं। यह भी सही है कि बाद के रचे गये प्रगतिशील साहित्य की सभी कमज़ोरियों के लिए अकेले उस घोषणापत्र को दोषी नहीं ठहराया जा सकता। 'मगर फिर भी' कुछ रह जाता है। आख़िर वह घोषणापत्र एक ऐतिहासिक दस्तावेज़ है। इसलिए यह देखना अनुचित न होगा कि इतिहास निर्माता इतिहास के कितने निकट या दूर थे?

घोषणा-पत्र में सबसे पहले जिस बात की ओर ध्यान दिया जाता है वह है तात्कालिक राजनीतिक लक्ष्य। उस समय देश के सामने पहली समस्या थी पराधीनता से मुक्ति। किन्तु घोषणा-पत्र में यह देखकर आश्चर्य होता है कि पराधीनता से मुक्ति प्राथमिकता की दृष्टि से अन्तिम है। पूरा वक्तव्य हिन्दी में इस प्रकार है— "हम चाहते हैं कि भारत का नया साहित्य जीवन की बुनियादी समस्याओं को अपना विषय बनाये। वे हैं हमारी रोटी की, हमारी दरिद्रता, हमारी सामाजिक अवनति और हमारी राजनीतिक पराधीनता।" कहा जा सकता है कि रोटी की समस्या पहली है। समर्थन में मार्क्स ही नहीं तुलसीदास भी उद्धृत किये जा सकते हैं— 'भूखे भजन न होहि गुपाला।' यह बात उन्होंने न जाने कहाँ कही है, लेकिन चलती है उनके नाम से। 'नहिं दरिद्र सम दुख जग नाहीं।' तो उन्होंने निश्चय ही लिखा है। लेकिन इसी के साथ 'पराधीन सपनेहु सुख नाहीं' भी तो तुलसीदास की ही उक्ति है। सवाल यह है कि पराधीनता की स्थिति में देश के किसान और मज़दूर भरपेट रोटी कैसे पा सकते हैं और यदि किसी तरह पा भी जायें तो उनका दारिद्र्य या दलिद्दर कैसे दूर हो सकता है! क्या पराधीनता और साधारण जनता की दरिद्रता में कोई बुनियादी कारण-कार्य सम्बन्ध नहीं है? और यदि है तो फिर समस्याओं की

समस्या 'पराधीनता' ही ठहरती है। इसलिए घोषणापत्र यदि इस सम्बन्ध को नहीं देखता और इस तरह पराधीनता की समस्या को नितान्त गौण स्थान देता है तो यह आकस्मिक नहीं है, बल्कि इसके पीछे एक पूरी राजनीतिक समझ है। इस राजनीतिक समझ का आधार भारत की कम्युनिस्ट पार्टी के अन्दर मार्क्सवाद-सम्बन्धी एक विशेष प्रकार की धारणा है। वह धारणा है आर्थिक समस्या प्रधान राजनीतिक समस्या गौण। भारत के तत्कालीन सन्दर्भ में इस सिद्धान्त का व्यावहारिक भाष्य है– पूँजीपतियों के विरुद्ध संघर्ष पहले, साम्राज्यवाद के विरुद्ध संघर्ष पीछे। अथवा अधिक सूक्ष्म रूप में साम्राज्य-विरोध का अर्थ है पूँजीवाद-विरोध और सामन्तवाद-विरोध। यहाँ पूँजीवाद-विरोध में समस्त स्वदेशी पूँजीपति वर्ग का विरोध शामिल है। सिद्धान्ततः इस धारणा में कोई असंगति प्रतीत नहीं होती–सिवा इसके कि इस संघर्ष में राष्ट्रीय स्वाधीनता का व्यापक मोर्चा संकुचित होता है और साम्राज्यवाद को कुछ आयु और मिल जाती है। अब तो ख़ैर सभी जानते हैं कि यह राजनीतिक रणनीति एम. एन. राय की थी जो अन्ततः ब्रिटिश साम्राज्यवाद की दलाली करने वाली साबित हुई। मार्क्सवाद की यह समझ राजनीति के समान साहित्य में भी लोक सामान्य भूमि से किसी को अलग करने वाली है। प्रगतिवाद के शत्रुओं को तो इससे आक्रमण करने का एक अवसर मिला ही, स्वयं साहित्य-सर्जना को भी काफ़ी क्षति पहुँची, जिसे उदाहरण देकर यहाँ स्पष्ट करने के लिए अपेक्षित अवकाश नहीं है।

भविष्य और वर्तमान की यह भ्रान्त समझ अतीत के प्रति कितनी ग़लत हो सकती है इसकी मिसाल है 'घोषणा-पत्र' में भारतीय साहित्य की पिछली परम्परा का नकारात्मक मूल्यांकन। लन्दन वाला घोषणा-पत्र इस दृष्टि से और भी नकारात्मक था जिसके कारण लखनऊ वाले अधिवेशन में उसका तीव्र विरोध भी हुआ। इसका ज़िक्र ख़ुद डॉ. सज्जाद ज़हीर ने अपनी किताब *रोशनाई* में किया है। लन्दन वाले घोषणा-पत्र में लिखा था– "आज हमारे साहित्य में भक्ति और वैराग्य की भरमार हो गयी है। भावुकता का ही प्रदर्शन हो रहा है। विचार और बुद्धि का एक तरह से बहिष्कार कर दिया गया है। *पिछली दो सदियों में विशेषकर इसी तरह का साहित्य रचा गया है जो हमारे साहित्य का लज्जास्पद काल है।*"

विरोध के बाद लखनऊ वाले घोषणा-पत्र से 'भक्ति और वैराग्य की भरमार' तथा 'पिछली दो सदियों के साहित्य की लज्जास्पद काल' निकाल दिया गया। इनके स्थान पर यह वाक्य जोड़ दिया गया कि "हम भारतीय संस्कृति की परम्पराओं की रक्षा करते हुए देश की पतनोन्मुख प्रवृत्तियों की बड़ी निर्ममता से आलोचना करेंगे।" बाद में लगा कि यह संशोधन भी पर्याप्त नहीं है। इसलिए 1938 में कलकत्ता अधिवेशन में 'परम्पराओं' के पहले 'सर्वश्रेष्ठ' विशेषण जोड़कर पूरा वाक्य संशोधित करके इस प्रकार कर दिया गया– "भारतीय परम्परा संस्कृति की *सर्वश्रेष्ठ परम्पराओं के उत्तराधिकारी* होने के कारण देश में फैली हुई प्रतिक्रिया की प्रत्येक भावना की आलोचना करना हमारा कर्तव्य है।' कहने की आवश्यकता नहीं कि जब तक अपनी परम्परा की सही जानकारी नहीं है, अपने आपको सर्वश्रेष्ठ परम्पराओं के उत्तराधिकारी होने का दावा कोई अर्थ नहीं रखता। परम्परा के पहले 'सर्वश्रेष्ठ' और ऐसे ही दस विशेषण लगा दीजिए, क्या फ़र्क़ पड़ता है? असल चीज़ है अपनी परम्परा का पूरा परिचय और परिचय के आधार पर बना हुआ रुझान या रुख़। जब तक यह रुख़ नहीं बदलता, जहाँ-तहाँ शाब्दिक संशोधन आत्मप्रवंचना है। परम्परा का परिचय ही उत्तराधिकार के दावे का प्रमाण है; इस प्रमाण के अभाव में बड़े-से-बड़ा दावा भी अविश्वसनीय माना जाता है।

और वास्तविकता यह है कि प्रगतिशील आन्दोलन के अधिकांश कर्णधारों ने उस दौर में 'घोषणा-पत्र' में सर्वश्रेष्ठ परम्पराओं के उत्तराधिकार की शपथ लेने के बाद भी अपने लेखों में ठीक विपरीत आचरण किया। उदाहरण के लिए मार्च 1937 के 'विशाल भारत' में प्रकाशित शिवदान सिंह चौहान का लेख– 'भारत में प्रगतिशील साहित्य की आवश्यकता।' चौहान जी उस समय इलाहाबाद यूनिवर्सिटी के एक तरुण ग्रेजुएट थे, लेकिन अखिल भारतीय प्रगतिशील लेखक संघ में हिन्दी के प्रतिनिधि थे और उत्तर प्रदेश अर्थात् तब के संयुक्त प्रान्त आगरा और अवध की शाखा के मन्त्री भी हो गये थे। इस लेख की परम्परा-सम्बन्धी अनेक नकारात्मक मान्यताओं में से नमूने के लिए केवल एक ही उद्धृत करना पर्याप्त होगा। प्रसाद, निराला, पन्त आदि की रोमांटिक काव्य प्रवृत्ति के लिए चौहान जी ने लिखा– "इस छायावाद की धारा ने हिन्दी साहित्य को जितना

धक्का पहुँचाया, उतना शायद हिन्दू महासभा या मुस्लिम लीग ने भारत को न पहुँचाया हो।'' तात्पर्य यह कि हिन्दी की रोमांटिक कविता हिन्दू महासभा से भी अधिक साम्प्रदायिक है। वैसे, कुछ लोगों को यह भी जिज्ञासा हो सकती है कि हिन्दी के रोमांटिक कवियों में लोभी कौन था? जिनका ख़याल है कि प्रगतिशील आलोचक 1948-49 के संकीर्णतावादी दौर में ही अपनी साहित्यिक परम्परा के प्रति असहिष्णु, कट्टर और नकारवादी हुए उनके लिए सन् 37 का यह उद्धरण रोचक हो सकता है। इतने दिनों के बाद आज भी यह बद्धमूल धारणा एकदम समाप्त नहीं हुई है।

कुछ तथाकथित प्रगतिशील विचारक आज भी समूचे हिन्दी प्रदेश और उसके साहित्य को अधिकांशतः हिन्दू साम्प्रदायिकता का मुरब्बा कहते सुने जा सकते हैं। अपने को प्रगतिशील कहने वाले बुद्धिजीवियों के बीच अपनी धर्मनिरपेक्षता प्रमाणित करने के लिए शायद ऐसे सामान्य वक्तव्य उपयोगी माने जाते हैं।

ध्यान से देखें तो परम्परा के प्रश्न पर घोषणा-पत्र में कट्टर संकीर्णतावाद और परम उदारतावाद दोनों प्रकार की प्रवृत्तियाँ साथ-साथ मौजूद हैं। उल्लेखनीय है कि जिस दौर के प्रगतिशील आन्दोलन की संकीर्णता पर अभी संकेत किया गया है, उसी को बाद में कुछ आलोचकों ने परम उदारता का दौर भी कहा है। हिन्दी में शिवदान सिंह चौहान प्रगतिशील आलोचकों में अपनी उदार दृष्टि के लिए विशेष रूप से याद किये जाते हैं। परन्तु अन्य सन्दर्भों के समान यहाँ भी संकीर्णतावाद और उदारतावाद परस्पर-सम्बद्ध हैं जैसे एक ही सिक्के के दो पहलू। उभयनिष्ठ समानता यह है कि दोनों ही वास्तविकता से दूर हैं, इसलिए ये युगपत् या अनुक्रमिक ही पैदा होते हैं। कभी अतीत के प्रति उदार तो वर्तमान के प्रति संकीर्ण। कभी अतीत के प्रति संकीर्ण तो वर्तमान के प्रति उदार।

आश्चर्य नहीं कि इस रुझान ने काफ़ी दिनों तक निराला जैसे सच्चे क्रान्तिकारी रचनाकारों को प्रगतिशील आन्दोलन से दूर रखा। सम्भवतः ऐसे ही छद्म मार्क्सवादियों से चिढ़कर निराला 'मॉस्को डायलाग्स' जैसी कविता लिखने के लिए मजबूर हुए। ज़ाहिर है कि वास्तविकता से दूर ऐसे किताबी मार्क्सवाद के सहारे गद्य या पद्य में मार्क्सतावी विचारों का

अनुवाद ही किया जा सकता था। यहाँ तक कि सुमित्रानन्दन पन्त जैसे कल्पनाप्रवण, संवेदनशील और शब्दशिल्पी ने उस दौर में मार्क्स की प्रशस्ति में ऐसा निष्प्राण पद्य लिखा जिसे कविता कहने में मार्क्सवादी आलोचक भी हिचकेंगे। पूर्ववर्ती साहित्य में 'विचार और बुद्धि के बहिष्कार' से चिन्तित होकर इस दौर के प्रगतिवाद ने जाने-अनजाने 'विचार और बुद्धि, पर इतना बल दिया कि साहित्य कोरा सिद्धान्त कथन बनकर रह गया—पूँजीवाद, साम्राज्यवाद, सामन्तवाद, वर्ग-संघर्ष, मरणासन्न संस्कृति, आदि रूढ़ शब्दों से ऐसी कृतियाँ जोड़ी गयीं कि स्व-शब्द-वाचत्व दोष के उदाहरणों के लिए कहीं और जाने की ज़रूरत ही न रही।

कहने की आवश्यकता नहीं कि इस बौद्धिकता की भूल का सुधार 'भावुकता' की पुनः प्रतिष्ठा नहीं है। वस्तुतः यह बौद्धिकता रोमांटिक भावुकता का ही विलोम है और एक तरह से ये दोनों एक ही सिक्के के दो पहलू हैं—एक ही भाववादी दृष्टि से उत्पन्न, क्रिया-प्रतिक्रिया के रूप में परस्पर सम्बद्ध! आकस्मिक नहीं कि रोमांटिक कवियों में जो जितना ही भावुक और कल्पनाशील था वह मार्क्सवाद को ग्रहण करते समय उतना ही बौद्धिक हुआ। सुमित्रानन्दन पन्त इसके सर्वोत्तम उदाहरण हैं। जब द्वन्द्वात्मक भौतिकवाद अध्यात्मवाद के रूप में ग्रहण किया जाता है तो फिर मार्क्सवाद और अरविन्दवाद में फ़र्क़ नहीं रह जाता। बदलती है सिर्फ़ दर्शन की पारिभाषिक शब्दावली, कविता का कथ्य वही रहता है। गनीमत है कि पन्त जी कभी-कभी इस बौद्धिक पाश से मुक्त भी हुए और यथार्थ भाव बोध के आधार पर इस दौर में भी कुछ कविताएँ लिखीं।

भविष्योन्मुखी आशावाद इसी यथार्थमुक्त बौद्धिकता अथवा 'विचारधारा' का सबसे सरल निष्कर्ष है, जिसे आरम्भिक प्रगतिवादी उत्थान में 'क्रान्तिकारी रोमांटिकतावाद' की गौरवपूर्ण संज्ञा दी गयी है। *समकालीन यथार्थवाद का अर्थ* नामक पुस्तक में *जॉर्ज लूकाच* ने इस प्रवृत्ति के मूल में निहित मार्क्सवाद की उस विकृति की ओर सही संकेत किया है जो परवर्ती स्तालिनवाद के रूप में प्रकट हुई थी। यथार्थ के जटिल अन्तर्विरोधों की उपेक्षा करके जब उसे सरलीकृत किया जाता है और फिर उस पर वांछित भविष्य बलात् लादने की कोशिश होती है तो 'क्रान्तिकारी रोमांटिकतावाद'

के नाम पर एक सपाट 'प्रकृतिवादी' रचना पैदा होती है जो 'नेचुरलिस्ट' रोमांटिकता का आभास भले दे दे, क्रान्तिकारी किसी ओर से नहीं होती।

कहने की आवश्यकता नहीं आरम्भिक प्रगतिवादी दौर की ये कतिपय साहित्यिक विकृतियाँ, जो बाद में भी कभी-कभी और कहीं-कहीं उभरती दिखाई देती हैं, प्रगतिवाद की प्रकृत तथा अनिवार्य प्रवृत्ति नहीं है और नहीं है साहित्य में मार्क्सवाद के प्रभाव की स्वाभाविक निवृत्ति। वस्तुतः यह मार्क्सवाद की यान्त्रिक और विकृत समझ का परिणाम है, जो हिन्दी तथा अन्य भारतीय भाषाओं के सर्जनात्मक इतिहास में संक्षिप्त क्षेपक है। शायद क्षेपक की इतनी विस्तृत चर्चा भी प्रस्तुत विवेचन के लिए एक क्षेपक हो, लेकिन एक सम्भावना और है। यह क्षेपक काले पटाक्षेप—पटभूमि का काम दे सकता है। प्रगति के प्रकृत रूप के लिए। इस तरह परिप्रेक्ष्य—'पर्सपेक्टिव' बदल जाता है। यह परिप्रेक्ष्य भी प्रगतिवाद के प्रारम्भ से ही निकलता है। लेकिन घोषणा-पत्र से नहीं। प्रेमचन्द के अध्यक्षीय भाषण से। हस्तक्षेप (Intervention) यह भी है। लेकिन यह इतिहास के अन्दर से निकलता है। यह एक सम्भावना है—वर्तमान में अन्तर्निहित, पर वर्तमान से भविष्य की ओर उन्मुख। इसका बीज मन्त्र है प्रेमचन्द का यह वाक्य—*हमें सौन्दर्य की परिभाषा बदलनी होगी।* साहित्य के लिए सर्जना का यह नया सूत्र है। इसकी विशेषता यह है कि यह राजनीति के पीछे चलने वाली सचाई नहीं है। यह सचाई है राजनीति के आगे मशाल लेकर चलने वाली। साहित्य में यह मार्क्सवाद 'शास्य-स्थिति सम्पादन' नहीं है। यह सर्जनशीलता है—एक नयी सर्जनशीलता। इसका प्रमाण है प्रेमचन्द का लेखन 'महाजनी सभ्यता'। आश्चर्य नहीं कि इसका अंग्रेज़ी अनुवाद घातक साबित हुआ। प्रेमचन्द ने इस सभ्यता को 'महाजनी' कहा, 'पूँजीवादी' नहीं कहा। क्यों? क्या उन्हें 'पूँजीवादी' शब्द मालूम न था? क्या दिक्कत थी? मार्क्सवाद का बना-बनाया 'जार्गन' सुलभ था। फिर भी प्रेमचन्द ने उसे नहीं अपनाया। अनुवादकों ने उसे अंग्रेज़ी में 'कमर्शियल' कहा। दूसरी ओर 'मोनोपली कैपटिलिज़्म' को 'महाजनी पूँजीवाद' कहते हैं। साफ़ है कि सवाल एक शब्द का नहीं है। सवाल है अपनी वास्तविकता की बुनियादी समझ का। उस समझ को जनता की भाषा में जनता तक पहुँचाने का। ध्यान देने की बात है कि प्रेमचन्द

ने अपने समूचे लेखन में न कहीं मार्क्स का नाम लिया है, न मार्क्सवाद का। वह ज़माना और था जब निगम को उन्होंने उत्साह में लिखा था कि मैं करीब-करीब बोल्शेविस्ट उसूलों का क़ायल हो गया हूँ। यह बात 1919 की है। हिन्दी-उर्दू में उन दिनों 'बोल्शेविज़्म' की ही चर्चा थी। प्रमाण हैं उस दौर की पत्र-पत्रिकाएँ। बोल्शेविक क्रान्ति का असर ताज़ा था। इस असर में जोश स्वाभाविक था। फिर भी प्रेमचन्द इस जोश में भी होश में थे। विशेषण लगाया 'क़रीब-क़रीब'। 'महाजनी सभ्यता' लिखते समय जब तक अनुभव ने इस होश को और साफ़ किया होगा। साफ़ भी और पोढ़ा भी। जोश में भी कमी नहीं दिखती। प्रमाण है लेख की शुरुआत। हाफिज़ का शेर—

मुज़दह ऐ दिल कि मसीहा नफ़से भी आयद।

कि ज़े अनफ़ास खुशश बूए कसे भी आयद।

नफ़स के मसीहा की अवाई का गहरा अहसास। इतना गहरा कि अभी से हर एक की साँसों से उसी की खुशबू आ रही है। यह मसीहा समाजवाद है। कहने की ज़रूरत नहीं कि प्रेमचन्द ने इश्क़िया शेर को राजनीतिक सन्दर्भ दे दिया। सन्दर्भ बदलते ही अर्थ भी बदल गया। नये सन्दर्भ में नया अर्थ। जोश का आलम यह है। फिर भी नाविल लिखा तो 'गोदान'। भारतीय किसान की 'ट्रेजिडी'। 'क्रान्तिकारी रोमांटिसिज़्म' का कोई चालू दस्तावेज़ नहीं। यह था नया यथार्थवाद।

अगर उस ज़माने की प्रसिद्ध प्रगतिशील पत्रिकाओं में से सुमित्रानन्दन पन्त और नरेन्द्र शर्मा द्वारा सम्पादित 'रूपाभ' को ही लें तो उसमें भी इस नये यथार्थवाद की प्रवृत्ति मिलेगी—समानान्तर उभरती हुई। समानान्तर, मार्क्सवाद को यान्त्रिक सिद्धान्तवाद से प्रेरित रचनाओं के। एक ओर पन्त जी रूप के भाव में बदलने का दार्शनिक चिन्तन कर रहे हैं और दूसरी ओर निराला कहते हैं—"सहज-सहज पग धर आओ उतर। देखें वे सभी तुम्हें पथ पर।" "और और छवि रे यह। और और छवि।" इस प्रकार निराला सौन्दर्य की परिभाषा बदल रहे हैं : सौन्दर्य की नयी प्रतिमा गढ़ रहे हैं। 'ठूँठ' जैसी कविता लिख रहे हैं। आकस्मिक नहीं है जो यह यथार्थवाद 'अणिमा' के 'मैं अकेला', 'स्नेह निर्झर बह गया है। रेत ज्यों तन रह गया है' जैसे नये ढंग के गीतों से होता हुआ 'नये पत्ते' की 'महँगू महँगा रहा' जैसी जुझारू और व्यंग्य बुझी तीखी कविताओं की दिशा में आगे बढ़ा।

स्वयं नरेन्द्र शर्मा 'पकी जामुन के रंग की फाग, बाँधता आया लो आषाढ़' (पलाशवन) से गुज़रते हुए 'गति को कब तक बाँध सकेंगे, पूछो पहरेदारों से' (मिट्टी और फूल) की ओर बढ़ते हैं। नये कवियों में केदारनाथ अग्रवाल 'चन्द गहना से लौटती बेर' क्या देखते है कि :

"एक बीते के बराबर/ यह हरा ठिगना चना/ बाँधे मुरठा शीश पर/ छोटे गुलाबी फूल का/ सज कर खड़ा है।"

और 'धरती' के कवि त्रिलोचन 'धूप सुन्दर/धूप में जग रूप सुन्दर/'सहज सुन्दर/' या फिर 'चम्पा काले काले अच्छर नहीं चीन्हती।' जिसकी परिणति चम्पा को इस भोले-भाले क्रोध में होती है। 'कलकत्ता पर बज्र गिरे।' इसी परम्परा के सुपरिचित कवि हैं वैद्यनाथ मिश्र 'यात्री' नागार्जुन जिन्होंने एक ओर हिमालय के शिखरों पर 'झंझानिल से मेघों को भिड़ते देखा है' और दूसरी ओर भूख से मरनेवाले 'प्रेत का बयान' भी लिखते हैं।

नये यथार्थवादी कवियों के इसी मण्डल में शमशेर और गजानन मुक्तिबोध जैसे कवि भी हैं—मार्क्सवाद से प्रेरित प्रभावित लेकिन मार्क्सवादी आलोचकों के लिए भारी समस्या। *शमशेर* मार्क्सवाद को जीवन के लिए 'ऑक्सीजन' मानते हैं। 'रामबाण' नहीं—'तार सप्तक' के कवि भारत भूषण अग्रवाल की तरह, जिन्होंने कुछ ही दिनों बाद इस 'रामबाण' को फेंक दिया क्योंकि उसने सभी समस्याओं का हल नहीं दिया। अर्थात् डॉक्टर ही ग़लत था, मरीज़ की उम्मीद ज़्यादा न थी। बहरहाल शमशेर को 'ऑक्सीजन' की ज़रूरत महसूस हुई और इस ऑक्सीजन की मदद से उनमें ऐसी चेतना विकसित हुई कि पल छिन अवतार लेते सौन्दर्य की नयी-नयी सूक्ष्म छायाएँ पकड़ सके। बिल्कुल 'इम्प्रेशनिस्टिक'-सी प्रतीत होती हुई, तरल-तरल फिर भी आश्चर्यजनक रूप में ठोस। इन प्रयोगधर्मी कविताओं में अक्सर 'डिकेडेंस' का भ्रम हुआ है, किन्तु 'टूटी हुई, बिखरी हुई' कविताओं में भारतीय मध्यवर्गीय मनुष्य की गहरी पीड़ा व्यक्त हुई है। पीड़ा, करुणा और टूटने-टूटने की हद तक तनाव। प्रेमचन्द के 'होरी' के संघर्ष, विवशता, पराजय आदि की 'करुणा' का ही सगोतिया। 'करुणा' लेकिन भीतर से झकझोर देने वाली। विद्रोह के लिए जगा देने वाली। कौन कहेगा कि यह

मानवी करुणा मार्क्सवाद के प्रभाव से अछूती है? क्या यह जीवन के यथार्थ का एक कड़वा पहलू नहीं है?

वैसे, शमशेर ने ठेठ राजनीतिक कविताएँ भी लिखी हैं। कम नहीं काफ़ी। 'वाम वाम वाम दिशा/ समय साम्यवादी' जैसी। सिद्धान्तवादी मार्क्सवादियों के लिए शायद वे ज़्यादा आश्वस्त करने वाली हों। ऐसी कुछ कविताओं 'शेरियत' कम 'शमशेरियत' ज़्यादा है और वे मार्क्सवादी विचारों के अनुकथन वाली औसत कविताओं से अच्छी भी हैं। लेकिन वह न तो शमशेर का अपना 'स्व-भाव' है और न प्रगतिशील कविता की प्रकृत भूमि ही। अन्ततः वे सामयिक सिद्धान्तवादी मार्क्सवाद के विकृत प्रभाव की ही सूचक ठहरती हैं।

मार्क्सवादी प्रभाव के सन्दर्भ में *मुक्तिबोध* की रचना-प्रक्रिया भिन्न है। शमशेर से भी, तथा नागार्जुन, केदार आदि से भी। शमशेर तो सतह पर चालू अथवा प्रत्याशित मार्क्सवाद को चेतना की सतह पर निपटा कर छुटकारा जैसा पा लेते हैं और फिर उस प्रभाव से अपने 'स्वत्व' को बचाकर आत्मतोष के लिए उसी भावभूमि पर रचना करते हैं। मुक्तिबोध की रचना-प्रक्रिया में इतने साफ़-सुथरे बँटवारे के लिए गुंजाइश नहीं। परिणाम भीषण आत्म-संघर्ष। अन्दर, संस्कार और विवेक में—अनुभव और विश्वबोध में, स्वयं अनुभव के विभिन्न पक्षों में, ईमानदारी और आभ्यन्तरीकृत वास्तविकता में। इसके साथ ही बाहर और भीतर के बीच के संघर्ष! वस्तु-सत्य और आत्म-सत्य के बीच। मामला आसान होता यदि परस्पर विरोधी पक्षों में किसी एक को काटकर अलग कर दिया जाता। इस अपवर्जन में सुविधा तो है, लेकिन मुक्तिबोध को सुविधा का यह मार्ग स्वीकार नहीं। वे वास्तविकता को समूची जटिलता में पकड़ने के दृढ़व्रती हैं। वे द्वन्द्व को समग्रता में कविता के अन्दर बाँधने के लिए जूझते हैं। ज़ाहिर है कि ऐसी कविता सफ़ाई-पसन्द मार्क्सवादी आलोचकों के लिए सिरदर्द है। नतीजा मुक्तिबोध के मार्क्सवाद में सन्देह। कवि की प्रतिबद्धता के प्रति शंका। ग़ैर-मार्क्सवादी विचारों की गिरफ़्त में होने की शिकायत। काश सत्य का मार्ग बिल्कुल साफ़-सुथरा होता और समाजवाद की मंज़िल एकदम नाक की सीध में—ठीक सामने।

एक और कवि हैं *त्रिलोचन*। अपने सभी सहधर्मियों से भिन्न। प्रायः उपेक्षित। 'धरती' की रचना तक गनीमत। 'सानेट' के पथ पर सरपट दौड़कर लोगों की नज़र से और भी दूर निकल गये। न किसी सामयिक राजनीतिक घटना पर टिप्पणी, न वर्ग संघर्ष के सिद्धान्त का पद्यानुवाद। भाषा पर ठेठ अवधी के पुट के साथ बीच-बीच में संस्कृत की भी छाप। वाक्य-विन्यास में ठेठ बोलचाल के गद्य का अतिरिक्त आग्रह। मार्क्सवाद से ज़्यादा सीधे जन-जीवन से जुड़ने का संकल्प। कविता में रोज़ के मिलने-जुलने वाले आम आदमियों के चरित्र। विषय-वस्तु रोज़मर्रा की मामूली घटनाएँ। ज़ोर बिल्कुल तथ्य कथन पर। सपाट विवरण। निरा कंकाल। न भावात्मक प्रतिक्रिया की चाशनी, न कल्पना का रंग-रोगन। कभी-कभी लगता है, ये कविताएँ सौ साल पहले भी लिखी जा सकती थीं। उनके लेखे कभी न कोई रोमांटिक दौर आया, न प्रयोगवाद और न प्रगतिवाद ही। सर्वथा सनातन का आभास। जैसे गाँव की धरती, गाँव का आसमान। एक रूप-सा दिखता भारतीय किसान। फिर भी एक विचलित कर देने वाला असर। सादगी का दुर्निवार आकर्षण। एक औसत मार्क्सवादी आलोचक स्वभावतः यहाँ लाचार है—मैदान के मैदान होने के आगे। इस 'ऊसर' में मार्क्सवादी प्रभाव का कोई अंकुर न दिखाई पड़े तो क्या आश्चर्य? लेकिन नया 'अंकुर' ही सत्य है? 'तथाकथित ऊसर' के नीचे कोई मूल्यवान खान भी तो हो सकती है? यह ज़रूर है कि उसके लिए खुदाई करनी पड़ेगी।

दरअसल ये कुछ उदाहरण नहीं, समस्याएँ हैं—समस्याओं के प्रकार। इनमें कविता में मार्क्सवादी प्रभाव की बहुरूपता का अहसास हो सकता है। यह काव्य की सर्जनशीलता का संकेत है और मार्क्सवाद की सर्जनशीलता का भी। बहुरूपता सर्जनशीलता का स्वधर्म है। यहाँ कोई बना-बनाया नुस्ख़ा नहीं चल सकता। वास्तविकता बराबर चुनौती देती रहती है।

उपन्यासों और यहाँ तक हुई कविता की बात। कहानियों की दुनिया कम पेचीदा नहीं है, आभास चाहे जैसा दे। वहाँ समस्याएँ और तरह की हैं। वहाँ 'मैला आँचल' के संवेदनशील कथाकार रेणु जैसे लेखकों से सामना होता है जो अपने विचारों में मार्क्सवाद का विरोध करें, फिर भी यथार्थ का कोई ऐसा पहलू पेश कर जायें तो स्पष्टतः वर्ग-संघर्ष-दर्शी से एकदम छूट जाये।

लेकिन यह क्षेत्र इतना बड़ा है कि सम्प्रति इसे छोड़ना ही उचित होगा। भय है, संक्षेप/ संकेत ग़लतफ़हमी का कारण न बन जाये।

वैसे, सर्वेक्षण इस लेख का प्रयोजन भी नहीं है। पिछले पचास वर्षों के समस्त प्रगतिशील साहित्य का सर्वेक्षण निर्धारित कालावधि में न सम्भव है, न वांछित। सच पूछिए तो यह कला मुझे आती भी नहीं। यह सिद्धि डॉ. माचवे के ही पास है। यहाँ तो न सर्वग्राही बनने की महत्त्वाकांक्षा है, न अद्यतन होने की स्पर्धा। इधर के दशक के साहित्य में ज़्यादा दिलचस्पी लेने वाले अतृप्त रह जायें तो रहें, क्षमा याचना ही कर सकता हूँ।

हिन्दी साहित्य में मार्क्सवाद के प्रभाव के अभ्युदय काल का विश्लेषण निश्चय ही कुछ सामान्य निष्कर्षों की ओर ले जाता है। तथ्य है कि मार्क्सवाद के द्वारा हमारे साहित्य में एक नये मानववाद और नये यथार्थवाद का विकास हुआ। साहित्य लोक-जीवन के और निकट आया। अनुभव संसार के अनेक नये आयाम उद्घाटित हुए। साहित्य की भाषा लोक-भाषा से नयी जीवनी-शक्ति लेकर समृद्धतर हुई। लोक-साहित्य से अनेक नये रूप प्राप्त हुए और वे सुसंस्कृत होकर सर्जनशील साहित्यकारों द्वारा और सुन्दर बने।

यह भी निर्विवाद है कि हिन्दी के बड़े अथवा महत्त्वपूर्ण लेखकों में कोई ऐसा नहीं है जो कभी-न-कभी किसी-न-किसी रूप में प्रभावित न हुआ हो। सूची लम्बी है। देना सम्भव नहीं। सभी जानते हैं। प्रभाव दूसरी विचारधाराओं के भी हैं, जिनमें से कुछ मार्क्सवाद-विरोधी भी हैं, जिन्हें मानने वाले साहित्यकार भी एकदम कम नहीं हैं और उनमें सबके सब तुच्छ भी नहीं हैं। लेकिन एक बात निश्चित है कि साहित्य-सृजन में जिस हद तक वे मार्क्सवाद-विरोध से आक्रान्त रहे हैं उनकी रचना उस हद तक कलात्मक रूप में क्षतिग्रस्त हुई है। अज्ञेय और निर्मल वर्मा इसके ज्वलन्त उदाहरण हैं। आलोचना सम्भवतः मार्क्सवादी प्रभाव की सबसे महत्त्वपूर्ण देन है। आज हिन्दी में मार्क्सवादी आलोचना का वर्चस्व उतना ही असन्दिग्ध है जितना असन्दिग्ध है आज के सर्वश्रेष्ठ आलोचक के रूप में डॉ. रामविलास शर्मा की प्रतिष्ठा। अन्ततः मेरी दृष्टि में तमाम उतार-चढ़ाव के बावजूद पिछले पचास वर्षों में हिन्दी साहित्य की *मुख्यधारा* वही है जो किसी-न-किसी रूप में

मार्क्सवाद से प्रेरित और प्रभावित है लेकिन इसे पूर्णतः मार्क्सवादी समझना भ्रम होगा। निश्चय ही, हिन्दी में घोषित रूप से प्रतिबद्ध मार्क्सवादी लेखकों की भी एक स्पष्ट धारा है जिसे चाहें तो 'अगुआ दस्ता' भी कह सकते हैं।

(कलकत्ता विश्वविद्यालय, कलकत्ता में 7-8 सितम्बर, 1983 की संगोष्ठी में पढ़ा गया आलेख।)

बीसवीं शताब्दी का भारतीय साहित्य : नयी चुनौतियाँ

बीसवीं शताब्दी में विश्व इतिहास की सबसे बड़ी घटना प्रत्युपनिवेशीकरण (डिक्लोनाइज़ेशन) शताब्दी का अन्त तो अभी नहीं हुआ लेकिन साहित्य में यूरोप और अमरीका के वर्चस्व का अन्त हो गया। साहित्य-सृजन के केन्द्र में अब यूरोप और अमरीका नहीं, बल्कि लैटिन अमरीका, अफ्रीका और एशिया के देश हैं। सर्जनात्मक दृष्टि से उत्तेजक और स्फूर्तिप्रद कृतियाँ इन्हीं देशों से आ रही हैं और पहल भी सम्भवतः इन्हीं देशों के लेखकों के हाथ है। जहाँ लैटिन अमरीकी और अफ्रीकी लेखक यूरोपीय भाषाओं के माध्यम से ही यूरोप और अमरीका के साहित्य को चुनौती दे रहे हैं, भारत जैसे एशियाई देश के लेखक मुख्यतः ग़ैर-यूरोपीय अपनी भाषाओं में प्रत्युपनिवेशीकरण की प्रक्रिया को तेज़ कर रहे हैं। लैटिन अमरीका, अफ्रीका और एशिया में, वैसे तो, यह प्रक्रिया शताब्दी के आरम्भ के साथ ही शुरू हो गयी थी, लेकिन द्वितीय विश्वयुद्ध के बाद से इसमें और तेज़ी आयी है। इस नये साहित्यिक उभार को वशीभूत करने के लिए यूरोप और अमरीका के साहित्यिक सिद्धान्तकारों ने समय-समय पर अनेक सैद्धान्तिक संकल्पनाएँ प्रस्तुत की हैं। कभी 'कामनवेल्थ लिटरेचर' और 'न्यू लिटरेचर्स इन इंगलिश', तो कभी 'पोस्टकोलोनियल लिटरेचर'। इसी प्रकार की नवीनतम संकल्पना है 'तृतीय-विश्व साहित्य' (थर्ड वर्ल्ड लिटरेचर) 'तृतीय-विश्व साहित्य' की परिकल्पना एक प्रकार से गेटे के 'विश्व साहित्य' की परिकल्पना का ही नवीन रूपान्तर है, किन्तु इतनी मासूम नहीं। एक तरह से यह 'प्रथम-विश्व साहित्य' का वर्चस्व क़ायम रखने की एक नयी चाल है और ध्यान से देखें तो 'तृतीय-विश्व साहित्य' की संकल्पना उपनिवेशोत्तर युग का नया

प्राच्यवाद (ओरिएंटलिज़्म) है। लगता है, अपने आपको परिभाषित करने के लिए यूरोप और अमरीका को अब भी एक 'अन्य' की आवश्यकता है और इस पाश्चात्य परिकल्पना में यह निहित है कि तीसरी दुनिया को भी अपने आपको परिभाषित करने के लिए उसी प्रकार एक 'अन्य' अनिवार्य है और यह 'अन्य' पश्चिम के सिवा और कौन हो सकता है! मेरी समझ से बीसवीं शताब्दी के भारतीय साहित्य के मूल्यांकन का यही परिप्रेक्ष्य है।

मुद्दा चाहे परम्परा और आधुनिकता का हो, चाहे क्षेत्रीय और राष्ट्रीय अस्मिता का, रूपगत नये प्रयोगों का हो अथवा लोकधर्मी रूपों के आत्मसात् का—इन सबका समाधान प्रत्युपनिवेशीकरण के ही परिप्रेक्ष्य में सम्भव है। इसलिए पहला सवाल यही है कि भारतीय लेखक आज प्रत्युपनिवेशीकरण की प्रक्रिया के प्रति कितने जागरूक और सक्रिय हैं? प्रश्न कोरा बुद्धि-विलास नहीं, जैसा कि सामान्य विचार-गोष्ठियों में प्रायः देखा जाता है। प्रश्न का सीधा सम्बन्ध हमारी सर्जनात्मक ऊर्जा के उन्मोचन से है और यहाँ मैं अत्यन्त विनम्रता के साथ यह कहना चाहता हूँ कि स्वाधीनता प्राप्ति के बाद भारतीय लेखकों में प्रत्युपनिवेशीकरण की जुझारू वृत्ति में, पहले की पीढ़ी के लेखकों की तुलना में, मन्दी या शिथिलता आयी है। शायद इसीलिए हमारे बीच आज कोई गाब्रिएल गार्सिया मार्केस नहीं है और न चिनुआ अचेबे अथवा न्गुगी वा थ्वांगी ही। मुझे अक्सर महसूस होता है कि आज तथाकथित 'तृतीय-विश्व साहित्य' के अन्तर्गत भारतीय साहित्य अफ्रीका और लैटिन अमरीकी साहित्य से पिछड़ गया है—ख़ासतौर से उपन्यासों, कहानियों और नाटकों की विधा में। कहने की आवश्यकता नहीं कि यह बात मैं अन्दर की गहरी पीड़ा के साथ कह रहा हूँ, किसी प्रकार की आत्मभर्त्सना या अभियोग के रूप में नहीं।

कहीं ऐसा तो नहीं कि हम स्वयं अपने स्वाधीनता-संग्राम के दिनों की ऊर्जा खो बैठे हैं? न आज वह राष्ट्रीय भावना है, न राष्ट्रवाद ही। राष्ट्रवाद राम-बाण नहीं है। राष्ट्रवाद में ख़तरे भी हैं। इन ख़तरों से मैं बेख़बर नहीं हूँ। लेकिन इतिहास से अभी राष्ट्रवाद को कृतकार्य मानकर कूड़े की टोकरी में नहीं फेंका है, बल्कि उत्तरशती में बहुत कुछ उसके पुनरुत्थान के ही लक्षण दिखाई पड़ रहे हैं। किसी-न-किसी रूप में साम्राज्यवाद जब तक

जीवित है, राष्ट्रवाद की आवश्यकता बनी रहेगी। लेकिन क्या ऐसा नहीं लगता कि हमने साम्राज्यवाद के साथ मन-ही-मन कहीं चुपचाप समझौता कर लिया है? बौद्धिक जगत् में अब 'साम्राज्यवाद' शब्द कम ही सुनाई पड़ता है, गोया उसका अस्तित्व नहीं है।

इसका कुछ सम्बन्ध 1947 की हमारी आज़ादी से तो नहीं? हममें से कितने लोगों को यह अहसास है कि हमें आज़ादी मिली नहीं, बल्कि हमने आज़ादी ली है? 'मिलने' और 'लेने' में जो फ़र्क़ है उसे बताने की ज़रूरत शायद नहीं है। आज़ादी *लेने* की बात होती तो हम खण्डित आज़ादी क्यों लेते? जिस देश ने 1905 में बंग-भंग को ठुकरा दिया था उसी ने 1947 में देश का विभाजन कैसे स्वीकार कर लिया जबकि विभाजन का मूल आधार एक ही था—सम्प्रदायवाद। इन बयालीस वर्षों में इतना बड़ा बदलाव आया कि इन दोनों घटनाओं को बयान करने की भाषा तक बदल गयी! 'बंग-भंग' कहते ही 'अंग-भंग' की टंकार सुनाई पड़ती है, लेकिन विभाजन, बँटवारा या तक़्सीम से क्या ध्वनि निकलती है? क्या यह सच नहीं कि बंग-भंग के प्रतिरोध में उठे स्वदेशी आन्दोलन ने भारतीय अस्मिता को टूटने से बचा लिया, जबकि 1947 के भारत-विभाजन के स्वीकार ने भारतीय अस्मिता को टूक-टूक कर दिया?

इस विखण्डन के परिणाम कितने दूरगामी हैं, यह देखने के लिए दो भारतीय उपन्यास लें। एक, रवीन्द्रनाथ ठाकुर का *गोरा* (1910), जिसकी पृष्ठभूमि में 'बंग-भंग' और स्वदेशी आन्दोलन है। दूसरा यू. आर. अनन्तमूर्ति का *संस्कार* (1951), जिसका 'भारत-विभाजन' से दूर-दूर तक कोई सम्बन्ध नहीं है। फिर भी यदि ये दोनों उपन्यास तुलनीय हैं तो इसलिए कि 'अस्मिता का संकट' और 'अस्मिता की खोज' दोनों के ही केन्द्र में है। *गोरा* का नायक हिन्दू होने की जीतोड़ कोशिश करता है, लेकिन अन्त में भारतीय होने के लिए विवश होता है। *संस्कार* का नायक प्राणेशाचार्य ब्राह्मण आचार्य होने का प्रयास करता है, लेकिन अन्त में च्युत होकर सामान्य मनुष्य बनता है। मुक्ति की अनुभूति दोनों को होती है और यह मुक्ति मिलती है एक आघात से। गौरमोहन को आघात लगता है इस

रहस्योद्घाटन से कि वह जन्मना हिन्दू नहीं है। प्राणेशाचार्य को आघात लगता है, अछूत कन्या चन्द्रो के शारीरिक सम्पर्क से! अग्निदीक्षा की प्रक्रिया में दोनों 'मनुष्य' होकर निकलते हैं। लेकिन जहाँ गौरमोहन का मनुष्यत्व भारतीय होने में है, प्राणेशाचार्य का मनुष्यत्व आचार्यत्व के ओढ़े हुए निषेधों से छुटकारा पाने में! 'एलेगरी' या 'रूपक' दोनों ही उपन्यास हैं और चाहें तो इन्हें फ्रेडरिक जेम्सन के शब्दों में 'नेशनल एलेगरी' अथवा राष्ट्रीय रूपक भी कह सकते हैं जिसे तथाकथित 'तृतीय-विश्व उपन्यास' का अपना विशिष्ट लक्षण माना गया है।

लेकिन 'अस्मिता' के प्रश्न पर *गोरा* और *संस्कार* में कितना बड़ा अन्तर है—अन्तरं महदन्तरम्! गौरमोहन का अन्तिम वक्तव्य है—"मैं दिन-रात जो होना चाह रहा था, पर हो नहीं पा रहा था, आज मैं वही हो गया हूँ। आज मैं सारे भारतपर्ष का हूँ। मेरे भीतर हिन्दू, मुसलमान, ख़िस्तान किसी समाज के प्रति कोई विरोध नहीं है। आज इस भारतवर्ष में सबकी जाति मेरी जाति है, सबका अन्न मेरा अन्न है।"

दूसरी ओर *संस्कार* के प्राणेशाचार्य को "ज्ञान का फल चखने के बाद" जो अनुभव होता है वह लेखक के शब्दों में—"आचार्य जी को न केवल किसी प्रकार का पश्चात्ताप हुआ बल्कि उन्होंने एक हल्कापन महसूस किया, मानो उन्होंने अपनी छिनी हुई स्वतन्त्रता प्राप्त कर ली हो; मार्गदर्शन की ज़िम्मेदारी से मुक्त हो गये हों और सब प्रकार के अधिकारों के बोझ से छुटकारा पा लिया हो। मैं किस प्रकार का व्यक्ति हूँ? तुम लोगों जैसा ही हूँ—एक ऐसे अन्तःकरण वाला प्राणी जिसे लालसाएँ और जुगुप्सा तुम्हारी ही तरह उद्वेलित करती हैं। विनय और दीनता का शायद पहला पाठ मैंने पढ़ा। पापोऽहं पापकर्मोऽहं, पापात्मा पापसम्भवः। नहीं, नहीं, यह भी झूठ है। रटे हुए इन मन्त्रों को भूलना होगा—मन को किसी अबोध बाल-मन की तरह स्वतन्त्रता से विचरने देना होगा।"

इस अनुभूति के बाद जब प्राणेशाचार्य प्रतीक्षारत लोगों के बीच पहुँचते हैं तो उनके मुँह से केवल यही शब्द निकलते हैं—"मैं भटक गया हूँ और मैं हार गया हूँ। मुझे कुछ नहीं मालूम। आप सब लोग वैसा ही करें जो आप अपने दिलों में समझें।"

एक ओर गोरा का गर्वीला स्वर—"आमि आज मुक्त। आमि ये पतित हबो, व्रात्य हबो, से मेय आमार नेइ। आमके आर पदे-पदे माटिर दिके चेये शुचिता बॉढ़ेचिए चलते होबे ना।" और दूसरी ओर प्राणेशाचार्य की कातर स्वतन्त्रता! *संस्कार* के आचार्य संस्कृत ज़रूर बोलते हैं किन्तु उनकी वाणी में सार्त्र या कामू की किसी अस्तित्ववादी नायक के आत्म-स्वीकार (कन्फेशन) की गूँज सुनाई पड़ती है! यह मेरा भ्रम भी हो सकता है! *संस्कार* के इस आत्म-स्वीकार में मध्यकाल के भारतीय वैष्णवों की वाणी का आभास तो है, पर स्वतन्त्रता की यह अनुभूति एकदम अलग चीज़ है, मूल-स्रोत जो भी हो।

अस्मिता की खोज में अनन्तमूर्ति भी रवीन्द्रनाथ की तरह भारत के अतीत में जाते हैं। किन्तु उनके लिए यह अतीत विचार नहीं, बल्कि अनुभूति का विषय है। वे उस अतीत को जड़ से उखाड़ कर महसूस करना चाहते हैं। प्राणेशाचार्य के लिए अतीत 'चिरायते की बेल' है जिसे वे जड़ से उखाड़कर सूँघना चाहते हैं। क्योंकि उस जड़ में विशेष प्रकार की गन्ध बस गयी है जो वहाँ की मिट्टी और आकाश से मिलकर बनी है। यह और बात है कि उनके हाथ आधी जड़ ही आ पायी। इस वृत्ति के कारण *संस्कार* में भारतीयता की छाप *गोरा* से कहीं अधिक है। प्रमाण है *संस्कार* के अंग्रेज़ी अनुवाद में संस्कृत और कन्नड़ शब्दों को लेकर की गयीं शताधिक टिप्पणियाँ! शायद इसीलिए पाश्चात्य विद्वानों और पाठकों की नज़र में *संस्कार* अधिक 'भारतीय' उपन्यास है, जबकि *गोरा* को आज वहाँ शायद ही कोई पूछता हो! भारतीय गाँव के सम्पर्क में गोरा भी आता है और संस्कारी प्राणेशाचार्य भी। किन्तु दोनों के अनुभव कितने भिन्न हैं, और गाँव की तस्वीर भी! रवीन्द्रनाथ को आदिवासियों की मुर्गों की लड़ाई जैसे दृश्यों की योजना करके *गोरा* को भारतीय बनाने की ज़रूरत महसूस नहीं हुई शायद!

रवीन्द्रनाथ भारतीय होना चाहते थे ज़रूर, लेकिन अपनी नज़र में। पश्चिम की नज़र में नहीं। गोरा की वह ललकार याद कीजिए—"हम अपने देश को विदेशी की अदालत में मुज़रिम की तरह खड़ा करके विदेशी क़ानून के अधीन उसका विचार होने न देंगे। विलायत के आदर्श से एक-एक बात मिलाकर हम लज्जित न होंगे, न गौरव ही मानेंगे। जिस देश में जन्मे हैं

उस देश के आचार, विश्वास, शास्त्र या समाज के लिए दूसरों के या स्वयं अपने सामने ज़रा भी संकुचित न होंगे। देश का जो कुछ है सभी को सबल और सगर्व भाव से सिर-माथे लेकर देश को और अपने आपको अपमान से बचाएँगे। हम अच्छे हैं कि बुरे, सभ्य हैं कि असभ्य, इसके बारे में हम किसी को भी कोई जवाब देना नहीं चाहते। हम केवल सोलह आने यह अनुभव करना चाहते हैं कि हम हम हैं।" (अनुभव करिते चाई ये आमरा आमराई।)

कहाँ है आज यह 'स्वदेशी' स्वर! आज बहुत-से भारतीय लेखक विदेशी अदालत में न्याय के लिए खड़े होना सम्मान की बात समझते हैं। और पश्चिमी आलोचकों के सामने अपनी 'भारतीयता' प्रमाणित करने में गौरव महसूस करते हैं।

हमारे सौभाग्य से यह महान दायित्व भारतीय अंग्रेज़ी के लेखकों ने अपने ऊपर ले लिया है। यह स्वाभाविक भी है। 'भारतीय साहित्य' के प्रतिनिधि लेखक, सच पूछिए तो भारतीय अंग्रेज़ी के ही लेखक हैं; हिन्दी, बंगला, तमिल अथवा किसी अन्य भारतीय भाषा का साहित्य तो 'क्षेत्रीय साहित्य' है। बहरहाल, स्वाधीनता-प्राप्ति के बाद बहस का सबसे बड़ा मुद्दा यह बना कि भारतीय उपन्यास क्या है? क्या भारतीय उपन्यास जैसी कोई विशिष्ट विधा है? वही सवाल अब इस रूप में पूछा जा रहा है कि 'तृतीय विश्व उपन्यास' क्या है, इसके विशिष्ट लक्षण क्या हैं? इस सवाल को लेकर 'सेमिनार' पर 'सेमिनार' हो रहे हैं। देश में भी, विदेश में भी। भारतीय अंग्रेज़ी के लेखक और अध्यापक अत्यन्त व्यस्त हैं। कोशिश जारी है यह साबित करने की कि आज के भारतीय लेखक उन्नीसवीं सदी के यूरोपीय उपन्यासों की यथार्थवादी परम्परा को कोसों पीछे छोड़ आये हैं और वे भारत के प्राचीन आख्यानों और लोककथाओं के सहारे एक नयी ठेठ भारतीय आख्यान-शैली का विकास कर रहे हैं। इस प्रक्रिया में ठेठ भारतीय जीवन के उन मिथकों, रीति-रिवाज़ों, विश्वासों आदि को भी समोने का प्रयास हो रहा है जो पश्चिम के लिए अजूबा है और इसीलिए कुतूहल का विशेष कारण भी। ठोस उदाहरणों के अभाव में मुक़दमा कमज़ोर न हो जाये इसलिए हमारे उपन्यासकार—विशेषकर भारतीय अंग्रेज़ी के उपन्यासकार ऐसे भारतीय उपन्यास की मिसाल पेश करने में जी-जान से लगे हैं। नतीजा देखें तो आज

भारतीय अंग्रेज़ी के उपन्यास तथाकथित 'क्षेत्रीय भाषाओं' के उपन्यासों से ज़्यादा 'भारतीय' प्रतीत होंगे। इस प्रवृत्ति का कुछ अन्दाज़ा अमरीका की प्रसिद्ध पत्रिका 'डेडलस' के 1987 के अंक में प्रकाशित अनिता देसाई के लेख 'आज का भारतीय कथा साहित्य' तथा संलग्न कथांशों की प्रस्तुति से लगाया जा सकता है। 'डेडलस' के इस अंक का शीर्षक ही है : 'एक और भारत' (अनॅदर इंडिया)। भारतीय अंग्रेज़ी की इस सुपरिचित लेखिका ने पहले तो सलमान रुशदी के *शर्म* उपन्यास के 'जादुई यथार्थवाद' के भारतीय मूल की चर्चा की है, फिर युवतर लेखकों पर व्यंग्यात्मक टिप्पणी करते हुए कहा है कि ये एक ऐसी पुरानी शैली में कहानी कहने की ओर लौट रहे हैं जो 'अद्यतन' भी है और 'नवीनतम' भी। वे पश्चिम की दिशा में इस हद तक चले गये कि पृथ्वी के गोलाकार होने के कारण अन्ततः पूर्व में ही लौट आये हैं। (दे फाउंड देमसेल्व्ज़ ट्रैवेलिंग सो फ़ार वेस्टवर्ड दैट, द वर्ल्ड बीइंग इन द शेप इट हज़, दे हैड अराइंड इन द ईस्ट अगेन।)

अब यदि 'भारतीय साहित्य' यही है तो लगता है कि 'तृतीय विश्व साहित्य' के समान ही 'भारतीय साहित्य' की अवधारणा पर भी हमें नये सिरे से विचार करना पड़ेगा।

कहने के लिए साहित्य में उपनिवेशीकरण का विरोध ऐसे 'भारतीय' लेखक भी करते हैं। किन्तु उनके मन में यह धारणा घर कर गयी है कि पश्चिम की यात्रा से गुज़र कर ही पूर्व में वापस लौटा जा सकता है। उननिवेशवादी दौर के भारतीय लेखकों की विवशता तो समझ में आती है और एक हद तक उन भारतीय लेखकों की मुश्किल भी जो उपनिवेशोत्तरकाल में पश्चिम के यात्री रहे हैं, किन्तु इसे समूचे भारतीय साहित्य की नियति कैसे मान लिया जाये?

कुछ भारतीय लेखक सचमुच ही इसी तरह की बातें करते हैं—ख़ासतौर से यूरोप और अमरीका की यात्रा के दौरान, मानो वे अपने विदेशी श्रोताओं को आश्वस्त करना चाहते हैं कि एक भारतीय को अपनी अस्मिता प्राप्त करने के लिए यूरोप की 'यात्रा' ज़रूरी है। अभी कुछ समय पहले निर्मल वर्मा ने जर्मनी के हाइडेलबर्ग विश्वविद्यालय में 'भारत और यूरोप :

प्रतिश्रुति के क्षेत्र की खोज' शीर्षक भाषण में लगभग इसी प्रकार की बातें कही हैं। पहले उन्होंने दर्शनशास्त्र के एक यूरोपवासी भारतीय विद्वान *जड़ावलाल मेहता* का यह कथन सहमति के साथ उद्धृत किया है—"पूर्व में हमारे लिए कोई दूसरा रास्ता खुला ही नहीं है सिवाय यूरोपीयकरण के साथ चलते हुए और उससे परे निकल जाने के।" फिर यह सवाल—"पिछले दो सौ वर्षों का औपनिवेशिक अनुभव यदि यूरोप की 'यात्रा' नहीं तो क्या है?" और अन्त में निष्कर्ष—"भारत को जिस चीज़ की ज़रूरत थी वह आत्म के प्रत्युपनिवेशीकरण की प्रक्रिया से गुज़रकर अपने आत्मतत्त्व को दुबारा पाने की जिसे कोई बाहरी एजेन्सी नहीं, स्वयं अपनी परम्परा ही गतिशील कर सकती है।"

इरादा नेक है, लेकिन 'आत्मतत्त्व' और 'परम्परा' शब्द अनेक असुविधाजनक सवाल खड़ा करते हैं। 'आत्मतत्व' यदि वेदान्त का प्रदत्त 'आत्मन्' नहीं है तो वह दुबारा पाने की चीज़ नहीं बल्कि प्रत्युपनिवेशीकरण की प्रक्रिया में फिर से निर्मित करने—विकसित करने की चेतना है। इस चेतना का विकास संघर्ष और आत्मसंघर्ष में ही सम्भव है। रही 'परम्परा' तो वह भी कोई प्रदत्त वस्तु नहीं है। उपनिवेशवाद ने भी 'भारतीय परम्परा' का एक रूप प्रस्तुत किया है और उसके जवाब में भारत की ओर से एक नहीं अनेक परम्पराएँ प्रस्तुत की गयी हैं। कहने की आवश्यकता नहीं कि परम्परा-निर्माण का व्यापार नवउपनिवेशवाद ने अभी बन्द नहीं किया है।

'डेडलस' (1989) के उसी 'एक और भारत' वाले अंक के आमुख में इस बात पर एकाधिक बार ज़ोर दिया गया है कि भारत की विशिष्टता उन आदिम (प्राइमॉर्डियल) रूपों में है जो आधुनिक टेक्नॉलोजी की ताक़त के सामने टिके रह गये हैं। कहना न होगा कि पश्चिम के लिए भारत की यह चिरकांक्षित छवि है। यदि हम इसी को अपनी परम्परा के रूप में स्वीकार कर लें तो निश्चय ही हमसे ज़्यादा ख़ुशी पश्चिम के विकसित देशों को होगी। किन्तु क्या यह सचमुच *प्रत्युपनिवेशीकरण* कहलायेगा?

भारत के कुछ नव-गाँधीवादी बुद्धिजीवी भारत की इसी आदिम परम्परा की रक्षा के नाम पर आधुनिकीकरण और विकास-कार्यों के विरुद्ध

निरन्तर अभियान कर रहे हैं। इसमें पर्यावरण की रक्षा ने एक और आयाम जोड़ दिया है। प्रत्युपनिवेशीकरण का एक प्रकार यह भी है।

दो साल पहले इसी 'डेडलस' पत्रिका के शीत 1987 के अंक में कैथलीन डी. मैकार्थी का एक लेख छपा था जिसका शीर्षक था, 'शीत युद्ध से सांस्कृतिक विकास तक : फोर्ड फाउंडेशन की अन्तर्राष्ट्रीय सांस्कृतिक गतिविधियाँ 1950-1980'। इस लेख में बताया गया है कि फोर्ड फाउंडेशन ने किस प्रकार दक्षिण एशिया और दक्षिण-पूर्व एशिया के देशों में 1957 से अपनी सांस्कृतिक गतिविधियों की नीति में परिवर्तन किया। इससे पहले फोर्ड फाउंडेशन 'कांग्रेस फ़ॉर कल्चरल फ्रीडम' नाम की संस्था को आर्थिक अनुदान देकर ख़ासतौर से एशिया में और आमतौर से दुनिया के अन्य देशों में साम्यवाद के विरुद्ध वातावरण बनाने के लिए व्यापक सांस्कृतिक अभियान चला रहा था। किन्तु 1966 में जब 'न्यूयॉर्क टाइम्स' ने इस तथ्य का रहस्योद्घाटन किया कि ''कॉन्ग्रेस फ़ार कल्चरल फ्रीडम'' का अमरीका की बदनाम गुप्तचर संस्था 'सी.आई.ए.' के साथ सम्बन्ध है तो फोर्ड फाउंडेशन ने कुछ समय तक तो उस संस्था के बदले हुए नाम के साथ स्थापित नयी संस्था को आर्थिक अनुदान जारी रखा, लेकिर फिर उसके एकदम बन्द हो जाने के बाद स्वयं ही 'सांस्कृतिक विकास' की नीति पर अमल शुरू किया। इस नयी नीति में ज़ोर 'आधुनिक होने' की अपेक्षा 'अस्तित्व बनाये रखने और अपना एक नाम होने' पर था। दूसरे शब्दों में 'अस्मिता' 'आधुनिकता' से ज़्यादा ज़रूरी है, फिर वह अस्मिता धार्मिक हो या जातिगत, नस्ल सम्बन्धी हो या क्षेत्रीय अथवा भाषाई। इसीलिए इन पिछड़े देशों की प्राचीन परम्पराओं की रक्षा पर विशेष ध्यान दिया गया। आकस्मिक नहीं है कि भारत में तरह-तरह की 'अस्मिताओं' के आन्दोलन इसी क्षण के आसपास शुरू हुए। इन आन्दोलनों के पीछे पश्चिम के किसी योजनाबद्ध षड्यन्त्र का होना अनिवार्य हो न हो, किन्तु इन दोनों के बीच किसी प्रकार के सम्बन्ध को एकदम अनदेखा करना मुश्किल है।

कैसी विडम्बना है कि भारत के अतीत की चिन्ता भारत से ज़्यादा अमरीका को है, भारतीय जनजातियों और आदिवासियों की बदहाली के लिए भी हमसे अधिक दुखी अमरीका ही हैं। इसे कहते हैं क्रिश्चियन करुणा!

'तृतीय विश्व' की कल्पना भी लगभग इसी समय की गयी जिसने आगे चलकर 'तृतीय विश्व साहित्य' की परिकल्पना को जन्म दिया। स्पष्टतः यह 'प्रथम विश्व' की उर्वर कल्पना की उपज है। जिसके 'उत्तर-आधुनिक' चिन्तन का मूल मन्त्र है 'डिफरेन्स' अर्थात् 'भिन्नता'। यह 'भिन्नता' पश्चिम की दृष्टि में पूर्व की 'नियति' है। इसलिए पूर्व यदि हर तरह से अपनी 'भिन्नता' की रक्षा करता रहे तो पश्चिम के लिए पूर्व की इससे बड़ी सार्थकता न होती। यह नयी दृष्टि पुराने यूरोपीयकरण और अमेरीकीकरण से कितनी भिन्न है! क्या यह भी उपनिवेशीकरण का एक नया छल छद्म नहीं है?

आज यदि हममें से कुछ लोगों को उपनिवेशीकरण का यह छल नहीं दिखाई पड़ रहा है तो इसलिए कि सांस्कृतिक उपनिवेशवाद हमारी चेतना का अभिन्न अंग बन चुका है। शायद वह कहीं हमारे 'अवचेतन' में रह गया है। फ्रेडरिक जेम्सन के शब्दों में वह हमारा 'राजनीतिक अवचेतन' (पोलिटिकल अनकांशस) है। इस अवचेतन का दबाव इतना दुर्निवार है कि हम अपनी अस्मिता की परिभाषा भी प्रायः अपने भूतपूर्व उपनिवेशवादी स्वामियों की भाषा में करते हैं—भाषा में ही नहीं बल्कि उनके द्वारा निर्मित संकल्पनाओं के माध्यम से है। इस तरह भूत तो उस लौंग में ही है जिस लौंग से हम उस भूत को भगाने का मन्त्र जप रहे हैं। कभी-कभी लगता है कि पिछली पीढ़ी के लेखक इस मामले में हमसे कहीं अधिक सजग और आत्मसजग थे।

शायद इसीलिए स्वाधीनता-प्राप्ति के बाद भारतीय लेखक कुछ-कुछ उपनिवेशवाद के प्रति नरम पड़ गये हैं। रुख़ में एक प्रकार का दुचित्तापन आ गया है। इस दुचित्तेपन को प्रायः आधुनिकता का लक्षण भी मान लिया जाता है। यह सिर्फ़ भद्रलोक की सामान्य शिष्टता ही नहीं, बल्कि आधुनिक साहित्यशास्त्र और सौन्दर्यशास्त्र का एक स्पृहणीय मूल्य भी माना जाने लगा है। भाषा तक में एक प्रकार का दुचित्तापन आ चला है। गद्य का ठेठ ठाठ बदल रहा है। यक़ीन न हो तो उन्नीसवीं सदी के तथाकथित अविकसित किन्तु ठेठ देशी गद्य से मिलाकर देख लें। इसलिए एक लेखक के लिए बुनियादी समस्या अपनी भाषा है जो इधर के हिन्दी लेखकों में रघुवीर सहाय

की सबसे बड़ी समस्या थी। अन्ततः यह समस्या मुक्तिबोध के शब्दों में 'व्यक्तित्वान्तरण' की है।

सवाल अब भी अपनी जगह है। उपनिवेशीकरण के नये हमले का मुक़ाबला कैसे करें? अपनी परम्परा से? लेकिन कौन-सी परम्परा? परम्परा स्वयं ही एक पुनर्निमिति है। वर्तमान द्वारा अतीत का मनोवांछित पुनराविष्कार। कल के उपनिवेशवादी और आज के साम्राज्यवादी हमारे अतीत का एक रूप प्रस्तुत कर रहे हैं जो आदिम है और बहुत कुछ हमारे पिछड़ेपन का सूचक। स्वयं हमारे घर के हिन्दू सम्प्रदायवादी परम्परा के रूप में कुछ और पेश कर रहे हैं जो बेहद इकहरा है—इकहरा और संकुचित।

'राष्ट्रवादी रूपक' से भी काम निकलने की सम्भावना नहीं है। उपनिवेशवाद के ख़िलाफ़ राष्ट्र की तस्वीर इस्तेमाल करें तो किसका राष्ट्र? क्या राष्ट्र उसका है जिसके हाथ में राजसत्ता है? फिर उनका राष्ट्र क्या है जो इस राजसत्ता से पीड़ित होने के कारण उसे बदलना चाहते हैं? जो लोग इन चालीस वर्षों की आज़ादी में भी इन्सान से एक दर्जा नीचे रहने के लिए मजबूर हैं वे इस राष्ट्रवाद के साथ अपने आपको कैसे एकाकार कर सकते हैं? राष्ट्र की अस्मिता के लिए कोई दौलत अपनी अस्मिता को कब तक कुर्बान करे? बीसवीं सदी की आरम्भिक राष्ट्रीय चेतना अब फिर जाग्रत नहीं की जा सकती और न अब उसकी याद दिलाने से ही काम बनेगा।

समस्या का सामना हमें वर्तमान की ही ठोस भूमि पर करना पड़ेगा। और इस धरातल पर यह कहकर हम निकल भागने का रास्ता नहीं निकाल सकते कि उपनिवेशीकरण तो भारतीय समाज के सिर्फ़ एक *सीमित* हिस्से का हुआ है और कुल मिलाकर वह एकदम *सतही* है। सांस्कृतिक उपनिवेशीकरण चाहे जितना सीमित और सतही हो, लेकिन *प्रभुत्व* की स्थिति में वही है। आज़ादी के बाद भारत में सांस्कृतिक और साहित्यिक 'अवाँगार्द' यानी हरावल दस्ता होने का दावा करने वाला यही छोटा तबका रहा है और भारतीय साहित्य को आधुनिक बनाने और विकसित करने का दावेदार भी। यह तबका प्रति-उपनिवेशीकरण का भी दावा करता है—यह और बात है कि इसमें काफ़ी कुछ 'छद्म प्रति-उपनिवेशीकरण' है।

प्रति-उपनिवेशीकरण का अर्थ समूचे पश्चिम का नकार नहीं है। पश्चिम के साहित्यकारों में भी आज ऐसे अनेक लेखक हैं जो उपनिवेशवाद और साम्राज्यवाद के ख़िलाफ़ कलम लेकर खड़े हैं। 'तृतीय-विश्व साहित्य' की विशिष्ट अस्मिता के नाम पर पश्चिम की इस परम्परा से नाता तोड़ना कमनिगाही होगी।

एक समय था जब तथाकथित 'द्वितीय-विश्व' का समाजवादी साहित्य इस 'तृतीय-विश्व साहित्य' के लिए प्रेरणा और स्फूर्ति प्रदान करता था। आज उस 'द्वितीय-विश्व' का शीराज़ा भी बिखर चला है। लेकिन इसका यह अर्थ नहीं कि वहाँ का साहित्य भी विसर्जित हो गया! कहने की आवश्यकता नहीं कि उस दुनिया का साहित्य आज कहीं अधिक उन्मुक्त और उत्तेजक है। यही नहीं बल्कि हमारे लिए काफ़ी उपयोगी भी।

इस परिप्रेक्ष्य में यदि हम चाहें तो बीसवीं सदी की चुनौतियों पर विचार कर सकते हैं। कोई बना-बनाया समाधान मेरे पास नहीं है, शायद और किसी के पास हो तो हो! हो भी तो ज़रूरी नहीं कि उस समाधान से सबको सन्तोष ही हो। एक लेखक तो सिर्फ़ सवाल करने में विश्वास करता है और यह सवाल कभी-कभी चीज़ों को एक परिप्रेक्ष्य में रखने से भी खड़ा हो जाता है। अपनी कोशिश भी फिलहाल यही रही है और इरादा भी।

अन्त में एक बात और। यह अजीब बात है कि अब भविष्य के बारे में कोई कुछ नहीं कह रहा। जबकि बीसवीं सदी के ख़त्म होने में अभी एक दशक बाकी है। एक दशक—किसी भी अप्रत्याशित के लिए उन्मुक्त, उद्विग्नता के लिए पर्याप्त। हम क्यों भूल रहे हैं कि यह वही शताब्दी है जिसमें दो-दो विश्वयुद्ध हो चुके हैं और ऐन हमारी आँखों के सामने तीसरे विश्वयुद्ध का रिहर्सल चल रहा है। एकदम अप्रत्याशित! यह याद दिलाने के लिए कि साम्राज्यवाद अभी ख़त्म नहीं हुआ है! ख़त्म हुआ है तो समाजवाद, जिसे किसी समय विश्व का भविष्य समझा जाता था और जिसके बारे में पश्चिम के ही एक लेखक ने लिखा था कि "मैं भविष्य देख आया हूँ, कमाल कर रहा है।" आख़िर इतिहास किधर जा रहा है? उस 'प्रगति' की धारणा का क्या हुआ, जिसमें उन्नीसवीं सदी के यूरोप की और मध्य-बीसवीं सदी के भारत की इतनी गहरी आस्था थी? इस सन्दर्भ में मुझे वाल्टर बेन्यामिन का

वह फरिश्ता याद आ रहा है जो सचमुच इतिहास है। उसका रुख़ अतीत की ओर है। जहाँ हम घटनाओं की शृंखला देखते हैं उन्हें वह एक महाप्रलय के रूप में देखता है—"विध्वंस के बाद विध्वंस और उसके पैरों के सामने मलबे का ढेर। फरिश्ता पाँव टिकाना चाहता है, मुर्दों को जगाना चाहता है और तमाम टूटी-फूटी चीज़ों को एक भरा-पूरा आकार देना चाहता है। लेकिन स्वर्ग से एक अन्धड़ आ रहा है, वह अन्धड़ उसके डैनों में घुस गया है, अन्धड़ इतना प्रबल है कि वह अपने डैने बन्द भी नहीं कर सकता! यह अन्धड़ उसे भविष्य की ओर ठेल रहा है जबकि भविष्य की ओर उसकी पीठ है और उसके पाँवों के नीचे का मलबा आसमान छू रहा है। यह अंधड़ वही है जिसे हम 'प्रगति' कहते हैं!"

इस शब्द चित्र का आधार है पॉल क्ली का चित्र 'नया फरिश्ता' (Angelus Novus)।

क्या इतिहास की इस विडम्बनापूर्ण तस्वीर के बाद भी कुछ कहना शेष रह जाता है?

(साहित्य अकादेमी, नयी दिल्ली द्वारा आयोजित साहित्योत्सव 1991 के उद्घाटन सत्र में पठित मुख्य भाषण।)

उत्तर-आधुनिकता और हिन्दी साहित्य

पोस्टमॉर्डर्निज़्म पर बहस पश्चिम में समाप्त हो चुकी है। फ्रांस में पैदा हुआ, लेकिन वहाँ इस पर अब कोई चर्चा नहीं है। अमरीका में परवान चढ़ा। अमरीका में भी इस पर बात नहीं होती। आजकल एक अमूर्त शब्द थ्योरी पर बात हो रही है। इसलिए आफ्टर थ्योरी, केवल थ्योरी। अब पोस्टमॉर्डर्निज़्म वग़ैरह बेकार हैं, एक ब्लैंकेट शब्द है थ्योरी, जिसके अन्तर्गत वह कल्चरल स्टडीज़ पर, न्यू हिस्टारिज़्म पर, पोस्टमॉर्डर्निज़्म पर तमाम चीज़ों पर बात करते हैं। आप मैगज़ीन, किताबें उलट कर देख जाइये यहाँ थ्योरी ही नहीं, आफ्टर थ्योरी की मैं बात कर रहा हूँ। पहले पोस्टमॉर्डर्निज़्म अमरीका में हुआ था। फेड्रिक जैम्सन ने इस पर किताब दस साल पहले लिखी थी, उसके बाद इस पर कुछ नहीं लिखा गया। तो निकल गया है साँप और लकीर पीटा कर। जब साँप निकल जाता है तो लकीर पीटा करते हैं, हिन्दुस्तानवाले। इसलिए अब पोस्टमॉर्डर्निज़्म पर बहस नहीं है, ख़ाली मुर्दे को हम ढो रहे हैं। इसलिए मैं पोस्टमॉर्डर्निज़्म पर कुछ नहीं बोलूँगा। मैं पोस्टमॉडर्न वर्ल्ड के बारे में बोलूँगा।

उत्तर-आधुनिक दुनिया और यह सोच जो अमरीका में कुछ दिनों से 'पोस्टी' दुनिया चल रही है, यह एक युग का सूचक है। एक युग बदल चुका है। दूसरा युग है। क्या नाम दिया जाये, कुछ नहीं सूझता है तो हम पहलेवाले के बाद पोस्ट लगाकर बात करते हैं। इसलिए पोस्टमॉडर्न, पोस्ट कोलोनियल, पोस्टी दुनिया है। इसे पोस्ट समझ लीजिए। युगान्त का जब एहसास होता है तो हम उसके लिए कोई शब्द ढूँढ़ते हैं और उस शब्द से

हम चर्चा करना चाहते हैं। रामचरित लिखा जा चुका था तो भवभूति ने उत्तररामचरित लिखा। स्वयं रामायण जब लिखा गया तो उत्तरकाण्ड करके उत्तर किया गया।

उत्तर-चरित, उत्तररामचरित, उत्तरकाण्ड, इससे मालूम होता है आमतौर पर इस प्रकार के प्रयोग हुए थे। तो उसके साथ एक और परिकल्पना आयी जिस पर हमें विचार करना चाहिए। हम लोगों ने अपने पूरे लौकिक काल को सतयुग, त्रेता, द्वापर और कलियुग नाम से बाँट रखा था, और लगभग जो समय का साहित्य मिलता है, हमारे सामने है लौकिक संस्कृत जिसको कहते हैं, और उसके बाद भी तो हमारा ध्यान जाना चाहिए कि कौन-सा समय था जब हमें कलियुग का बोध पहली बार हुआ। जहाँ तक मुझे याद है, भवभूति का समय यदि सातवीं-आठवीं शताब्दी है तो दसवीं-ग्यारहवीं सदी के आस-पास श्रीहर्ष का समय है। श्रीहर्ष के नैषध-चरित में पूरा-का-पूरा अध्याय है कलियुग का। नैषध-चरित में पहली बार कलियुग वर्णन हुआ। कालिदास ने कभी कलियुग का वर्णन नहीं किया। वाल्मीकि के यहाँ कलियुग का अहसास नहीं मिलता। पण्डित लोग मुझसे ज़्यादा जानते होंगे। उसके बाद यहाँ कलियुग का सन्त-साहित्य में वर्णन है 'कलियुग हम सो लड़ि पड़ा मोहकम मेरा बाँच' कबीर ने कहा, लेकिन केवल प्रसंगवश चर्चा की है। रामचरितमानस का उत्तरकाण्ड कलियुग के वर्णन से भरा है। सूरदास के यहाँ कलियुग नहीं है। क्यों कलियुग की चर्चा हो रही है। इसका मतलब है कि एक युग बीत चुका है, बदल चुका है। स्वर्ण युग समाप्त हो चुका है और एक ऐसा युग आया जिसमें बहुत कुछ उलट-पुलट गया है।

हमारे यहाँ यह परम्परा रही है और उसी परम्परा के अनुरूप चिन्तन हुआ है। इसलिए अपनी परम्परा में स्वयं हम लोग देखें। गोली मारो अमरीका को, ध्यान जाना चाहिए कि यूरोप तो बहुत दिनों तक मॉडर्न रहा और हम लोग उनकी नक़ल करके मॉर्डनिज़्म पर बहस करते थे। इलाहाबाद में आधुनिकता पर बड़ी बहस हुई थी। आधुनिक बोध, आधुनिक भाव, आधुनिकता के सम्बन्ध में परिमल में काफ़ी बहस हुई थी। आधुनिकतावाद और आधुनिकता में अन्तर है। अपने ढंग से हम लोग भी

इस बदले युग का अहसास कर रहे हैं। हिन्दी में सुधीश पचौरी ने सबसे ज़्यादा किताबें उत्तर-आधुनिकता पर लिखी हैं, और उन्हें ही इसका सबसे ज़्यादा ज्ञान है। लेकिन छोटे-बड़े परिवर्तनों का अहसास हिन्दी में हम लोगों को होता है। हम लोग बराबर उन परिवर्तनों की चर्चा करते रहे हैं, और इन सारे परिवर्तनों पर चर्चा होनी चाहिए। उत्तर-आधुनिकता से ज़्यादा चर्चा उत्तर-उपनिवेशवाद पर होनी चाहिए। पोस्टकोलोनियलिज़्म हमारे लिए ज़्यादा महत्त्वपूर्ण है, क्योंकि हम उपनिवेशवाद से संघर्ष करके मुक्त हुए हैं। साम्राज्यवाद के विरुद्ध उपनिवेशवाद था, अंग्रेज़ी उपनिवेशवाद। उसके विरुद्ध एक क्रान्तिकारी राष्ट्रवाद हमारा था और गाँधी जी के नेतृत्व में ख़ासतौर से हम लोगों ने उपनिवेशवाद का अन्त किया। तो उत्तर-आधुनिकता की चर्चा के साथ उत्तर-उपनिवेशवाद की चर्चा शुरू हुई थी, और आजकल काफ़ी लोग पोस्टकोलोनियलिज़्म पर ज़्यादा लिख रहे हैं। ये शब्द जो बार-बार आते हैं इन शब्दों के मायाजाल का मर्म समझना ज़्यादा ज़रूरी होता है, व्याख्या करने की अपेक्षा है। इसलिए ये मैं कहना चाहता हूँ कि पोस्टमॉर्डर्निज़्म के साथ पोस्टकोलोनियलिज़्म पैदा हुआ, अतः ख़ासतौर से पोस्टकोलोनियलिज़्म या उत्तर-उपनिवेशवाद का मर्म समझना ज़रूरी है। वह आज ज़्यादा ज़रूरी है, क्योंकि अब उसकी चर्चा के साथ बाद में नया शब्द ग्लोबलाइजेशन (भूमण्डलीकरण) आदि शब्द जो आते हैं उन शब्दों का भी मायाजाल है। इस मायाजाल में हम कहीं फँस न जायें, इसलिए इन बातों का विचार करना ज़रूरी है। जैसे हमारे यहाँ पुराण हैं। एक-एक पद को तोड़-तोड़ कर देखते है। भाव, मर्म क्या है, इसके पीछे क्या प्रयोजन है।

आपको याद होगा अगर याद दिलायें तो पोस्टकोलोनियलिज़्म शब्द जब नहीं चला था तब एक थर्ड वर्ल्ड चलता था, तीसरी दुनिया। इस नाम की पत्रिका भी निकलती थी। लेकिन जैसे ही सेकेंड वर्ल्ड ख़तम हुआ अर्थात् रूस ख़तम हुआ फर्स्ट वर्ल्ड अमरीका तो अपनी जगह फर्स्ट है, थर्ड ध्वस्त हो गया। कोई अर्थ नहीं रह गया तीसरी दुनिया का, क्योंकि दूसरी दुनिया रूस ग़ायब हो गया। चीन के होने के बावजूद, क्यूबा के होने के बावजूद दूसरी दुनिया बची हुई है थोड़ी-सी। इसलिए लोगों ने कहा कि थर्ड वर्ल्ड नहीं कहना चाहिए। अब इसको पोस्टकोलोनियल कहना चाहिए।

यह शब्द कब आया, कैसे आया, चूँकि विषय एकेडमिक है तो एकेडमिक थोड़ी चर्चा तो करनी पड़ेगी। शब्दों की खोल उतारनी पड़ेगी। 1978 में पहली किताब एडवर्ड सईद की निकली थी ओरिएंटलिज़्म, जिस पर हमारे दिवंगत मित्र रामस्वरूप जी ने एक लेख लिखा है, हंटिंगटन पर भी लिखा है। जब एक नयी चीज़ें आती थीं, तो उन पर उनकी दृष्टि भी रहती थी। 1978 में ओरिएंटलिज़्म किताब लिखकर सईद ने और जो किया हो, लेकिन सौ-एक सौ पचास साल का पश्चिम का जो पूरा दर्शन-चिन्तन था, उसको उसने चुनौती दी कि पश्चिमवाले भारत के बारे में जो कि पूर्वी देशों के साहित्य का अनुवाद करना, उनकी प्रशंसा करना, उनकी व्याख्या करना जैसे मैक्समूलर आदि ने हमारे साहित्य की बड़ी महिमा गायी है, विलियम जेम्स ने, जिसको हम सिर आँखों पर रखते थे, बड़ी मेहरबानी की, हमारे साहित्य के महत्त्व को पहचाना। एडवर्ड सईद ने कहा कि साहब यह आपको क़ाबू में रखने के लिए, बौद्धिक रूप से आप पर क़ब्ज़ा करने के लिए ओरिएंटलिज़्म आया था। पूर्व क्या है, यह छवि रची और बनायी हमारे पूरे साहित्य को लेकर, अनुवाद करके, जैसे है न कि बालि को वरदान था, कि जो उसके सामने आये उसका आधा बल उससे छीन लेता था। उसने कहा कि पश्चिम ने पूर्व को समझने के लिए इतनी ज्ञानराशि पूरी-की-पूरी रची और अनुवाद किया, व्याख्या की, समझाया कि तुम क्या हो, तुम ख़ुद नहीं जानते कि क्या हो, जो मैं कह रहा हूँ, उसके आईने में तुम अपने को देखो और जो तुम्हारा ज्ञान है, वही ताक़त है। इसके अनुसार उन्होंने हमारे दिल और दिमाग़ पर क़ब्ज़ा कर लिया। गुलाम बनाने में ज़्यादा समर्थ हुई सेना से, फ़ौज से, शासन से ज़्यादा, ज्ञान ताक़तवर चीज़ साबित हुई। सारे हिन्दुस्तानी अंग्रेज़ बनने की कोशिश में हैं। इस प्रकार एडवर्ड सईद ने लिख करके बहुत बड़ा हमला किया। उसके जवाब में पोस्टकोलोनियल शब्द की नयी थ्योरी दी गयी कि यह सईद की किताब कोलोनियल पीरियड के बारे में है और उपनिवेशवाद ख़त्म हो गया है।

अब हमें उत्तर-उपनिवेशवाद के बारे में चर्चा करनी चाहिए। उत्तर-उपनिवेशवाद के समय में हम-आप समान हैं। कोई किसी का स्वामी नहीं है, और इंटरनेशनल सेमिनार पोस्टकोलोनियलिज़्म पर हो रहा है,

जिसमें अंग्रेज़ी के डिपार्टमेंटवाले ज़्यादा भाग लेंगे। यह बहुत जल्दी हो गया क्योंकि पोस्टमॉडर्निज़्म चला नहीं। पोस्टकोलोनियलिज़्म के नाम पर उन्होंने नया जाल फेंकने की कोशिश की, और उससे निकलकर जो चीज़ आयी वह ज़्यादा ख़तरनाक है। आप सोचिए कि एक ज़माने में हम लोग किन चीज़ों पर बहस करते थे—पूँजीवाद, साम्राज्यवाद पर। शब्दकोश से पूँजीवाद ग़ायब हो गया, साम्राज्यवाद ग़ायब हो गया। हम लोग ब्रिटिश इम्पीरियलिज़्म पर बात करते थे। लोगों ने कहा कि कहीं सुनाई नहीं देता साम्राज्यवाद शब्द। पोस्टकोलोनियलिज़्म शब्द नखदन्तविहीन है, इम्पीरियलिज़्म शब्द बड़ा ख़तरनाक शब्द है। साम्राज्यवाद, क्योंकि हम जानते थे कि साम्राज्यवाद शब्द का क्या मतलब होता है। साम्राज्यवाद कहते हुए जलियाँवाला बाग याद आता है, चौरीचौरा याद आता है, 1942 याद आता है, लेकिन उपनिवेशवाद तो नखदन्तविहीन कोई बड़ा सुन्दर-सा शब्द लग रहा है। इसमें जैसे ही आगे कोई बढ़े तो एक हिन्दुस्तानी ने ही नया शब्द गढ़ा, उसका नाम होमीभाभा है। पारसी। पहले इंग्लैंड में थे, बाद में अमरीका चले गये हैं। बड़ा सम्मान उनका हुआ, बड़ी किताबें हैं उनकी तो उन्होंने एक शब्द दिया—हाईब्रेडिटी, हाईब्रीड जिसे हम लोग क़लमी आम जानते हैं, क़लम लगाई जाती है। इन ब्रीडिंग का उल्टा हाईब्रीड है। एक तो आज के ज़माने में शुद्ध नाम की कोई चीज़ रह नहीं सकती है इसलिए हाईब्रीड पोस्टकोलोनियलिज़्म एक मुख्य चीज़ है जिसे सीधे-सीधे कहें दोगलापन। बुरा लगता है कहने में, क़लमी अच्छा लगता है कहने में क्योंकि क़लमी आम बड़ा अच्छा होता है। क़लम होती है, इसलिए पूरब और पश्चिम की क़लम होनी चाहिए। इस पर काफ़ी बहस चली है। उस क़लम की एक मिसाल आपको देना चाहता हूँ जिस पर एक बड़ा अच्छा लेख विष्णु खरे ने लिखा है। ऑक्सफोर्ड ने अंग्रेज़ी की डिक्शनरी छापी है, जिसमें बताने की कोशिश की है कि इंगलिश इतनी समृद्ध हो गयी है, कि उसमें हिन्दी के कितने शब्द आ गये हैं, लेकिन मैं कहना चाहता हूँ, कि हिन्दी के शब्द जब हमने ले लिये तो अंग्रेज़ी तुम्हारी भाषा उसी प्रकार हो गयी, जैसे हमारी। इससे हिन्दी का मान नहीं बढ़ता। हिन्दी का शब्द अगर कोई ले लिया तो हिन्दी राजभाषा की ज़रूरत क्या है, क्यों बहस कर रहे हो, अंग्रेज़ी तो उसका काम कर रही है, आपके शब्दों को लेकर है।

यानी यह हाईब्रेडिटी का नमूना है, यह केवल भाषा की चीज़ नहीं है, संस्कृति की चीज़ नहीं है।, अब तो खान-पान में हाईब्रेडिटी बढ़ गयी है।

फास्ट फूड, यूरोपियन म्यूज़िक, हाईब्रेडिटी का पूरा मार्केट पश्चिमी माल से भरा हुआ है, हाईब्रीड हो गया है। हमारे यहाँ की पुरानी चीज़ें ख़त्म हो गयी हैं। सौ तरह के शरबत बनते थे हमारे यहाँ, वे सब ग़ायब हो गये इस नये शरबत के कारण, और यह हाईब्रेडिटी केवल खान-पान, म्यूज़िक में नहीं आउटसोर्सिंग नाम की जो नयी चीज़ आयी है कि वे कम्पनियाँ असेम्बुल करेंगी सारे पार्ट्स, यहीं हमारे ही यहाँ और ब्रांड उनका होगा। इसलिए मुफ्त में कहना चाहिए कम ख़र्च के माल तैयार करेंगे आपके मुल्क़ में क्योंकि यहाँ से उनके यहाँ लेबर बड़ा महँगा है, यहाँ सस्ता लेबर मिलता है, थोड़े में काम हो जायेगा। हाईब्रेडिटी का एक नमूना यह है कि जो कल्चरल चीज़ों से बाहर निकला तो बिज़नेस में आ रहा है।

आप समझेंगे कि साहित्य की चर्चा न करके मैं कहना चाहता हूँ कि ये जो बड़े लुभावन शब्द हैं, इन शब्दों के कितने दूर व्यापी अर्थ हैं। इस पर हमारा ध्यान जाना चाहिए। अनावश्यक इनकी चर्चा करके अपना समय ही नहीं, अपना दिमाग़ भी ख़राब करेंगे। कबीर ने निर्गुण ब्रह्म के बारे में जितना कहा है उससे ज़्यादा उनके पद्य माया के बारे में हैं। माया पर जहाँ कहा कि *माया महा ठगिनी हम जानी* तो पण्डित के घर इस रूप में बैठी, फलाने के घर यहाँ बैठी, तो माया इतने रूपों में है। इस प्रकार पश्चिम की जो माया है अलग-अलग अवधारणाओं, पदों, शब्दों के द्वारा हमारे देश के तथाकथित बौद्धिकों और बुद्धिजीवियों को लुभा रही है कि अप-टू-डेट बने रहने के लिए उन्हीं की चर्चा करके वे पण्डित बने हुए हैं, और वहाँ सेमिनार करने के लिए इंटरनेशनल सेमिनार में जाने के लिए पत्र पाते हैं, विदेशी यात्रा करते हैं, प्रसन्न रहते हैं। लेटेस्ट मॉडल की गाड़ी लेना और लेटेस्ट थ्योरी पर विचार करना दोनों लगभग एक ही तरह का काम है। लेटेस्ट मॉडल की गाड़ी ख़रीदकर शान से सड़क पर निकलना, लेटेस्ट पर चर्चा करके अपने को बहुत बड़ा विद्वान साबित करना, अप-टू-डेट बताना दोनों काम एक ही तरह का है, एक ही कोटि का है। इसलिए मैंने कहा कि मैं पोस्टमॉर्डर्निज़्म पर चर्चा करने से पहले इस ठगिनी की ठग विद्या

के बारे में आपको बताऊँगा और आप स्वयं सतर्क रहें इसलिए मैं अपनी केवल व्यथा-कथा ही कह सकता हूँ। इसलिए मैंने इसके बारे में कुछ नहीं कहा। इसको अगर मज़हबी माना जाये तो अकबर इलाहाबादी के शब्दों में मज़हबी बहस मैंने की ही नहीं, फ़ालतू अक़्ल मुझमें थी ही नहीं, तो जिनके पास भैया फ़ालतू अक़्ल हो पोस्टमॉर्डर्निज़्म पर लेख लिखें। मेरे पास इतनी फ़ालतू अक़्ल नहीं कि इन चीज़ों के बारे में मग़जपच्ची करूँ। लेकिन इतना मैं ज़रूर कहूँगा कि इन वादों के बावजूद दुनिया बदल गयी है और जब दुनिया बदल गयी है, तो पुरानी चीज़ों से काम नहीं चलेगा। मसलन, मैं कहना चाहता हूँ कि जितने पोस्टमॉडर्न थिंकर हैं, सत्यप्रकाश जी ने उनकी ओर इशारा भी किया था, सारे-के-सारे पुराने पापी हैं। पुराने पापी माने मार्क्सवादी हैं। लियोतार मार्क्सवादी, देरिदा मार्क्सवादी, फूको मार्क्सवादी तो ये सारे-के-सारे पुराने पापी हैं, और ये पुराने पापी जो मार्क्सिस्ट रहे हैं उन्होंने सफ़ाई दी है कि मेरा डीकान्स्ट्रक्शन एक प्रकार का मार्क्सवाद नहीं। फूको लियोतार के शिष्य थे जिन्होंने *फार मार्क्स* किताब लिखी है। इसलिए सारे पुराने पापी यानी मार्क्सवादी पोस्टमॉडर्निस्ट हुए, इसका क्या मतलब है। इनमें से कुछ पोस्टमॉडर्निस्ट न कह करके पोस्टमार्क्सिस्ट कहते हैं। ये विचित्र विडम्बना है कि सारे-के-सारे पोस्टमार्क्सिस्ट हैं, लेकिन हमारे देश में सुधीश पचौरी पुराने जनवादी लेखक संघ के सदस्य हैं और एक ज़माने में सी.पी.एम. के फेलो ट्रैवेलर हुआ करते थे। मुझसे ज़्यादा क्रान्तिकारी थे, सुधीश पचौरी। इसलिए पोस्टमार्क्सिस्ट पोस्टमॉडर्निस्ट हो गये। जब मार्क्सिस्ट थे मॉडर्निज़्म का विरोध करते रहे हैं क्योंकि मॉडर्निज़्म को माननेवाले टी.एस. इलियट वगैरह थे। वे फ़ासिज़्म को समर्थन देनेवाले थे तो मॉडर्निज़्म का विरोध किया इन लोगों ने। लेकिन पोस्टमॉडर्निज़्म के रूप में वह पोस्ट है, मॉडर्निज़्म जो अब बीत गया है इसलिए उसका जश्न मना रहे हैं। मैं आपका ध्यान ब्योरे में न ले जा करके इसके बारे में कहना चाहता हूँ।

ये पोस्टमॉडर्निज़्म 70 के दशक और उत्तर के दशक के पास आया है। किताबों के रचनाकाल आप देखें देरिदा का, फूको का, फूको ज़रा-सा बाद में आया है, लियोतार का, तो हम देखेंगे यह 60 और 70 के दशक का काल था। 1968 में फ्रांस में, मुम्बई में रिवोल्यूशनरी छात्रों ने इसका प्रयोग किया था।

देगाल इसके बाद आये। असफल हुई थी मई क्रान्ति फ्रांस की। इसे स्टूडेंट्स रिवोल्ट के नाम से जाना जाता है। इत्तफ़ाक से जवाहरलाल नेहरू यूनिवर्सिटी उसी समय बनी थी। सारे विद्रोही और क्रान्तिकारी हर रंग के जे.एन.यू. में पाये जाते थे। माओ का कल्चरल रिवोल्यूशनर रिवेलियन का पीरियड था। भारत में नक्सल मूवमेंट सबसे उग्र और प्रबल था। उसकी असफलता और फेलियर से निकली हुई यह पोस्टमॉडर्न फिलास्फ़ी है। हवाई से हवाई विचार भी किसी-न-किसी ऐतिहासिक वास्तविकता से पैदा होता है। ये प्रेत होते हैं लेकिन वे आदमी के स्थूल भेजे से इन आँखों में दिखाई पड़ते हैं। जीवित आदमी को ही प्रेत का अहसास होता है। प्रेत को प्रेत का अहसास होता है कि नहीं, इस बात को हम नहीं जानते हैं। विचार अगर प्रेत है तो उन प्रेतों के लिए बड़ी ठोस भौतिक परिस्थिति होती है। जहाँ से पैदा होते हैं। पोस्टमॉडर्निज़्म खुद अपना इतिहास नहीं बताता, इसलिए हमें ज़रूरत इस बात की है कि हम उसे उसका इतिहास बतायें। तब कब पैदा हुए हो, किन परिस्थितियों से पैदा हुए हो। निहायत क्रान्तिकारी परिस्थितियाँ थीं, और लगता था दुनिया उलट-पुलट हो जायेगी। उलट-पुलट नहीं हुई। देगाल आये। 1968 में पेरिस की क्रान्ति पैदा हो गयी, बन्द हो गयी। कैम्पस में सिटिन, टिचिन और क्या-क्या हुआ करता था। बन्द हो गया। जवाहरलाल नेहरू यूनिवर्सिटी अपने ढर्रे पर चलने लगी। आई.पी.एस. और आई.ए.एस. निकलने लगे वहाँ से। आख़िरी क्रान्तिकारी सीताराम येचुरी निकले थे। मुरली मनोहर प्रसाद सिंह दिल्ली यूनिवर्सिटी में थे, वो लड़ाई करते रहे। लेकिन हमारे यहाँ जे.एन.यू. से निकलनेवाले आपके डी.पी.टी. थे जो किस रास्ते से कहाँ-कहाँ से होते हुए कहाँ पहुँचे और आजकल कहाँ हैं, उसकी चर्चा न करना बेहतर ही है। ऐसे दौर से पोस्टमॉडर्निज़्म पैदा हुआ था। अतः उसे उसका इतिहास बताना बहुत ज़रूरी है, उसके इतिहास के साथ उसे याद करना बहुत ज़रूरी है, लेकिन उसके साथ एक और चीज़ याद करना ज़रूरी है वह यह कि लगभग उसी समय वियतनाम-वार हुआ था। उसकी चर्चा इसलिए ज़रूरी है कि इराक़ में लगभग वियतनाम दोहराया जानेवाला है। इनको शर्मसार होकर के वहाँ से भागना ही पड़ेगा। यह वही दौर है जब पोस्टमॉडर्निज़्म पैदा हुआ, पोस्टमॉडर्निज़्म क्या है?

एक तरह से डाइलेक्टिक्स ऑफ़ डिफीट है, हार का द्वन्द्ववाद है जो पराजय से पैदा हुआ है, और पराजय में जो विचारधारा पैदा होती है, वह पोस्टमॉडर्निज़्म के रूप में निकलती है। वह क्रान्तिकारी विचारधारा नहीं हो सकती थी। वह मार्क्सवाद की जगह नहीं ले सकती थी। लेकिन पोस्टमॉडर्निज़्म के आने के बाद मार्क्सवाद की चर्चा ख़त्म हो गयी, स्वयं मार्क्सवादियों ने मार्क्सवादी किताबें पढ़ना बन्द कर दिया। एक ज़माने में हम लोग बड़ी बहस किया करते थे, पर आज तो पता नहीं कि सी.पी.आई. और सी.पी.एम. के लोग मार्क्स को पढ़ते हैं कि नहीं, क्या पढ़ते होंगे मुझे मालूम नहीं। उसी तरह पढ़ते होंगे बल्कि कहना चाहिए कि गीता, रामचरितमानस पढ़नेवाले ज़्यादा मिल जायेंगे। 'कम्युनिस्ट मेनिफेस्टो' पढ़नेवाला कोई नहीं मिलेगा। यह पढ़ना बन्द हो गया। भूतपूर्व मार्क्सवादी पोस्टमॉडर्निस्ट हो गये।

मार्क्सवाद क्यों अप्रासंगिक हो गया। ये जाने बग़ैर पोस्टमॉडर्निज़्म की चर्चा की जा सकती है। जिस दिन बर्लिन की दीवार गिरी थी और स्तालिनवाद के अत्याचारों की दास्तान खुल करके आयी थी तो मार्क्सवाद उस दिन नहीं मरा था उसके कारण नहीं मरा था। मार्क्सवाद मरा था इसलिए कि इस बीच में मार्क्स ने जिस पूँजी पर किताब लिखी थी उस कैपिटल का चरित्र बदल गया था। वह कैपिटलिज़्म नहीं रह गया था, जिस कैपिटलिज़्म के बारे में मार्क्स ने किताब लिखी थी। जिसे पूँजी कहते थे हम, पूँजीवाद कहते थे तो उस पूँजीवाद की बुनियाद थी औद्योगिक क्रान्ति, जहाँ चिमनी का धुआँ होता था, कोयले की खान से निकला हुआ मज़दूर हुआ करता था। इण्डस्ट्री थी और इण्डस्ट्रियल कैपिटलिज़्म था। 80 और 90 के दशक के बाद अब जो कैपिटलिज़्म दिखाई पड़ रहा है वह आई.टी. टेक्नॉलोजी से बड़ा साफ़-सुथरा हो गया है। अब तो कम्प्यूटर जैसी चीज़ है। सारी दुनिया इतनी कम्प्यूटराइज़ हो गयी है कि चिमनी ग़ायब हो गयी। इलेक्ट्रिसिटी ऑफ़ पॉवर भी जहाँ और जिस रूप में पैदा किया जा रहा है, इसलिए वह मज़दूर उन्नीसवीं सदीवाला वह मज़दूर नहीं रह गया जिस पर डी.एच. लारेन्स ने लिखा था। कोयले की खानों पर लिखे हुए नॉवेल अब नहीं रह गये क्योंकि उस तरह के मज़दूर पीछे पड़ गये। पूँजीवाद का चरित्र पूरा-पूरा बदल गया, और पूँजीवाद औद्योगिक क्रान्ति, उद्योग नहीं रह गया

बल्कि पूँजीवाद, (फाइनेंस) वित्तीय पूँजी कैपिटल हो गया, बैंकिंग का सेंसेक्स का पसारा यहाँ से वहाँ जो साफ़-सुथरा सारा देख रहे हैं आप, कहीं कोई क्रान्ति नहीं हो गयी और नयी सरकार बनने के साथ ही धमाक से सेंसेक्स गिरा और लगा कि बाज़ार गया।

आपको याद होगा, मैं जब नयी कहानीवाली लेखमाला में लिखा करता था तो पहला लेख मैंने लिखा था फैंटेसी पर, और मार्क्स का एक उद्धरण दिया था जिसमें मार्क्स ने कमोडिटी के बारे में लिखा था जो कैपिटल का पहला चैप्टर है और कमोडिटी यानी कहा कि ये तो तिलिस्म है। जिस कमोडिटी की हम बात करते हैं यह तो एक जादुई चीज़ है और चौकोर में होता है। जैसे दूधनाथ के उपन्यास में या उदयप्रकाश की फैंटेसी का ज़िक्र जहाँ आप देखेंगे कहानियों, कविताओं में तो एक फैंटेसी की जादुई माया की दुनिया है, फाइनेंस कैपिटल यूनिवर्सल मनी इज़ ऐक्चुअली द गॉड। और मनी नोट नहीं है, रुपया नहीं, सिक्का नहीं है। बड़ी आसानी से बिना कहीं पहुँचे एक जगह से मनी दूसरी जगह पहुँच जाती है, दुनिया के एक कोने से दूसरे कोने तक दिखाई नहीं पड़ती, वह मौजूद है ब्रह्म के समान सर्वत्र है। इसलिए कैपिटल का रूप इतना बदल गया। मार्क्स ने कहा था जिस दिन कैपिटल बदलेगा स्थिर नहीं रह सकता, अपना चरित्र बदलेगा, पूँजी बदलेगी और अब वह ज़माना गया कि आपके पास सोना है तो घड़े में डाल करके गाड़ के रख दीजिए तो बड़े भारी सम्पत्तिवाले हो गये। गया मामला अब कोई गाड़कर नहीं रखता, बड़े-बड़े सेठों के घर में आप पूरी तलाशी लीजिए एक टका नहीं मिलेगा आपको। जितने बड़े करोड़पति हैं अदृश्य हैं, उनकी पूँजी लेकिन है उनके ही पास। इसलिए फाइनेंस कैपिटल, प्रवाहशील, गतिशील है, अमूर्त ब्रह्म के समान है और उस अमूर्त ब्रह्म पर क़ाबू आप मॉस्को से लेनिनग्राद पर बैठकर नहीं कर सकते।

आज की दुनिया अच्छी है या बुरी, यह मैं कोई फ़ैसला नहीं देता, लेकिन वह दुनिया नहीं है जो दुनिया गाँधी जी ने देखी थी, जिसके ख़िलाफ़ वे या जवाहरलाल लड़े थे। अब जिस दुनिया में हैं उस दुनिया में लड़ने के लिए वैचारिक हथियार दूसरे प्रकार के होने चाहिए, बनाने पड़ेंगे और मार्क्स को फिर पढ़ना पड़ेगा। क्योंकि मार्क्स पर एक जीवनी वीन ने बहुत अच्छी

बायोग्रॉफी लिखी है वह अमरीका में है। मेहनत करके लिखी है, अभी दो-तीन साल पहले किताब आयी है। उस आदमी ने कहा कि वहाँ वालस्ट्रीट में घूम करके जितना पूँजीवाद को मैंने नहीं समझा उतना मार्क्स के कैपिटल को दुबारा पढ़ने के बाद समझा कि मार्क्स सही है और कैपिटल के लॉस को जितनी बारीक़ी से वह जानता था, उतनी बारीक़ी से दूसरे पोस्टमार्क्सिस्ट नहीं जानते, फिर पढ़ना पड़ेगा। ख़ैर पढ़ें या न पढ़ें ये और बात है। इसलिए इस बदली हुई नयी दुनिया को समझने के लिए उत्तर-आधुनिकतावादी लोगों ने कुछ अवधारणाएँ दी हैं, उनकी जाँच-परख होनी चाहिए। पर आप देखेंगे एक युग बीत गया है, नया युग आया है और उस नये युग में अत्यन्त परस्पर विरोधी चीज़ें आपको वैसे ही दिखाई पड़ेंगी। पोस्टमॉडर्निज़्म उसके बारे में कहता है। लियोतार ने मार्क्सवाद का विरोध करने के लिए कहा कि महाआख्यान (Grand narrative) या ग्रैंड नरेशन का युग समाप्त हो गया। महाआख्यान का समाप्त हो गया तो छोटे आख्यान का होना चाहिए और उसने कहा कि इसलिए महाआख्यान से मेरा मतलब मार्क्सवाद है। क्योंकि मार्क्सवाद विश्व इतिहास की एक बड़ी कहानी आदि साम्यवाद से लेकर समाजवाद तक अग्रगण्य नरेटिव रहता है, हम इसको नकारते हैं।

हमें इलाहाबाद पर गर्व होना चाहिए। लक्ष्मीकान्त वर्मा और विजयदेवनारायण साही (दोनों मित्र स्वर्गीय हैं) इसी इलाहाबाद में लघु मानव के बहाने कविता पर बहस-लेख लिखे थे, और ये 50 के दशक के बीच के महान महानायकों का ज़माना नहीं है। लघु मानव का ज़माना है। इलाहाबाद पर हम गर्व कर सकते हैं कि जो बात पोस्टमॉडर्नी लोग बाद में कह रहे हैं, बीस साल पूर्व इलाहाबाद वालों ने पहली बार लघु मानव कहा था। छोटे का ज़माना है और उस समय हम लोगों ने जब बात की थी, लघु मानव पर कि महाआख्यान नहीं। अब आज उस बहस को दोहराने की ज़रूरत नहीं है कि जिस समय पोस्टमॉडर्निज़्म यह बात कर रहा था कि ग्रैंड नरेटिव की और फाइंड ऑफ़ हिस्ट्री की हर महा चीज़ का विरोध उस समय जब लोग कह रहे थे, उनके सामने था कि एक ओर जवाहरलाल नेहरू जो महानायक हैं और दूसरी ओर राममनोहर लोहिया जो लघु मानव हैं। हर तरह से लघु थे और लघु लोगों का युग चला। मेरे ख़याल से लघु लोगों

का युग आज तक चल रहा है, लेकिन सारी बात कहते हुए ये लोग भूल गये। विराट् और लघु की डाइलेक्टिक्स साथ-साथ चलती है। कभी-कभी छोटा आदमी जो है, छोटे लोग जो हैं न, वही बड़ा होता है। हिटलर जैसा क्या पिद्दी क्या पिद्दी का शोरबा और महामानव बन गया था। क्षमा करें, आडवानी जी जैसे महामानव को आज देखें। पूर्व प्रधानमन्त्री अटल बिहारी वाजपेयी को देखें, ये क्या थे और सहसा इंडिया साइन और गौरव यात्रा में सबसे बड़ी विभूति विराट् उन्हीं का चेहरा दिखाई पड़ता है। लघु को विराट् होते देर नहीं लगती। ब्रेश्ट की कविताओं को पढ़ें तो हिटलर को पुतैइया कहा जाता था, अंग्रेज़ कहा करता था। मामूली पेंटर जो है वह विराट् आकार बनता है। इसे लघु और विराट् की डाइलेक्टिक्स को देखना समझना चाहिए। दोनों साथ-साथ चलते हैं, इतिहास में, महाआख्यान और लघु आख्यान दोनों ये भारत को बताने की ज़रूरत नहीं है।

महाभारत लघु आख्यानों से बना हुआ एक विराट् आख्यान है। इसलिए ग्रैंड नरेटिव और लघु नरेटिव परस्पर विरोधी नहीं हैं। उनमें एक द्वन्द्वात्मक सम्बन्ध है, यह बात जब कहने की कोशिश कर रहे थे तो उनके पोस्टमॉडर्निज़्म को भूल गये। जिस पोस्टमॉडर्निज़्म के बारे में लियोतार जब कह रहे थे तो भूल गये कि देगाल कब पैदा हुआ था। 1968 की क्रान्ति के बाद देगाल आया था, और देगाल लघु आदमी नहीं था। इतिहास में दोनों घटनाएँ साथ घटती हैं। आधा सच कह रहा था उत्तर-आधुनिकवाद। एक ओर समाजवाद ध्वस्त हुआ। अनेक छोटे-छोटे देश अमरीकी साम्राज्यवाद के सामने पराजित हुए। लेकिन इसी बीच में एक विराट् शक्ति के रूप में अमरीका पैदा हुआ इसको कैसे भूल सकते हैं, और यही नहीं, जो यूरोप के इतिहास में भी नहीं हुआ था, वह हुआ। पहली बार यूरोपियन यूनियन बनी, सारे छोटे देश मिल करके एक विराट् के रूप में हो गये। कहाँ ग्रैण्ड नरेटिव ख़त्म हो रहा है। ग्रैंड नरेटिव ख़त्म हो रहा है, हिन्दुस्तान जैसे देश में। यहाँ देश छोटे-छोटे टुकड़ों में हो रहा है, झारखण्ड, अलग तेलंगाना एक नया (राज्य) बनने जा रहा है। बड़ी मुश्किल से छोटे-छोटे टुकड़ों को जोड़कर आज़ादी की लड़ाई में हमने ग्रैंड नरेटिव तैयार किया था। एक बड़े भारत के रूप में। यानी पोस्टमॉडर्न थ्योरी पश्चिम में बड़े आख्यान के लिए

हिमायत करता है। उनकी सचाई हो सकती है, लेकिन जो तीसरी दुनिया है पोस्टकालोनियल वर्ल्ड है, छोटे-छोटे टुकड़े में तोड़ने के छोटे आख्यानों के बहाने हो रहा है, यही है पोस्टमॉडर्निज़्म। इसलिए पोस्टमॉडर्निज़्म वह दुधारी तलवार है जो सचाई पश्चिम के लिए और सन्देश देता है तथा हमें दूसरा सन्देश देता है।

आख़िरी बार मार्क्स ने भी कहा था और बोडिया ने साइबेलेक्रा शब्द का प्रयोग किया है कि दुनिया जो है वह हर चीज़ अपनी छायाकृति के रूप में, छायाछवि के रूप में दूसरे शब्दों में मूर्त चीज़ें अपने बिम्बों में, प्रतीक में, सिम्बल्स, इमेजेज में दिखाई देती है। स्वयं चीज़ों का महत्त्व नहीं है बल्कि उनकी छाया महत्त्वपूर्ण है। आप स्वयं क्या हैं, यह महत्त्वपूर्ण नहीं है, महत्त्वपूर्ण है आपकी छवि, जो टेलीविज़न पर आती है या होर्डिंग में आती है। आज अटल बिहारी वाजपेयी जी स्वयं क्या हैं, क्या करते हैं, नहीं मालूम, उनकी छवियाँ ख़ूब घूम रही हैं। सुधीश पचौरी को आप पढ़ेंगे और छवियों की ताक़त महत्त्वपूर्ण है। सोचिए, कम-से-कम दो-तीन हफ़्ते तक लग गया था कि इंडिया सचमुच साइन कर रहा है, और फीलगुड ही हो रहा है। छवियाँ ही सच थीं। छाया ही सच्ची थी क्योंकि लोगों का ध्यान ही नहीं जाता था। यानी अनरियलिटी बिकेम रियलिटी। हम लेखक लोग मार्क्सवादी, प्रगतिशील लोग, ख़ासतौर से मार्क्सवाद यथार्थवाद या सामाजिक यथार्थवाद क्रिटिकलिज़्म, सोशलिज़्म सारे रियलिज़्म पर मत्था पीटकर हम लोग मर गये, और धीरे-धीरे यह मालूम हो गया कि रियल क्या है, अनरियल क्या है। इसमें फ़र्क़ मिट गया इस दुनिया से।

अब फिर हम वेदान्त की ओर आ रहे हैं कि कोई तो बात होगी। कबीर ने ब्रह्म पर जितना कहा उससे ज़्यादा माया पर कहा। तुलसीदास के रामचरितमानस को और बाबा का विश्वास करें तो पूरा रामचरितमानस तो माया की सीता की कहानी है, और माया के राम की कहानी है। पैदा जब हुए थे अपना अद्भुत रूप दिखाया तो माता कौशल्या तो घबरा गयी थीं और हाथ जोड़कर उन्होंने कहा कि बेटा, तुम अपने असली रूप में आओ, और जैसे ही माया के रूप में आये तो पूरी कहानी ही मायामय हो गयी बल्कि अगर रामचरितमानस पर विश्वास किया जाये तो सीता का हरण भी

माया है, माया का मृग आया, माया की सीता का हरण कर ले गया। युद्ध जो हुआ वह भी माया था, सीता लौटीं, वह भी माया थी, आग में जलना माया था, बाद में यहाँ तक कि अन्त में बाबा ने देखा कि जो राज्य राम को मिला होगा वह भी माया ही था। आगे की कहानी बाबा ने नहीं कही लेकिन वाल्मीकि कह गये थे कि राम द्वारा सीता को दोबारा जो वनवास दिया गया वह भी माया था और अन्त में राम ने जो शरीर त्याग किया, वह भी माया थी, तो पूरी-की-पूरी अवतारी राम की जो कहानी कही गयी है वह माया की कहानी कही गयी है, ब्रह्म की कहानी तो हो ही नहीं सकती है। हम लोग धन को, सम्पत्ति को माया कहते हैं। अरे माया के चक्कर में पड़े हैं माने पैसे के चक्कर में पड़े हैं, लेकिन सचाई तो यह है कि वही माया जो है वही खाना भी देती है, कपड़ा भी देती है, जीने का सहारा भी देती है, लेकिन है तो माया। पोस्टमॉडर्निज़्म ने रियलिज़्म की रियलिटी की औकात बता दिया कि जिस यथार्थ के पीछे भाग रहे हो उस यथार्थ से ज़्यादा ताक़तवर तो अयथार्थ है। मुक्तिबोध की कविताओं में छायावादी लोग जिसको कहते हैं, "छाया तन वह छायाहीन।... चक्र रच रहे थे खल निसचर, चला कुहुक-ताना-बाना।" प्रथम प्रश्नवाली कविता में है, छाया तन वह छायाहीन। भूत का लक्षण यह है जिसकी छाया न पड़े। जो स्वयं छाया है उसकी छाया क्या पड़ेगी। छाया उसकी पड़ेगी जो यथार्थ होगा। इसलिए 'छाया तन वह छायाहीन'। कुल मिला करके एक ऐसी छाया जो इमेजेज की दुनिया है और इस इमेजेज की दुनिया में ताक़त है। असल चीज़ यह है कि हम बाहुबलियों का जो नाम लेते हैं, हमने-आपने शहाबुद्दीन को नहीं देखा है लेकिन शहाबुद्दीन के नाम का बज रहा है डंका। सोचिए कि वर्ल्ड से महत्त्वपूर्ण चल रहा है ये अंडरवर्ल्ड। कुछ लोगों के नाम के आतंक पर काम होता है। सच पूछिए तो आज की दुनिया में हम साक्षात् चले जायें और कहें कि यह काम करें तो शायद बैंकवाले बिल्कुल नहीं मानेंगे, कहेंगे सिग्नेचर चलता है। सशरीर आप चले जायें, सिग्नेचर अगर नहीं मिलता तो आप सिर पटक करके मर जायेंगे वह देगा नहीं पैसा।

पोस्टमॉडर्न की एक बहुत बड़ी देन है कि यथार्थ की औक़ात, असलियत बताती है, और बताया कि यथार्थ से ज़्यादा ताक़तवर अयथार्थ होता है।

इसीलिए हिन्दी की वे कहानियाँ ज़्यादा महत्त्वपूर्ण हैं, अर्थवान् हैं, ताकतवर हैं जो इस फैंटेसी लोक की सृष्टि करती हैं। छायावादी लोग उसको कल्पना कहते थे। आज का लेखक उसको फैंटेसी कहता है। इमेजेज कहता है। इसने साहित्य को बहुत दूर तक प्रभावित किया है। यथार्थवाद हल्का है, छोटा है, कमज़ोर है। वह साहित्य जो उसी जाने-पहचाने चाहे कोई छोटा आख्यान रचे, चाहे बड़े आख्यान में छोटे-छोटे आख्यान रचे जैसे दूधनाथ ने आख़िरी कलाम में रचा है। जैसे उदयप्रकाश ने वारेन हेस्टिंग्स के साँड़ में रचा है यद्यपि थोड़ी कमज़ोर कहानी है, लेकिन 'पीली छतरी' के आरम्भिक अध्यायों में वही है। अखिलेश कुछ ऐसे रचने की कोशिश करते हैं। वे साहित्य और कविताएँ महत्त्वपूर्ण हैं जो इस लोक का आभास देती हैं। उसकी अपेक्षा पुराने ढंग के वर्णनों से भरे हुए ब्योरों से ठसी हुई कहानियाँ और उपन्यास लिख करके कुछ लोग अपना वक़्त और दूसरों का वक़्त बर्बाद कर रहे हैं। पोस्टमॉडर्निज़्म की प्रकारान्तर से यह देन है। उनके द्वारा वांछित नहीं बल्कि उनके द्वारा बाई प्रोडक्ट के रूप में प्राप्त हुई। यह इस दुनिया की रचाई है। इसीलिए इस दौर में पढ़ रहा था, आप लोगों ने शायद पढ़ी हो 'रीडिंग लोलिता इन तहराम' एक महिला की लिखी हुई कहानी है। उपन्यासों के माध्यम में लिखी हुई कहानी है। यूनिवर्सिटी से कोई निकाल दी गयी थी, जो अपने घर में कुछ लोगों को लेकर के उपन्यास के ऊपर बात करती है। लोलिता जैसे उपन्यासों पर और जिस लोलिता को अश्लील समझ कर ख़ारिज दिया था। बताया है कि लोलिता किस तरह से उसका हीरो जो है वह अब्दुल्लाह खुमैनी की तरह का आदमी है। एक फ़ासिस्ट और एक छोटी-सी भोली-भाली लड़की को फुसला करके जो करते हैं वो आतंक की और टेरर की कहानी है, सेक्स की कहानी है। यानी अब ऐसा साहित्य नये ढंग का नावेल पुराने ढर्रे की कहानी कहनेवाला नहीं है।

कवि शशि थरूर ने महाभारत पर एक किताब लिखी थी, उसका नाम रखा था *द ग्रेट इंडियन नावेल*। मुझे लगता है कि उसे नये सिरे से पढ़ें। काफ़ी समय से डूब कर मैं महाभारत पढ़ रहा हूँ। आज के दौर का महाभारत *द ग्रेट इंडियन नावेल* है क्योंकि एक युग की समाप्ति पर लिखा हुआ उसके अंत पर लिखा हुआ पोस्टमॉडर्निस्ट नावेल है।

महाभारत द ग्रेट पोस्टमॉडर्निस्ट नावेल है। उसका दूसरा नाम युगान्त है। इरावती कर्वे ने इसे युगान्त कहा है। यह उत्तर-आधुनिकता को सही ढंग से समझने-प्रस्तुत करने कर तरीक़ा है। उसकी काट आप वैसा ही एक नावेल लिख करके करें, जिनमें यह एक युग बीत चुका है हम लोग बिल्कुल दूसरे युग में रह रहे हैं। उसकी नयी मिसाल है कि जिसको प्रधानमन्त्री चुना गया हो, वो कह रहा हो कि अन्तरात्मा की आवाज़ आ रही है। मैं प्रधानमन्त्री नहीं बनना चाहता। हमारे इतिहास में स्वाधीन भारत के इतिहास में आज तक ऐसा नहीं हुआ। अच्छा है या बुरा है, ग़लत है या सही है, मैं नहीं निर्णय लेता। एक नये युग की शुरुआत है। लोकतन्त्र में एक नयी समस्या पैदा हो रही है। संविधान में सोचा भी नहीं गया था कभी कि ऐसा होगा तो क्या होगा और इससे लगता है कि तमाम चीज़ों के साथ-साथ बहुत-सी चीज़ें बहुत तेज़ी से बदल रही हैं। पोस्टमॉडर्निज़्म और कुछ नहीं देता है तो कम-से-कम एक युगान्त का महसूस करने का अहसास तो कराता ही है।

(19 मई, 2004 को राजर्षि पुरुषोत्तमदास टण्डन व्याख्यानमाला के अन्तर्गत 'उत्तर-आधुनिकता और हिन्दी साहित्य' विषय पर दिया गया व्याख्यान। साभार : माध्यम पत्रिका, अक्टूबर-दिसम्बर 2004)

साहित्य के अध्ययन की ज़रूरत

मैं विश्वविद्यालय के प्रति हृदय से आभार प्रकट करता हूँ कि पुनश्चर्या पाठ्यक्रम के प्रसंग में मुझे याद किया। वह शेर है–

तुम्हारी याद के जब ज़ख़्म भरने लगते हैं,
किसी बहाने तुम्हें याद करने लगते हैं।

तो बहाना चाहिए याद करने के लिए और यह अच्छा बहाना है। यह मौक़ा ऐसा है, जब यहाँ अरुणाचल प्रदेश से लेकर राजस्थान तक और आन्ध्र प्रदेश, कर्नाटक समेत तमाम प्रदेशों से हिन्दी के प्राध्यापक एकत्र हुए हैं। यहाँ समूचे भारत का प्रतिनिधित्व हो रहा है। इसलिए सामूहिक रूप से आप लोगों का स्नेह पाकर गौरव का बोध होता है और कृतज्ञता का भी। इस विश्वविद्यालय से मेरा शुरू से ही सम्बन्ध रहा है और मैं अपने आपको इस विश्वविद्यालय परिवार का ही एक सदस्य मानता हूँ।... ऐसे सम्भावनापूर्ण वातावरण में आपके बीच आकर मैं विशेष प्रसन्नता का अनुभव करता हूँ।

पुनश्चर्या पाठ्यक्रम को मैं आमतौर से पुनर्नवा पाठ्यक्रम कहता हूँ, क्योंकि यह पाठ्यक्रम हम अध्यापकों को, जिसमें आप लोगों के साथ मैं अपने को भी गिनता हूँ, फिर से तरोताज़ा होने का मौक़ा देता है। तरोताज़ा होने के साधन विश्वविद्यालय में वैसे भी मिलते रहते हैं। अध्यापक वही पुराने रहते हैं, लेकिन विद्यार्थी नये-नये आते रहते हैं और नये विद्यार्थियों के सम्पर्क में हम लोगों को सचमुच हर बार, हर साल, हर सत्र में फिर से नया होने का अवसर मिलता है। लेकिन होता यह है कि इस नये-पुराने के योग में पुराने दिन-प्रतिदिन और पुराने होते चले जाते हैं–नये होने की अपेक्षा

और नये उसी हिसाब से पुराने होने लगते हैं। जैसे वातावरण में ऋतुओं के अनुसार पहले पतझर आता है, फिर वसन्त आता है, वैसे ही हर पतझर के बाद वसन्त आया करे; इसीलिए विश्वविद्यालय अनुदान आयोग ने यह पाठ्यक्रम शुरू किया है।

विश्वविद्यालय अनुदान आयोग ने मानविकी के लिए इतना पैसा ख़र्च किया। यह गनीमत समझिए। यह दौर तकनीकी क्रान्ति और 'हाई-टेक' का है और हाई-टेक का जहाँ तक ताल्लुक है, इस समय दो ही शहरों का नाम लिया जाता है। सौभाग्य से वे दोनों ही शहर दक्षिण में हैं। पहले बंगलोर का नाम लिया जाता था लेकिन क़ायदे से अब टॉप पर हैदराबाद ही है। इसलिए हाई-टेक और भूमण्डलीकरण के दौर में हाशिए पर जा चुकी मानविकी जैसी विद्या की खोज-ख़बर ली जा रही है, यह बड़ी बात है। मानविकी में भी अंग्रेज़ी की खोज-ख़बर लेने वाले तो बहुत हैं, लेकिन दूसरी भारतीय भाषाएँ ख़तरे में हैं। आज भारतीय साहित्य से मतलब अमिताभ घोष, झुम्पा लाहिरी और अभी जिनके दूध के दाँत नहीं टूटे ऐसी अनेक कन्याओं से है। मानविकी में भी अंग्रेज़ी में लिखने वालों का नाम बहुत सुनाई पड़ता है, लेकिन तेलुगु में लिखने वालों, तमिल में लिखने वालों, उर्दू में लिखने वालों, हिन्दी में लिखने वालों और दूसरी प्रान्तीय भाषाओं में लिखने वालों का नाम कम लिया जाता है। अंग्रेज़ी के अख़बारों में उनकी चर्चा लगभग नहीं होती है। इसलिए एक अतिरिक्त संकट है मानविकी में भी भारतीय भाषाओं के साहित्य के लिए। लेकिन यह संकट पूरे विश्व के पैमाने पर भी है। मैं एक घटना का उल्लेख करना चाहता हूँ। ख़ासतौर से तकनीकी के मामलों में इस समय अमरीका सुपर-पावर है। सबकी नज़र अमरीका पर लगी रहती है। अमरीका में ही अन्तर्राष्ट्रीय मुद्रा कोष है, विश्व बैंक है, विश्व बाज़ार संगठन का दफ़्तर है और सभी बहुराष्ट्रीय कम्पनियों के 'हेड-क्वार्टर्स' प्रायः अमरीका में ही हैं। इसलिए तकनीकी क्रान्ति का आतंक भी सबसे ज़्यादा अमरीका में ही है। वहाँ भी मानविकी पर ख़तरा है, यह चिन्ता वहाँ के लोगों को भी हुई। अभी हाल की एक घटना है। अमेरिकी अध्यापकों का सबसे बड़ा और मज़बूत संगठन 'मॉडर्न लैंग्वेज एसोसिएशन' है, जिसका सदस्य होना बड़े गौरव और सम्मान की बात है।

प्रोसिडिंग्स ऑफ़ मॉडर्न लैंग्वेज एसोसिएशन, नाम से उनकी एक मासिक पत्रिका निकलती है। उसके अध्यक्ष का प्रतिवर्ष एक व्याख्यान होता है। पिछले वर्ष उसके अध्यक्ष थे एडवर्ड सईद। आपने उनका नाम सुना होगा। वे फिलिस्तीनी हैं और अमरीका में प्रोफ़ेरार हैं। एडवर्ड और सईद नाम से आप अन्दाज़ लगा सकते हैं कि उनका सम्बन्ध ईसाइयत और इस्लाम दोनों से है। वह बहुत क्रान्तिकारी और विद्रोही हैं। अमरीका में रहते हुए भी फिलिस्तीन की ओर से इज़राइल और उसके आतंक के ख़िलाफ़ हैं। वे यासिर अराफात के साथियों और दोस्तों में से हैं। ऐसे विद्रोही, क्रान्तिकारी और स्वतन्त्र विचारक एडवर्ड सईद अंग्रेज़ी के प्रोफ़ेसर भी हैं। उनका अध्यक्षीय भाषण पी.एम.एल.ए. में छपा। उनके व्याख्यान का मूल स्तर यह था कि इस तकनीकी क्रान्ति के दौर में सबसे बड़ा ख़तरा मानवीयता के लिए है, मशीन बड़ी ताक़त हो गयी है। मनुष्य और मनुष्यता का अवमूल्यन हो गया है। ख़तरा उसी मनुष्यता पर है। उसकी रक्षा करने का दायित्व जिन विषयों, जिन अनुशासनों पर पड़ेगा, उन्हें हम विश्वविद्यालय में मानविकी संकाय कहते हैं। पहले उसे कला संकाय कहते थे। अब उसे मानविकी कहते हैं, जो अमरीका की नक़ल पर है।...

आप लोगों के तरोताज़ा होने का मतलब है कि आपके भीतर की जो मनुष्यता है, वह मुरझा न जाये। इसी चुनौती का सामना करने के लिए पूरे देश में पुनर्नवा पाठ्यक्रम चलाये गये हैं। यह नहीं है कि पहले से आप अच्छा पढ़ाएँ या सिर्फ़ यह गुणवत्ता का सवाल नहीं है, बल्कि मानवीयता का जो सारतत्त्व है उसकी रक्षा करने का सवाल प्रमुख है। इस सन्दर्भ में हम लोगों को यानी हिन्दी के अध्यापकों को कई तरह की चुनौतियों का सामना करना पड़ेगा या पड़ रहा है...।

दिल्ली विश्वविद्यालय में वाणिज्य और अर्थशास्त्र से ज़्यादा लोग प्रबन्धन में जाते हैं। आज के ज़माने में प्रबन्धन सबसे बड़ी चीज़ हो गयी है। और प्रबन्धन में 95-96 प्रतिशत से कम में नामांकन नहीं होता, इसलिए आज इतिहास, भूगोल आदि भी ख़तरे में हैं और भौतिक शास्त्र, गणित आदि भी। ऐसी हालत में जिन्हें कहीं प्रवेश नहीं मिलता, वे लोग ही हिन्दी में आते हैं। मेरा ख़याल है कि तेलुगु की हालत इससे बेहतर नहीं होगी।

यही स्थिति दूसरी भारतीय भाषाओं की भी है। इसके ठीक उल्टे अंग्रेज़ी माध्यम के स्कूल पूरे देश में खुल रहे हैं, हैदराबाद में भी उनकी तादाद पहले से ज़्यादा बढ़ गयी है। अंग्रेज़ी विश्व बाज़ार की भाषा है और हमारे देश में नये सिरे से अंग्रेज़ी का महत्त्व बढ़ रहा है। कॉमर्स या प्रबन्धन कम समय में ज़्यादा से ज़्यादा पैसा कमाने की विद्या है और इसका माध्यम अंग्रेज़ी है। सवाल है कि तब साहित्य का क्या होगा? कविता, कहानी, उपन्यास पढ़ना और उस पर शोध-कार्य करना समाज के लिए उपयोगी नहीं है। उपयोगी है इंजीनियर बनना और इंजीनियर में भी ऐसा इंजीनियर जो प्रबन्धन शास्त्र में माहिर हो। 'बिज़नेस एक्सिक्यूटिव' की पूछ है। साहित्य पढ़ने वाला ख़राब प्रबन्धक होगा। कोई संस्थान कविता या उपन्यास से चलने वाला नहीं है। रोज़गार और वाणिज्य की दुनिया में साहित्य की हैसियत क्या है, इस पर सोचना है।

सारी दुनिया में आज व्यापार और व्यवसाय के अर्थ बदल गये हैं। हमें जानना चाहिए कि हमारे यहाँ व्यापार का बड़ा व्यापक अर्थ होता था। काव्यशास्त्र में शब्द पर जब विचार किया जाता था तो व्यंजना व्यापार कहा जाता था, लक्षणा व्यापार कहा जाता था। आजकल व्यापार का मतलब बनिये की दुकान हो गयी है। भारतीय दर्शन में व्यवसाय बहुत अच्छा शब्द माना जाता था। अगर आचार्य रामचन्द्र शुक्ल के निबन्ध आपने पढ़े होंगे तो इस व्यवसाय शब्द पर आपका ध्यान गया होगा– 'व्यवसायात्मिकता बुद्धि'। आज व्यवसाय का मतलब है कारोबार, जबकि व्यवसाय और व्यापार गम्भीर अर्थ रखने वाले शब्द थे। क्रिया व्यापार शब्द हुआ करता था। बांग्ला में अब भी चलता है। व्यापार आचार के अर्थ में प्रयुक्त होता है, व्यवहार के अर्थ में प्रयुक्त होता है। अब व्यापार का युग आ गया है और साहित्य में व्यापार के विरुद्ध काफ़ी कुछ लिखा गया है। आचार्य शुक्ल का एक निबन्ध आपने पढ़ा होगा–'लोभ और प्रीति'। उसमें कहा गया है कि लोभ एक प्रकार का योग ही है। योग मन की वृत्तियों का दमन ही है। काम, क्रोध, मोह आदि का दमन करके ही योगी योगी बनता है। शुक्ल जी ने लिखा है कि इसमें अहंकार और क्रोध जैसी वृत्तियों का दमन होता है। लोभ में भी यही होता है।

शुक्ल जी का कहना है—लोभियों द्वारा अपनी वृत्तियों का दमन, योगियों के दमन से कम नहीं है। किसी दुकानदार को आप क्रोध करते हुए नहीं पायेंगे। क्रोध करेगा तो चार पैसे का फ़ायदा नहीं होगा।, शुक्ल जी ने कहा—'लोभियो! तुम्हारा दमन धन्य है, तुम्हें धिक्कार है। इसलिए व्यापार एक तरह से मनोवृत्तियों का दमन है। ऐसे व्यापार के युग में हम बाज़ार में खड़े हैं। आजकल बाज़ार की संस्कृति चल रही है। बाज़ार इतना ताक़तवर है कि हमारा प्रधानमन्त्री छोटा पड़ जाता है। क्लिंटन आये थे तो प्रधानमन्त्री को 5 मिनट का समय दिया था और बम्बई के एक व्यापारी को 45 मिनट दिये थे। वह व्यापारी दुनिया में दूसरे या तीसरे नम्बर पर है। अमरीकी राष्ट्रपति के कार्यक्रम में उस प्रोग्राम का कहीं ज़िक्र नहीं था। बम्बई में वह आख़िरी आदमी था, जिससे वह मिले। भारत के प्रधानमन्त्री के लिए 5 मिनट और व्यापारी के लिए 45 मिनट! इससे पता चलता है कि व्यापार आज राज्य और राष्ट्र से भी बड़ा हो गया है। हिन्दी का अध्यापक इस ताक़तवर बाज़ार के बीच में अपनी टोकरी लेकर निकला है, जिसके माल की क़ीमत कौड़ी भर भी नहीं है। हिन्दी का अध्यापक वैसे भी हीनता ग्रन्थि के लिए कुख्यात है। उसे अपना विषय बताते हुए संकोच होता है। अर्थशास्त्र, गणित, इंजीनियरिंग, इन्फॉर्मेशन टेक्नोलॉजी आदि के लोग बड़े ठाठ से बताते हैं। हिन्दी, तेलुगु आदि भारतीय भाषाओं के शिक्षक बहुत धीरे-से झेंपते हुए बोलते हैं। एक ज़माना था जब अपनी भाषाओं की यह दुर्गति नहीं थी। तब हम गुलाम थे। तब संस्कृत का एक पण्डित गवर्नर के सामने खड़े होकर कहता था कि मैं संस्कृत का शास्त्री हूँ। विलियम जॉन्स के सामने संस्कृत का विद्वान सीना तानकर कहता था कि मैं संस्कृत जानता हूँ, पाली जानता हूँ, अपभ्रंश जानता हूँ और दूसरी भारतीय भाषाएँ जानता हूँ। इसलिए कि बाज़ार उस समय इतना प्रबल नहीं था। हमारी संस्कृत परम्परा में ईश्वरचन्द्र विद्यासागर जैसा आदमी, मेदनीपुर से लोटा लेकर कलकत्ता में आकर पढ़ने वाला ब्राह्मण, बंगाल के गवर्नर के सामने सीना तान के खड़ा हो सकता था। हिन्दुस्तान के गवर्नर जनरल के सामने। वह इंजीनियर नहीं था, वह कोई व्यापारी नहीं था। उसे विद्यासागर की उपाधि दी गयी थी।

यह गुज़रे ज़माने की बात लगती है। लेकिन यह सब कुछ इसी बीसवीं सदी उन्नीसवीं शताब्दी में हुआ। तब हमारे यहाँ मानविकी की महिमा थी। पश्चिम के लोग भी तब मानविकी के सामने नतमस्तक होते थे। विलियम जॉन्स ईस्ट इंडिया कम्पनी में चीफ़ जस्टिस थे। उन्हें जब संस्कृत पढ़नी होती थी तब सारी पोशाक बदल करके ग़रीब ब्राह्मण के सामने विद्यार्थी के समान बैठते थे और उनको अपना गुरु मानते थे। इस तरह उन्होंने संस्कृत पढ़ी। वे अपने गुरु के पैर श्रद्धापूर्वक छूते थे। तब मानविकी की महिमा थी। दुनिया में मैक्समूलर इसलिए जाने गये कि उन्होंने ऋग्वेद का अनुवाद किया। मैक्समूलर को सभी जानते हैं लेकिन ऑक्सफोर्ड के कुलपति का नाम कोई नहीं जानता। उस समय इंग्लैंड का प्रधानमन्त्री कौन था बहुत कम लोगों को पता है... हम लोग हिन्दी का यह पुनर्नवा पाठ्यक्रम केवल बेहतर पढ़ने की कला सीखने के लिए नहीं करते, बल्कि इसके बहाने हम बड़ी समस्याओं का बोध प्राप्त करते हैं।

यह उत्तर-आधुनिकता का ज़माना है। बड़ी-बड़ी किताबें निकल रही हैं—फिलासफ़ी की, थियरी की। उसमें कुछ शब्द बड़े कॉमन हैं। अंग्रेज़ी वालों के बीच आप बैठ जाइए तो एक मिनट के बीच वे शब्द कई बार सुनने को मिलेंगे। एक शब्द है 'प्रॉब्लम'। वे बोलेंगे 'प्रॉब्लमेटाइज' कर रहे हैं। पहले 'इशूज' हुआ करते थे। इसलिए आज के ज़माने में हर कुछ इतना गड़बड़ हो गया है कि उसका समाधान ढूँढ़ने के लिए लोग साधु-सन्तों के यहाँ जाने लगे हैं। साधु-सन्तों के यहाँ हल मिलता है, नुस्ख़े मिलते हैं, या मनोचिकित्सकों के यहाँ हल मिलता है। बाक़ी लोगों के लिए तो समस्याएँ हैं, जिनका ठीक-ठीक समाधान मुश्किल है। समस्या क्या है? आज की समस्या है कि समस्या क्या है? सवाल यह है कि सवाल क्या है? पहले हम सवाल को तो समझें फिर ठीक-ठीक उन सवालों को रेखांकित कर सकें तो देर-सबेर उनके हल भी मिलेंगे। लेकिन इसके लिए अपने को जीवित, जाग्रत और सचेत महसूस करना है ताकि हम उन समस्याओं से दो-चार हों। समस्याएँ बहुत हैं लेकिन मुख्य रूप से हिन्दी अध्ययन की क्या समस्याएँ हैं? आपको लगेगा कि मैं जो कुछ बोल रहा हूँ उसका सम्बन्ध पाठ्यक्रम से नहीं है। मैं आजकल में इन्हीं समस्याओं पर अपनी कुछ बात कहने की कोशिश करूँगा।

हमारी बुनियादी समस्या यह देखना है कि साहित्य में लोगों की रुचि है या नहीं, साहित्य में लोगों को रस मिलता है या नहीं। हमारा मुख्य काम यह है कि हम साहित्य की ओर लोगों को 'मोटिवेट' करें। पैसे कमाने या नौकरी के लिए कोई साहित्य नहीं पढ़ेगा। जहाँ भविष्य नहीं है वहाँ 'मोटिवेशन' कैसा! एक ज़माना था जब लोग साहित्य बिना रुपये-पैसे की चिन्ता के पढ़ते थे। आज भी गाँव में रहने वाले लोग, आदिवासी लोग जिन्हें नौकरी नहीं करनी, लोक-गीत गाते हैं, त्योहारों-पर्वों पर झूमते हैं। ऐसे लोग भी मिलेंगे जो कबीर को गाते पढ़ते हैं और समझते हैं। हिन्दी के अध्यापक कबीर को कम समझते हैं। पढ़े-लिखे लोगों को तुलसीदास समझ में नहीं आते, लेकिन गाँव में जाइए तो अनपढ़ लोग तुलसी को गाते हुए मिलेंगे। देवदास को मैंने देखा कि हल जोतने वाले समाज में अति शूद्र समझे जानेवाले लोग तन्मयता से गा रहे थे—कबीरा सोई पीर है, जो जाने पर पीर...। उनकी तन्मयता देखकर मुझ जैसा आदमी उन्हें अर्थ बताने की हिमाकत नहीं कर सकता। वे लोग उस काव्य की आस्था जानते हैं। इसलिए साहित्य अगर कहीं बचा है तो ऐसे ही आस्थावान लोगों के भरोसे।

...एक प्रश्न यह भी है कि पुराना साहित्य पढ़ाया जाये या नहीं। अभी दक्षिण के कुछ मित्र थोड़ी देर पहले कह रहे थे कि काम तो खड़ी बोली में होता है फिर पुराने साहित्य की ज़रूरत क्या है? व्यवहार में खड़ी बोली है और राजभाषा भी वही है। अख़बार भी खड़ी बोली में निकलते हैं, इसलिए उन्नीस सौ से पहले के साहित्य को पाठ्यक्रम में न रखा जाये। 'एन.सी.ई.आर.टी.' के पाठ्यक्रम निर्माण से मेरा थोड़ा सम्बन्ध रहा है। केन्द्रीय विद्यालय पूरे देश में है उसमें दक्षिण के लोग पुरानी कविता नहीं पढ़ना चाहते। वे खड़ी बोली को ज़्यादा अनुकूल पाते हैं। सवाल पुरानी कविता या आधुनिक कविता का नहीं है। सवाल कविता मात्र का है। जिन्होंने कविताएँ लिखी थीं, उन्होंने पाठ्यक्रम के लिए नहीं लिखी थीं। प्रेमचन्द, प्रसाद, निराला, पन्त आदि ने वर्ग के लिए कविता-कहानी नहीं लिखी थी। उन्होंने दूसरे कारणों से साहित्य की रचना की थी और वह कारण मनुष्यता थी। असल में यह केवल भारत की समस्या नहीं है। यह इंग्लैंड और अमरीका की भी समस्या है। द्वितीय विश्वयुद्ध के बाद इंग्लैंड,

अमरीका के विश्वविद्यालयों में भी जिस चीज़ पर ज़्यादा ज़ोर दिया जाता है वह है—'थियरी'; थियरी का मतलब सिर्फ़ साहित्यिक सिद्धान्त नहीं। 'थियरी' के कोर्स बहुत ज़्यादा हैं। समाजशास्त्र के लोग भी संरचनावाद का अध्ययन करते हैं, साहित्य के लोग भी 'थियरी' पर किताबें लिखते हैं। एडवर्ड सईद ने 'ओरियंटलिज़्म' नाम से किताब लिखी है। जिसका साहित्य से कोई वास्ता नहीं है। वह शुद्ध 'थियरी' की किताब है, प्राच्यवाद पर, पश्चिमी साम्राज्यवाद पर चोट करती है। प्रो. सईद साहित्य के आदमी हैं, साहित्य में भी तुलनात्मक साहित्य के। वहाँ साहित्य के सारे विभाग 'टेन्योर' के लिए हैं और नौकरी पाने के लिए 'थियरी' जानना ज़रूरी है। 'थियरी' का मतलब मैं फिर कहूँ साहित्यिक आलोचना नहीं। 'साहित्यिक थियरी' का मतलब सुमित्रानन्दन पन्त की कविता में प्रकृति चित्रण है। 'थियरी' इससे ज़्यादा बड़ी चीज़ है। इंग्लैंड और अमरीका में प्रकाशित ज़्यादातर किताबों का सम्बन्ध साहित्यिक आलोचना से नहीं, साहित्यिक सिद्धान्त से है। आप तब तक विद्वान नहीं माने जायेंगे जब तक आप सिद्धान्त नहीं जानते। आलोचना लिखने से आप मामूली शोध-कार्य वाले समझे जायेंगे। आज 'शेक्सपियर' या 'मिल्टन' को या कालिदास को साहित्य के लिए नहीं पढ़ा जाता। शेक्सपियर में देखा जाने लगा है कि 'फेमिनिस्ट थियरी' या 'रेस्यलिज़्म' कहाँ है? आज 'मर्चेंट ऑफ़ वेनिस' या 'टेम्पेस्ट' अच्छे नाटक के लिए नहीं पढ़े जाते। इसलिए पढ़े जाते हैं कि उसमें यहूदी विरोध और रेस्यलिज़्म कहाँ है। यह हमारे यहाँ भी चलता है। आपके हैदराबाद विश्वविद्यालय में अंग्रेज़ी की एक अध्यापिका सारा काम 'फेमिनिज़्म' पर कर रही थीं, उनका ध्यान साहित्य पर नहीं था। आज अनुवाद पर काम कम हो रहा है—अनुवाद के सिद्धान्त पर ज़्यादा काम हो रहा है। 'सिद्धान्त ज़्यादा और साहित्य कम' यह बात काम करने लगी है। हिन्दी की चिन्ता भी आज यही है। आज कविता, कहानी, उपन्यास कम पढ़ाये जा रहे हैं, इसके सिद्धान्त पर बातें ज़्यादा हो रही हैं। लोग फ़िल्म कम देखते हैं, फ़िल्म थियरी पर ज़्यादा लिखते हैं। आप किताबें देखिए तो दर्जनों किताबें फ़िल्म थियरी पर मिल जायेंगी। उसी तरह जो कभी आर्ट गैलरी नहीं गये वे 'आर्ट ऑफ़ ऐस्थेटिक्स' पर मोटी-मोटी किताबें लिखते हैं।

इसलिए इस घोर सैद्धान्तिक युग में पहली बार समस्या यह हो गयी है कि रस लेकर साहित्य पढ़ा जाये और साहित्य में रस पैदा किया जाये।

अपने दिनों को मैं याद करता हूँ। बदकिस्मती से गुज़रे ज़माने के लोग हैं हम। एम.ए. में आचार्य हजारी प्रसाद द्विवेदी के पहले जिस गुरु से पढ़ने का मुझे मौक़ा मिला वे थे आचार्य केशव प्रसाद मिश्र। उनका नाम आप बिल्कुल नहीं जानते। उन्होंने लिखा नहीं। वे केवल अध्यापक थे। उन्होंने हमें 'कामायनी' पढ़ाई, अपभ्रंश पढ़ाया, 'निराला' पढ़ाया। वे डूबकर पढ़ाते थे। उन्होंने सिद्धान्त या आलोचना का न तो कोई ग्रन्थ लिखा था और न कोई वाक्य कहा था। वह किसी की भी आलोचना नहीं पढ़ाते थे। वे केवल 'टेक्स्ट' पढ़ाते थे। आचार्य विश्वनाथ प्रसाद मिश्र ने हमें विद्यापति, तुलसी, बिहारी आदि को पढ़ाया। उन्होंने रीति काव्य पर लिखा भी है। उन लोगों ने जिन कवियों की पुस्तकों को हमें पढ़ाया उसमें रस पैदा कर दिया। यह रुचि पैदा करना पहली चीज़ है। कविता को कैसे सराहा जाये उसका आस्वादन कैसे किया जाये; यह पहली बात है। हम शिक्षकों का काम लौ लगाना है बाक़ी ज्ञान छात्र स्वयं सीख लेते हैं। पहली चीज़ है जो हम पढ़ाते हैं उसे हम प्यार करते हैं या नहीं। जो अध्यापक खुद प्यार नहीं करता, वह विद्यार्थी में प्यार नहीं जगा सकता। जो प्रेमी है वही प्रेम की आग जगा सकता है। जिसका मन ख़ुद साहित्य में नहीं लगता, वह विद्यार्थी के लिए रस क्या पैदा करेगा। विश्वविद्यालयों में कभी-कभी कवियों, कथाकारों को आमन्त्रित किया जाता है। उद्देश्य यह होता है कि वे कविता-कहानी पर चर्चा करेंगे तो शायद अध्यापकों में कुछ रुचि पैदा हो। जायसी ने कहा है :

भँवर आई तन खण्ड सन, लेई कँवल कै पास,
दादुर वासन पावई भलेई न वाछे पास।।

कमल पानी में रहता है। पानी में मेंढक भी रहता है। कमल और मेंढक पास-पास रहते हैं, लेकन मेंढक की नाक को कमल की गन्ध से कोई मतलब नहीं है। लेकिन भँवरा जाने कहाँ जंगल में रहता है, पानी से दूर रहता है। लेकिन कमल की गन्ध से खिंचकर वह चला आता है। हम लोग कूपमण्डूक नहीं हैं, लेकिन हमारी स्थिति लगभग हलवाई की है। हलवाई की ग्रहण शक्ति मर जाती है। हलवाई ही नहीं उसकी दुकान पर मँडराने

वाले जो कीट हैं, वे भी इतने कुण्ठित हो जाते हैं कि आपको काटें तो महसूस नहीं होता। हम हिन्दी साहित्य के अध्यापकों की स्थिति लगभग उन हलवाइयों की हो गयी है, जो अपनी ग्रहण शक्ति खो बैठे हैं, जिह्वा की स्वाद शक्ति खो बैठे हैं।... अगर हम ऐसे ही मशीनी जन्तु पैदा करते रहे तो तय समझिए जो कारख़ाना हम चला रहे हैं, उससे मानवीयता नामक रस तत्त्व पैदा नहीं होगा। ऐसे उदासीन वातावरण में केवल घृणा पैदा होगी और रामचरितमानस पढ़े बिना ऐसे राम भक्त निकलेंगे जो विश्व हिन्दू परिषद् और बजरंग दल में शामिल होकर मस्जिदें गिराएँगे और दुनिया भर में साम्प्रदायिकता फैलाएँगे। दोष आपके सिर जायेगा कि हिन्दी पढ़ाने वालों ने ऐसे राम भक्त पैदा किये। साहित्य और भाषा पढ़ाने वाले हम लोग संकीर्ण, साम्प्रदायिक या मनुष्य विरोधी इन्सान गढ़ने के लिए नहीं हैं। अगर कोई तेलुगु पढ़ने वाला आदमी आन्ध्रवादी हो गया, भारत प्रेमी या मनुष्यता प्रेमी नहीं बना तो समझना चाहिए कि हमने ठीक से तेलुगु साहित्य नहीं पढ़ाया। इसका मतलब है कि हमने श्री श्री को नहीं पढ़ाया, हमने 'कन्या शुल्कमं' नहीं पढ़ाया।

हमारे सामने जो समस्या है विश्वव्यापी है। सारी दुनिया में साहित्य के अध्यापक यह अनुभव कर रहे हैं कि इस दौर में साहित्य का रस मरता जा रहा है, साहित्य में तन्मय होना लोग भूलते जा रहे हैं। लोग केवल बुद्धि व्यापार कर रहे हैं। बुद्धि व्यापार में भी केवल 'थियरी' पढ़ना चाहते हैं। 'वाद' जानो। आधुनिकता पर जब तक बीस किताबें नहीं पढ़ोगे, लगातार फूको, मिशेल को नहीं जानोगे तो आपसे प्रभावित होने वाला कोई नहीं मिलेग। नौकरी तुरन्त मिल जायेगी लेकिल कुल मिलाकर यह सिद्धान्तवादिता कितनी घातक हो सकती है, इसकी मिसाल मैं आपको देना चाहूँगा। स्वर्गीय डॉ. नगेन्द्र को आप अवश्य जानते होंगे। विश्वविद्यालयों में हिन्दी को स्थापित करने वालों में सबसे पहला नाम डॉ. श्यामसुन्दर दास का है। बीस के दशक में काशी हिन्दू विश्वविद्यालय में उन्होंने काम किया। इलाहाबाद विश्वविद्यालय बहुत पुराना है। वहाँ डॉ. धीरेन्द्र वर्मा ने हिन्दी की प्रतिष्ठा में अहम भूमिका निभायी। आज़ादी के बाद हिन्दी का केन्द्र काशी-प्रयाग से दिल्ली बन गयी। डॉ. राजेन्द्र प्रसाद जैसा हिन्दी प्रेमी और

लेखक राष्ट्रपति था। मैथिलीशरण गुप्त राज्यसभा के सदस्य होकर आये। 1956 में डॉ. नगेन्द्र दिल्ली विश्वविद्यालय के पहले अध्यक्ष बने। आज़ादी के पहले विश्वविद्यालयों के नक्शे में दिल्ली नहीं थी। विश्वविद्यालयों का नाम लिया जाता तो कलकत्ता विश्वविद्यालय, बम्बई विश्वविद्यालय और मद्रास विश्वविद्यालय का नाम लिया जाता था। इलाहाबाद का नाम लिया जाता था। दिल्ली से अच्छा और पुराना तो पटना विश्वविद्यालय था। दिल्ली विश्वविद्यालय को कोई नहीं जानता था। लेकिन वी. के. आर. वी. राव और सी. डी. देशमुख वहाँ कुलपति हुए। 'दिल्ली स्कूल ऑफ़ इकोनॉमिक्स' क़ायम हुआ तो भारत का सबसे बड़ा विश्वविद्यालय हो गया। लेकिन उसमें हिन्दी विभाग को कोई नहीं जानता था। 60-64 के लगभग हिन्दी शिक्षकों की दृष्टि से भारत का वह सबसे बड़ा विश्वविद्यालय था। 1500 हिन्दी के अध्यापक थे वहाँ, विश्वविद्यालय और कॉलेज मिलाकर। डॉ. नगेन्द्र की पुस्तकें आ रही थीं, काव्यशास्त्र पर, रस सिद्धान्त पर, वे तप रहे थे। उस समय डॉ. हजारी प्रसाद द्विवेदी भी प्रोफ़ेसर थे बनारस, चण्डीगढ़ में। नन्द दुलारे वाजपेयी थे, धीरेन्द्र वर्मा थे। अनेक विद्वान थे। लेकिन सारे भारत के हिन्दी विभागों में सबसे बड़े और प्रतापी प्रोफ़ेसर डॉ. नगेन्द्र थे। डॉ. नगेन्द्र ने पन्त जी पर सन् 1929 में एक पुस्तक लिखी। आचार्य शुक्ल दाद देने में बड़े कंजूस थे। लेकिन उन्होंने भी इस पुस्तक के बारे में कहा कि पन्त जी पर ठीक ठिकाने की पुस्तक लिखी गयी है। इस एक वाक्य को डॉ. नगेन्द्र बड़ा-से-बड़ा सर्टिफिकेट छोड़कर चिपकाये घूमते थे। विचार और अनुभूति के लिहाज़ से उन्होंने आलोचना लिखी, लेकिन जब उन्होंने देखा कि पन्त पर किताब लिखकर कोई प्रोफ़ेसर नहीं माना जायेगा, प्रोफ़ेसर को तो आचार्य होना चाहिए और आचार्य को शास्त्र जानना चाहिए। शास्त्र जानने का आसान तरीक़ा है काव्यशास्त्र जानना। काव्यशास्त्र की दुनिया में डी.वी. काणे जैसा लिख चुके हैं, एस.सी. डे लिख चुके हैं अंग्रेज़ी माध्यम से तो हिन्दी में वैसा आना चाहिए। डॉ. नगेन्द्र ने धड़ाधड़ संस्कृत काव्यशास्त्र की किताब सम्पादित की। भरत मुनि का नाट्यशास्त्र, आनन्दवर्धन का ध्वन्यालोक, कुन्तक का वक्रोक्ति, रस सिद्धान्त, पाश्चात्य काव्यशास्त्र यानी कुल मिलाकर यह कि काव्यशास्त्र कहते-करते वे शास्त्रीय आचार्य हो गये।

उनकी पहली पुस्तक *विचार और अनुभूति* के साथ रचना में रस देखती है। बाद में वे अनुभूति को छोड़ विचार के पीछे ऐसे दौड़े कि आलोचना कर्म छूट गया और केवल शास्त्र चर्चा करते रहे। लोगों ने उन्हें विद्वान मान लिया। लेकिन रस सिद्धान्त पर लिखते हुए भी वे किसी कविता का रस लोगों के सामने प्रस्तुत नहीं कर पाये। इसे मैं बहुत बड़ी 'ट्रेजडी' मानता हूँ। सोचिए अगर अधिकांश को यही धुन लग जाये तो क्या होगा हिन्दी साहित्य का! कबीर, जायसी, सूर, मीरा, तुलसी, रेणु ये सब सिद्धान्त लिखते रहते तो सोचिए हिन्दी साहित्य का क्या होता? आज 'थियरी' के रूप में सबसे बड़ा ख़तरा है, जो विश्वव्यापी है उसे मैं एक 'ट्रेजडी' के रूप में देखता हूँ।

...हिन्दी के अधिकांश महत्त्वपूर्ण कवियों तथा लेखकों का जीवन चरित्र देखें तो पायेंगे कि जितने अच्छे नाम हैं, प्रायः उन्होंने हिन्दी से एम.ए. नहीं किया है। अज्ञेय, मुक्तिबोध हिन्दी के नहीं हैं। अशोक वाजपेयी जो इन दिनों काफ़ी लिख रहे हैं वे भी हिन्दी के नहीं हैं। रघुवीर सहाय अंग्रेज़ी के हैं, कुँवरनारायण, विनोद कुमार शुक्ल आदि ने अंग्रेज़ी साहित्य पढ़ा है। गिरिजा कुमार माथुर, शमशेर आदि ने भी अंग्रेज़ी पढ़ी। नागार्जुन संस्कृत के आदमी थे। केदारनाथ अग्रवाल वकील थे। यह सब क्या सिद्ध करता है? पहले यह समझा जाता था कि हिन्दी पढ़ाकर दूसरे लोगों के लिए अवसर पैदा कर रहे हैं; हिन्दी के लेखक पैदा कर रहे हैं, रचनाकार पैदा कर रहे हैं। अब यह हो गया है कि हिन्दी पढ़ा करके हम मास्टर पैदा कर रहे हैं, हिन्दी अफ़सर पैदा कर रहे हैं। रचनाकार वे हो रहे हैं, जो हिन्दी नहीं पढ़ रहे हैं फिर भी हिन्दी रचना कर रहे हैं। अर्थात् रस का ही सवाल नहीं बल्कि हिन्दी अध्यापन की दूसरी बड़ी समस्या है कि हम सृजनशीलता को ख़त्म कर रहे हैं। यह 'क्रियेटिविटी' कैसे बनी रहे, ताकि हिन्दी पढ़ करके रचनाकार पैदा हो? इसलिए बुनियादी समस्या है कि वे लोग रचना-संसार में आयें जो 'मोटीवेटेड' हों, रस ले करके पढ़ा सकें और मान करके चलें कि हिन्दी पढ़ करके कम-से-कम हिन्दी का कुछ करें। हमारे जीवन की सार्थकता इसी में है।... यह सारी पृष्ठभूमि मैंने यह बताने के लिए बाँधी कि आजकल हिन्दी पढ़ाने के सिलसिले में साहित्य नहीं पढ़ाया जा रहा है, बल्कि सम्पूर्ण हिन्दी साहित्य को ब्राह्मण वर्चस्व का साहित्य माना जा रहा है।

अब साहित्य को मण्डलवाद की दृष्टि से पढ़ो, दलितवाद की दृष्टि से पढ़ो या फिर स्त्री दृष्टिकोण से पढ़ो; ऐसी सारी चीज़ें थियरी के नाम पर आ रही हैं। थियरी के नाम पर यदि तुलसी को पढ़ें तो वह वर्ण व्यवस्था के समर्थक सिद्ध होंगे। अब उनको कैसे बतायें कि बावजूद इन सबके मॉरीशस में अधिकतर लोग बिहार, उत्तर प्रदेश के पिछड़े वर्ग के मज़दूरों के रूप में जहाज़ में लादकर 'मानस' ले गये थे। उनके पास कुछ नहीं था सिवाय तुलसीदास की रामायण के। आज भी मॉरीशस में हर आदमी के घर में वह किताब आपको मिल जायेगी। उस एक किताब ने पूरे एक सौ पचास साल के ज़ुल्म के बीच उन लोगों को अपनी भारतीय सभ्यता-संस्कृति, रीति-रिवाज़ और भारतीय होने के अभिमान से जोड़े रखा। आज सब कह रहे हैं कि किताब तो ब्राह्मणवाद का प्रचार करने वाली है, और तुलसीदास स्त्री विरोधी थे, शूद्रों के विरोधी और स्त्रियों के विरोधी को कोर्स में नहीं रखना चाहिए। जायसी के पद्मावत का कुछ अंश कोर्स में रखा गया था तो संसद में विवाद उठा कि उसमें तो सती प्रथा का वर्णन है, आप ऐसी किताब को पढ़ाना चाहते हैं, जैसे कि पद्मावत को पढ़ करके औरतें सती हुई हैं और सारे ब्राह्मणवादी तुलसीदास को पढ़ करके ब्राह्मणवादी बने।

यह सब चल रहा है। साहित्य का हिन्दी विभाग चाहे आप अनुभव करें या न करें, कुरुक्षेत्र बन गया है या बनने वाला है। हिन्दी की पढ़ाई इस दृष्टि से करें तो ठीक नहीं तो आप ब्राह्मणवादी हैं। मैं इन लोगों पर टीका-टिप्पणी नहीं कर रहा हूँ, बल्कि इनके अन्ध अनुयायियों को बताना चाहता हूँ कि इससे न तो आप अपने समाज का भला करेंगे न साहित्य का। हिन्दी साहित्य पर हर दौर की छाप ज़रूर है, इसमें कोई शक नहीं। गहरी छाप है—प्राचीन और मध्य युग की। जैसा समाज जैसी संस्कृति जिस दौर की रही होगी उसके दाग़ ज़रूर लगेंगे। हम और आप उसे धोने की कोशिश कर रहे हैं, मिटाने की कोशिश कर रहे हैं। ख़ून के धब्बे इतिहास पर हैं। वह समाज के दिये हुए हैं, उन लेखकों या कवियों के नहीं। साहित्य एक अनूठा दस्तावेज़ है। उससे पता चलता है कि हम लोग ऐसे दौर से गुज़र चुके हैं, आगे ऐसा समाज बनायें जिस पर ऐसे धब्बे न हों।

आज प्रेरणा, 'मोटीवेशन' मुख्य चीज़ है। हमारा काम बुझी हुई लुकाठियों, बुझे हुए कोयलों को दहकाने का है। यह आग उनको दिखाई दे तो ठीक वरना उनको उँगली पकड़कर रास्ता दिखाने की ज़रूरत नहीं है। हम लोग ऐसे दौर से गुज़र रहे हैं, जहाँ ठण्डक और बढ़ने वाली है। यही नहीं कि कमरे वातानुकूलित हो रहे हैं, बल्कि हमारे हृदय भी वातानुकूलित हो जायेंगे। इस वातानुकूलित हृदय में साहित्य कितना बचा रहेगा? कबीर की वाणी आज बची रहेगी कि नहीं, मीरा का दीवानापन, निराला की वेदना, उसे महसूस करने की ताक़त बची रहेगी कि नहीं, यह सोचना है। उस संवेदनशीलता को साहित्य बचाये रखे, इसके लिए हम लोग सहायक बनें।

(1 दिसम्बर, 2000 को हैदराबाद के केन्द्रीय विश्वविद्यालय में पुनर्नवा पाठ्यक्रम के उद्घाटन व्याख्यान का सम्पादित रूप है।
साभार : 'अभिधा' पत्रिका, अप्रैल 2001, प्रस्तुति प्रोफ़ेसर गोपेश्वर सिंह निलमा रेड्डी।)

साहित्य का भावी स्वरूप

साहित्य का भावी स्वरूप कोई क्या बताये जबकि मार्शल मैकलुहन कहते हैं कि रेडियो और टेलीविज़न के इस 'इलेक्ट्रॉनिक' युग में साहित्य का कोई भविष्य नहीं है, और मैकलुहन कोई मामूली आदमी नहीं बल्कि एक नयी क्रान्ति के मसीहा हैं। वह क्रान्ति है माध्यमों की क्रान्ति अर्थात् 'मीडिया रिवोल्यूशन' वैसे तो यह शताब्दी ही क्रान्तियों की शताब्दी है—हर दूसरे, तीसरे साल किसी-न-किसी नयी क्रान्ति का सन्देश सुनाई पड़ता है। किन्तु मैकलुहन की 'माध्यमों की क्रान्ति' पश्चिम में प्रसारण के प्रभावशाली माध्यमों से इस तरह प्रसारित की गयी है गोया इस शताब्दी की सबसे बड़ी क्रान्ति यही हो। हर मसीहा की तरह मैकलुहन ने भी अपने समूचे सिद्धान्त को एक सूत्र—एक मन्त्र के रूप में निचोड़कर रख दिया है—'दि मीडियम इज़ मैसेज' अर्थात् माध्यम ही सन्देश है। इस सूत्र का भाष्य करने के लिए उन्होंने अनेक पुस्तकें लिखी हैं। उन तमाम पुस्तकों से यही बात उभर कर सामने आती है कि अब छापे का ज़माना लद गया, लिखित और मुद्रित अक्षरों का महत्त्व नहीं रहा, इसके साथ ही तर्कसंगत वाक्यों और वक्तव्यों का युग भी समाप्त हो गया। मानव जाति ने एक नये श्रव्य और दृश्य युग में प्रवेश किया है जिसमें परम्परित उपन्यासों, कहानियों और कविताओं के लिए कोई गुंजाइश नहीं है।

मैकलुहन का यह क्रान्तिकारी सन्देश ऐसे वातावरण में आया जब पश्चिम के बहुत से साहित्यकार कुछ पहले से ही उपन्यास और कविता की मृत्यु की घोषणा करने लगे थे और नॉवेल के स्थान पर 'एंटी नॉवेल' तथा कविता के स्थान पर 'एंटी-पोएट्री' के आन्दोलन खड़े हो गये थे।

ज़ाहिर है कि यन्त्र युग के इस नये मसीहा ने एक तरह से साहित्य के इन नये प्रयोगों को सैद्धान्तिक आधार प्रस्तुत किया। इस वातावरण में यदि आप किसी से साहित्य के भावी स्वरूप की कल्पना करने के लिए कहें तो वह सिवा एक दुःस्वप्न—भयानक स्वप्न के और क्या पेश कर सकता है?

यन्त्र युग से आज का लेखक स्वयं जितना अभिभूत नहीं है उससे ज़्यादा आतंकित उसे किया जा रहा है। जो लेखक इस यान्त्रिक क्रान्ति से आतंकित नहीं है उसे यह विश्वास दिलाया जाता है कि वह आधुनिक नहीं है। भारत जैसे पिछड़े देश में जहाँ टेलीविज़न देखने वालों की तादाद अभी मुश्किल से हज़ारों में ही होगी और रेडियो सुनने वालों की संख्या भी शायद लाखों की सीमा से अधिक न होगी, मैकलुहन की 'माध्यमों की क्रान्ति' क़ायदे से कोई मतलब नहीं रखती। फिर भी अपने यहाँ के कुछ आधुनिक लेखक बीसवीं सदी की यान्त्रिक क्रान्ति से सहसा सन्त्रस्त हो उठे हैं। कुछ दिन पहले ऐसे ही आधुनिक लेखकों ने इलाहाबाद में इस विषय पर विचार करने के लिए एक गोष्ठी का आयोजन किया कि साहित्य क्यों? प्रश्न से ही स्पष्ट है कि साहित्य की सार्थकता में सन्देह पैदा हो गया है। इस सन्देह को सामान्य न समझा जाये इसके लिए लेखकों के सामने 'विश्व साहित्य' का विशाल परिदृश्य प्रस्तुत किया गया और फिर ढलती हुई बीसवीं सदी की वह भयावनी तस्वीर भी रखी गयी जिसमें तूफ़ान और भूकम्प हैं, विज्ञान और यान्त्रिक की चुनौतियाँ हैं, बड़े पैमाने पर उत्पादन है, महानगर है—और इस अभियान के बीच व्यक्ति के निजी परम्परित या भावुक विश्वासों के लिए कोई जगह नहीं है। उसके साथ ही इन 'आधुनिक' लेखकों की यह भी चिन्ता है कि इक्कीसवीं सदी की शुरुआत होते ही यह बीसवीं सदी उस सबके लिए पर्याय बन जायेगी जो ख़त्म हो चुका है, मर चुका है, हमेशा के लिए दूर जा चुका है, उस समय यह बीसवीं सदी कैसी दिखेगी?

वह ज़माना और था जब राहुल सांकृत्यायन ने हिन्दी में 'बाईसवीं सदी' नामक पुस्तक लिखी थी और भविष्य के साम्यवादी समाज का सुखद सपना देखा था। आज हिन्दी के 'आधुनिक' लेखक 1984 के लेखक जॉर्ज आर्वेल के ज़्यादा क़रीब हैं जिनके लिए भविष्य एक दुःस्वप्न है।

कहने की आवश्यकता नहीं कि भविष्य का यह दुःस्वप्न वर्तमान को भी विराट दुःस्वप्न में बदल रहा है और इस दुःस्वप्न से ग्रस्त लेखक साहित्य के साथ ही अपनी शक्ति में भी विश्वास खो चले हैं।

ग़नीमत है कि कुछ लेखक—विशेषतः कुछ युवा लेखक इस 'आधुनिक' सन्त्रास की गिरफ्त से बाहर हैं और साहित्य के भावी रूप के बारे में दूसरे ढंग से सोचते हैं—उदाहरण के लिए धूमिल की 'कवि 1970' शीर्षक कविता का यह आरम्भिक अंश—

इस वक़्त जब कि कान नहीं सुनते हैं कविताएँ
कविता पेट से सुनी जा रही है
इस वक़्त जब कि कविता माँगती है
समूचा आदमी अपनी ख़ुराक के लिए
उसके मुँह से ख़ून की बू आ रही है।
जहाँ पसीना पाप से अधिक बदबू
देता है
अपना हाथ खाकर
चिमनी के नीचे खड़ा है
निहत्था मजूर
वहाँ मुझे मजबूर क्यों करते हो?
कविता में जाने से पहले
मैं आप ही से पूछता हूँ
जब इससे न चोली बन सकती है
न चोंगा,
तब आपै कहो—
इस ससुरी कविता को
जंगल से जनता तक
ढोने से क्या होगा?
आप जवाब दो
मैं इसका क्या करूँ?

एक तरह से देखें तो 'माध्यमों की क्रान्ति' इस कविता में भी है। फ़र्क़ इतना है कि मैकलुहन के लिए यदि कविता रेडियो और टेलीविज़न से सुनी जा रही है तो धूमिल के लिए कविता पेट से सुनी जा रही है। इस प्रकार कविता की सार्थकता के बारे में सन्देह यहाँ भी व्यक्त किया गया है लेकिन धूमिल ने कविता की सार्थकता का सवाल उस 'निहत्था मजूर' के सन्दर्भ में उठाया है जो अपना हाथ खाकर चिमनी के नीचे खड़ा है। दरअसल 'कवि 1970' वर्तमान कविता की उस स्थिति के सामने विराट प्रश्नचिह्न है जब ढेर सारे दोस्तों का गुस्सा हाशिए पर चुटकुला बन रहा है। और यदि कुछ देर रुक कर हम इस स्थिति पर विचार करें तो इसी के बीच से साहित्य का वह भावी रूप भी दिखाई पड़ेगा जो हमारी आस्था को मज़बूत करता है।

हिन्दी में यह दशक एक प्रकार के विद्रोह के साहित्य के लिए चर्चित रहा है। वैसे तो व्यवस्था के विरुद्ध असन्तोष और विरोध का स्वर कमोबेश पहले से ही व्यक्त होता आ रहा है, किन्तु इस बीच कवियों और कथाकारों का विरोध ज़्यादा उग्र और मुखर हुआ है। इस विद्रोह में यों तो कई रंग हैं लेकिन सामान्यतः इसकी विशेषता है समग्र अस्वीकार। इस बीच साहित्य में समूची व्यवस्था को अस्वीकार करने की मुद्रा अपनाई गयी। देश के अन्दर बढ़ते हुए आर्थिक संकट का समानान्तर राजनीतिक, सामाजिक और सांस्कृतिक संकटों को देखते हुए इस विरोध की संगति स्पष्ट है। इस विरोध की विडम्बना यह है कि अधिकांश लेखक व्यवस्था का अंग बनकर भी उस व्यवस्था के विरोध की आवाज़ बुलन्द करते रहे। लेखकों में इस बीच बार-बार यह संकल्प दोहराया कि हर व्यवस्था में लेखक का स्थान प्रतिपक्ष में होता है और इस तरह वह हमेशा प्रतिपक्ष में रहेगा। इस बीच बहुत कुछ ऐसा लिखा गया जिसमें एक सिरे से सारे राजनीतिक दलों, राजनीति-तन्त्र तथा राजनीति मात्र को भ्रष्ट कहा गया—बिना यह विचार किये कि इस राजनीति-विरोध में भी एक राजनीति निहित है जो कहीं ज़्यादा ख़तरनाक है। कहीं-कहीं सेक्स और राजनीति का भी अनूठा घोल तैयार किया गया। किन्तु दशक की समाप्ति पर यह भी अनुभव किया जाने लगा कि 'चीख़ की भाषा हुल्लड़ हो गयी है', और इस अहसास के साथ विद्रोह का साहित्य ऐसे चौराहे पर आ खड़ा हुआ जहाँ ऐसा लगने लगा कि इस आक्रोश और

विद्रोह में कोई दम नहीं है—न उसका कोई सामाजिक अर्थ है और न उसमें कोई साहित्यिक सम्भावना ही है। इस अहसास ने कुछ लेखकों को जहाँ एक ओर मस्ती के रास्ते पर वापस लौट जाने के लिए मजबूर कर दिया वहीं दूसरी ओर लेखकों का एक ऐसा भी वर्ग है जो एक बिकल्प की तलाश में है। मेरी दृष्टि में इस विकल्प की तलाश में ही हमारे साहित्य के भावी स्वरूप की दिशा निहित है।

आज यह बात पूरी तरह स्पष्ट हो गयी है कि विकल्प के बिना विरोध का कोई अर्थ नहीं है। जैसा कि एक लेखक ने लिखा है—जब तक मैं सिर्फ़ अपनी दुश्चिन्ता की अभिव्यक्ति देता हूँ, समाज के प्रति अपने क्षोभ को व्यक्त करता हूँ, तब तक वह केवल एक मनोवैज्ञानिक समस्या ही रहती है जो सत्ताधारियों को ख़तरा नहीं बन सकती। जब मैं अपनी हताश स्थिति का वर्णन करता हूँ तब किसी को कोई आपत्ति नहीं होती, क्योंकि मेरी हताशा उनकी संस्थाओं की शक्ति की ही पुष्टि करती है। मेरे ऊलजलूल-से-ऊलजलूल विचार मेरी तल्ख़ी, मेरा व्यंग्य—सबको ग्राहक मिल जाते हैं क्योंकि इनके माध्यम से मैं सिर्फ़ इसी बात की गवाही देता हूँ कि जो शक्तिसम्पन्न हैं वे कितने उदार हैं। वे अपनी जगह पर इतने सुरक्षित महसूस करते हैं कि मुझे ऐसी बहुत-सी बातों का पक्ष-समर्थन करने दिया जाता है जो मुझे प्रगतिशील लगती हैं। अगर मैं यह मत व्यक्त करता हूँ कि वर्तमान सामाजिक विषमताएँ पूर्णतः मिटाई जा सकती हैं तो वे विशाल हृदयतापूर्वक सहमत हो जाते हैं। सच पूछिए तो हमारे शासकों का एक केन्द्रीय तर्क यह बताता है कि ये विषमताएँ काफ़ी हद तक मिटाई जा चुकी हैं।... भ्रष्टाचार पर, शोषण पर और निजी स्वामित्व एकाधिकारों द्वारा जन मानस के विषाक्तीकरण पर प्रहार कोई फल नहीं दे सकते अगर वे कोई स्पष्ट विकल्प प्रस्तुत न करें।

इसलिए आज नये लेखक केवल भ्रष्टाचार, शोषण और इज़ारेदारी का विरोध करके ही सन्तुष्ट नहीं रहना चाहते बल्कि वे इनके विपरीत एक स्पष्ट विकल्प भी प्रस्तुत करना चाहते हैं। आवश्यक नहीं कि वह विकल्प कविता-कहानी या उपन्यास में एक यूटोपिया के रूप में मौजूद हो। वस्तुतः यह विकल्प स्वयं यथार्थ पर एक नयी रोशनी डालता है और उस रोशनी में

वास्तविकता की परतें ज़्यादा अच्छी तरह दिखाई पड़ती हैं। विकल्प की इस रोशनी में सिर्फ़ अपने देश की स्थिति ही स्पष्ट नहीं होती बल्कि बीसवीं सदी का वह विश्वव्यापी परिदृश्य भी खुलता है जिसे प्रायः एक भयानक स्वप्न के रूप में पेश किया जाता है। यह विकल्प लेखक को अपने देश और सारे संसार के एक बड़े समुदाय से जोड़ता भी है जो आज मानव-मुक्ति के लिए संघर्ष कर रहा है। लेनिन का प्रसिद्ध सूत्र 'कौन-किसको' इस विकल्प का ही एक रूप है जो विशेष काल में विशेष स्थिति के ठोस विश्लेषण की दृष्टि देता है। इस दृष्टि से बीसवीं सदी का वह परिदृश्य सामने आता है जिसमें यान्त्रिक क्रान्ति के साथ ही राष्ट्रीय मुक्ति और समाजवादी परिवर्तन की ऐतिहासिक क्रान्ति भी शामिल है और जहाँ केवल अमरीकी बम ही नहीं है बल्कि वियतनामी जनता के उठे हुए हाथ भी हैं जिनके लिए साम्राज्यवाद और उससे सम्बद्ध न्यस्त स्वार्थों का क्रमिक ह्रास ही भविष्य है उनके लिए ज़ाहिर है कि कविता, कहानी, उपन्यास आदि सभी साहित्यिक रूप मर रहे हैं किन्तु जो लेखक इस विश्वव्यापी ह्रास के विरुद्ध संघर्षशील जनशक्ति के द्वारा निर्मित नयी संस्कृति के साथ हैं उनके लिए साहित्य अब भी सम्भावनापूर्ण है और कहना न होगा कि हिन्दी में आज भविष्य के इस परिदृश्य से मुक्त जीवन्त साहित्य काफ़ी लिखा जा रहा है। मेरी दृष्टि में साहित्य के भावी स्वरूप का ख़ाका इसी प्रवृत्ति में निहित है।

(यह लेख 1968-69 में लिखा गया है।)

❑❑